Friedrich Reutner · Die Strategie-Tagung

Friedrich Reutner

Die Strategie-Tagung

Strategische Ziele systematisch erarbeiten und Maßnahmen festlegen

GABLER

Die Deutsche Bibliothek – CIP-Einheitsaufnahme

Reutner, Friedrich:
Die Strategie-Tagung : Strategische Ziele systematisch
erarbeiten und Maßnahmen festlegen / Friedrich Reutner. – 2. Aufl. –
Wiesbaden : Gabler, 1995

1. Auflage 1992
2. Auflage 1995

Der Gabler Verlag ist ein Unternehmen der Bertelsmann Fachinformation.

© Betriebswirtschaftlicher Verlag Dr. Th. Gabler GmbH, Wiesbaden 1995
Lektorat: Ulrike M. Vetter

Höchste inhaltliche und technische Qualität unserer Produkte ist unser Ziel. Bei der Produktion
und Verbreitung unserer Bücher wollen wir die Umwelt schonen: Dieses Buch ist auf säu-
refreiem und chlorarm gebleichtem Papier gedruckt. Die Einschweißfolie besteht aus Poly-
äthylen und damit aus organischen Grundstoffen, die weder bei der Herstellung noch bei der
Verbrennung Schadstoffe freisetzen.

Die Wiedergabe von Gebrauchsnamen, Handelsnamen, Warenbezeichnungen usw. in diesem
Werk berechtigt auch ohne besondere Kennzeichnung nicht zu der Annahme, daß solche Namen im Sinne der Warenzeichen- und Markenschutz-Gesetzgebung als frei zu betrachten wären
und daher von jedermann benutzt werden dürften.

Umschlaggestaltung: Schrimpf und Partner, Wiesbaden
Satz: SATZPUNKT Ewert, Braunschweig

ISBN 978-3-322-89526-4   ISBN 978-3-322-89525-7 (eBook)
DOI 10.1007/978-3-322-89525-7

Geleitwort

Die Literatur zum strategischen Planungsprozeß ist allzu häufig entweder durch abstrakt theoretische oder durch rezepthaft pragmatische, für die Realität nur bedingt hilfreiche Abhandlungen charakterisiert. Insbesondere sind an der Schnittstelle zwischen Wissenschaft und Praxis die Phasen der Strategieformulierung und -implementierung noch wenig durchdrungen. Sowohl für den Wissenschaftler als auch für den Praktiker ist es deshalb höchst wertvoll zu lesen, wie der Verfasser des vorliegenden Werkes an die erfolgsorientierte Ausrichtung des Unternehmens herangeht. Zu betonen ist die theoriegeleitete, strukturiert dokumentierte, strategische Führung des Unternehmens. Deutlich wird die personelle Komponente der Mitarbeiterführung in der Erkenntnis, daß die Strategie und der Erfolg des Unternehmens vom Mitarbeiter im wesentlichen mit entwickelt und umgesetzt werden. Reutner liefert mit seinem Werk von der Praxis für die Praxis branchenübergreifende Handlungsanleitungen für die Gestaltung, Unterstützung und Forcierung der strategischen Planung im Unternehmen. Er schließt somit eine Lücke in der praxisorientierten Literatur zur strategischen Unternehmensführung. Eingebracht wird ein imposanter, umfassender Erfahrungsschatz, der in prägnanter Form vorgestellt wird. Gleichsam können die zahlreichen Ratschläge, Hilfestellungen und Instrumente für die sonst selten anzutreffende, bewußte Strategieentwicklung und -umsetzung in Mittel- und Kleinunternehmen übernommen und eingesetzt werden.

Prof. Dr. Hans-Christian Pfohl

V

Vorwort

Diese Arbeit beruht in hohem Maße auf praktischen Erfahrungen und wurde für Praktiker und praxisorientierte Theoretiker geschrieben. Die wirtschaftlichen Zusammenhänge, die den Erfolg oder Mißerfolg eines Unternehmens bestimmen, sind sehr komplex. Eine überaus große Zahl von Faktoren, die zu unterschiedlichen Zeiten anders und bei unterschiedlicher Ausrichtung einmal verstärkend und im anderen Falle schwächend wirken können, bestimmt den Erfolg. Neben einer breiten Palette von Leistungskomponenten, den Merkmalen des spezifischen Marktes, spielen noch volkswirtschaftliche Einflüsse je nach der Ausgangssituation eine mehr oder weniger große Rolle. Die Erkenntnisse zeigen:

- Strategieentwicklung und strategische Ausrichtung sind ein permanenter Prozeß.
- Die optimale Kombination der Maßnahmen und Schwerpunkte ist für jedes Unternehmen anders. Die Prioritäten verändern sich darüber hinaus im Zeitablauf.
- Aus der Vielzahl der möglichen Analysefelder sollte man nur einige sehr wichtige auswählen, diese dann aber sorgfältig untersuchen.
- Wegen der Komplexität lassen sich optimierte Lösungen normalerweise nicht ohne einen längeren Denkprozeß finden. Strategische Orientierung erfordert viel Vorarbeit.
- Zur besseren Übersicht und richtigen Orientierung arbeitet das Management die Erfolgsfaktoren gemäß ihrer jeweiligen Bedeutung heraus und ordnet sie zu Gruppen.
- Einfache Rezepte für eine unternehmenspolitische Ausrichtung gibt es nicht. Man kann immer nur nach Durchleuchtung der gesamten komplexen Zusammenhänge eine auf den Einzelfall zugeschnittene Lösung finden.

Schließlich setzen die arbeitenden Menschen, die alles bewirken oder hemmen, Entscheidungen je nach Persönlichkeitsstruktur und Motivation unterschiedlich um, fördern sie oder setzen ihnen offen oder verdeckt Widerstände entgegen. Somit ist die Prägung einer Leistungskultur, die personelle Vorbereitung und notfalls die Umbesetzung eine weitere wichtige Voraussetzung für den Erfolg. Die Vielzahl der Einflußgrößen bereitet große Schwierigkeiten, bei jeder eingeleiteten Maßnahme genau zu überblicken, welche Relation von Kapitaleinsatz und zukünftigem Kapitalrückfluß beziehungsweise Kosten und zukünftigem Umsatz sich ergibt. Diese Vorausschau gehört aber zu den wichtigsten Aufgaben des Managements.

Gelingt der Unternehmensleitung die Konzentration auf die entscheidenden Erfolgsdeterminanten und beobachtet sie, ob deren Einfluß sinkt oder steigt und welche Faktoren im Wandel an Bedeutung gewinnen, um darauf den neuen strategischen Kurs auszurichten, so darf sie mit einer hohen Erfolgswahrscheinlichkeit rechnen. Jeder Praktiker erlebt, daß es in seiner Branche erfolgreiche Gesellschaften gibt, die sich vom allgemeinen Trend abkoppeln und durch besondere Leistungen eine Firmenkonjunktur entwickeln. Die optimierte Kombination der Leistungskomponenten findet ein Unternehmen jedoch nur mit vielen Mühen in einem iterativen Annäherungsprozeß, wobei auch noch die Voraussetzungen im Laufe der Zeit eine Veränderung erfahren. Ständige Anpassung setzt eine hohe, durch Schulung zu prägende Sensibilität der Mitarbeiter für die Veränderung von Bedürfnissen und Marktstrukturen voraus.

- Die Arbeit zeigt einen in der Praxis bewährten Weg auf, der das Führungsteam zum analytischen Denken erzieht, das eigene Arbeitsgebiet fortlaufend nach strategischen Gesichtspunkten beurteilt und durch Einbindung aller Entscheidungsträger die Umsetzung erleichtert.

Wir führten Anfang der achtziger Jahre die Strategischen Grundsätze und zwei Jahre später eine jährliche Strategietagung ein, in der der Verfasser strategische Überlegungen mit dem jeweiligen Management der fünf Sparten sowie den Geschäftsführern der Tochter- und Beteiligungsgesellschaften moderierte. Die theoretische Basis[1] sollte die Zusammenhänge für alle leitenden Mitarbeiter überschaubar machen. Dadurch wurden das strategische Denken sowie eine Systematik für den Denkprozeß geschult, Schwächen und Stärken aufgedeckt, Ziele und Maßnahmen für die konkreten Situationen erarbeitet und im Laufe der Jahre der Kurs zunehmend sicherer bestimmt.

In diesem Buch geht es darum, die wichtigen Determinanten und einen in der praktischen Arbeit bewährten analytischen Weg darzustellen, mit dem sich im Einzelfalle die Erfolgsfaktoren für jede Situation ermitteln lassen. Dieses System – wenn auch ursprünglich noch in vereinfachter Form – diente als Denkbasis für die Sanierung und strategische Orientierung eines Traditionsunternehmens[2], das innerhalb von einigen Jahren gesundete, zu den renditestärksten deutschen Unternehmen aufstieg und ein sehr dynamisches Wachstum vorlegte.[3]

- Auch wenn jedes spezielle Untersuchungsobjekt unterschiedliche Schwerpunkte aufweist, so kann doch jedes Unternehmen mit Hilfe dieser Arbeitsweise wegen ihrer generellen Gültigkeit die Mitarbeiter auf eine Strategie ausrichten. Im Einzelfall ist das System zu modifizieren, zu ergänzen und durch Selektion an die speziellen Bedingungen und Schwerpunkte der jeweiligen Situation bzw. des Unternehmens anzupassen.

Friedrich Reutner

Inhaltsverzeichnis

Drittes Kapitel
Zielentwicklung

Viertes Kapitel
Leistungssituation und Maßnahmen zur Erreichung der Zielposition

Fünftes Kapitel
Umsetzung der Strategiearbeit ins Tagesgeschäft

Erstes Kapitel

Strategische Ausrichtung als Erfolgsbasis

Von einer Führungskraft muß erwartet werden, daß sie neben den technischen Grundlagen vor allem das Wissen ihrer Management-Funktionen sowie die dazu gehörenden wichtigen Instrumente beherrscht. Nur dann besteht eine angemessene Wahrscheinlichkeit, daß sie erfolgreich wirken kann. Es sollen deshalb die praxisrelevanten Aufgaben aufgeführt werden. Obwohl die Leitungsfunktionen und -prozesse eng miteinander verbunden sind, wird die Umsetzung als Prozeß besonders hervorgehoben, weil ihr in der Praxis eine entscheidende Bedeutung zukommt. Folgende wesentliche Teilbereiche[1] hat das Management zu koordinieren:

Analytische Arbeit
Marktanalyse, insbesondere
    Kundenanalyse
    Konkurrenzanalyse

    Stärken-Schwächen-Analyse
    Positionsanalyse
    Leistungsanalyse

Strategische Zielentwicklung
    Prioritätensystem (Konzentration)
    Strategische Grundsätze (qualitativ)
    Strategische Leitlinien (quantitativ)

Strukturentwicklung (Organisation)

Unternehmensplanung
    Maßnahmenentwicklung (Kreativitätsprozeß)
    Maßnahmenauswahl
    Zahlengerüst der Planung

Strategie- und Maßnahmenumsetzung
    Arbeitssystematik
    Personalselektion
    Personalentwicklung
    Personalführung
    Informationssystem
    Motivationssystem
    Kontrolle

Ebenso wie eine Fußballmannschaft durch ein gutes Zusammenspiel, und nicht durch egozentrische Soli, das gegnerische Tor zu bezwingen sucht, so hat die Geschäftsführung in einem Unternehmen die Handlungen aller Mitarbeiter auf die Ziele auszurichten, daß sie sich gegenseitig unterstützen, um die Aufgaben „Sicherheit der Arbeitsplätze", „Kapitalverzinsung" etc. zu erfüllen. Wie in einem sportlichen Team sind dazu Techniken zu schulen und zu begreifen. Nur die Kenntnis der Ziele und die Überzeugung ihrer Notwendigkeit gewährleisten, daß mit hoher Wahrscheinlichkeit im Einzelfall richtig entschieden und gehandelt wird. Wenn die Geschäftsführung eine Strategie nur im Kopf entwickelt, so erweist sich ihr Nutzen als um so geringer, je weniger die Mitarbeiter sie erkennen und im täglichen Handeln aller umsetzen.

> Die klare Ausrichtung einer Organisation auf gemeinsame Ziele ist eine der wichtigsten Voraussetzungen für den langfristigen Erfolg.

Die Führung muß die Strategie von Ebene zu Ebene weiter nach unten in die Mannschaft tragen. Mißlingt dies in einem Teilbereich des Unternehmens bei einem Vorgesetzten, so verhindert dieser den Fluß der strategischen Überzeugungen zu seinen Mitarbeitern. Das Zielsystem setzt sich nicht weiter nach unten fort und wenn, dann nur als Rinnsal. Insofern kommt dem Management bei diesem Prozeß der Ausrichtung die entscheidende Rolle zu. Je größer die Zahl der Kräfte, die harmonisch von oben nach unten in Richtung der Ziele zusammenarbeiten, um so mehr entfalten sie eine Keilwirkung mit außerordentlicher Stoßkraft und um so höher ist auch die Erfolgswahrscheinlichkeit für das Unternehmen.

Als ein besonders geeignetes Instrument zur Entwicklung und Durchsetzung klarer Vorstellungen bewährten sich neben einer intensiven Schulung des strategischen Denkens nach einem umfassenden System vor allem die Strategietagungen. In diesen Moderationssitzungen lernen die Mitarbeiter die zukünftig bedeutenden Faktoren abzuschätzen und die Ziele festzulegen. Solche Strategietagungen ermöglichen es, die wesentlichen Einflußgrößen auf den Unternehmenserfolg herauszuarbeiten und zu untersuchen. Auf der Basis des allgemeinen Verständnisses der wesentlichen theoretischen Zusammenhänge führen sie zu überraschenden Erkenntnissen. Solche Tagungen können eine kraftvolle Ausrichtung der Organisation ermöglichen bzw. eine leistungsorientierte Firmenkultur prägen. Mit ihrer Hilfe lassen sich Ziele und Visionen gemeinsam erarbeiten, popularisieren und Voraussetzungen schaffen, um den einzelnen Mitarbeitern im Middle-Management einen hohen Freiheitsraum zu geben.[2]

1.1 Anforderungen der Unternehmenspraxis

Die Tagesprobleme setzen den Praktiker laufend unter Druck, kurzfristig viele Detaillösungen zu erarbeiten. Ständig verkraftet er große Mengen von mehr oder weniger wichtigen Informationen, wobei nur der erfahrene und geschulte Manager ihre Bedeutung im einzelnen routinemäßig richtig beurteilt.

> Durch den Druck der Tagesprobleme verliert eine Führungskraft die strategischen Gesichtspunkte zwangsläufig leicht aus dem Blickfeld.

1.11 Operative Zwänge behindern die strategische Orientierung

Insbesondere in der frühen Lebensphase besteht eine Chance, eine Branche im Sinne der strategischen Orientierung zu beeinflussen. Für die Entwicklung vieler Märkte dürfte das nachfolgende Beispiel als repräsentativ anzusehen sein: Schon in den 50er Jahren gewannen Kunststoffrohre in verschiedenen Segmenten gegenüber den traditionellen Werkstoffen Gußeisen, Asbestzement oder Steinzeug zunehmend Marktanteile. Um den Pro-

zeß zu beschleunigen, einigten sich die Hersteller auf einheitliche Maße, Formen und Farben. Damit erhöhten sie kurzfristig die Akzeptanz des neuen Rohrangebotes bei der Kundschaft. Diese operativ ohne Zweifel richtige Entscheidung wirkte sich jedoch letztlich strategisch verhängnisvoll für einige Firmen der Branche aus: Solange das Wachstum so zügig verlief, daß die Kapazitäten stets hinter dem Bedarfszuwachs herhinkten, erreichte die Branche angemessene Ergebnisse. Mit zunehmenden Überkapazitäten bei stagnierendem oder rückläufigem Markt, spätestens mit Beginn der 80er Jahre, wurde der Ertragsdruck auf Grund des Erlösverfalls dieser homogenen Massengüter jedoch übermächtig,[3] so daß er Schließungen, Verkäufe und Konkurse einer Reihe von Firmen erzwang.

Im nachhinein läßt sich feststellen, daß im Denken dieser Branche das Tagesgeschäft mit den preispolitischen Problemen, der Lieferbereitschaft und Kostensenkung absolut dominierte. Damals baute kaum ein Hersteller Solitärbarrieren auf. Einige Gesellschaften, die später scheiterten oder in große Probleme kamen, hätten bei strategischer Orientierung auf Grund der Firmenstruktur schon früh voraussehen können, daß die Alternative der Kostenführung für sie nicht zu erreichen war, daß ihre Politik somit in eine Sackgasse führte.

Das Management trifft ständig Entscheidungen, die auf Erwartungen und zukünftigen Entwicklungen basieren. Dies setzt eine sorgfältige und aufwendige Analyse der gesamten Rahmenbedingungen voraus. Wieder befindet sich der Praktiker in dem Dilemma, bei den Tagesanforderungen zeitliche Abstriche vorzunehmen, um die zukünftigen Problemstellungen zu erkennen und zu analysieren. Insbesondere beim angestellten Manager zählt aber für die Einkommensentwicklung und den Aufstieg der augenblickliche Erfolg oder Mißerfolg weitaus mehr als die nur sehr schwer zu bewertende strategische Leistung.

Dies erklärt, warum die natürlichen Gegebenheiten es dem Praktiker so erschweren, über Grundsätzliches und Langfristiges nachzudenken und sich damit auf das langfristig Wesentliche zu konzentrieren.[4] Besonders in Phasen der Strukturänderung verstärkt sich der Zwang zu operativen Lösungen. Wer heute ums Überleben kämpft, hat die Tagesprobleme zu bewältigen, ehe er an das Morgen denkt.

1.12 Genauigkeitsgrad und Vereinfachung als Optimierungsproblem

Grundsätzlich bewirken also der Zwang zur Wirtschaftlichkeit sowie der Zeitdruck, daß Führungskräfte die komplexen praktischen und langfristigen Zusammenhänge nicht mit ausreichendem Zeitaufwand analysieren. Ein sehr hoher Genauigkeitsgrad der Analyse ist dabei nicht einmal wünschenswert, da er in ähnlicher Weise die Effizienz senkt wie ein zu niedriger. Diese steigt mit zunehmender Durchdringung der Probleme zunächst an, um im weiteren Verlauf wieder abzufallen. Es gibt also für die praktische Arbeit einen Optimierungspunkt.

Die Erfahrung beweist immer wieder, daß komplizierte Darstellungen, die die Mitarbeiter nur schwer verstehen, Gefahr laufen, an Schwierigkeiten bei der Umsetzung zu scheitern. Der individuelle Ausbildungs- und Erfahrungsstand der einzelnen Mitarbeiter in einem Unternehmen schwankt in weiten Grenzen. Erfolge setzen aber eine gleichgerichtete Handlungsweise einer möglichst breiten Schicht von Mitarbeitern voraus. Da diese das Wesentliche in umfassenden und komplexen Modellen nur schwer erkennen, führen solche Vorgaben eher zu einer Verzettelung und Orientierungslosigkeit.

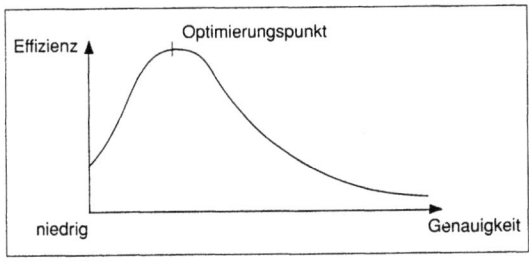

Abb. 1.1: Verhältnis von Effizienz zum Genauigkeitsgrad der Problembearbeitung

Will die Führung eine Strategie in einer breiten Schicht des Managements verankern, so muß sie die Zusammenhänge einfach und schnell verständlich mit einer klaren Konzentration auf die Schwerpunkte darstellen. Deshalb hat Verständlichkeit den Vorrang vor letzter Genauigkeit.[5]

So gelang es auch in der Praxis, mit kurzen strategischen Unternehmensgrundsätzen die Mitarbeiter auf die neuen Ziele auszurichten. „Unternehmensgesetze" wurden mit Hilfe von Beispielen des Tagesgeschäftes immer wieder einfach und verständlich dargelegt.[6] Schlagworte unterstrichen den Inhalt der Unternehmenspolitik. Nur so war es möglich, vielen Mitarbeitern eine gleichgerichtete Denkorientierung zu geben.

Eine erfolgreiche Unternehmenspolitik erfordert also neben der sorgfältigen Analyse auch eine Methode zur Konzentration und verständlichen Vereinfachung, bei der die Führung auf letzte Genauigkeit verzichtet, indem sie Wesentliches vom Unwesentlichen unterscheidet. Diese Denkungsweise fällt oft insbesondere hervorragend ausgebildeten Technikern sehr schwer, weil gerade sie gelernt haben, mit hoher Präzision zu arbeiten. Erfolgreiche Unternehmenspolitik setzt ein praxisnahes, vereinfachendes Verständnis der Zusammenhänge voraus. Aber dieses erfordert zunächst einmal, die Problematik in der gesamten Tiefe und Breite zu durchleuchten, um dann das Wesentliche kurz und klar herausarbeiten zu können.

1.13 Lernfähigkeit trainieren und aufrechterhalten

Auch erfolgreiche Unternehmen mit ausgeprägten Unternehmenskulturen laufen Gefahr, Positionen zu verlieren, wenn der Markt sich wandelt. Jeder Mensch beurteilt nämlich Situationen auf der Basis seiner Erfahrungen. Zeigte eine bestimmte Strategie über Jahrzehnte Erfolge, so mobilisiert sie starke Kräfte, an ihr festzuhalten, auch wenn die Voraussetzungen längst andere sind. Diese beharrenden Kräfte gewinnen tendenziell an Stärke, je erfolgreicher die Vergangenheit verlief. Erfolgserfahrungen setzen der Anpassung an den Wandel also starke Widerstände entgegen. Bei weitgehend gleichbleibender Umwelt helfen sie dagegen, indem sie eine schnelle, umfassende Beurteilung komplexer Situationen bei Wahrung der richtigen Schwergewichte gestatten und eine zielsichere Umsetzung ermöglichen. Bei stark geänderter Umwelt stellen sie jedoch eher ein Lern- und Anpassungshindernis und eine Belastung für das Unternehmen dar. Die Stärken erfolgreicher Persönlichkeiten werden so zur Schwäche.

Die Unternehmensführung sollte also nach Wegen suchen, die eigene strategische Lernfähigkeit sowie die des Managements immer wieder anzuregen und Impulse zu geben, so daß man mindestens von Zeit zu Zeit die heutige Position und die langfristigen Gesichtspunkte genau analysiert. Die laufende Übung, Sachverhalte zu untersuchen beziehungsweise alles in Frage zu stellen, erhält das flexible Denken und die Anpassungsfähigkeit an neue Situationen. Die Erkenntnis, daß Konzeptionen im Laufe von Lebenskurven andere Schwerpunkte erhalten, daß sich die Bedeutung der Technologien im Verlauf wandelt etc., schafft die notwendige Sensibilität für eine ausgeprägte Lernfähigkeit und hilft in vielfältigen Situationen bei der Anpassung beziehungsweise ein festgefügtes Erfahrungsdenken zu überwinden. Das praktizierte System der Strategietagung schuf dafür die notwendigen Voraussetzungen.

1.14 Individuelle Schwerpunkte erarbeiten

Bei der Komplexität der praktischen Zusammenhänge ist der Wunsch des Managements nach Faustregeln und Patentlösungen nur zu verständlich. Unternehmen und Märkte sind jedoch Individuen. Folglich basieren Erfolgskonzepte auf der systematischen Analyse des Einzelfalles, wobei die Mitarbeit einer breiten Schicht des Manage-

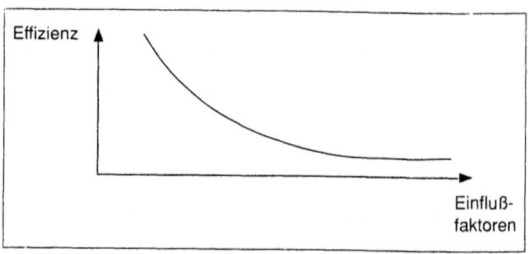

Abb. 1.2: Verlauf der Effizienz verschiedener Einflußfaktoren auf die unternehmerische Praxis

ments eine wichtige Voraussetzung für die spätere Implementierung schafft.

Das praktische Vorgehen wird durch die Tatsache erleichtert, daß das Team aus hunderten von Einflußfaktoren wesentliche herauskristallisieren und zu den maßgebenden Determinanten zusammenfassen kann. So bewirkt die Konzentration auf wenige Variablen normalerweise relativ mehr als die Verzettelung in viele. Ordnet es also die Einflußfaktoren nach ihrer Effizienz, so zeigt sich ein sehr schnell abfallender Kurvenverlauf (Abb. 1.2).

Die allgemeine Kenntnis der unternehmenspolitischen Instrumente fördert das Verständnis und gibt wichtige Hinweise. Ihre Bedeutung für den speziellen Fall und die Gewichtung der Elemente muß das Management aber erst in einem speziellen Konzept für das eigene Haus erarbeiten. So spielt die Anzeigenwerbung oder der persönliche Kontakt zum Kunden als absatzpolitisches Instrument eine ganz andere Rolle, wenn die Gesellschaft Markenartikel oder Spezialmaschinen vertreibt.

Neben der Verzettelung im Tagesgeschäft können einzelne Geschäftsführer eine Reihe anderer Fehlorientierungen zeigen, die letztlich die Entwicklung der Gesellschaft behindern. Unternehmer verlieren sich in technische Details, in ihre Entwicklungen beziehungsweise bearbeiten fast ausschließlich Einzelaspekte der Geschäftspolitik oder denken zu kompliziert.[7]

Eine große Gefahr besteht darin, daß die Geschäftsführung ihre eigentliche Tätigkeit vernachlässigt und dadurch bedingt, die notwendigen Maßnahmen zur Verbesserung der Situation unterbleiben. Unternehmer engagieren sich im Laufe der Zeit nicht selten schwergewichtig mit unternehmensfremden Fragen. So kann die Tätigkeit in Verbänden und öffentlichen Organisationen so stark beanspruchen, daß für die wichtigere unternehmerische Tätigkeit nicht genügend Zeit bleibt. Auch ein zu intensiv betriebenes Hobby, das sie vor die betrieblichen Belange stellen, setzt die Intensität des ständig notwendigen Denkprozesses um die Verbesserung der unternehmenspolitischen Belange herab und wird unter Umständen der Ausgangspunkt für eine Krise.

Konglomerate beinhalten generell trotz ihrer Risikostreuung eine höhere Gefahr, Verluste zu erleiden. Ihre Steuerung stellt im Hinblick auf Systematik und Flexibilität wegen der Vielzahl unterschiedlicher Geschäftsfelder besonders hohe Anforderungen an die Führung. Deshalb sind solche Gebilde in der Praxis nicht unumstritten. Trotzdem müssen das Prinzip der Konzentration und der Vielfalt der Arbeitsgebiete in einem Großbetrieb nicht im Widerspruch zueinander stehen. Die Probleme der Komplexität eines Unternehmens lassen sich durch eine geeignete Struktur- und Ablauforganisation lösen. Die strategischen Einheiten erfordern übersichtliche Verantwortungsbereiche, um den zuständigen Mitarbeitern die Möglichkeit zu geben, sich auf das Wesentliche zu konzentrieren.

Komplexe Unternehmensstrukturen, z. B. in Konglomeraten, stellen besondere Anforderungen an die Systematik und Flexibilität des Managements. Durch die Unübersichtlichkeit laufen sie Gefahr, daß Mängel normalerweise über lange Zeit unbemerkt bleiben und die Korrektur dadurch bedingt viel zu spät erfolgt.

1.15 Theorie als Hilfe für die Praxis

Die unterschiedlichen Ausgangssituationen verdeutlichen, wie sich Theorie und Praxis in idealer Weise ergänzen können, wenn sich die Hochschulen an den Bedürfnissen der Unternehmen orientie-

ren. Der Theoretiker besitzt berufsbedingt einen weitaus besseren Überblick über die gesamte Literatur. Er arbeitet unbelastet vom Einzelfall die allgemeingültigen Zusammenhänge heraus. Der Praktiker verfügt über das „Labor für die betriebswirtschaftliche Theorie",[8] also über die schnelle Rückkoppelung zum Markt. In letzter Zeit gelang es praxisorientierten Instituten und Beratungsunternehmen, durch zahlreiche empirische Untersuchungen[9] die allgemeingültigen Erfolgsdeterminanten als eine wichtige Orientierungshilfe für den Praktiker besser zu definieren. Theoretische Überlegungen werden aus der Sicht des Unternehmers immer daran zu messen sein, inwieweit sie einen Beitrag zur praktischen Lösung bringen.

1.2 Führungssystematik

1.21 Konzentration und Überschaubarkeit durch Führungssystematik

Die Führungssystematik ist ein wichtiges Hilfsmittel der Unternehmensführung, mit der sie die strategischen und operativen Ausgangswerte und Schwerpunkte des Erfolges laufend ermittelt, auf Grund der Ergebnisse die Richtigkeit der vorgegebenen Ziele überprüft, neue Ziele ableitet oder die Qualität der Arbeit im Betrieb verbessert. Der Einsatz des methodischen Instrumentariums[10] erhält eine um so größere Bedeutung, je zahlreicher die Geschäftsfelder in einer Gesellschaft sind. Eine Führung auf Zuruf und fallweise unstrukturierte Gespräche ohne Festlegung von Aufgaben, Zuständigkeiten und Terminen erweisen sich zunehmend als ein Hindernis für eine dynamische Entwicklung, je unüberschaubarer die Vielfalt einer Organisation wird.

Der Einsatz effizienter methodischer Instrumente bewirkt vor allem in komplexen Unternehmen ähnliche Erfolge wie ein mehr intuitiv vorgehendes unternehmerisches Genie. Dabei sollte zusätzlich das Ziel verfolgt werden, Strukturen und Abläufe so einfach wie möglich zu organisieren, um Überschaubarkeit zu fördern.

Das methodische Instrumentarium umfaßt sowohl die eigene Arbeitseinteilung und Überwachung, die Konferenzführung und Diskussionsleitung als auch die unterschiedlichen Vorgehensweisen bei der Lösung schwieriger Probleme. Dabei verwenden erfolgreiche Manager nahezu immer sehr einfache leicht zu praktizierende Vorgehensweisen.[11]

> Systematisches Arbeiten und einfache Strukturen dienen der Konzentration der Kräfte und tragen wesentlich dazu bei, das Überlastungsproblem des modernen Managements zu lösen.

1.22 Kosten-Nutzen-Verlauf aus strategischer Sicht

Methodisches Vorgehen bedeutet keine Erfolgsgarantie, aber eine höhere Erfolgschance. Allerdings schadet gleichzeitig eine allzu große Methodengläubigkeit. Überzogene Verwendung von Systemen führt zu Administration und wirkt damit kontraproduktiv. Für den Einsatz jeder Methode gilt: Das Nutzen-Aufwand-Verhältnis ist zu beachten. Jede methodische Arbeitsweise zeigt eine andere Effizienz, verursacht je nach der Art der Methodik unterschiedlich hohe fixe und variable Kosten. Die Einführung eines neuen Instrumentariums bringt folglich zunächst stets Kostensteigerungen bei niedriger Effizienz mit sich. Es dauert relativ lange, bis die Mitarbeiter die neue Methode beherrschen und effizient einsetzen. Die Investition in dieses Know-how stellt somit eine strategische Investition zum Aufbau besserer Positionen dar.

Es gibt sehr viele methodische Vorschläge,[12] die sich zum Teil nur graduell unterscheiden. Das unternehmerische Problem liegt heute weniger darin, neue Vorgehensweisen zu finden, sondern aus der Vielzahl der mehr (1) oder weniger (2) komplizierten angebotenen Methoden einige wenige möglichst einfache und effiziente auszuwählen, deren Arbeitsweise das Unternehmen dann aber intensiv schult und verwendet.

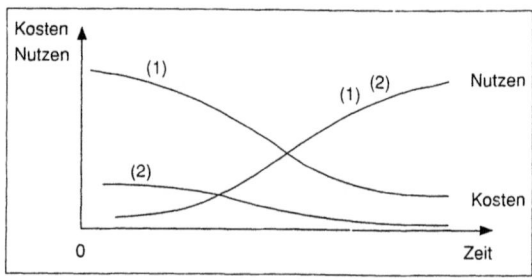

Abb. 1.3: Kosten-Nutzen-Verlauf beim Einsatz neuer methodischer Instrumente

Eine sehr einfache und damit praxisgerechte Methode, die insbesondere komplexe Unternehmen übersichtlich gestaltet, liegt in einer umfassenden Prioritätendefinition[13] mit der Verfolgung der Schwerpunkte über besonders hervorgehobene Themen in den Sitzungen. Eine einmal definierte Rangfolge gibt allen Mitarbeitern eine sofortige Übersicht über die von ihnen geforderte Konzentration ihrer Anstrengungen. Sie wirken damit in starker Weise ausrichtend, wenn die Unternehmensleitung in allen Besprechungen immer wieder die Berücksichtigung dieser Vorgaben kontrolliert und darauf hinweist.

Die praktische Erfahrung beweist, daß es Vorteile bringt, neben der Systematik auch der Intuition je nach Strategie mehr oder weniger Freiraum zu lassen. Auch darf das Management methodische Untersuchungen wegen ihrer Fixkosten nicht für geringste Probleme einsetzen: Der Methodenaufwand muß dem Gewicht des Problems entsprechen. Aufwendigere, aber effiziente Methoden sollte nur für bedeutendere Problemkreise in periodischen Abständen zum Einsatz kommen. Schließlich ist das richtige Zusammenspiel von interner Analyse, bei der vor allem Mitarbeiter oder zusätzliche Spezialisten ihre Meinung abgeben, und Marktforschungsuntersuchungen, bei denen eine repräsentative Stichprobe von Abnehmern oder Verwendern zu Wort kommt im Hinblick auf die Optimierung von Wirtschaftlichkeit und Aussagekraft zu beachten.

Interne Beurteilungen kann das Geschäftsfeld schnell und preiswert erstellen. Die interne Analyse gibt Aufschluß darüber, ob das Management besser solche Aussagen durch Marktforschungsuntersuchungen ergänzt, weil diese keine ausreichende Sicherheit besitzen. Marktforschungsuntersuchungen empfehlen sich in Einzelfällen, weil der Kunde nach der Erfahrung nicht selten das eigene Angebot ganz anders bewertet als die Mitarbeiter, die seine Meinung zu kennen glauben.

1.3 Teamarbeit durch Moderation

Die Weiterentwicklung des Know-hows, sei es für neue Produkte, für organisatorische Abläufe, für die Vertriebspolitik oder die Verfahrenstechnik, erfolgt durch innovative Prozesse. Dem systematischen Auf- und Ausbau unterstützender kreativer Denkmethoden ist deshalb von Seiten der Unternehmensleitung Beachtung zu schenken. Eine der effektivsten Trainingsmöglichkeiten für novophiles Verhalten sowie eine Methode zur Teambildung und Ausrichtung eines Führungskreises[14] bietet die Moderation. Sie hilft, die so wichtigen Verbündeten im Führungsteam für die neuen Ziele zu gewinnen und das Unternehmen von oben nach unten mit den neuen Ideen zu durchdringen.[15] Mit Hilfe der Moderation lassen sich Denkstrukturen visualisieren und dadurch leichter die strategischen und taktischen Elemente der Unternehmenspolitik analysieren, Ziele erarbeiten und Entscheidungen vorbereiten.

Insbesondere durch die Teamarbeit bietet die Moderation wesentliche Vorteile: Im Denkprozeß sind Personen aus allen betroffenen Funktionsgebieten des Unternehmens eingebunden, die Beurteilung objektiviert sich. Die verschiedenen Mitarbeiter der Forschung und Entwicklung, Fertigung, Materialwirtschaft oder vom Vertrieb bearbeiten die Ideen gleichzeitig und gemeinsam in der Sitzung. Dadurch verhindert man, daß Änderungen auf Grund von Erkenntnissen eines späteren Bearbeiters den vorhergehenden erst zu spät mitgeteilt werden. Weiterhin gibt die Teamarbeit gegenseitig Anregungen, da geäußerte Vorstellungen oft weitere Ideen auslösen. Schließlich wächst das gegenseitige Verständnis und Vertrauen füreinander, und das Vorgehen erhöht die Kooperation sowie die Motivation aller Beteiligten.

Die Verantwortlichen sollten vor Beginn der Strategietagung intensiv die Moderationstechnik trainieren. Hier sei auf die Literatur verwiesen.[16]

1.31 Input entscheidet über Output

Die Qualität der Ergebnisse hängt verständlicherweise entscheidend von dem Wissen der Sitzungsteilnehmer ab. Je fundierter also ihr Wissen ist, um so bessere und sicherere Resultate darf der Moderator erwarten. Das kennzeichnet die zentrale Bedeutung der Vorbereitung der Sitzung sowie der Schulung und Fortbildung im Unternehmen ganz allgemein. Es hat sich als sinnvoll erwiesen, die Beschaffung von Informationen als Voraussetzung für gute Ergebnisse einzelnen Personen zu übertragen, die diese dem Plenum auf einer späteren Tagung vortragen. Schließlich können Checklisten die Überlegungen in der Gruppe, soweit diese nicht kreativ arbeitet, unterstützen.

Voraussetzungen bei den Teammitarbeitern

Aus diesen allgemeingültigen Erkenntnissen leiten sich einige wichtige Voraussetzungen für eine erfolgreiche Moderationsarbeit ab:

1. Da die Befriedigung der Abnehmerbedürfnisse unter mehr oder weniger schwierigen Marktbedingungen das zentrale Anliegen darstellt, sind nur die Mitarbeiter in der Lage, eine optimal angepaßte Strategie zu finden, die seit vielen Jahren im engen Kontakt kunden- und marktorientiert arbeiten. Nur in ständiger Überlegung gemeinsam mit repräsentativen Interessenten lernen sie, „mit dem Kopf des Kunden zu denken", werden deren Wünsche zum Bestandteil des eigenen Denkens.

2. Die allgemeinen betriebswirtschaftlichen Wissensvoraussetzungen müssen gegeben sein.

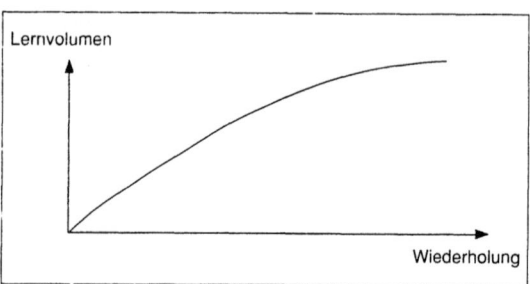

Abb. 1.4: Abhängigkeit des erlernten Volumens von
der Zahl der Wiederholungen

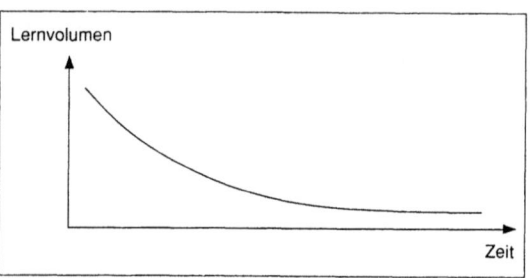

Abb. 1.5: Abhängigkeit des behaltenen Lernstoffes von
der Zeit

Natürlich gibt es auch unternehmerisches Genie,
das aus dem Gefühl die erfolgswirksamen Entscheidungen trifft (Irrationaler dispositiver Faktor),[17] aber abgesehen von diesen Ausnahmen erhöht die Kenntnis der betriebswirtschaftlichen Zusammenhänge bei allen Menschen die Entschei-
dungssicherheit. Dabei helfen insbesondere neuere
Untersuchungen und Praxisberichte.

Erkenntnisse aus der Lerntheorie

In der Praxis wird meistens die Notwendigkeit un-
terschätzt, wie oft und intensiv Mitarbeiter Tatbestände zu lernen haben, bis sie sie behalten, verstehen, schließlich in die Gefühlswelt und erst dann
in die tägliche Handlungsweise übernehmen.[18]
Um nicht die entscheidenden Zusammenhänge für
die Umsetzung zu übersehen, sind folgende Er-

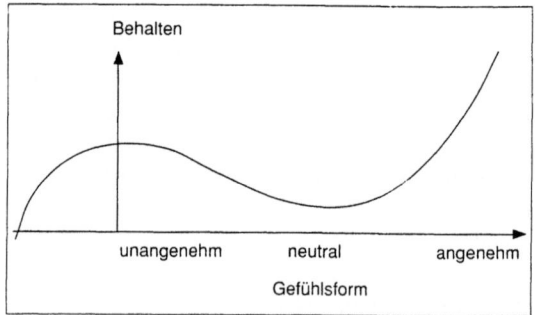

Abb. 1.6: Abhängigkeit des Behaltens von der Gefühlsform

kenntnisse zu beachten, die hier thesenförmig ge-
kürzt wiedergegeben werden.

1. Es gibt eine Beziehung zwischen der Zahl der
Wiederholungen und dem erlernten Wissensvolu-
men (Abb. 1.4).[19]

2. Je mehr Einzelheiten bereits bekannt waren,
um so besser lernt der Angesprochene das Gesamte, da die vorhandenen Kenntnisse für das neu an-
gebotene Wissen gewissermaßen als Anker dienen. Es ist von einer konstanten Aufnahmekapazi-
tät des Gedächtnisses auszugehen.[20]

3. Die Vergessenskurve[21] läuft im umgekehrten
Verhältnis zur Lernkurve, d. h. mit zunehmender
Zeit entfallen durch Vergessen Lernstoffinhalte
(Abb. 1.5).[22]

4. Der Lernende sollte einen Stoff nicht in kür-
zester Zeit verarbeiten wollen. Er vertieft die
Lerninhalte besser über längere Zeit, damit sie
sich im Gedächtnis verankern. Als eine Faustregel
gilt, die Abstände zwischen den Lernwiederholun-
gen jeweils zu verdoppeln.[23]

5. Die Motivation besitzt für den Speicherpro-
zeß im Gedächtnis entscheidende Bedeutung.[24]
Was zur Befriedigung eines Bedürfnisses führt,
wird nachhaltiger gespeichert. Dabei wirkt eine
angenehme Gefühlsform positiver auf das Behalten als eine unangenehme oder gar eine neutrale,
wobei stark unangenehme Empfindungen die Erinnerung unter Umständen völlig hemmen beziehungsweise bei peinlichen Eindrücken sogar Ver-
drängungseffekte auslösen können (Abb. 1.6).[25]

10

6. Bei dem Einfluß der Art der Sinneswahrnehmung auf das Behalten spielen individuelle Unterschiede eine große Rolle. Einige Personen behalten am besten, was sie gehört, andere was sie gelesen haben etc. Die Kombination akustischer, optischer und motorischer Reize bringt generell die höchsten Erinnerungswerte.[26]

Richtlinien für den strategischen Arbeitsprozeß

Daraus lassen sich für den strategischen Erarbeitungsprozeß und die Umsetzung folgende Richtlinien ableiten:

1. Die strategische Ausrichtung eines Unternehmens erarbeitet und verbessert die Führung in einem permanenten Prozeß des Lernens, der Schulung und der Rückkoppelung (Abb. 1.7a). Man kann drei grundlegende sich überlagernde unternehmenspolitische Prozesse unterscheiden: Vom normalen Abwicklungs- bzw. Wertschöpfungsprozeß lebt das Unternehmen. Die operative Führung konzentriert sich insbesondere auf diese Tätigkeit. Da sich die Wirtschaft jedoch weiterentwickelt, muß eine ständige Verbesserung stattfinden. Diese Verbesserungsmaßnahmen fließen in den Abwicklungsprozeß ein und sind notwendig, um mittel- und langfristig die Rentabilität zu erhalten. Damit die Verbesserungen optimiert werden, muß ihnen ein Zielbildungsprozeß vorausgehen.

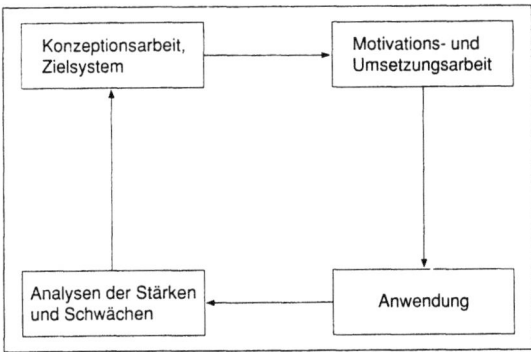

Abb. 1.7a: Der permanente Prozeß der unternehmenspolitischen Ausrichtung

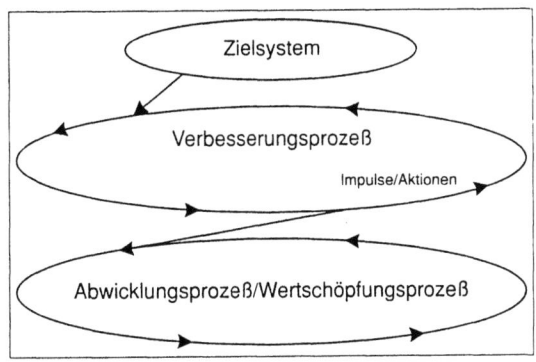

Abb. 1.7b: Erst das harmonische Zusammenwirken des Zielsystems, des Verbesserungs- und Wertschöpfungsprozesses bewirkt Spitzenleistungen

Damit wird festgelegt, welche Verbesserungen notwendig und wünschenswert sind.

Zu leicht übersieht die Unternehmensleitung, daß eine Spitzenleistung neben dem Abwicklungsprozeß des Tagesgeschäftes auf einem ständigen Prozeß einer auf Verbesserungen ausgerichteten Zielsetzung sowie der kreativen Anpassung und Verbesserung (Abb. 1.7b) beruht und daß die damit zusammenhängenden Anstrengungen niemals enden dürfen. Wir hörten deshalb mit der gesamten Führungsmannschaft unseres Unternehmens während des Jahres immer wieder Referenten zu wichtigen strategischen Themen, und zu Beginn einer Strategietagung rief der Verfasser jeweils noch einmal alles Wichtige in einem ein- bis zweistündigen Vortrag in die Erinnerung zurück.

2. Einzelne besonders wichtige Themen sollen vor der Tagung mehrfach abgehandelt werden.

3. Beispiele bilden einen kognitiven Anker für theoretische Zusammenhänge, erhöhen ihre Bedeutung und Vorstellungskraft und unterstützen damit die Erinnerung und das Verständnis.

4. Die zu bearbeitenden Komplexe führt der Referent zur Vereinfachung auf die wesentlichen Inhalte zurück, die er dann besonders herausstellt. Ein übersichtlich strukturierter Lernstoff, der sich in wenige Hauptpunkte gliedern läßt, dient als Leitfaden und erhöht auf Grund der klaren Zusam-

menhänge das Verständnis. Die Teilnehmer lernen dadurch leichter.

5. Die Moderationstechnik zwingt alle Beteiligten mitzuwirken. Dieses persönliche Engagement stärkt ebenfalls das Erinnerungsvermögen.[27] Bei den Vorträgen aktiviert der Referent ständig die Mitarbeit durch Fragen oder Aufgabenstellungen.

6. Er arbeitet mit allen möglichen Hilfsmittel, wie Projektion von Dias, Folien, Mustern, insbesondere wenn er diese Tatbestände betonen will.

7. Eine angenehme lockere Atmosphäre erhöht die Aufnahmefähigkeit und Kreativität.

8. Die erarbeiteten Ziele, Maßnahmen, Bearbeiter und Termine hält das Team im Strategieprotokoll fest, dessen Inhalt als Prioritätsthemen in den monatlichen Sparten-, Bereichs- und Abteilungsbesprechungen seinen Niederschlag findet, was die Umsetzung erleichtert.

9. Zu viele Prioritäten führen zu einer Verzettelung. Einzelne Mitarbeiter dürfen nur jeweils ein bis maximal zwei Themen bearbeiten, das heißt, daß sie ihre Schwerpunkte im Laufe des Jahres verändern, sobald Aufgabenstellungen erledigt sind.

In vielerlei Hinsicht zeigte sich die Moderationstechnik als sehr geeignete Methode, Lerninhalte zu erarbeiten, Überzeugungen zu vermitteln, den Verstehens- und Erinnerungsprozeß zu fördern und die Motivation anzuregen.

1.32 Chancen und Grenzen der Teamarbeit

Im Laufe unserer Strategietagungen kamen die Gruppen nicht selten zu überraschenden Erkenntnissen, die je nach der Veranlagung der Teilnehmer mehr oder weniger schnell Umdenkprozesse einleiteten. Dadurch wurden zunächst der Lernprozeß und später fast immer die Entwicklung positiv beeinflußt. Trotzdem darf das Management aber das Instrument Strategietagung nicht überschätzen.

Beurteilungsgrenzen erkennen

Die nachfolgenden Tatbestände bestimmen die Grenzen der Aussagefähigkeit:

– Alle Erwartungen im Hinblick auf die wirtschaftlichen Entwicklungen sind mehrdeutig, die Entscheidungen darüber folglich von Unsicherheit geprägt.

– Der Output ist wie vorher begründet nicht besser als der Input. Es empfiehlt sich deshalb in einer abschließenden Diskussion des Teams zu prüfen, auf welchen Gebieten das Wissen als abgesichert oder noch nicht abgesichert betrachtet werden kann.

– Insbesondere wenn Mitarbeiter einen Sachverhalt einzuschätzen haben, bei dem sie wenig Erfahrungen besitzen, erhöht sich die Gefahr einer Fehleinschätzung. So diskutierten wir Ende der 70er Jahre über unseren Bekanntheitsgrad eines Produktes beim Endabnehmer. Da wir Marktführer mit einem Marktanteil von über 30 Prozent waren, erwarteten wir allgemein einen hohen Wert und akzeptierten die Schätzung des langjährigen Vertriebsleiters von 80 bis 90 Prozent ohne Widerspruch. Spätere Marktuntersuchungen ermittelten einen Bekanntheitsgrad, der sogar noch weit unter unserem Marktanteil lag. Diese enttäuschende Erkenntnis veranlaßte uns, eine genaue Analyse einzuleiten, warum die Interessenten unsere Marke trotz der starken Position kaum kannten. Die Fehleinschätzung des erfahrenen Mitarbeiters war vor allem dadurch bestimmt, daß er praktisch keinen Kontakt zum Anwender besaß. Die Besuche konzentrierten sich vor allem auf den vorgeschalteten Handel.

– Die wirtschaftlichen Zusammenhänge besitzen eine so hohe Komplexität, daß Fehleinschätzungen immer in Betracht zu ziehen sind, zumal nicht alle Hintergründe der Gedanken- und Gefühlswelt offensichtlich werden. Deshalb tastet sich das Unternehmen an die tatsächlichen Marktbedingungen und ihren Wandel in einem iterativen Prozeß heran, der nur eine Annäherung findet, wenn die Tagungsteilnehmer in ständigem Kontakt mit den direkten und indirekten Kunden stehen.

- Große, prägnante Einzelereignisse der jeweils jüngsten Zeit erhalten in der Einschätzung normalerweise ein unverhältnismäßig hohes Gewicht und verschieben dadurch das Urteilsbild.
- Im Team wirken Mitarbeiter mit, die nicht immer den jeweiligen Sachverhalt kompetent beurteilen können. Es empfiehlt sich, das Urteil von Gruppen mit unterschiedlicher Beziehung zum Sachverhalt, wie Mitarbeiter der Produktion und des Vertriebs, separat zu erfassen.
- Auch wenn die Moderationstechnik die Abwehrmechanismen,[28] wie eine Rationalisierung der Aussagen, durch die Anonymität im Meinungsbildungsprozeß weitgehend verhindert, so sind doch Abweichungen von der objektiv vorhandenen Situation nicht zu verhindern, wenn es zum Beispiel um das persönliche Prestige oder um Tatbestände geht, denen die öffentliche Meinung entgegensteht. Hier ist der Moderator gefordert, einerseits durch die Vorgehensweise Rationalisierungsgefahren und andererseits die Notwendigkeit objektiver zusätzlicher Untersuchungen zu erkennen.

Hinweise auf Unsicherheiten erhält der Moderator dadurch, daß er Gruppen unterschiedlicher Kompetenz bildet und die Toleranz der Bewertung beachtet. Sehr starke Streuungen diskutiert er im Team und erstellt danach eventuell eine neue Bewertung.

Bleibt die unterschiedliche Auffassung der Gruppen nach der Diskussion erhalten, so sind dies Ansatzpunkte zu näheren Untersuchungen, einerseits, um den Sachverhalt aufzuklären, zum anderen aber auch, um die Meinungen als Grundlage für die Umsetzung einer Strategie zu harmonisieren. Die Tagung hat aber in jedem Fall neben den vorher genannten Stärken für die Umsetzung und den Lernprozeß den Vorteil, daß sie bei genügender Sensibilität des Moderators alle klaren Sachverhalte von den unklaren abgrenzt und damit auf-

wendige Marktuntersuchungen auf das Wesentliche beschränkt.

Vor Beginn einer jeden Sitzung und nach Nennung des Themas sollte der Moderator dem Team drei Fragen stellen, die zur erhöhten Urteilssicherheit beitragen:

- Besitzen wir genügend Wissen über die allgemeinen Zusammenhänge, um die gestellten Fragen mit ausreichender Sicherheit zu beantworten?
- Verfügen alle Teammitglieder über genügend und langjährige Kontakte zu den Abnehmern, um deren Bedürfnisse zu beurteilen?
- Müssen wir aus Kompetenzgründen unter Umständen den Kreis der Mitarbeiter zur Beantwortung einzelner Fragen beschränken?

Zwei weitere Fragen als Abschluß der Teamarbeit dienen demselben Zweck:

- Kann ein prägnantes Einzelergebnis der jüngsten Zeit das Urteil entstellt haben?
- Welche Themen sollte das Management durch Kundenbefragung über die eigene Organisation, welche wegen der Rationalisierungsgefahr des Abnehmers durch neutrale Marktforschung ergänzen?

Ergänzende Untersuchungen

Einfache wirtschaftliche Methoden, Moderationsergebnisse abzusichern beziehungsweise Fehleinschätzungen aufzudecken, bestehen darin, daß man Kundengruppen bei Besuchen bittet, bestimmte Fragenkomplexe zu beantworten beziehungsweise zu bewerten, die das Unternehmen danach datengestützt auswertet. Aus der Summe der Informationen läßt sich ein marktnahes Gesamtergebnis oder zum Beispiel ein Portfolio bilden, indem jeder Außendienstmitarbeiter unmittelbar nach einem Kundenbesuch für diesen die Markt- und Positionsdeterminanten beurteilt.

Neben den gewonnenen Informationen ist vor allem die positive Wirkung des Schulungsprozesses auf Grund des Zwanges, Kundenmeinungen zu erfragen, nicht zu unterschätzen. Mitarbeiter, die das Management ständig anregt, über die Bedürfnisse Markt- und Positionsdeterminanten nachzudenken, zeigen eine höhere Sensibilität und bemerken früher Änderungsprozesse im Markt.

Schließlich empfehlen sich nach diesen Analysen zur Absicherung wichtiger Themen Marktforschungsuntersuchungen, insbesondere wenn die Gefahr besteht, daß der Kunde bei direkten Befragungen auf Grund von Rücksichtnahmen oder Rationalisierungen die Ergebnisse verfälscht.

Das gesamte System stellt also einen iterativen Prozeß dar, mit dem die Führung die Analyse, die Ergebnisse und die Strategie stufenweise verbessert und bei Änderungen der Marktsituation korrigiert. Läuft das Selbstdiagnoseverfahren einmal über längere Zeit, so sehen die Mitarbeiter es als ähnlich selbstverständlichen Vorgang an wie die Fakturierung oder die Auftragsbearbeitung.

Bewertung und Auswertung der Vordrucke

Das Moderationsteam schreibt wegen der Anonymität seine Ideen und Meinungen normalerweise auf neutralen Karten auf, die der Moderator dann auf der Pinnwand anheftet. Jeder Fragebogen dient nur als Checkliste, da im Einzelfall noch weitere Merkmale von Bedeutung sein können. Wenn der Moderator zusätzliche Kriterien erwartet, sollte er diese durch einen kreativen Moderationsprozeß ergänzen. Bei der Bewertung selbst hat sich folgende Vorgehensweise bewährt:

./. 10 = höchste Schwäche bzw. höchstes Risiko bzw.: wesentlich schlechter als der Wettbewerb

   0 = keine Bedeutung bzw. nicht relevant oder gleich gut wie die Konkurrenz

  10 = höchste Bedeutung bzw. höchste Stärke oder Solitärposition bzw. keine Risiken.

Alle anderen Einschätzungen liegen zwischen diesen Ziffern. Auf eine fallend zu erwartende Änderung im Hinblick auf die Bedeutung weist man mit einfachen Zeichen hin ($\nearrow$ = stark steigend, = gleichbleibend, $\searrow$ = fallend).

Besitzt ein Mitarbeiter zu einer Fragestellung kein Wissen beziehungsweise keine Erfahrung, so schadet es dem Ergebnis eher, wenn er eine unkompetente Einschätzung abgibt, die mit hoher Wahrscheinlichkeit die strategische Ausrichtung verfälscht. Teilnehmer sollten im Einzelfall anmerken, wenn sie sich für die Beurteilung einer Frage nicht sachkundig fühlen, z. B. dadurch, daß sie bei Unsicherheit die Angaben in Klammern und, falls jede Erfahrung fehlt, statt dessen ein Fragezeichen anführen. Eine Anhäufung von solchen Hinweisen gibt wichtige Anhaltspunkte dafür, daß die Situation ergänzende Untersuchungen erfordert. Nicht selten existieren jedoch auch überzeugte Meinungen, die von einem Wunschdenken getragen werden.[29] Diese Gefahr liegt um so höher, je weniger kundenorientiert die Mannschaft eines Unternehmens arbeitet.

Alle Merkmale mißt das Team in Relation zum maßgebenden Wettbewerb und zum Potential. Die wichtigen Fragen lauten:

– Wie weit und wie nachhaltig liegen wir zurück?
– Gibt es ein Konzept, eine realistische und wirtschaftlich vertretbare Chance, den Rückstand aufzuholen?

Bewertet die Gruppe einen Wettbewerber im Moderationsergebnis deutlich günstiger als das eigene Unternehmen, so erkannte sie eine Schwäche. Schätzt sie alle Wettbewerber ungünstiger ein, so ermittelte sie eine mehr oder weniger starke Solitärposition, die es näher zu bewerten gilt. Die Frage lautet dann: Mit welchen Maßnahmen sichert das Geschäftsfeld Solitärbarrieren ab oder baut es sie aus?

Falls die Bewertung des Potentials die des eigenen Unternehmens und des Wettbewerbs übersteigt, so deutet dies verstärkt auf Chancen hin, Lücken auszuschöpfen. Natürlich läßt sich ein Potential generell nur schwer erkennen, da es als latente Größe erst im Zeitablauf zunehmend durch kreative Prozesse aufgedeckt wird. Aber schon der Stand in der Lebenskurve kann eine hohe Wahrscheinlichkeit für die Ausschöpfung dieses Potentials geben.

1.4 Die theoretischen Grundlagen der Analyse

Die primären Ziele der Unternehmenspolitik sind darauf auszurichten, langfristig die Arbeitsplätze abzusichern, ein angenehmes und angstfreies Betriebsklima bei hoher Motivation zu erreichen, durch Wachstum zusätzliche Arbeitsplätze zu schaffen und dem Anteilseigner eine angemessene Ausschüttung zu gewähren. Dies alles setzt ein gesundes Unternehmen mit einer nachhaltig guten Rendite voraus.

1.41 Ein System der Haupterfolgsdeterminanten

Die Erfolgsdeterminanten: Ergebnisse empirischer Untersuchungen

Welche Faktoren, auf die sich also das Management zu konzentrieren hat, bestimmen den Unternehmenserfolg? Es gibt eine verwirrende Zahl von Einflußgrößen: Neben der breiten Palette von möglichen Aktivitäten, den Ressourcen, den vorhandenen und erreichbaren Stärken und Schwächen, den Merkmalen der spezifischen Marktsituation spielen auch unterschiedliche soziologische und volkswirtschaftliche Bedingungen, je nach Situation, eine mehr oder weniger große Rolle. Maßnahmen können bei unterschiedlichen Strategien positiv oder negativ wirken, und was sich langfristig als positiv erweist, wirkt oftmals kurzfristig renditemindernd. Dadurch werden die Zusammenhänge außerordentlich komplex und nur mit viel Erfahrung einigermaßen überschaubar. Deshalb reagiert das Management normalerweise in erster Linie auf die Vielzahl der drängenden Ereignisse im Tagesgeschäft und baut allein darauf seine unternehmenspolitische Planung auf.[30]

Trotz der Vielzahl der erfolgsbestimmenden Faktoren existieren einige, die die Entwicklung stets maßgebend bestimmen, wenn sie auch im Einzelfall unterschiedliches Gewicht haben. Auf sie konzentriert eine erfahrene Unternehmensleitung die Maßnahmen zur Ausrichtung des Unternehmens. PIMS fand mehr als dreißig Faktoren, die mit der Ertragskraft positiv korrelieren.[31] Einige davon sind so wichtig, daß man mit ihnen in neunzig Prozent aller Fälle über eine Periode von drei bis fünf Jahren das ungefähre Ergebnis (within three to five points of after-tax ROI) schätzen kann.[32] Auch andere Untersuchungen kristallisieren stets einige wichtige Faktoren heraus. Zu Haupterfolgsdeterminanten zählen unter Berücksichtigung eigener Erfahrungen:[33]

- Investitionsintensität
- Produktivität
- Synergien
- Marktanteil
- Bekanntheitsgrad
- Wachstum des bedienten Marktes
- Differenzierungspotential des bedienten Marktes
- Konkurrenzsituation
- Qualität der Produkte oder Dienstleistungen
- Markensystem
- Fachkompetenz
- Umstellungsbarrieren
- Internationale Organisation
- Rate der Einführung neuer Produkte (Innovation und Differenzierung)
- zeitliche Vorteile
- vertikale Integration
- Kostendruck
- Intensität der strategischen Bemühungen, d. h. der Aufbau der Schlüsseldeterminanten kostet zunächst einmal Ertrag. Ein höherer Marktanteil erhöht die Ertragskraft, aber die Bemühungen um eine Steigerung desselben senkt sie.
- Managementqualität
- Strategie
- Leistungskultur

Begriffsbestimmungen

Die Definition wichtiger Begriffe besitzt praktische Bedeutung, weil sie hilft, im ganzen Unternehmen mit einer einheitlichen Sprache zu reden. Dadurch lassen sich Mißverständnisse soweit wie möglich vermeiden und eine einheitliche Ausrichtung erleichtern. Folgende Begriffsbestimmungen haben sich für die praktische Arbeit als zweckmäßig erwiesen:

Leistungen eines Unternehmens führen immer dann zu Vorteilen, wenn sie bei geringerem Aufwand über dem Niveau des Wettbewerbs liegen und damit das Angebot, den Service etc. attraktiv für den Kunden differenzieren. Eine Unterscheidung durch die Leistung ist jedoch normalerweise nicht nachhaltig: Zieht ein Unternehmen durch Preissenkungen auf der Basis nicht vorhandener Kostenvorteile oder durch Werbeaktionen überproportionale Umsätze auf sich, so kann der Wettbewerb diesen Vorteil kurzfristig kompensieren, indem er mit eigenen Maßnahmen reagiert. Mit ihr verbindet sich keine Stabilität bzw. keine bessere Position. Auch auf andere Marketingaktionen, hinter denen nicht eine einmalig kreativ differenzierende Leistung steht bzw. deren Konzept eine Imitation sehr erschwert, kann der Wettbewerb relativ schnell reagieren, indem er seinerseits innerhalb einiger Wochen oder Monate mit einer vergleichbaren Kampagne und vergleichbarem Aufwand nachzieht und so die Wirkungen kompensiert.

Jedes für den Kunden nützliche Merkmal eines Produktes, jeder Vorteil des Service, der Kommunikation etc. kann bewirken, daß die Kunden an einen Lieferanten gebunden werden bzw. potentielle Abnehmer es als vorteilhaft ansehen, überzuwechseln. Diese Merkmale verschaffen dem Hersteller also eine mehr oder weniger starke monopolistische oder solitäre Stellung, die für den Wettbewerb Barrieren aufbaut, in seinen Markt einzudringen, d. h. Solitärbarrieren schafft. Die Summe der Solitärbarrieren führt zu einer mehr oder weniger starken Wettbewerbsposition und damit zu monopolistischem Spielraum für die Preispolitik.

Im Gegensatz zu den Leistungen, mit denen die Führung direkt den Absatz, die Erlöse und die Deckungsbeiträge beeinflußt, stützen die Solitärbarrieren und damit die Position nachhaltige Vorteile. Sie entstehen durch ein geschicktes, klar orientiertes langfristig angelegtes Zusammenspiel von Leistungen: Ein gutes Produkt in imagefördernder Verpackung und Gestaltung, begleitet von entsprechender Argumentation, Werbung und Verkaufsförderung, führt im Laufe von Jahren zu einem Qualitätsimage, das durch seine Nachhaltigkeit die Position absichert. Ein langfristig vorbereitetes Kostensenkungsprogramm baut Stärken auf, die der Wettbewerber erst nach langer systematischer Arbeit, verbunden mit höheren Investitionen, erreicht.

Positionen setzen sich jedoch normalerweise nicht automatisch in Rentabilität um. Sie stellen vielfach nur Chancen beziehungsweise Potentiale[34,35] dar, die durch die Leistung ausgeschöpft werden müssen. Läßt ein Hersteller beispielsweise die Position seines hohen Marktanteiles ungenutzt, indem er sein Rationalisierungspotential auf Grund der größeren Serien nicht durch eine Mechanisierung oder Automatisierung seiner Fertigung ausschöpft, oder Fertigungsvorteile durch zu hohe Verwaltungskosten kompensiert, so schöpft er sein Potential nicht aus. Gibt er schließlich Vorteile seiner gewonnenen Kostenposition nicht über Preissenkungen an die Kunden weiter, um Marktanteile zu gewinnen, so arbeitet er nicht strategisch orientiert, um Potentiale aufzubauen. Nutzt er dagegen seine Preissenkungsmöglichkeiten bei einer sehr günstigen Kostenposition, so hält ein nachfolgender Wettbewerber langfristig nur mit, wenn er seine Kosten ebenfalls entsprechend abbauen oder die Verluste auf andere Weise subventionieren kann. Letzteres dürfte jedoch normalerweise nicht wirtschaftlich sinnvoll sein.

> Leistungen führen um so eher zu starken Solitärbarrieren bzw. Positionen, je höher das Leistungsniveau und je besser und klarer die Leistungsorientierung ist. Solitärbarrieren bzw. Positionen beinhalten normalerweise nur Erfolgspotentiale, d. h. sie schaffen die Voraussetzungen, im Vergleich zum Wettbewerb, bessere Ergebnisse zu erzielen.

16

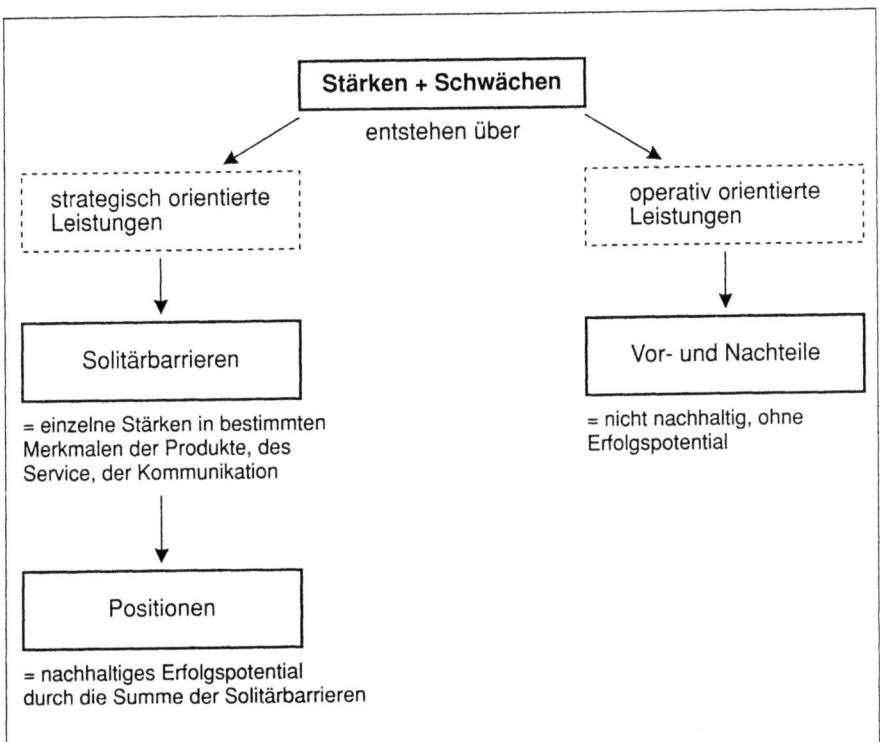

Abb. 1.8:
Begriffshierarchie für
die strategische
Planung

Aus dem Obengesagten läßt sich eine für die Praxis geeignete Begriffshierarchie aufbauen (Abb. 1.8).

Das Zusammenspiel der Haupterfolgsdeterminanten

Jede Systematik dient als eine Denkunterstützung und Orientierung für die Beurteilung einer Unternehmenssituation und zur strategischen Ausrichtung, auch dann, wenn die Situation eine Umstrukturierung erfordert, das Unternehmen sich also in einer sehr schwierigen Ausgangssituation befindet. Jedenfalls sollte eine Unternehmensführung das Zusammenspiel der wesentlichen Determinanten genau kennen.

Eine einfache Systematik hilft bei der praktischen Arbeit. Man unterscheidet dabei zur besseren Orientierung primäre, sekundäre und derivative beziehungsweise abgeleitete Haupterfolgsdeterminanten. In der Literatur zum Thema Strategie wurde bereits umfassend über die Positions- und Markteinflüsse auf die Rentabilität berichtet, aber erst die Verbindung mit dem Leistungsbegriff[36] schafft ein umfassendes und nützliches System für die unternehmerische Praxis. Den primären ordnet man die eigenen Leistungen, z. B. die unmittelbaren Aktivitäten wie Werbe- und Verkaufsförderungsaktionen, Verkäuferwettbewerbe, Erhöhung der Zahl der Kundenkontakte, Weiterbildungsmaßnahmen zu. Durch „geronnene Leistungen" entstehen bessere oder schlechtere Positionen, z. B. durch Ausbildungsaktivitäten ein bestimmter Ausbildungsstand der Mitarbeiter, durch intensive Kontakte mit Abnehmern eine starke Kontaktposition, oder durch bessere Vertriebs- und Marketingleistungen ein hoher Marktanteil. Aber nicht jede

17

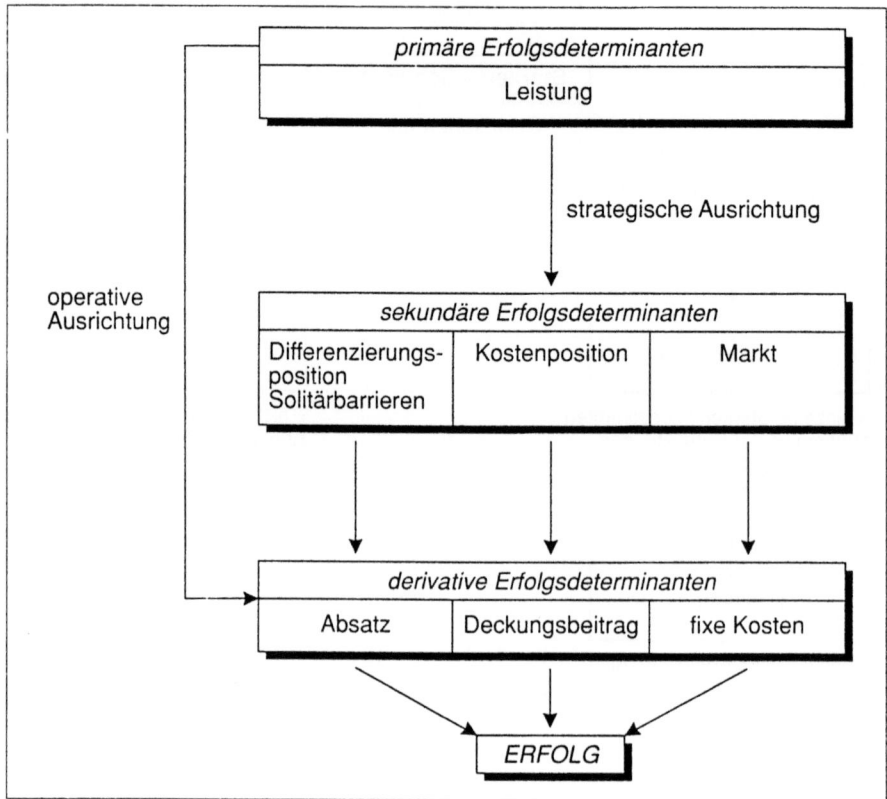

Abb. 1.9:
Zusammenspiel der
Haupterfolgs-
determinanten

Leistung verbessert die Position. Insbesondere strategisch orientierte Leistungen bilden Positionen. Da starke Positionen jedoch hohe Leistungen voraussetzen, sind die Übergänge zwischen Leistungs- und Positionsdeterminanten fließend. Trotzdem ist die Unterscheidung in diese beiden Determinantenarten für die strategischen Überlegungen sehr wertvoll.

Die Position der Firma im Vergleich zum Wettbewerb sowie der Markt beeinflussen als sekundäre Haupterfolgsdeterminanten Umsatz, Erlös und Kosten bzw. Absatzmenge, Deckungsbeitragsstruktur und fixe Kosten. Ihre Entwicklung bestimmt unmittelbar den Erfolg. Betrachtet man die PIMS-Ergebnisse auf der Basis dieser Systematik, so sind fast ausschließlich meßbare sekundäre Determinanten der Position und des Marktes für den Erfolg verantwortlich.

Potentiale als Chancen

Leistungen, Positionen und Märkte bieten im Einzelfall unterschiedliche Entfaltungschancen, und ihre Analyse gibt wichtige Hinweise darauf, inwieweit es Verbesserungsmöglichkeiten durch eine kreative Unternehmenspolitik gibt. Die strategisch orientierte Leistung richtet sich stets unter Berücksichtigung der gegebenen Stärken und Ressourcen der Gesellschaft auf die Erfolgspotentiale des Marktes aus. Diese geben also Auskunft über die Chancen.

Die Ausschöpfung der Potentiale setzt voraus, daß

a) sie erkannt werden und
b) die Organisation Maßnahmen entdeckt, um sie zu nutzen.

18

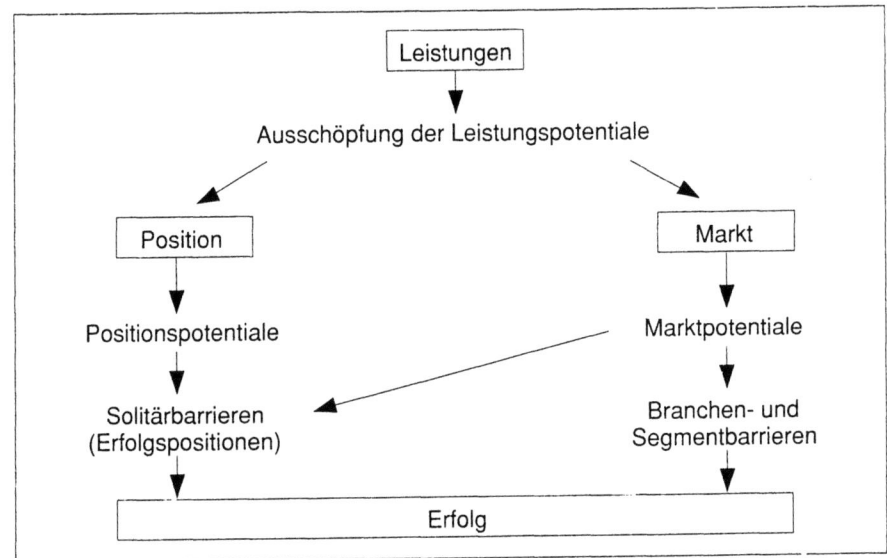

Wenn ein Geschäftsfeld die angesteuerten Solitärbarrieren noch nicht erreicht hat, so sind dafür folgende Erklärungen denkbar:

a) Es fanden sich noch keine ausreichend starken
Aktivitäten, um die Positionen aufbauen zu
können.
b) Trotz hinlänglicher Leistungen erfordert es
noch Zeit, bis man das Ziel erreicht.

Jedes Unternehmen und jeder Markt besitzen
Erfolgspotentiale (Abb 1.10), die sich durch kreative Maßnahmen nutzen lassen. Positionen bilden
sich durch ihre konsequente und bessere Ausschöpfung bzw. erwachsen aus dem geronnenen
Ergebnis hoher Leistungen. Besitzt eine Gesellschaft starke Solitärbarrieren, und entfaltet sie
durch eine geschickte Führung die volle Kraft ihrer Leistungsdeterminanten, so entwickelt sie sich
deutlich besser als die Branche, es kommt also zu
einer Firmenkonjunktur (Abb 1.11). Liegen diese
Positionsdeterminanten auf Grund von Schwächen
in der Vergangenheit schlechter als beim Wettbewerb, so bleibt nur die Möglichkeit, diesen Nach-
teil durch stärkere Leistungen auszugleichen. Dadurch wird auch deutlich, welche Vorteile eine

Unternehmensleitung besitzt, die auf starken Solitärbarrieren ihre Maßnahmen aufbaut.

1.42 Märkte und Nischen

Märkte üben einen unterschiedlich starken Druck
auf die Erlöse beziehungsweise auf das Wachstum
aus und bieten damit mehr oder weniger gute Voraussetzungen für eine Rendite. Ihre Bedrohungs-
determinanten (Abb 1.12) zeigen jeweils andere
Intensitäten, die sich darüber hinaus im Zeitablauf
ändern. Es gibt Branchen, in denen über längere
Zeit alle Unternehmen im Verlust liegen oder
kaum eines gut verdient.[37] In anderen Wirtschaftszweigen sieht man Gewinne normalerweise als eine Selbstverständlichkeit an, wie dies viele Jahrzehnte in der pharmazeutischen Industrie der Fall
war.

Arten von Marktdeterminanten

Die Führung muß die Einflußfaktoren kennen, um
ihre Situation im eigenen Markt oder in neuen an-
zugehenden Märkten zu beurteilen. Identifiziert er

19

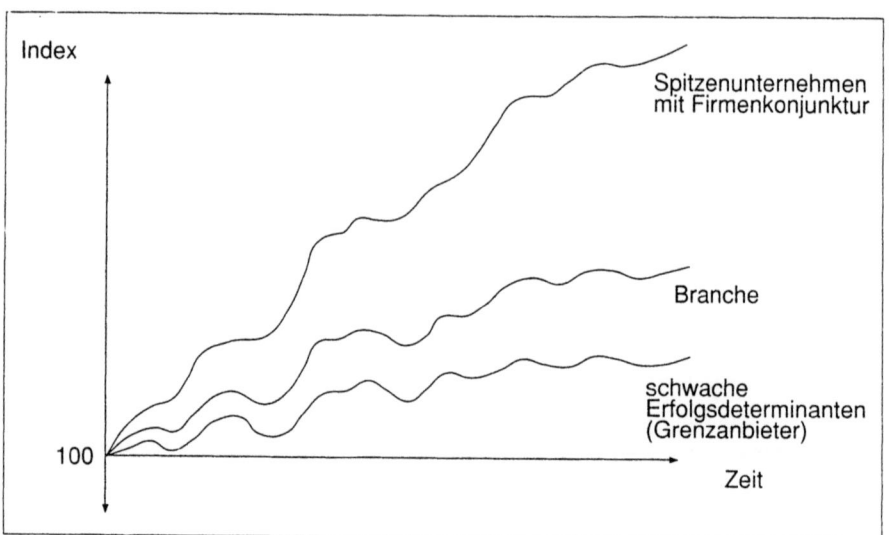

Abb. 1.11:
Index der Umsatz-
entwicklung von
Spitzenunternehmen
im Vergleich zu
Grenzanbietern der
gleichen Branche als
Ausdruck unter-
schiedlicher Posi-
tions- und Leistungs-
determinanten

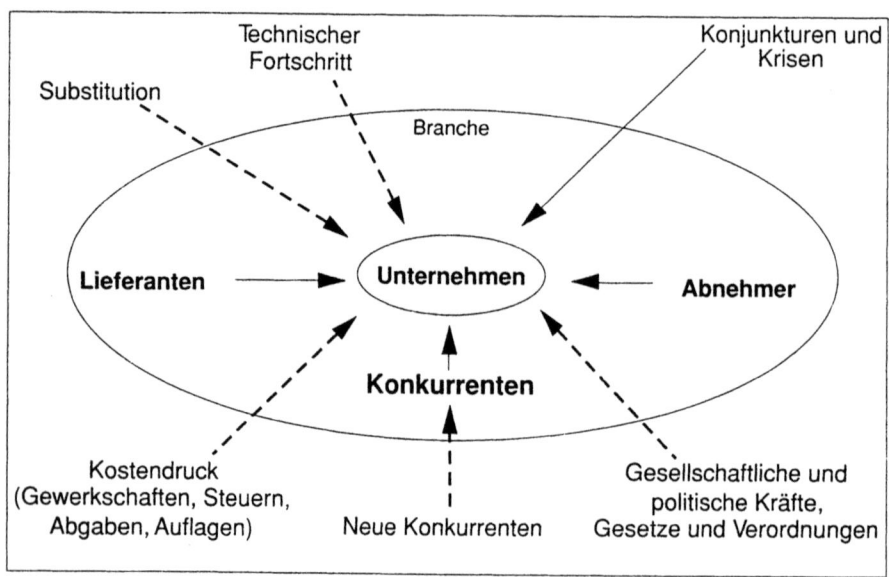

Abb. 1.12:
Das Bedrohungs-
potential für
Unternehmen

die Chancen und Zwänge, so kann er die Position verändern und sich damit den negativen Auswirkungen eines Marktes entziehen.

Schwieriger erscheint es dagegen, mit den unternehmenspolitischen Instrumenten die Rahmenbedingungen zu beeinflussen. Insbesondere in einer frühen Phase der Lebenskurve[38] bestehen für die Geschäftsfelder noch Möglichkeiten, auf die Ausbildung des Differenzierungspotentials, auf die Rivalität und die Konkurrenzstruktur einen gewissen Einfluß zu nehmen. Oft werden diese Chancen von den maßgebenden Firmen übersehen und beispielsweise nicht durch eine geschickte Produktpolitik bzw. erfolgsorientiertes Marketing Differenzierungsmerkmale geprägt und beim Kunden verankert. Dann entstehen in einem solchen Markt auf Grund der natürlichen Wettbewerbskräfte stets mehr oder weniger homogene Einstellungen. Je länger sich bei den Käufern das Meinungsbild verfestigt, daß alle Angebote den gleichen Nutzen bringen, um so größere Schwierigkeiten treten auf, noch Differenzierungsmerkmale glaubhaft zu verankern. Die Hersteller und ihre Produkte positionierten sich durch die natürlichen Kräfte des Umfeldes in ungünstiger Weise.

Das Zusammenspiel von Determinanten, die Abbildung 1.13 darstellt, bestimmt im wesentlichen die Sog- und Druckwirkungen des Marktes.

Rivalität in der Branche senken

Es gibt auf Grund der unterschiedlichen Einflußgrößen[39] hochgradig stabile oder instabile Wettbewerbssituationen, die im letzten Falle nicht selten zu Zermürbungskriegen führen und dann für alle Seiten in hohem Maße Rentabilität kosten. So ist die Rivalität in der Branche der erste wichtige Einflußfaktor.

Positionierung in Wachstumsmärkten bzw. -segmenten

Schnelles Wachstum eines Marktes senkt normalerweise die Rivalität: Die Hersteller sind gut aus-

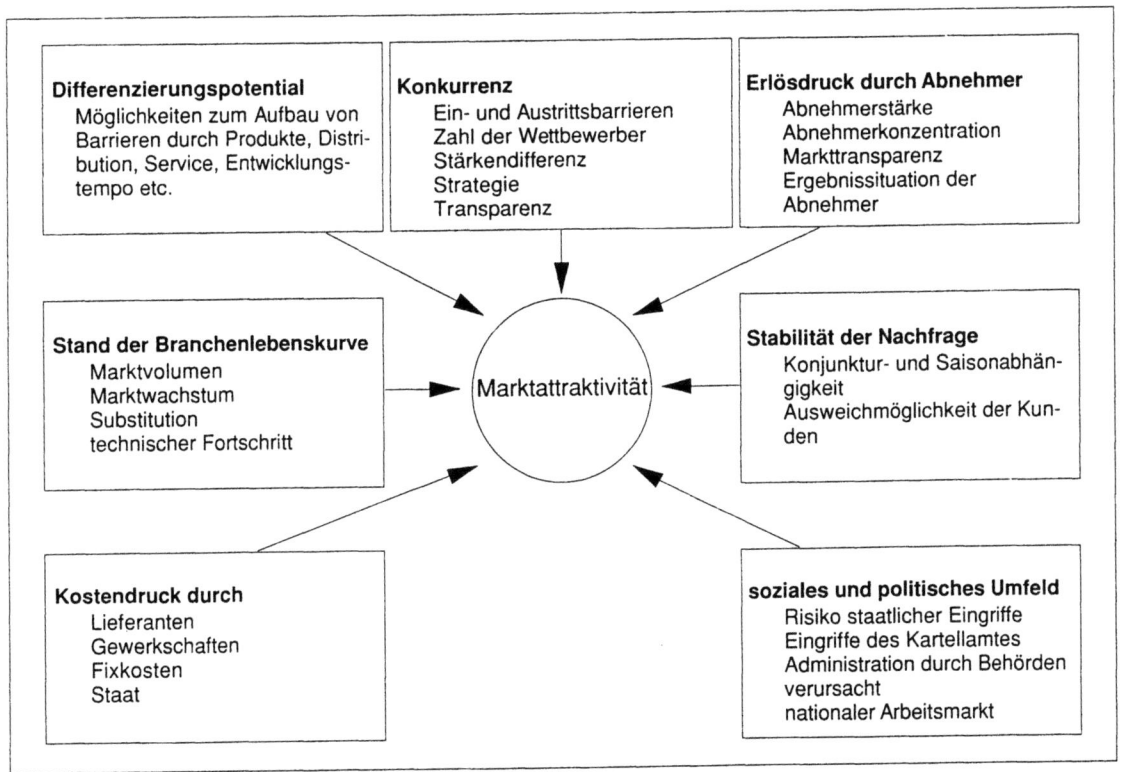

Abb. 1.13: Marktdeterminanten zur Bestimmung der Marktattraktivität

gelastet und damit beschäftigt, Kapazitäten aufzubauen. Das ständige Umsatzwachstum verlagert
ihre Anstrengungen mehr auf die Produktion, und
es gibt wenig Bereitschaft, über den Preis zusätzliche Umsätze an sich zu ziehen, da sie dadurch die
Probleme noch verschärfen. In der Wachstumsphase findet es auch verhältnismäßig wenig Aufmerksamkeit beim Wettbewerber, wenn einer der
Hersteller Marktanteile gewinnt. In dieser Situation lassen sich Positionen ohne besonderen
Widerstand verschieben. Entscheidend erscheint
es, schon dann, je nach den im Markt gegebenen
Chancen der Differenzierung oder Kostensenkung,
das richtige unternehmenspolitische Schwergewicht zu geben, und das Kostensenkungspotential,
das sich auf Grund des Wachstums eröffnet, entsprechend zu nutzen, damit das Unternehmen seine
Position abgesichert hat, wenn es die Sättigungs-
phase erreicht. Eine Abschätzung des Kostensenkungspotentials in Abhängigkeit von der Wachstumsrate ermöglicht die Kostenerfahrungskurve.

WR %	VZ p. a.	KSP in %
1	70	0,3
2	35	0,6
7	10	2,1
15	5	4,2
26	3	7,0
41	2	10,5

WR = Wachstumsrate
VZ = Verdoppelungszahl
KSP = Kostensenkungspotential

Abb. 1.14: Kostensenkungspotential in % p. a. bei
unterschiedlichen Wachstumsraten[40]

So attraktiv Wachstumsmärkte unter bestimmten Bedingungen sein können, so hart entfalten sie
möglicherweise aber auch dort den Wettbewerb,
wo der Penetrationsanreiz sehr groß wird, also das
erwartete zukünftige Gewinnpotential zu hohen
Investitionen in die Forschung und Entwicklung,

Sachanlagen und Marketing führt. Angeregt durch
überaus positive Berichterstattung in der Presse
entschieden sich viele internationale Konzerne
beispielsweise, in den bis daher mehr mittelstän-
disch orientierten Markt der technischen Keramik
einzutreten. Der Aufbau von Überkapazitäten belastet diesen Zukunftsmarkt voraussichtlich über
lange Zeit und senkt seine auf Wachstumserwar-
tung basierende Attraktivität, vor allem, wenn die
Entwicklung hinter den zeitweise sehr hohen Erwartungen deutlich zurückbleibt. Es kommt in solchen Fällen auf Grund des schon sehr früh einset-
zenden Erlösverfalls bereits in einer sehr frühen
Phase zu einer Bereinigungskrise,[41] die sich aber
auf Grund der Subventionsbereitschaft wegen der
hohen Zukunfterwartungen und den damit verbundenen strategischen Austrittsbarrieren überaus
lange hinzieht.

Differenzierungspotential

Der Nutzen eines Produktes ist grundsätzlich subjektiv bestimmt.[42] Die Variationsbreiten sind jedoch von Produkt zu Produkt unterschiedlich. Daraus folgt, daß die Differenzierungs- beziehungsweise Homogenitätsbedingungen, das heißt die
Möglichkeiten, sich in segmentierte Märkte zurückzuziehen[43] und Solitärbarrieren aufzubauen,
besonders wichtige Bestimmungsgrößen für die
Rivalität in der Branche darstellen. Diese Voraussetzung entscheidet insbesondere für kleinere und
mittelständische Unternehmer in großen Märkten
über deren Renditepotential. Ein hoher Anteil am
Gesamtmarkt wird also um so wichtiger, je ausge-
prägtere Homogenitätsbedingungen vorliegen.
Liegt dagegen ein hohes Differenzierungspotential
vor, so bietet dies den mittelständischen Unternehmen einen starken Schutz und führt in großen Betrieben mit hohem Gesamtmarktanteil eher zu einer hemmenden Vielfalt, d. h. solche Märkte schaffen für Großunternehmen Komplexitätsbarrieren.

Sowohl rationale als auch emotionale Differenzierungspotentiale stellen die Basis dar, um eine
Solitärbarriere als Schutzwall zu schaffen.[44] Inso-

weit spielen die Innovationskraft und Kreativität, also die Fähigkeiten zur Differenzierung, eine entscheidende Rolle. Sie umfassen das gesamte Spektrum der Unternehmenspolitik, das die Kunden unmittelbar und mittelbar erkennen können:

- Differenzierung durch Qualitätsniveau und -konstanz
- Differenzierung durch Fachkompetenz
- Differenzierung durch Optik (Form, Farbe, Verpackungsgestaltung)
- Differenzierung durch Beschriftung, Zeichen und Marke
- Differenzierung durch neue technische Varianten (Innovation)
- Differenzierung durch technische Hochzüchtung
- Differenzierung durch Spezialisierung

- Differenzierung durch Zeit
- Differenzierung durch revolvierenden Vorsprung
- Differenzierung durch Einfachheit
- Differenzierung durch das Sortiment
- Differenzierung durch den Service, durch Verkaufsförderung und Kommunikation
- Differenzierung durch den Absatzweg
- Differenzierung durch persönliche Anbindung
- Differenzierung durch Konzentration auf ein Segment

Bestimmte Produkte erweisen sich bereits auf Grund ihrer natürlichen Voraussetzungen als wenig differenzierungsfähig (Abb. 1.15). So bieten Massenstähle weniger Gestaltungsspielraum und damit nicht so viele Möglichkeiten, sich in Ni-

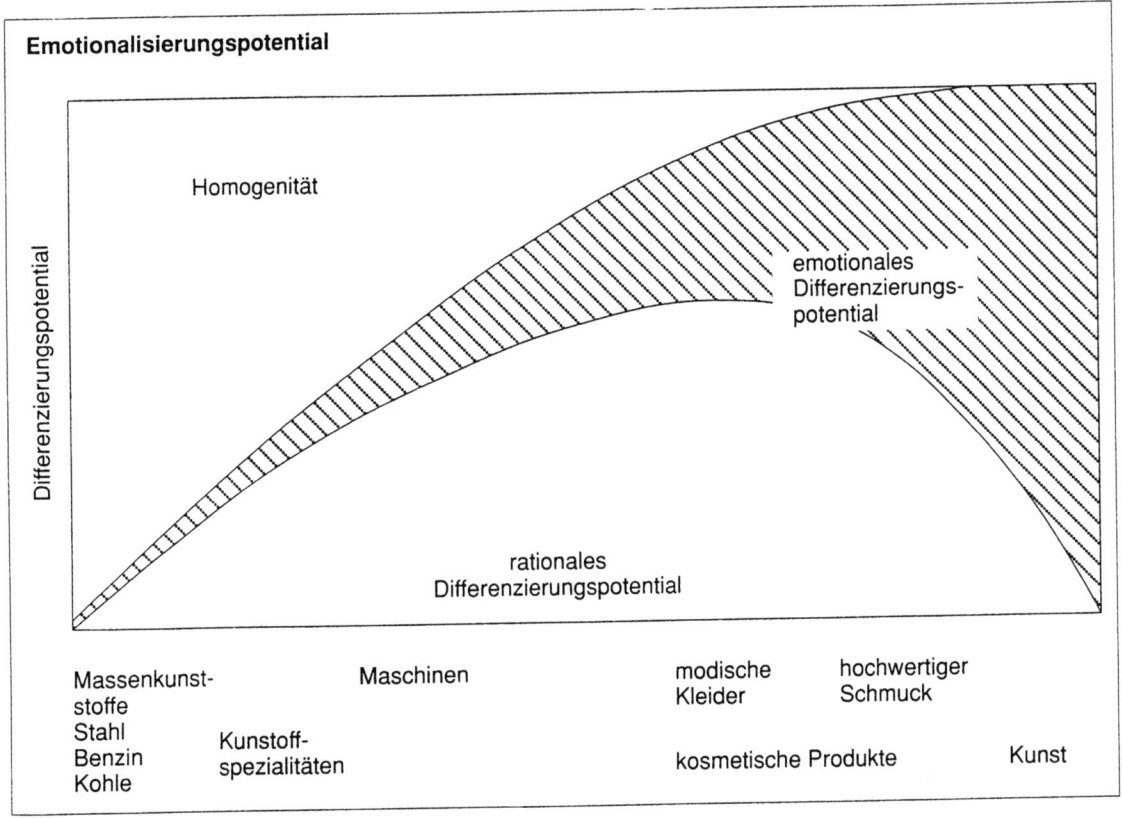

Abb. 1.15: Bedeutung des rationalen und emotionalen Differenzierungspotentials verschiedener Produkte

schen zurückzuziehen beziehungsweise rationale Solitärbarrieren zu bilden, wie das komplexe Produkt Maschine. Der Gesamtmarkt für Pumpen und Kompressoren besitzt beispielsweise in Europa ein Marktvolumen von mehr als 4 Milliarden DM. Allein bei der Gruppe der Flüssigkeitspumpen unterscheidet man mehr als 90 verschiedene Arten wie z. B. Faßabfüllpumpen, Freistrompumpen, Handpumpen, Kolbenpumpen, Laborpumpen oder Dosierpumpen,[45] die auf Grund der verschiedenen Anwendungsgebiete unterschiedliche Konstruktionsmerkmale kennzeichnen. Da es auch direkte und indirekte Absatzkanäle gibt, und die verschiedenen Kunden oft ein andersartiges Einkaufsverhalten zeigen, verfügt ein solches Arbeitsgebiet über ein hohes rationales Differenzierungspotential. Schließlich kann das Emotionalisierungspotential einen entscheidenden Einfluß besitzen.[46] So ist Benzin in dieser Hinsicht weit weniger differenzierungsfähig als ein kosmetisches Produkt.

Die natürlichen Homogenisierungstendenzen beschleunigen sich unter Umständen auch durch die Strategie der Branche, indem die Firmen mit Hilfe detaillierter Normungen oder Gütevorschriften bewußt andersartige Lösungen ausschalten, um zum Beispiel ausländische Abnehmer abzuwehren. Damit macht man gezielt die Produkte gleich, unterbindet eine Nischenbildung, führt also künstlich eine Homogenität herbei, um regionale Barrieren aufzubauen. In anderen Fällen schaffen dagegen die Wettbewerber mit klar abgegrenzten Strategien bewußt Nischen, die zu einer Entlastung der Preispolitik führen.

Differenzierungsattraktivität und Lebenskurve

Das Differenzierungspotential sinkt auf Grund der Entwicklungsbemühungen aller Hersteller einer Branche im Laufe der Lebenskurve, indem sie immer dichter an die bestmögliche Lösung herankommen (vgl. Abb. 1.16 und 1.17). In ihrem Verlauf passen sich zunächst die Gebrauchstauglichkeit, dann die Rationalqualität und zuletzt oft mit großer Verzögerung die Emotionalqualität an. Es entstehen Positionen bzw. Solitärbarrieren und gehen wieder verloren. Die Transparenz des Marktes und das absatzpolitische Geschick der Hersteller bestimmen die Geschwindigkeit der Anpassung der emotionalen Differenzierung.

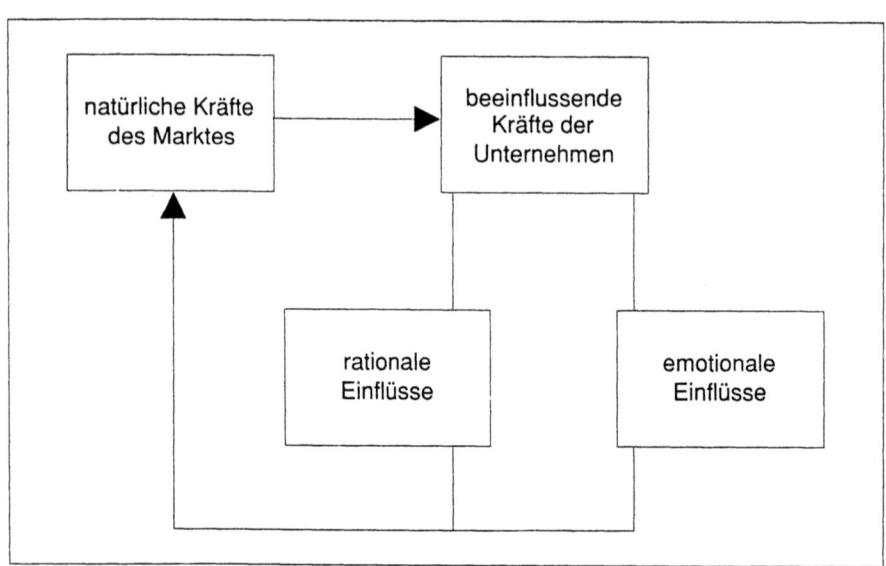

Abb. 1.16:
Einflußfaktoren auf die Homogenisierungstendenz

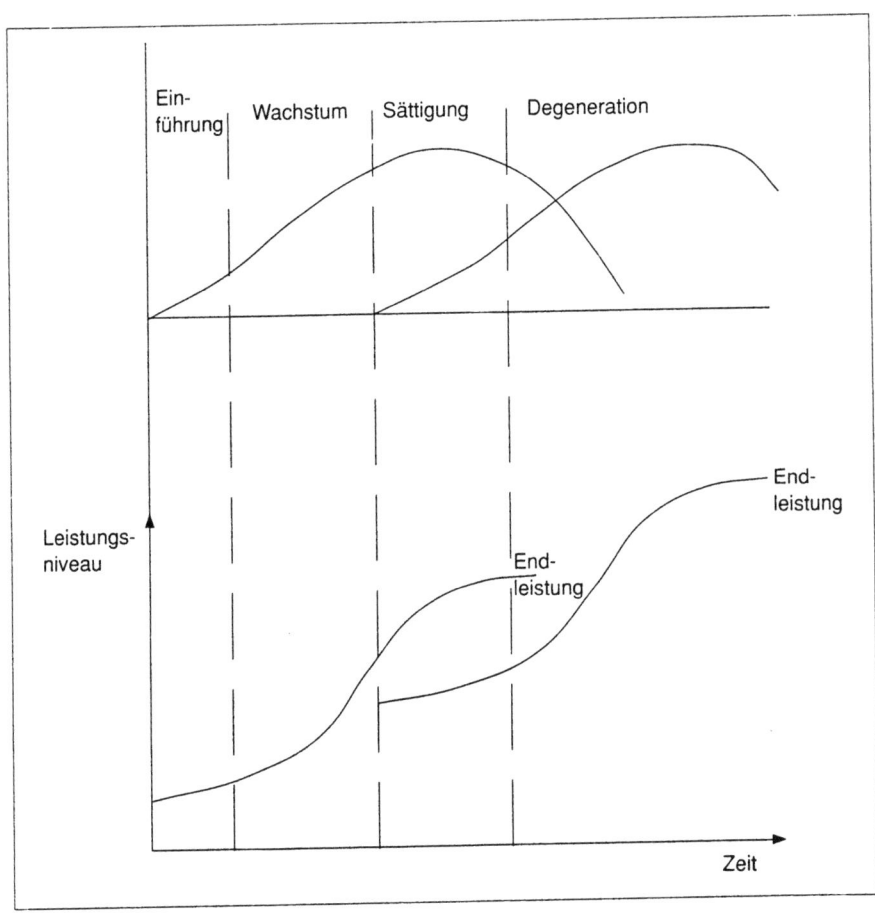

Einführung | Wachstum | Sättigung | Degeneration

Leistungsniveau

Endleistung

Endleistung

Zeit

Abb. 1.17:
Normalverlauf der
Umsatz- und
Leistungskurven im
Lebenszyklus

Eine einfache Gleichung zeigt die Zusammenhänge für die Anpassungszeit der technischen Leistungsfähigkeit unter den Wettbewerbern:

$$\frac{\text{Komplexität der Problemlösung + Lösungszugänglichkeit + Strategie}}{\text{Penetrationsanreiz}}$$

Die Komplexität der technischen Problemlösung (Komplexitätsbarriere) bestimmt, welcher Aufwand durch die Entwicklung zu betreiben ist. Dabei sind Lösungen auf Grund von Veröffentlichungen etc. mehr oder weniger leicht zugänglich (Zugänglichkeitsbarriere), und der Anreiz, dieses Gebiet zu erschließen, kann zu einem mehr oder weniger großen Aufwand führen, der die Imitations-

zeit verkürzt. Je mehr sich alle Hersteller auf Grund ihrer strategischen Orientierung darum bemühen, ihre Angebote vom Wettbewerb abzusetzen, um so länger verzögert sich der natürliche Anpassungsprozeß.

In der frühen Phase legen die Firmen ihr Schwergewicht auf Grund des mehr oder weniger raschen Wachstums vor allem auf Beschaffung, Kapazitätsaufbau und Lieferbereitschaft. In dieser Zeit entsteht aber das Qualitätsimage, das auf Grund seiner Stabilität bzw. Trägheit die spätere Position noch stabil differenziert, selbst wenn sich die Gebrauchstauglichkeit und die Innovationsunterschiede schon angepaßt haben. Die Geschwindigkeit der Anpassung der rationalen Komponen-

25

ten im Lauf der Lebenskurve wird von der Schwierigkeit und Komplexität sowie von der Entwicklungsintensität bestimmt. Die Tendenz zur Homogenisierung führt über die Stufen „Gebrauchstauglichkeit", „Rationalqualität" und „Emotionalqualität". Je nach der Intensität der Entwicklungsarbeiten und der Transparenz durchläuft eine Branche diese Stufen mehr oder weniger schnell. Mit ihrem Marketing versuchen die Unternehmen, diesen Prozeß zu verzögern und zu unterbinden.

Ein über längere Zeit praktiziertes gleichartiges Verhalten der Anbieter prägt ein Homogenitätsdenken beim Nachfrager, auch wenn die Produkte tatsächlich andere Eigenschaften aufweisen. Die deutsche Kunststoffrohr-Branche bemühte sich von Anfang an, Werkstoffe, Form, Farbe und Dichtsystem zu vereinheitlichen. Trotzdem wählten aus bestimmten Gründen zwei Hersteller einen Rohstoff mit andersartigen Eigenschaften. Durch das Ziel der größeren Gruppe von Wettbewerbern, die beiden Außenseiter zu zwingen, auf den eigenen Rohstoff umzustellen, einigte man sich

schließlich, die Differenzierungsargumente wegzulassen. Als Folge prägten gleiche Preislisten und Rabatte das Marktgeschehen.

Marktbefragungen ergaben später, daß die Anwender die unterschiedlichen Werkstoffe kaum noch bemerkten und beachteten. Die Produkte paßten ihr Image im Markt nahezu unbemerkt emotional aneinander an, der Einkaufspreis blieb als dominanter Faktor der Kaufentscheidung. Damit wurden objektiv technisch differenzierte Erzeugnisse auf Grund des Marktverhaltens vereinheitlicht, eine Nischenbildung unterbunden, also künstlich eine Homogenität der Produkte herbeigeführt beziehungsweise die Differenzierungsbedingungen verschlechtert. Die Preiselastizität der Nachfrage erhöhte sich infolge der Branchenpolitik.

Neben den natürlichen Anlagen des Produktes zur Differenzierung gibt es noch ein Differenzierungspotential, z. B. durch die Möglichkeiten der Gestaltung, Farbgebung, Konstruktion, des Services, der Kommunikation, das von den Herstellern einer Branche benutzt werden kann. Aufgrund der

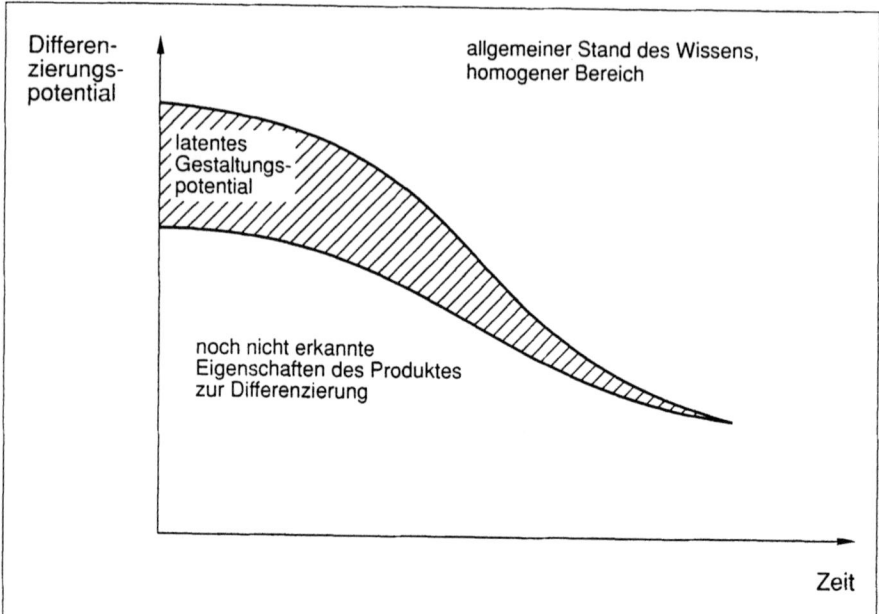

Abb. 1.18:
Verlauf der natürlichen Tendenz zur Homogenisierung und des Gestaltungspotentials bei nicht vorhandener Differenzierungspolitik

Mechanismen des Marktes, insbesondere der Imitationsbemühungen des Wettbewerbs und der Lernprozesse bei den Abnehmern, nimmt das Gestaltungs- bzw. Differenzierungspotential im Laufe der Zeit ab (Abb. 1.18). Dieser Prozeß verläuft um so schneller, je weniger eine Branche sich Gestaltungsfreiraum schafft, d. h. versucht, das Potential auszuschöpfen. Dies geschieht mit gezielter Differenzierungspolitik durch Nutzung aller unternehmenspolitischer Instrumente. Im Idealfall schaffen sich die Hersteller einen laufend wachsenden Gestaltungsraum bis sie das Potential nahezu ausgeschöpft haben (Abb. 1.19). Lassen sie den Homogenisierungstendenzen jedoch freien Lauf, so ist mit einer fortschreitenden Verankerung einer emotionalen Homogenisierung in der Käufermeinung eine Umkehr zunehmend nur noch mit steigenden Kosten möglich, das heißt der erforderliche Aufwand steht bald in keinem Verhältnis mehr zu den Ertragschancen. Den ursprünglich als Potential gegebenen Gestaltungsfreiraum nutzten die Hersteller nicht, er engte sie zunehmend ein. Ein harter Preiswettbewerb belastet dann die Branche, in der

nur der überlebt, der mit einer relativ günstigeren Kostenstruktur arbeitet. Wirtschaftlich interessante Differenzierungschancen eröffnen sich erst wieder mit neuen Produktentwicklungen, die stark abweichende Erfahrungskurven einleiten.

Differenzierungsattraktivität durch Nischenpolitik

Der kundenorientierte Anbieter sucht eine für die Praxis relevante und möglichst effiziente Verbrauchertypologie zu finden, auf der er sein marktwirksames Konzept aufbaut.[47] Typologien ermittelt man nach unterschiedlichsten Gesichtspunkten. So führte eine Untersuchung bei Verbrauchern von Lacken und Farben im Jahre 1965 zu vier verschiedenen Typen von Selbststreichern (Abb. 1.20):

Der Typ 1 betrachtet das Anstreichen als Hobby. Er gibt sich Mühe, sauber und sorgsam zu arbeiten. Die Tätigkeit ist nicht nur ein Mittel zum Zweck, sondern auch Selbstzweck. Über das Ergebnis sei-

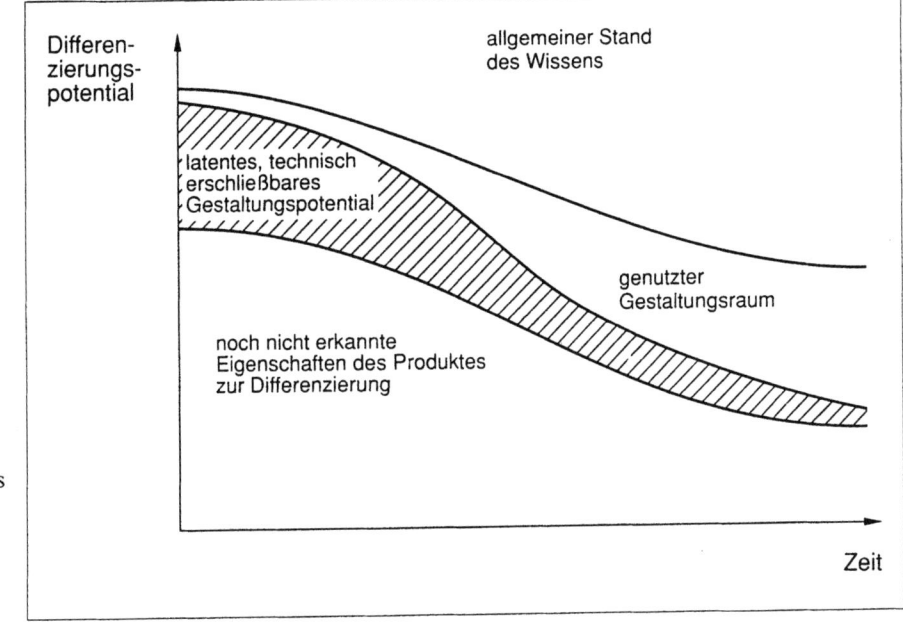

Abb. 1.19:
Verlauf der natürlichen Tendenz zur Homogenisierung, des Gestaltungspotentials und des Gestaltungsfreiraumes der Branche bei gezielter Differenzierungspolitik

27

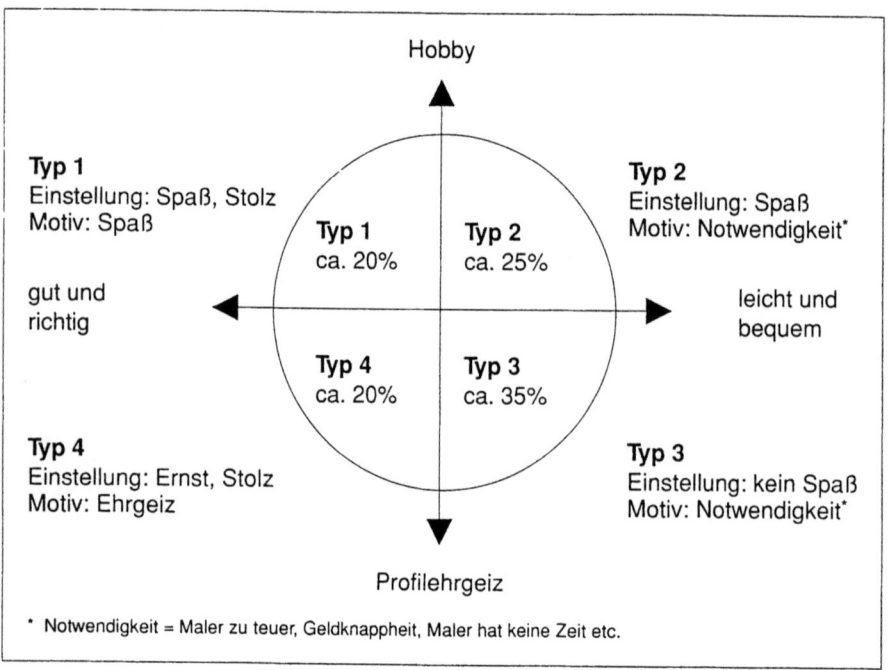

Hobby

Typ 1
Einstellung: Spaß, Stolz
Motiv: Spaß

gut und
richtig

Typ 4
Einstellung: Ernst, Stolz
Motiv: Ehrgeiz

Typ 1
ca. 20%

Typ 2
ca. 25%

Typ 4
ca. 20%

Typ 3
ca. 35%

Typ 2
Einstellung: Spaß
Motiv: Notwendigkeit*

leicht und
bequem

Typ 3
Einstellung: kein Spaß
Motiv: Notwendigkeit*

Profilehrgeiz

* Notwendigkeit = Maler zu teuer, Geldknappheit, Maler hat keine Zeit etc.

Abb. 1.20:
Selbststreicher-
typologie

ner Arbeit freut er sich, es erfüllt ihn mit Stolz. Es steckt allerdings zu viel persönliches Engagement in seiner Arbeit, als daß er zu einer objektiven Kritik in der Lage wäre. Nach seiner Einstellung verfügen alle bekannten Marken über eine gute Qualität. Er gibt daher solchen Farben den Vorzug, die er leicht und bequem verarbeiten kann. Er besitzt den Willen zur Erweiterung seiner Kenntnisse. Der Preis spielt bei ihm nicht die primäre Rolle. Für Zubehör, das seine Freude an der Arbeit erhöht, gibt er bereitwillig mehr Geld aus.

Den Typ 2 interessiert die Bequemlichkeit bei der Arbeit noch wesentlich stärker. Selbstverständlich soll das Ergebnis zufriedenstellend sein, aber er nimmt dafür keine Umstände in Kauf. Das Anstreichen bereitet ihm nur so lange Spaß, als es sich nicht mit schwierigen Umständen verbindet. Entsprechend dieser Grundeinstellung streicht er nicht mehr als unbedingt nötig und achtet auf die Kosten. Das Anstrichmittel kauft er also nach den Gesichtspunkten Preis und Bequemlichkeit. Informationen und Beratungen interessieren ihn weniger.

Der Typ 3 übt seine Tätigkeit nicht freiwillig aus. Es bereitet ihm wenig Lust zu streichen, und er erledigt die Arbeiten ohne großes Engagement. Das Ergebnis will er bei geringstmöglichem Aufwand und kleinsten Kosten gut und zufriedenstellend ausführen. Zwar verfügt er über gewisse praktische Kenntnisse, ein Interesse an einer Weiterbildung besteht jedoch nicht. Bei der Wahl seiner Farben entscheiden vor allem preisliche Erwägungen.

Der Typ 4 sieht im Maler beziehungsweise dessen Fähigkeiten sein Leitbild. Er verfügt über beträchtliche Sachkenntnis und ist bemüht, diese zu ergänzen. Dabei sucht er die Beratung des Fachmannes. Er prüft intensiv, welche Farben sich für seine Arbeiten am ehesten eignen. Qualitativ hochwertigen Anstrichmitteln gibt er den Vorzug, Preisgesichtspunkte sind von geringerer Bedeutung. Das Anstreichen bereitet nicht eigentlich Spaß. Er sieht darin eher eine ernsthafte Tätigkeit.

Mit dem Ziel der Anpassung an verschiedene Kundengruppen bearbeitete die Firma Hutschenreuther den Markt.[48] Sie fand auf Grund von Marktanalysen, daß sie zweckmäßigerweise vier Grundtypen von Käuferinnen unterscheidet:

Der Grundtyp 1 kleidet sich schick, elegant und besitzt Vermögen. Er kauft festliches Porzellan. Auf diese Abnehmer zielt die Premium-Marke Hutschenreuther ab. Ihren Anteil am Gesamtvolumen ermittelte das Unternehmen mit 17 Prozent.

Der Typ 2 verhält sich modisch und sportlich. Er verwendet schickes, aber praktisches Porzellan. Der Keramikhersteller spricht diese Zielgruppe mit der Marke Arzberg an. Der Marktanteil beträgt 35 Prozent.

Der Typ 3 ist älter und familienbezogen. Er bevorzugt schönes Porzellan. An diese Zielgruppe verkauft der Porzellanhersteller die Marke Tirschenreuth. Ihr Anteil beläuft sich auf 28 Prozent.

Den Typ 4, eine enttäuschte, resignierte Frau ohne ein eigenes Stilempfinden, die eher andere nachahmt, bearbeitet die Hutschenreuther-Gruppen dagegen nicht. Der Marktanteil wurde mit 20 Prozent ermittelt.

Bei der Auswahl des Zielkundensegmentes sollte der Hersteller darauf achten, daß das darin steckende Marktpotential auch der Größe und Strategie des Unternehmens entspricht. So nahm beispielsweise der Süßwarenhersteller Ferrero[49] kein neues Produkt in das Programm auf, wenn auf Grund von Markttests nicht wenigstens ein nationaler Jahresumsatz von mindestens 30 Millionen DM erwartet wurde. Solche Mindest- und Maximalgrößen machen Sinn, weil zu kleine Segmente einerseits die sortimentsfixen Kosten für den Eintritt in einen Markt beziehungsweise den hohen Marketingaufwand nicht decken, andererseits zu große Märkte die Ressourcen überfordern und das Unternehmen dadurch nur eine nachrangige Marktstellung erreicht. Dabei ist zu beachten, daß Großunternehmen sich normalerweise erst ab einem bestimmten Volumen für dynamisch wachsende Märkte interessieren. Beispielsweise produzierten in Amerika neu gegründete Unternehmen oder etablierte Wohnwagenhersteller als erste Anbieter Fahrzeuge für die Freizeit. Nachdem der Markt expandierte, traten große Automobilhersteller und Agrarausrüstungsunternehmen in den Markt ein.[50]

Die Einstellung bestimmter Kundengruppen unterscheidet sich oftmals regional, insbesondere nach einzelnen Ländern. Andere Sitten und Gebräuche prägten die Bevölkerung des Landes. So nahmen die USA den neuen VW Golf längst nicht so bereitwillig auf wie die Bundesrepublik Deutschland.[51] Für bestimmte Produkte entstehen Weltmärkte, wie beispielsweise für Coca-Cola, Pepsi-Cola, McDonald's, Revlon-Kosmetik oder Daimler-Benz. Diese weltweite Vereinheitlichung führt zu größtmöglichen Serien mit allen Qualitäts- und Kostenvorteilen. Darin liegt aber kein Widerspruch zur Segmentpolitik des Marketing. Die These der Globalisierung besagt nur, daß für einzelne Erzeugnisse in sehr vielen oder nahezu allen Ländern der Welt ähnliche Segmente, wenn auch vielleicht mit unterschiedlicher Bedeutung, am Gesamtverbrauch entstehen.

Levitt[52] unterscheidet zwischen multinationalen und globalen Konzernen: Multinationale Konzerne arbeiten zwar ebenfalls international, aber mit jeweils landesspezifischer Ausrichtung, globale Konzerne setzen dagegen mehr auf Kostenführung, indem sie mit gleichbleibenden Methoden das gleiche Produkt weltweit vermarkten, also die Welt als einen nahezu einheitlichen Absatzmarkt betrachten. Die jeweils richtige Lösung hängt einerseits von der Situation der Märkte selbst ab, aber auch von der Größe und den Ressourcen des Unternehmens.

Konkurrenzstruktur

Wir wollen hier nicht auf die umfangreiche Literatur der Wettbewerbs- und Preistheorie eingehen.[53] Einige wenige Anmerkungen sollen die Konkurrenzsituation kennzeichnen, die die Rivalität in der Branche steigern oder in Grenzen halten kann. Sie hängt im wesentlichen von folgenden Faktoren ab:

– Leistungsdeterminanten der Wettbewerber
– Zahl der Wettbewerber

- Kräfteverhältnis der Wettbewerber, verbunden mit Entschlossenheitsgesten, die Kräfte zu nutzen
- Strategie der Wettbewerber
- Differenzierungskraft der Wettbewerber
- Marktzugangsbeschränkungen/neue Wettbewerber
- Kapazitätsauslastung
- Wachstumsrate
- Fixkosten.

Je mehr leistungsfähige Wettbewerber in einem Markt tätig sind, um so schwieriger wird es mitzuhalten. Wie bei jedem Sportler sinken die Chancen mit zunehmendem Leistungsvermögen des Gegners, als Sieger hervorzugehen. Unter Blinden ist dagegen schon der Einäugige ein König. Deshalb sollte das Unternehmen die Stärken und Schwächen der Wettbewerber und damit die eigenen Chancen genau abschätzen, ehe es mit erheblichen Investitionen in einen Markt eindringt oder entscheidet vorzudringen.

Die Praxis zeigt immer wieder, daß weniger Wettbewerber sich eher marktkonform verhalten als viele. Die Wahrscheinlichkeit steigt mit zunehmender Zahl, daß einer die Geschlossenheit der Anbieter stört. Noch größeren Einfluß nimmt aber oft ihre Strategie. Setzt sich beispielsweise eines der Unternehmen zum höchsten Ziel, die Marktanteile zu seinen Gunsten zu verändern, so führt dies zwangsläufig zu einem aggressiven Wettbewerbsverhalten in der Branche. Aber auch das Kräfteverhältnis unter den Wettbewerbern entscheidet mit. Zeigt ein Kostenführer für sein Geschäftsfeld mit homogenen Produkten Entschlossenheit, seine Macht einzusetzen, so erhöht dies die Disziplin in der Branche. Entschlossenheitsgesten nutzen aber wenig, wenn letztlich das Unternehmen nicht die Kraft besitzt, einen langfristigen Preiskampf ohne großen Schaden zu überstehen.

Der Verfasser konnte über mehr als zehn Jahre in einem Markt mit undifferenzierten Massengütern beobachten, wie stark Wettbewerbskräfte wirken, wenn keiner der Anbieter über die Kraft verfügt, einen jahrelangen ruinösen Wettbewerb

durchzustehen. Der bei weitem größte Anbieter von etwa fünfzehn im Gesamtmarkt tätigen Herstellern besaß auf Grund der standardisierten Produktionsverfahren keinen entscheidenden Kostenvorteil in der Fertigung. Die Vertriebskosten waren, da die kleinen Firmen mit Vertretern bei umsatzproportionalen Kosten arbeiteten, weitgehend gleich. Einige Kleinfirmen arbeiteten wegen der Transportkosten regional bzw. ohne eine eigene Außenorganisation nur über Telefonkontakte. Die Rabatte eskalierten immer wieder, bis das Niveau oft dicht bei den Rohstoffpreisen die Schmerzgrenze erreichte. Auf die Versuche einzelner Hersteller, die Preise anzuheben, reagierte die Gesamtheit erst nach entsprechenden Verlustphasen mit Preisanhebungen, zeigte dann aber meistens eine große Festigkeit gegenüber den Kundenforderungen, so daß sie die angebahnten Erhöhungen mindestens weitgehend durchsetzten.

Der Branchenführer brachte nicht selten seine große Enttäuschung über das aggressive Verhalten einiger kleinerer Hersteller zum Ausdruck, indem er Chancen zu einer Preiserhöhung nicht wahrnahm und so alle Bemühungen der anderen Anbieter zu Fall brachte, diese durchzusetzen. Aber seine Kostenvorteile lagen insgesamt zu niedrig, um nicht selbst Verluste zu erleiden. Eine solche Entschlossenheitsgeste dauerte im längsten Fall einmal neun Monate und fügte der gesamten Branche großen Schaden zu. Zwar hielt danach die Preisstabilität etwas länger, aber das übliche Branchenverhalten setzte nicht zuletzt durch die Kraft des Marktes bald wieder ein. Im Laufe der Jahre wechselten zahlreiche Gesellschaften wegen der hohen Verluste immer wieder die Geschäftsführer aus. Einige kleinere Firmen gingen in Konkurs, wurden liquidiert oder an andere Unternehmen verkauft. All dies änderte nichts am Verhalten der Branche. Die Marktkräfte waren zu stark.

Besitzt also keiner der Hersteller eine dominierende Kostenposition, so entfalten sich Aggressionen stärker, Kampfstrategien versprechen eine höhere Belohnung. Vor allem die zersplitterte Branche bei homogenen Produkten provoziert einen hohen Preiswettbewerb. Sie ist nach Porter[54] dadurch gekennzeichnet, daß ein Branchenführer fehlt. Keiner der Anbieter besitzt die Stärke, die Gesamtheit zu beeinflussen. Porter sieht vielfältige Ursachen für eine solche zersplitterte Branche: Keine Betriebsgrößenersparnisse, niedrige Eintrittsschwellen, eine schwache Verhandlungsposition gegenüber Lieferanten und Kunden, eine schlechte Rentabilität, unberechenbare Umsatzschwankungen, Gemeinkostenempfindlichkeit, örtliche Kontakte, lokales Image, hohe Austrittsbarrieren, staatliche Konzentrationsverbote oder ein volumengebundenes Image, wenn beispielsweise die Größe im Widerspruch zur Exklusivität steht.

Kapazitätsauslastung

Zu hohe Kapazitäten belasten stets den Markt. Dies um so mehr, je weniger sich die Produkte der Wettbewerber differenzieren, je ausgeprägter also die Homogenitätsbedingungen in einer Branche und je weniger starke Abgrenzungsbarrieren vorliegen. Mit sinkender Differenzierung nimmt also die Tendenz zu, daß mit der Unterauslastung der Preisverfall das Verhältnis der Wettbewerber beeinträchtigt, und das Ergebnis sinkt.

So bestand beispielsweise das Problem der Stahlindustrie Mitte der 80er Jahre darin, daß einerseits zuviele neue Stahlwerke gebaut und zum anderen alte Betriebe durch Subventionen erhalten blieben. Die Überkapazitäten führten trotz Kartellregelungen in der Europäischen Gemeinschaft zu einem Preisdruck und erheblichen Verlusten. Eine ähnliche Situation zeigte sich zur gleichen Zeit bei anderen homogenen Gütern, wie etwa beim Rohöl und bei den Massenkunststoffen. Trotz der Möglichkeiten der OPEC, ein Kartell zu bilden, war auf Grund der Marktkräfte ein starker Preisdruck mit sinkenden Erlösen nicht zu verhindern. In allen Fällen mußte erst eine Anpassung erfolgen, sei es durch Kapazitätsabbau oder steigenden Bedarf, bevor die Unternehmen mit homogenen Massengütern wieder eine angemessene Rendite erzielen. Verhindern Subventionen eine

solche Anpassung, so wirkt der Rentabilitätsdruck weiter.

Unabhängig vom Rentabilitätsniveau einzelner Branchen, ist es also besonders kennzeichnend für das Volumengeschäft homogener Massengüter, daß in Zeiten der Kapazitätsenge alle Hersteller gut verdienen. Mit sinkender Auslastung erzielen zunächst nur die führenden Firmen Gewinne, zuletzt noch der Kostenführer und in einzelnen Jahren kein Unternehmen der Branche mehr. Daraus leitet sich auch die generelle Erkenntnis ab, daß in guten Jahren der Anbieter von Massenprodukten sein Ergebnis überdurchschnittlich verbessert, während er im Vergleich zum Lieferanten differenzierter Produkte in der Krise eine überdurchschnittlich verschlechterte Situation hinnehmen muß (Abb. 1.21).

Der Zwang zur Auslastung steigert darüber hinaus die Rivalität. Dieser Druck wird um so größer, je höhere Fixkosten existieren, sei es beispielsweise durch die Fertigungstruktur oder die Logistik. Liegen sie hoch, so reagiert ein Unternehmer stärker auf sinkende Umsätze, da die Stückkosten entsprechend überproportional steigen.

Zukunftserwartungen: Basis für Kapazitätsaufbau

Überkapazitäten hängen oft mit einer zu hohen Erwartung, also mit einem zu hohen Penetrationsanreiz zusammen. Bei einer größeren Wachstumsrate gibt es sie normalerweise nicht, da die Kapazitäten erst im Sog des Marktes vergrößert werden. Wenn die Hersteller jedoch überhöhte Wachstumsraten und Gewinne erwarten, so kommt es auch in einem Markt mit schneller Expansion zu einem Vorlauf. Das Kapazitätswachstum „überholt" dann das Marktwachstum. Hinzu kommt, daß auf Grund des hohen Penetrationsanreizes neue Hersteller in den Markt eindringen. Sie gehen von langfristigen Überlegungen aus und planen in den ersten Jahren ohnehin Verluste ein. Sie erwarten normalerweise, erst nach Ablauf vieler Jahre den Break-even-point zu erreichen und danach Gewinne zu erzielen. Dadurch legen sie in dieser Zeit die Preise weitge-

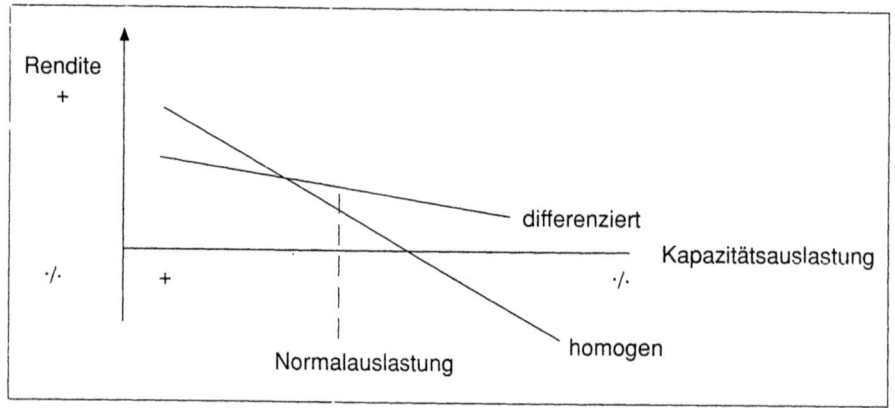

Abb. 1.21:
Zusammenhang
zwischen Kapazi-
tätsauslastung
und Rendite-
verlauf einer
Branche mit
homogenen
Produkten

hend unabhängig von den Kosten fest, denn das Ziel, hohe Marktanteile zu gewinnen, erhält die höchste Priorität. Diese Ausgangsbasis führt zu einem überaus schnellen Preisverfall, der sogar über die erheblichen Kosteneinsparungen, die ein schnell wachsender Markt mit sich bringt, hinausgehen kann[55] (Abb. 1.22).

Neue Wettbewerber

Auch der Stand der Lebenskurve entscheidet über die Wahrscheinlichkeit, daß neue Wettbewerber in den Markt eindringen und damit die Rivalität erhöhen, denn diese müssen Marktanteile gewinnen, also Verdrängungswettbewerb betreiben. Damit bestimmen auch die Marktzugangsbeschränkungen, also die Schwierigkeiten eines neuen Wettbewerbers, in den Markt einzudringen, die Rivalität.

Treten dagegen keine neuen Wettbewerber in den Markt ein, weil beispielsweise nicht allgemein bekannt wird, daß dieses Segment stark wächst und Gewinne verspricht,[56] oder verhindern Positionsdeterminanten der etablierten Wettbewerber den Eintritt, so bietet der wachsende Markt große Chancen: Die rasche Expansion trägt dann dazu bei, die Kosten der Marktanteilsausweitung niedrig zu halten. Wachsende Märkte ermöglichen auch eher eine Marktausweitung über den Preis. Es kommt zu keiner Reaktion der Wettbewerber, weil diese immer noch über ein Mengenwachstum verfügen und sich damit zufrieden geben, insbesondere solange sie das schnellere Wachstum der Wettbewerber nicht bemerken.

Transparenz

Die Ausführungen verdeutlichen, daß generell der Transparenz eines Marktes, also der Möglichkeit, die Leistungen und Ergebnisse im Wettbewerbsverhalten gut zu übersehen, eine große Bedeutung zukommt. Besitzt der Markt diese Transparenz, läßt sich also eine Verschiebung von Marktanteilen erkennen, so entsteht selbst in einem Wachstumsmarkt bei steigendem Umsatz der einzelnen Unternehmen ein Anreiz, aggressive Gegenreaktionen auszulösen. Besteht für die Abnehmer die Möglichkeit, leicht die Preise zu vergleichen oder die Kosten der Hersteller zu ermitteln, so führt dies in Verbindung mit einer starken Verhandlungsposition zu einem erheblichen Druck auf die Erlöse. Schließlich fördert eine steigende Transparenz im Hinblick auf das Know-how die Homogenisierung des Marktes, was wiederum den Preiswettbewerb anheizt.

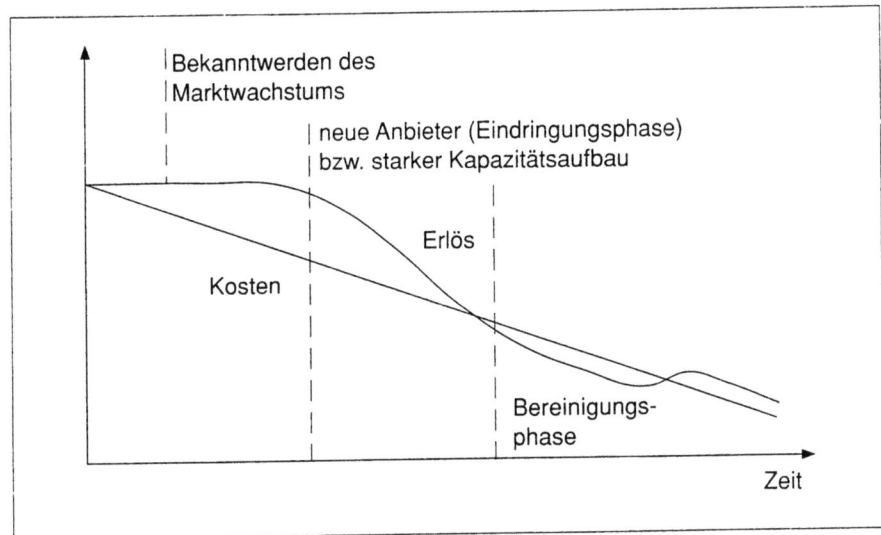

Abb. 1.22:
Erlös- und Kosten-
entwicklung in einem
allgemein als schnell-
wachsend bekannten
Markt und hohen
erwarteten Gewinnen

Abnehmerstrukturen beeinflussen

Neben den Wettbewerbern beeinflußt die Abnehmerstruktur die Erlösentwicklung. Wenn auf
Grund der starken Verhandlungsmacht der Kunden die Hersteller leichter erpreßbar werden, so
führt dies zu einer Intensivierung der Wettbewerbssituation unter den Lieferanten. Kunden besitzen aus folgenden Gründen eine besondere Verhandlungsmacht:[57]

a) Alternative Bezugsquellen existieren.

b) Der Kunde verfügt über eine Kosten- und
Markttransparenz.

c) Sehr wenige Abnehmer treten konzentriert auf.

d) Der Abnehmer besitzt eine große Bedeutung
für den Lieferanten, weil er signifikante Antei-
le seiner Produkte kauft.

e) Es fallen geringe Umstellungskosten beim
Wechsel auf einen anderen Lieferanten an. Solche Umstellungskosten können beispielsweise
durch eine notwendige Fertigungsumstellung,
den Abverkauf des Lagers, die Schulung der
Außenorganisation, Investition in neue Werkzeuge, durch hohe Einkaufs- oder Verhandlungskosten entstehen.

f) Die Strategie der Kunden lautet Kostenführung
bei homogenen Produkten. Sie kaufen dadurch
vorwiegend nach kostengünstigsten Gesichtspunkten ein.

g) Die Kunden besitzen ihrerseits keine starken
Positionsdeterminanten, so daß sie Verluste
oder nur niedrige Gewinne erwirtschaften. Es
entsteht dadurch ein Druck, sich Erleichterung
durch niedrigste Einkaufspreise zu verschaffen.
Folglich wachsen die Aktivitäten, um die Ergebnissituation zu verbessern.

h) Es bedeutet für das Angebot des Kunden kein
Risiko, den Lieferanten zu wechseln, sei es,
daß das Produkt für seine Qualität keine Bedeutung besitzt, oder daß das Erzeugnis des
Kunden selbst hohe Qualitätstoleranz zeigt.

i) Das Bedürfnis, dieses Produkt zu kaufen, ist
nicht besonders intensiv.

j) Der Abnehmer kann mit Rückwärtsintegration
drohen.

k) Es besteht nur eine geringe gewachsene persönliche Bindung zwischen Lieferant und Abnehmer.

1.43 Strategisch orientierte Leistungen schaffen Solitärbarrieren

Zielorientierte Leistungen (siehe Abb 1.23) sind die Basis aller unternehmerischen Erfolge.[58] Insbesondere nach jahrelangen hohen Gewinnen besteht die Gefahr, daß die Anstrengungen nachlassen, nicht zuletzt weil die Führung eher Konzessionen macht und ihre Anforderungen gegenüber den Mitarbeitern, Lieferanten etc. senkt. Durch ein ständiges überdurchschnittliches Leistungsniveau entstehen normalerweise Positionen und Solitärbarrieren. Hohe Leistungen, insbesondere wenn sie sich mit starken Positionen paaren, führen zu Firmenkonjunkturen (vgl. Abb. 1.11), d. h. das Unternehmen wird unabhängig von der allgemeinen konjunkturellen Situation und erreicht eine überdurchschnittliche Umsatz- und Ergebnisentwicklung.

> Zielorientierte Leistungskulturen zu entwickeln und wachzuhalten, erweist sich als die wichtigste Grundlage für langfristige Erfolge.

Eine verwirrende Vielzahl von Komponenten bestimmt die Leistungen eines Unternehmens: Produktverbesserungen, Verfahrensverbesserun-gen, Promotionsaktionen, Motivationsmaßnahmen, Vertragsabschlüsse etc. Entscheidend ist es nun, durch eine Kombination von effizienzsteigernden Orientierungen und Maßnahmen die Leistung so zu verbessern, daß das Unternehmen sich von der Branchenentwicklung löst und eine eigenständige Firmenkonjunktur zustande kommt. Leistungssteigerungen führen zu besonders günstigen derivativen Erfolgsdeterminanten, also zu überdurchschnittlichen Umsatz-, Erlössteigerungen und Kostensenkungen und dadurch zu einer ständigen Verbesserung der Position und Ergebnisse im Vergleich zum Wettbewerb.

Allein diese Vielfalt der denkbaren Aktivitäten ist verwirrend. Als Anfänger in der Industrie legte der Verfasser eine umfangreiche Kartei an, auf der er jeweils einzelne mögliche Maßnahmen verzeichnete. Nachdem die Sammlung vermutlich über 2000 Karten umfaßte, war sie praktisch nicht mehr handhabbar und damit unbrauchbar. Dagegen helfen die wesentlichen strategischen Orientierungen dem Management, die Effizienz der Organisation und damit der Leistungen zu erhöhen, wenn es sie konsequent umsetzt.

Das Strategic Planning Institute, Cambridge, kommt in seiner umfassenden Untersuchung[59] zu dem Ergebnis, daß die Charakteristika des bear-

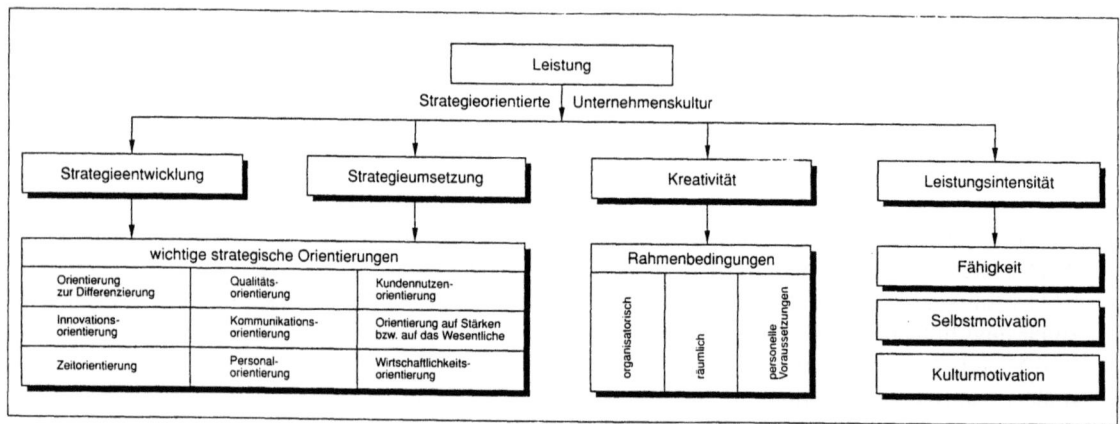

Abb. 1.23: Die wichtigsten Leistungsdeterminanten

beiteten Marktes und die relative Position zum Wettbewerb, vor allem ausgedrückt durch den Marktanteil und die Qualität, etwa 80 Prozent des Erfolges oder Mißerfolges in 90 Prozent der Fälle für drei bis fünf Jahre erklären. Das Geschick und Glück des Managements, also die Leistung, machen nur etwa 20 Prozent aus. Die Ursache liegt in der remanenten Wirkung der sekundären Erfolgsdeterminanten. Geneen[60] vertritt auf Grund seiner langen Berufspraxis die Meinung, „daß die Führungsqualität des Generaldirektors bis zu 80 oder 90 Prozent zum Erfolg der Firma beiträgt. Er mißt folglich den primären Erfolgsdeterminanten eine weitaus größere Bedeutung bei.

Diese beiden Aussagen widersprechen sich nur scheinbar. Eine leistungsfähige Unternehmensführung richtet ihre Maßnahmen auf die Bildung von Solitärbarrieren aus und schaut nicht nur auf kurzfristige Gewinne. Weiterhin untersuchte das Strategic Planning Institute nicht, in wievielen Fällen es in dem betrachteten Zeitraum zu einem Wechsel in der Unternehmenspolitik, d. h. zu geänderten Leistungsdeterminanten, kam. Die Qualität des Managements und der Strategie ging nicht in die Untersuchung ein.

Nach der Erfahrung des Verfassers bestimmt in erster Linie der betrachtete Zeitraum, ob der Unternehmensleitung und damit den primären Erfolgsdeterminanten bzw. den Positions- oder Marktdeterminanten mehr Einfluß auf den Erfolg zuzumessen ist. In der relativ kurzfristigen Betrachtung von drei bis etwa fünf Jahren dominieren die mehr remanenten bzw. zeitfixen Erfolgsdeterminanten der Position und des Marktes. Starke, gut positionierte Unternehmen können auch die Schwäche einer Unternehmensführung über längere Zeit verdecken, so daß die entstehenden Probleme für das Aufsichtsgremium unbemerkt bleiben. Je längerfristig man die Ergebnisse betrachtet, um so deutlicher tritt die geänderte Leistung als primäre Erfolgsdeterminante, die das Management kurzfristig beeinflußt, in den Vordergrund. Sie wirkt wiederum langfristig auf die Position des Unternehmens ein und besitzt in gewissem Umfang sogar Einfluß auf die Marktsituation.

Der relative langfristige Unternehmenserfolg, d. h. der Erfolg im Vergleich zum Wettbewerb, erweist sich als das Ergebnis der Strategieentwicklung, -umsetzung und Leistungsintensität, also der Entfaltung strategisch orientierter Leistungsdeterminanten.

Strategie als Grundlage des rationellen Kräfteeinsatzes

Die Qualität der Unternehmensführung findet ihren wichtigsten Ausdruck in der strategischen Planung[61] und Umsetzung auf Basis einer zukunftssichernden Vision und klaren strategischen Zielen mit Prioritäten, bei denen der Kunde im Mittelpunkt steht. Dabei stellt sich die Ausgangsfrage: Gelingt es dem Unternehmen, sich unverwechselbar und mit Differenzierungsattraktivität im Markt zu verankern oder mit deutlich günstigerer Kostenstruktur die Produkte anbieten zu können? Ohne solche Vorteile besitzt die Strategie nicht das notwendige Erfolgspotential.

Die Strategie eines Unternehmens zeigt Parallelen zum Kurs eines Schiffes: Auch mit einer sehr leistungsfähigen und -willigen Mannschaft sowie mit einer Spitzentechnik kommt es mit falschem Kurs nicht ans Ziel. Es nützt also nichts, das Tempo bzw. die Leistungen zu steigern, wenn die Strategie in die falsche Richtung führt.

Innerhalb von mehr als fünf Jahren dürfte die klare strategische Orientierung d. h. die Strategieentwicklung und Umsetzung für etwa 70 Prozent der Erfolge verantwortlich sein, während auf den Arbeitseinsatz nur etwa 30 Prozent entfallen.

Eine optimierte Strategie ist die wichtigste Voraussetzung für die Effizienz fleißiger Tagesarbeit.

Trotzdem nehmen sich viele Unternehmen zu wenig Zeit für die Kursbestimmung. Dabei erhöht eine klare Strategie auch in anderer Hinsicht die Wirtschaftlichkeit: Die Ausrichtung erübrigt viele kleinere Einzelentscheidungen und entlastet damit erheblich das Tagesgeschäft.

Abbildung 1.24 diente dem Moderator dazu, die Zusammenhänge den Mitarbeitern deutlicher zu machen. Ungerichtete Maßnahmen erlauben normalerweise keine Annäherung an das optimierte strategische Ziel. Im günstigsten Falle erreicht das Unternehmen es auf größeren Umwegen, also mit zeitlichem Verzug, was zu geringeren Zuwachsraten und schlechteren Ergebnissen gegenüber den strategisch orientierten Betrieben führt. Dies gibt dem besser ausgerichteten Wettbewerber die Chance, die Positionen schneller zu besetzen und dann den Nachkömmling auf Grund eigener Solitärbarrieren abzuwehren.

Die Strategie schafft die Voraussetzung für eine erfolgreiche Leistungsentfaltung des Unternehmens. Solche Ziele zur Leistungsorientierung sind u. a.: Differenzierung gegenüber Wettbewerbern durch anspruchsvolle technische Ziele, bessere Kundenorientierung und Anpassung an deren Bedürfnisse, Besetzung von Marktnischen, das Verbleiben im eigenen Know-how-Kreis, Entwicklungen in kleinen, überschaubaren Schritten, vorsichtige Akquisition und Diversifikation. Dabei ist zu berücksichtigen, daß eine Änderung der Ausrichtung, sei es zu einem höheren Qualitätsimage, zu einer stärkeren Differenzierung, zur Kostensenkung etc., normalerweise zunächst einmal die Rendite senkt.[62] Das begrenzt die Möglichkeiten für eine Änderung zu einer neuen Strategie insbesondere in schlechten Zeiten.

Je frühzeitiger das Unternehmen Tendenzen erkennt, und je schneller und besser es sich darauf einstellt, um so eher besetzt es Positionen, die den entscheidenden Wettbewerbsvorsprung geben. Die strategische Orientierung basiert also auf der vorzeitigen systematischen Berücksichtigung von

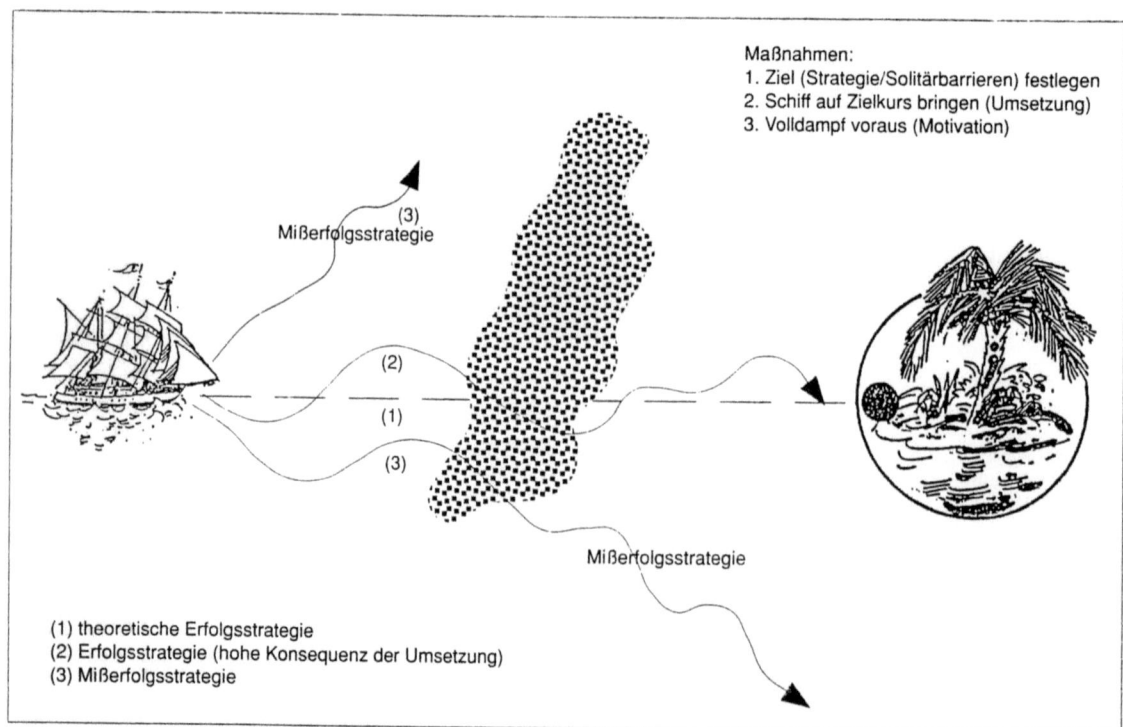

Maßnahmen:
1. Ziel (Strategie/Solitärbarrieren) festlegen
2. Schiff auf Zielkurs bringen (Umsetzung)
3. Volldampf voraus (Motivation)

(3) Mißerfolgsstrategie

(2)

(1)

(3)

Mißerfolgsstrategie

(1) theoretische Erfolgsstrategie
(2) Erfolgsstrategie (hohe Konsequenz der Umsetzung)
(3) Mißerfolgsstrategie

Abb. 1.24: Ohne den richtigen Kurs ist die Leistungsentfaltung unnütz!

Marktveränderungen, Wettbewerbs- und Technologientwicklungen in einer Branche. Das Konzept ist folglich dann optimiert, wenn es das Unternehmen unter Berücksichtigung der eigenen Ausgangsposition schon ausrichtet, bevor solche Tendenzen allgemein sichtbar werden, so daß der Aufbau stärkerer Positionsdeterminanten gelingt.

Als strategische Grundrichtungen[63] kann die Führung wählen zwischen

- Gesamtmarktstrategie
  Kostenführung
  Differenzierung (Solitärbarrieren)
- Schwerpunktstrategie
  Kleines-Segment-Strategie
  Nischenstrategie (Solitärbarrieren),

wobei die Übergänge fließend sind. Die strategische Ausrichtung geht von der Überlegung aus, daß die Führung das Arbeitsgebiet so orientiert, daß es das Potential besser ausschöpft. Vom Begriff der Nische ist das kleine Segment deutlich zu unterscheiden. Während ein Hersteller in der Nische schützende Positionen besitzt, also nachhaltigen Schutz gegen den Wettbewerb genießt, verlegt sich der Anbieter mit der „Kleinen-Segment-Strategie" nur auf die kleinen Serien. Beide verfügen über gleichartige Produktionseinrichtungen, wobei der Größere die Vorteile seines Marktanteils ausschöpft, z. B. mehr mechanisiert arbeitet und über einen kostengünstigeren Vertrieb verfügt. Der Serienproduzent wäre also jederzeit in der Lage, diese kleinen Losgrößen zu fertigen, wenn er Auslastungsprobleme verspürt. Ein Hersteller mit der Kleinen-Segment-Strategie trägt also bei einem konjunkturellen Rückgang eine doppelte Belastung: einerseits durch die allgemeine konjunkturelle Situation, zum anderen durch den stärkeren Einbruch der Serienwettbewerber in sein Geschäft.

Ohne die Umsetzung ins Tagesgeschäft zeigt die Strategie keine Wirkung

Was nutzt eine noch so gute Strategie, wenn sie nicht zum Bestandteil der Tagesarbeit wird? Jede Strategie kann eine Umsetzungsrate von null bis hundert Prozent im Unternehmen erreichen. Entsprechend entfaltet sie ihre Wirkung. Ihre Realisation ist somit die zweite wichtige Aufgabe der Unternehmensführung und ein Maßstab für deren Qualität. Sie stellt schwierige operative Anforderungen an das Management, die Einfühlungsvermögen und bei Verletzung der Grundsätze Kompromißlosigkeit und Konsequenz verlangen.[64] Das Gelingen hängt davon ab, daß es sich innerlich dieser Strategie verpflichtet fühlt. Visionen überzeugen am ehesten, wenn man sie mit immer wiederkehrenden Schlüsselbegriffen und Schlagworten phantasiereich und bildhaft darstellt und an Beispielen erläutert. Die ständigen Wiederholungen in unterschiedlichsten Zusammenhängen verankern die strategische Orientierung, die als Weg zu einem besseren Morgen auf die Mitarbeiter faszinierend wirkt.[65] Indem die Führung in täglicher Kleinarbeit durch ihr Handeln die Prioritäten zum Ausdruck bringt, Bewußtsein schafft für ein lohnendes Ziel, das Wesentliche verständlich und vereinfacht darstellt, unnachgiebig auf den Grundwerten beharrt und im Gegensatz zur allgemeinen Handlungsfreiheit notfalls die Grundwerte mit Härte und Unnachgiebigkeit verteidigt, werden sie mehr und mehr Bestandteil des täglichen Handelns und damit zum Erfolgspotential.

> Eine Strategie wirkt entsprechend ihrer Umsetzungs- bzw. Durchdringungsrate, die wiederum von der Zähigkeit und Konsequenz der Führung abhängt.

Ständige strategieorientierte Kleinarbeit des Managements führt im Laufe von einigen Jahren zu einer leistungsorientierten Unternehmenskultur, die eine starke Positionsdeterminante im Wettbewerb darstellt. Der Leistungswille findet seine Stütze in einer Reihe weiterer Verhaltensweisen: Motivation bis zum unteren Ende der Hierarchie durch ein gutes Verhältnis zwischen Vorgesetzten und Untergebenen, unmittelbaren Kontakt des Managements bis zur unteren Ebene, Achtung des Einzelnen, Politik der offenen Tür, offene Kom-

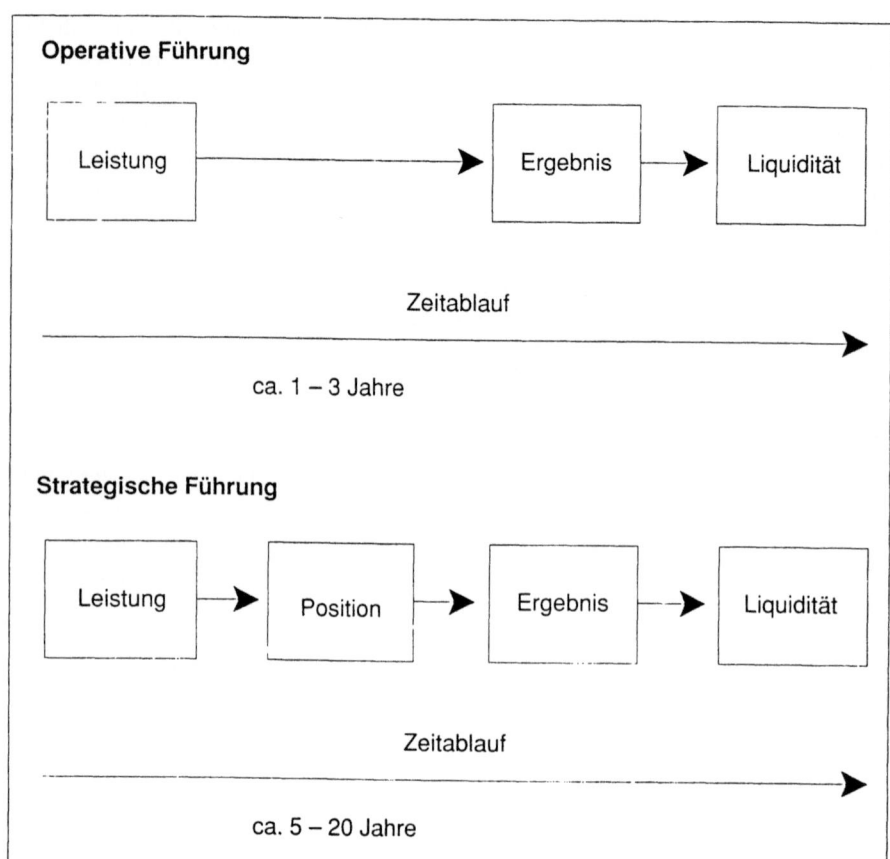

munikation, Betonung des Positiven, ehrende Herausstellung möglichst vieler „Sieger", lockere Führung im Tagesgeschäft, Wettbewerbe zwischen den Mitarbeitern, Leistungsvergleiche, Herausstellen und Feiern von Erfolgen, Prämien- und Belohnungssysteme, Beförderung nach Leistung. Drang zur Tat durch starke Aktionsorientierung der Mannschaft, wenig Bürokratie, kleine Stäbe, flache Hierarchie sowie deren geringe Bedeutung, Projektgruppen, schnelle Nutzung aller Chancen, schnelle Beseitigung aller Probleme in „Blitzkriegen". Ein Mitarbeiter darf verlieren, aber nicht aufgeben.[67]

Eine Grundlage für die Entfaltung einer leistungsorientierten Unternehmenskultur bildet eine Organisation, die die Eigenständigkeit und das Unternehmertum durch konsequente Delegation in kleine abrechenbare Einheiten (Profit-Center) fördert. Sie führt zur Lernorientierung, Innovationsbereitschaft und Aufgeschlossenheit gegenüber Neuerungen durch ständiges Experimentieren, parallele Versuche und Tolerierung eines bestimmten Volumens an Fehlern.

Allgemeingültige strategische Orientierungen der Leistung

Unter der Vielzahl möglicher Leistungsorientierungen, die Bestandteil einer Leistungskultur werden müssen, sind einige von besonderer und weitgehend allgemeingültiger Bedeutung für die strategische Orientierung.

> Faszinierende Visionen oder überzeugende Ziele

Klare und allgemein bekannte Ziele sind die Voraussetzung dafür, daß sich Mitarbeiter überhaupt orientieren können. Ziele wirken aber nur, wenn sie in einer Vielzahl von Entscheidungen und Maßnahmen umgesetzt werden. Dabei sind alle Implementierungsraten zwischen 0 und 100 Prozent denkbar. Eine hohe Rate ist jedoch die Voraussetzung dafür, daß die gesetzten Ziele Durchschlagskraft erreichen.

Klare Ziele, die mindestens das gesamte Management konsequent verfolgt und die auch die Mitarbeiter kennen bzw. deren Realisierung für möglichst viele zur Verpflichtung wird, sind die wichtigste Voraussetzung für eine erfolgsorientierte Kraftentfaltung. Je überzeugter und ergänzender die Mitarbeiter ohne kompensierende und schwächende Reibungsverluste an den Zielen arbeiten, desto höher ist der erreichte Umsetzungsgrad. Eine starke Orientierungshilfe, die zu einer überdurchschnittlichen Ausrichtung der Kräfte und Motivation führt, ist ein klares Feindbild.

Die höchste Durchschlagskraft bzw. Implementierungsrate besitzen faszinierende Visionen. Sie haben in den Religionen oftmals nach Jahrtausenden noch ihre Faszination erhalten. In Unternehmen können sie mindestens über Jahrzehnte die Mitarbeiter begeistern und fesseln.

> Konzentration auf das Wesentliche

Die Konzentration auf Stärken durch wenige Ziele, Portionierung der Probleme, Zuteilung der finanziellen Mittel auf die Stärken, Beseitigung der Schwächen sowie Konzentration auf die richtigen Märkte oder auf Marktsegmente, die das Unternehmen nicht über- und unterfordern, steigert die Effizienz der Arbeit. Die Größen der Marktsegmente müssen zur Unternehmensgröße passen,

das Marktwachstum darf die finanziellen Mittel nicht überfordern. Notfalls zieht man sich in eine Marktnische zurück und baut Eintrittsbarrieren gegen neue Wettbewerber auf, um die Ressourcen zu schonen.

Zur Konzentration auf das Wesentliche gehört auch, daß das Sortiment auf die Umsatzträger beschränkt wird. Ausufernde Sortimente lassen die Komplexitätskosten überproportional ansteigen, senken die Fachkompetenz durch Überforderung, schwächen die Lieferbereitschaft und -schnelligkeit und senken die Innovationskraft.

> Kundennutzenorientierung, d. h. Anpassung an die Bedürfnisse durch Kontaktfähigkeit,[68] Lernfähigkeit, Sensibilität und Innovationsorientierung

Alle erfolgreichen Unternehmen zeigen eine starke Kundenorientierung[69] (Abb. 1.26). Sie ist ein wesentlicher Bestandteil der Geisteshaltung und ihrer Unternehmenskultur. Mitarbeiter suchen ständig nach Quellen der Unzufriedenheit ihrer Kunden. Eine strategisch-kundenorientierte Unternehmenskultur kennzeichnet folgende Merkmale:

Effizientes Forschungs- und Entwicklungspotential bzw. Innovationsorientierung durch kundennahe und damit schnell angewandte Forschung und Entwicklung, Problemlösung statt Produktentwicklung, lernfähige Organisation, hohe Motivation, direkter Kontakt mit dem direkten und indirekten Abnehmer im fortlaufenden Gespräch sowie deren persönliche Anbindung, ständige Abstimmung durch Tests von Prototypen, Bereitschaft, den Kunden kommandieren zu lassen, Experimente statt theoretischer Analysen, etwas Konkretes ausprobieren statt Marktforschung und Planung, Wirklichkeitsnähe, Förderung von Innovatoren, Parallelentwicklungen. Das Ziel liegt darin, sich mit geringsten Mitteln einen Vorsprung gegenüber dem Wettbewerb zu erarbeiten. Dabei hilft die kundenoriente Unternehmensorganisation.

Qualität ist vor allem bei qualitätssensiblen Angeboten der wichtigste Bestandteil der Kundenorientierung, d. h. Produktqualität durch ausgereif-

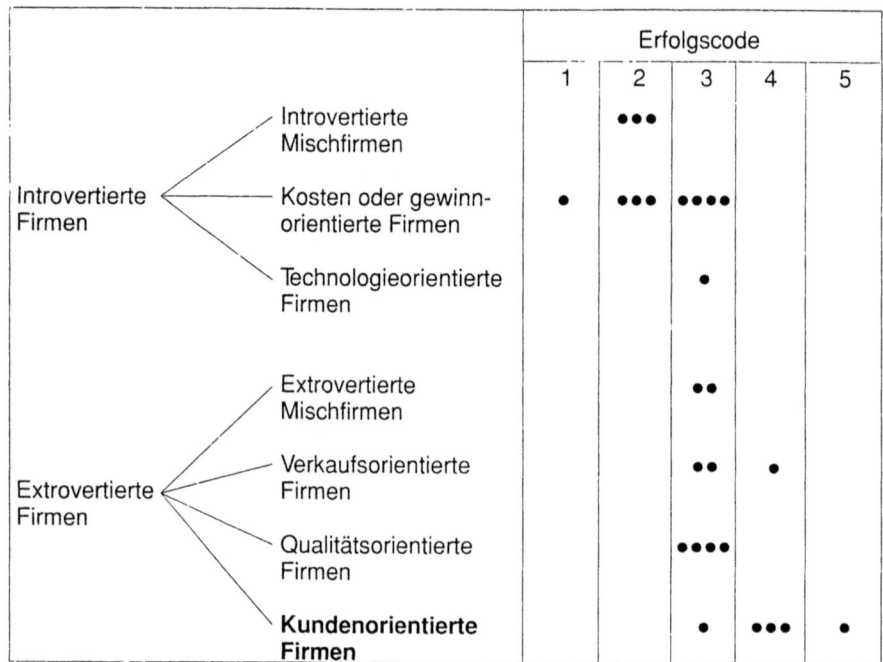

Abb. 1.26: Management Strategischer Erfolgspositionen (Pümpin: Erfolgspositionen, S. 144).

te Technik bzw. Vorrang der Funktionsfähigkeit vor modernster Technik. Das Management toleriert keine Produktmängel und verfolgt Reklamationen mit Nachdruck. Es betreibt Aufwand für Service, damit das Erzeugnis sich auch nach dem Verkauf bewährt (Serviceorientierung), Aufwand für Werbung und Verkaufsförderung, um dem Interessenten die Qualitätsvorteile bewußt zu machen (Kommunikationsorientierung). Das Qualitätsimage stützt eine positionsorientierte Preispolitik.

> Orientierung zur Differenzierung, d. h. Absetzen vom Wettbewerb, z. B. durch ein besseres Image.

Es gibt drei Möglichkeiten, sich attraktiv abzusetzen: Die rationale Differenzierung durch technische Merkmale und besser funktionsfähige Produkte, die optische Differenzierung durch ein günstiger anmutendes Erscheinungsbild des Produktes und die emotionale Differenzierung durch Ansprache der Gefühle. Erst durch Verankerung der Merkmale im Image entfalten sie ihre Wirksamkeit. Der Hersteller erhöht die Stabilität und den Abstand um so mehr, je besser es gelingt, alle drei Einflußfaktoren voll auszuschöpfen. In das Image fließen letztlich alle unternehmenspolitischen Leistungselemente der Vergangenheit ein.

– Je weiter das Angebot aus der Vergleichbarkeit herauskommt, desto unabhängiger macht sich der Anbieter von der Preisgestaltung des Wettbewerbs. Im günstigsten Fall schafft Einmaligkeit eine monopolartige Situation.
– Entwicklung, Vertrieb und Produktion sollen möglichst andere Lösungen herausarbeiten als die Konkurrenz. Dabei zählt nur, was der Kunde als vorteilhaft erkennt. Nur dies berücksichtigt er bei seiner Kaufentscheidung. Die andersartige Lösung muß also dem Verwender erkennbare Vorteile bieten.
– Eine an den Markterfordernissen, also an der Sicht des Interessenten, orientierte Qualität erweist sich als die Basis des Erfolges. Die Qua-

40

litätssicherung besitzt eine hohe Priorität, vor allem bei qualitätssensiblen Produkten.

– Eine schlagkräftige, aber nicht kostenaufwendige Entwicklung schafft die Voraussetzungen für hohe Qualität und Differenzierung. Das Unternehmen zielt auf eine bessere Anpassung an die Bedürfnisse oder technische Führung ab. Den Entwicklungsaufwand verteilt es nach Prioritäten. Für auslaufende Geschäftsfelder stellt es die Entwicklungsarbeit so früh wie möglich ein.

– Die Entwicklung benötigt die Rückkoppelung zum Markt über unmittelbare Kontakte mit den Kunden. Entwickler gehören an die Front.

– Die Entwicklungsprojekte wählt das Management abgesehen von relativ wenigen strategischen Langfristprojekten in Großbetrieben grundsätzlich möglichst marktnah aus, das heißt, sie erfordern nicht mehr als ein bis drei Jahre Entwicklungszeit.

– Der Abstand vom Wettbewerb läßt sich nur halten, wenn die Fülle von Betriebsgeheimnissen auch gewahrt bleibt. Der Vorgesetzte trägt die Verantwortung dafür, daß alle Mitarbeiter darauf achten, in technischen Gesprächen, Vorträgen, Veröffentlichungen etc. kein Know-how weiterzugeben. Lieferanten und Wettbewerber dürfen grundsätzlich nur mit Genehmigung den Betrieb betreten.

– Durch Pflege der emotionalen Komponenten baut der Anbieter das Qualitätsimage aus und prägt mit Schulungen und Seminaren das Urteil des Kunden positiv.

> Innovations- bzw. Lernorientierung, d. h. schnelle Reaktion auf Kundenprobleme sowie ergänzendes Management.

Insbesondere nach jahrelangen erfolgreichen Zeiten wächst die Gefahr, Marktveränderungen zu negieren und an der ehemals erfolgreichen Orientierung festzuhalten. Es gehört deshalb zu den wichtigen Aufgaben der Führung in Spitzenunternehmen, die Sensibilität und Bereitschaft zum Lernen in der Mannschaft zu entwickeln und zu erhalten.

Zwei wichtige Teilorientierungen steigern die Effizienz der Innovationskraft: Die klare Orientierung am Kundennutzen verhindert sinnlose Innovationen und steigert ihre Erfolgswahrscheinlichkeit. Das ergänzende Management, d. h. die konsequente Nutzung des ergänzenden Wissens verschiedener Mitarbeiter im Unternehmen, sorgt dafür, daß das gesamte Wissen im Unternehmen optimal genutzt wird. Nur allzu oft wird wegen persönlicher Animositäten das ergänzende Wissen des anderen nicht genutzt, weil man z. B. anderen die Erfolge neidet, wodurch das Ergebnis leidet.

> Kommunikationsorientierung nach innen und außen (offen zu Mitarbeitern und zur Umwelt).

Beziehungen zur Außenwelt pflegt die Gesellschaft durch Aufbau und Stärkung eines prägnanten Image, Übereinstimmung ihrer Identität mit diesem sowie Beobachtung der Kundenzufriedenheit. Die Organisation geht aktiv auf die Verwender zu durch Service, Verkaufsförderung, Schulung, Einladungen und persönliche Gespräche. Marketing besitzt einen hohen Stellenwert.

> Personalorientierung[70] durch Auslese von qualifiziertem Personal mit hoher Selbstmotivation, Vertrauensorganisation, permanente Anregung der Motivation bis in die unteren Ebenen und Hilfen für die Mitarbeiter, erfolgreich zu sein.

Spitzenunternehmen stellen hohe Anforderungen bei der Auswahl ihres Personals: Sie fordern und fördern. Trotzdem und vielleicht gerade deshalb besitzen sie eine hohe Attraktivität für leistungsbereite Bewerber. Im Mittelpunkt der Personalpolitik steht eine Motivationsorientierung,[71] d. h. Produktivität durch Menschen bis zum unteren Ende der Hierarchie, insbesondere durch Schaffung der notwendigen organisatorischen und führungstechnischen Voraussetzungen zur Förderung der Begeisterung für das Produkt und die Ziele der Gesellschaft. Im einzelnen heißt Motivationsorientierung:

- Fairness und Achtung des Menschen
- Belohnung von Leistung
- einfacher flexibler Aufbau mit wenig Büro-kratie
- einfache und klare Grundsätze
- straffe Führung im Hinblick auf die unternehmenspolitischen Grundsätze,
- lockere Führung im Hinblick auf die täglichen Abläufe
- Förderung von Unternehmertum
- Projektgruppen nach Bedarf
- Tolerierung von Fehlern
- Leistungswille als Motor
- Wettbewerbe
- Bereitschaft zum Experiment
- Fortbildung

Die Motivation bestimmt das Tempo, mit dem man sich dem Ziel nähert bzw. Positionen aufbaut. Sie setzt sich stets nur in einer Richtung durch: von oben nach unten. Sie ist gekennzeichnet durch das Engagement für die Sache des Unternehmens und oft durch die Liebe zum Produkt. Es gibt fünf wichtige Grundlagen, die eine hohe Motivation im Unternehmen fördern:

1. die Führungseinstellung
2. die organisatorischen Voraussetzungen bezüglich
   a) der Strukturorganisation und
   b) der Ablauforganisation
3. die räumlichen Voraussetzungen
4. die instrumentalen Voraussetzungen und
5. das Unternehmensimage.

Sendet ein Vorgesetzter fortlaufend negative Signale, so entfaltet die nachgeordnete Mannschaft keine Begeisterung. Je nachhaltiger sich z. B. eine Führungskraft mit den Argumenten „geht nicht", „schon probiert" etc.[72] gegen die Forderung nach Erlös-, Umsatzsteigerung und Kostensenkung innerlich wehrt, um so mehr prägt sie eine gleichgeartete Einstellung in ihrer Mannschaft. Je breiter diese Einstellung in das Unternehmen eindringt, um so mehr werden die strategischen Ziele gefähr-

det. Die Kräfte sind auf „Abwehr", nicht auf „Suche" ausgerichtet. Je länger eine solche Einstellung wirkt, um so weniger Lernbereitschaft und Phantasie zeigen die Betroffenen. Eine negative Motivation kennzeichnet die immer schwieriger zu korrigierende hemmende Kultur.

Umgekehrt, je konsequenter ein Manager aus innerer Überzeugung nach Lösungen sucht,[73] um so stärker wächst in seinem Arbeitsgebiet die Erfolgswahrscheinlichkeit. So gibt es in jeder Gesellschaft bremsende und treibende Abteilungen, also Arbeitsgruppen mit unterschiedlicher Schubkraft. Es muß gelingen, mehr Führungskräften als beim Wettbewerb eine lernbereite und kreative Einstellung zu vermitteln, wenn man erfolgreicher sein will als dieser.

Viele Firmen erreichen es, den engsten Führungskreis stark zu motivieren. Verantwortung und Einkommen sowie ein hohes Maß an Freiheit tragen dazu bei. Je weiter sie sie jedoch in der Organisation nach unten tragen wollen, um so größer werden die Schwierigkeiten. Die Leistungsfähigkeit eines Unternehmens wächst aber dadurch, daß es die Motivation bis in die unteren Ebenen weiterträgt, also eine Kultur schafft, die leistungsbereite Mitarbeiter auf allen Ebenen fördert.

> Konsequente Wirtschaftlichkeitsorientierung prägt die Ressourcenzuteilung.

Die Wirtschaftlichkeitsorientierung kennzeichnet:

- Marktführung
- Kostenorientierung
- sorgfältiger Umgang mit den knappen Finanzmitteln (Kapitalrückflußrechnungen)
- Konzentration auf Stärken und auf überschaubare Risiken
- Rationalisierung und Standardisierung
- Ziel-, Berichts- und Kontrollsystem strategisch orientierter Einkaufspolitik.

> Risiken werden sorgfältig abgewägt und relativ gut abgesichert.

Dies geschieht vor allem durch:

– solide Finanzierung, Finanzkraft und Zukunftssicherung
– Ressourcenzuteilung im Sinne der langfristigen Erfolgssicherung.

> Die Führung richtet Investitionen auf zukünftige Rentabilität aus und hält gebundenes Kapital niedrig. Die Entwicklung vollzieht es in überschaubaren Schritten. Das Unternehmen bleibt im eigenen Know-how-Kreis, wagt keine zu weiten Sprünge in unbekannte Gewässer und vollzieht Akquisition und Diversifikation in überschaubaren Schritten. Es arbeitet andererseits nicht zu einseitig. In jedem Fall konzentriert es sich auf Schwerpunkte, d. h. auf Märkte und Arbeitsgebiete, in denen es eine starke Position besitzt.

Diese allgemeingültigen Hauptleistungsdeterminanten sollte die Unternehmensleitung für alle Mitarbeiter als Basis in strategischen Grundsätzen formulieren,[74] wobei je nach der speziellen Situation andere Schwerpunkte zu berücksichtigen sind. Sie führen bei konsequenter Realisation im Laufe der Zeit über kurze Umsetzungszeiten und einen revolvierenden Vorsprung zu überdurchschnittlichem Wachstum, hoher Rendite und schließlich zu Positionsdeterminanten, die die Gesellschaft für die Konkurrenz unangreifbar machen, wenn sie ein hohes Leistungsniveau beibehält.

> Das Leistungsniveau und die Leistungszeit, in der die Fortschritte erreicht werden, sind der Maßstab für die Leistungsdeterminanten.

Iterative Leistungsanpassung

Im Normalfall besitzen die Kaufinteressenten keine allumfassende Vorstellung darüber, wie ein bestmögliches Erzeugnis gestaltet sein muß. Meist existiert nur der Wunsch nach einer Problemlösung oder nach einzelnen Eigenschaften. Der laufende unmittelbare Kontakt und die ständige Weiterentwicklung mit maßgebenden Käufern dient folglich als Grundlage für eine bedürfniskonforme Produktkonzeption. So tastet sich der kunden-orientierte Hersteller iterativ an das bestmögliche Produktkonzept heran. Die optimale praxisnahe Anpassung der erfolgreichen Unternehmen an die Bedürfnisstruktur ihrer Zielsegmente gelingt in erster Linie durch die dominante Stellung der Abnehmer für alle Mitarbeiter im Verkauf, in der Entwicklung, in der Fertigung und selbst im Rechnungswesen.[75]

Eine besonders enge Verbindung mit den Kunden erlaubt ein Direktvertriebssystem. Die Außenorganisation kennt in idealer Weise ihre Wünsche, kann direkt beraten, Fehlentscheidungen schnell korrigieren und braucht nicht die oft anders gelagerten Interessen des Handels zu berücksichtigen. Wenn der Handel jedoch eine starke Stellung im Kontakt mit bestimmten Käufern besitzt, über ein breites Netz mit vielen Lägern und einen starken Service verfügt, so reicht der obengenannte Vorteil normalerweise nicht aus, ihn zu umgehen. In diesem Falle sind die organisatorischen Voraussetzungen zu schaffen, daß sowohl ein laufender Kontakt mit den Handelspartnern als auch mit den Endabnehmern entsteht. Hierzu eignen sich ein anwendungstechnischer Dienst, ein Reparaturdienst, Seminare und Schulungen beim Hersteller, die immer wieder bei der Analyse der eigenen Position wichtige Informationen liefern. Bei einer sehr großen Zahl der Kunden, wie beispielsweise im Markenartikelgeschäft, ergänzt der Anbieter diese Kontaktinformationen durch systematische Marktforschungsuntersuchungen.

Erfolgsorientierte Arbeitsweise

Die erfolgsorientierte Arbeitsweise des Managements stützt die Ausrichtung des Unternehmens und prägt seine Kultur, da diesem eine Vorbildfunktion zukommt. Weiterhin kann nur derjenige, der die Zusammenhänge versteht, zielorientiert mitdenken, entscheiden, seine Mitarbeiter anregen und neue Ideen im Sinne der Ziele entwickeln. Deshalb muß die Führung die strategischen Überlegungen mindestens einem breiteren Führungskreis immer wieder verdeutlichen. Dabei ist der Tatsache Rechnung zu tragen, daß man kompliziertere Zusammenhänge schlechter versteht, Lernvorgänge Zeit erfordern, die Mitarbeiter Gelerntes vergessen und erst das vertieft Gelernte, das ins Unterbewußtsein vordringt bzw. zur Selbstverständlichkeit wird, seine volle unternehmenspolitische Kraft entfaltet.

Hohe Leistungen erwachsen im Normalfall durch viele kleine Schritte und nur, wenn sich das Management mit Einsatzbereitschaft und Zähigkeit um die Lösung eines Problems bemüht. Deshalb kennzeichnen Engagement und Fleiß erfolgreiche Unternehmer.

Den Manager plagen ständig Zeitnot und Arbeitsüberlastung. Bestimmte Arbeitstechniken helfen das Problem zu bewältigen, seine Leistungsfähigkeit und Erfolgswahrscheinlichkeit zu steigern. Solche Methoden trainiert die erfolgreiche Führungskraft, bis sie in die Persönlichkeit eingehen, denn gute und zweckmäßige Eigenschaften lassen sich anerziehen.

> Eine wichtige Basis unternehmerischen Erfolges liegt schlicht und einfach im Fleiß seines Managements und in dem ständigen Bemühungen um Effizienzsteigerung durch Einfachheit, Prioritäten, Konsequenz und Zähigkeit.[76]

So einfach und so konkret wie möglich

Die Komplexität wirtschaftlicher Zusammenhänge versteht man normalerweise nur nach jahrelangem Training ausreichend. Die Zahl der Einflußfaktoren und ihre Auswirkungen aufeinander sind nahezu unüberschaubar. Überläßt die Führung es jedem einzelnen Mitarbeiter, sich selbst nach bestem Wissen und Gewissen seine Vorstellungen über das Notwendige zu erarbeiten, so entstehen je nach

Überblick und Wissen völlig unterschiedliche Orientierungen, die die Schlagkraft bremsen. Klare Unternehmensziele durch eine formulierte Strategie helfen als erste Voraussetzung für die Ausrichtung der Mitarbeiter. Aber komplexe Darstellungen nützen in diesem Zusammenhang wegen der damit verbundenen Verständigungsschwierigkeiten wenig. Insbesondere wenn die Führung eine breitere Schicht auf die Orientierung einschwören will, so gelingt dies um so besser, je leichter die Zusammenhänge und die daraus abgeleiteten Ziele verstanden werden.[77] Dabei sollte die Führung auf die letzte Genauigkeit und die Berücksichtigung aller Eventualitäten verzichten, dagegen das Wichtige in Thesenform herausarbeiten, für alle zugänglich machen und immer wieder an praktischen Beispielen erläutern.

Auch Strukturorganisationen oder organisatorische Abläufe lassen sich kompliziert oder mehr oder weniger vereinfacht lösen. Für die Praxis ist generell der einfachen Lösung mit klarer Zuordnung und wenigen Kompetenzüberschneidungen der Vorzug zu geben. Dazu gehört auch, jeden Mißbrauch von Fremdwörtern und Abkürzungen zu unterbinden, weil damit die Verständigungsschwierigkeiten wachsen.

> Das Management diskutiert mit den Mitarbeitern bei allen Gelegenheiten die zentrale Frage: Was kann man durch Vereinfachung effizienter machen?

Unsere Sprache drückt vieles nur unpräzise und als Relation aus. Unter einer „guten oder schlechten Entwicklung" verstehen Mitarbeiter Unterschiedliches, je nachdem wie hoch sie beispielsweise die Anforderungen setzen. Hinzu kommt, daß jeder Mensch dazu neigt, auf Grund der psychologischen Mechanismen, wie Rationalisierung oder Sublimierung, die Dinge im Lichte seiner Wünsche und Bedürfnisse zu sehen. Deshalb hat das Management die Diskussionen, so gut es eben geht, zu versachlichen und auf Präzision zu bestehen. Objektiv sind Umsätze, Pro-Kopf-Leistungen, Ergebnisse, Marktanteile in Zahlen ausgedrückt.

Zur Präzision gehört auch, daß der Sitzungsleiter keine Besprechung ohne klare Beschlüsse mit Bearbeiter, Termin und Priorität beendet. Ohne solche konkreten Aufgabenverteilungen sinkt die Effizienz der investierten Sitzungszeit erheblich, da die Gefahr besteht, daß die Beteiligten nichts oder nur wenige Aufgaben realisieren.

Konzentration auf Wesentliches

Die vielfältigen täglichen Anforderungen an den Praktiker bewirken, daß operative Überlegungen hervor- und strategische in den Hintergrund treten. Die Führung muß dagegen angehen, indem sie die langfristige Orientierung durch Einführung bestimmter Methoden immer wieder in den Vordergrund rückt. Je breiter ein Arbeitsgebiet wird, um so mehr wächst die ständige Gefahr der Überforderung. Dagegen hilft das Abwerfen von Ballast und eine Konzentration der Kräfte auf die wichtigen Vorgänge.[78]

> Die Konzentration auf das Wesentliche durch wenige Ziele, Portionierung der Probleme, Zuteilung der finanziellen Mittel sowie Beseitigung der Schwächen sind wesentliche Mittel der Effizienzsteigerung.

Zur Konzentration auf das Essentielle gehört auch die rationale Zeiteinteilung des gesamten Managements.[79] Es kümmert sich um seine eigentlichen Aufgaben, befaßt sich um so mehr mit der Aufgabenverteilung, Entscheidung und Kontrolle, je umfangreicher sein Aufgabengebiet ist. Ausreichende Schnelligkeit für seine Entscheidungen bewirkt, daß Leerlaufzeiten bei den Mitarbeitern entfallen.

Einen Zwang zur Erreichung dieses Zieles übt der Vorgesetzte auch dadurch aus, daß er die Mitarbeiter veranlaßt, Protokolle und Aktenvermerke so knapp wie möglich zu verfassen.[80] Kürze zwingt zur Präzision und zur Konzentration auf das Wesentliche. Umständliche Darstellungen führen im gesamten Kreis der Leser zu Verständi-

gungsschwierigkeiten, weil diese das Bedeutende erst herausfiltern müssen. Bearbeitet der Empfänger solche Notizen mit der notwendigen Sorgfalt, so vergeudet er viel Arbeitszeit. Liest er oberflächlich, wie dies häufig bei der Fülle des täglichen Lesestoffs geschieht, so kommen die wichtigen Informationen nicht an. Es gibt also Störungen in der Kommunikation mit all den Folgeproblemen für eine gedeihliche Weiterentwicklung des Unternehmens. Die Geschäftsführung sollte deshalb nur kurze Beschlußprotokolle und Aktenvermerke zulassen.

Als weiteres Instrument hilft die Schaffung von Dringlichkeitsthemen,[81] die der Sitzungsleiter in jeder Tagesordnung und in jedem Protokoll vorweg anführen läßt. Diese trägt er von Sitzung zu Sitzung vor, bis das Team die damit verbundenen Aufgaben erledigt hat. Sie lenken die Aufmerksamkeit stets auf das Wesentliche. Ergänzt er in jeder Tagesordnung noch den Hinweis auf den Verantwortlichen für diesen Besprechungspunkt und das Datum, zu dem es zum Dringlichkeitsthema erklärt wurde, so zeigt sich für alle Mitarbeiter immer wieder deutlich, wie schnell oder wie langsam sie ihre wichtigen Aufgaben bewältigen konnten.

Auch die Personalstruktur eines Unternehmens drückt aus, inwieweit es die wesentlichen Tätigkeiten in den Vordergrund stellt. So deutet ein hoher Anteil an Stabs- und Verwaltungsabteilungen auf unnütze Administration hin, die nicht nur Kosten verursacht, sondern auch noch die tragenden Tätigkeiten behindert und kompensiert. Die Personalstruktur muß der Bedeutung der einzelnen Funktionen angepaßt sein. Für die Größe der Verwaltung gilt generell: So klein wie möglich, so groß wie unbedingt notwendig.

Konzentration auf die Stärken

Die Konzentration auf die Stärken bzw. Kompetenzen[82] und insbesondere auf Solitärbarrieren erhält mit zunehmendem Grad der Diversifikation und Komplexität eine steigende Bedeutung. Wenn die Führung eine Verzettelung zuläßt, nimmt sie dem Unternehmen jede Chance, eine Firmenkonjunktur zu entwickeln, auch wenn alle Mitarbeiter hohe Leistungen entfalten. Die Komplexitätsbarrieren senken die Erfolgswahrscheinlichkeit. Firmen, die das Prinzip der Konzentration auf Stärken anwenden, bleiben im wesentlichen in ihrem Know-how-Kreis, betreiben Akquisition und Diversifikation in überschaubaren Schritten. Sie konzentrieren sich auf Schwerpunkte, in denen sie eine starke Position und einen hohen Marktanteil besitzen.

Konzentration auf die Stärken setzt voraus:

- Die Führung organisiert das Unternehmen nach Geschäftsfeldern.
- Sie definiert die Stärken unter Berücksichtigung der Lebenskurven und Technologien.
- Das Management legt Prioritäten fest, wie z. B.
  • Grundsatzpriorität nach Differenzierung oder Kostenführung
  • Prioritäten nach Kunden
  • Prioritäten nach Geschäftsfeldern
  • Prioritäten nach Produkten und Artikeln
  • Prioritäten nach Regionen
  • Prioritäten nach Entwicklungszielen
  • Prioritäten nach relevanten Technologien

Die Prioritätsthemen dominieren in jeder Tagesordnung.

Konzentration auf die Stärken bedingt deren Definition, wie z. B. ein hoher Marktanteil im „served market", Kostenführung, Wachstumsmärkte, hohes Know-how, hohe Qualität beziehungsweise ein hohes Qualitätsimage, technischer Vorsprung im Vergleich zum Wettbewerb.

Der heutige und erwartete Produktertrag ist in der Praxis ein wichtiger erster Hinweis auf starke Stellung. Wenn man einmal von Erzeugnissen absieht, die sich gerade in der Markteinführung befinden und somit Verluste erwirtschaften, so liegen in den Gewinnträgern normalerweise die Stärken einer Gesellschaft. Allerdings gehen im Verlauf der Lebenskurve alte Positionen früher oder später verloren. Deshalb bauen erfolgreiche Firmen ständig neue Stärken auf. Die zentrale Frage lautet also: „Auf welchen Gebieten besitzen wir Chancen, mit neuen Angeboten Solitärbarrieren im Vergleich zum Wettbewerb zu errichten?"

Je komplexer sich ein Unternehmen darstellt, je mehr Produkte es fertigt, je mehr Kundengruppen und Länder es bearbeitet, um so weniger nützt eine detaillierte einheitliche Strategie, um so grober muß der allgemeine Orientierungsrahmen sein. Detaillierte Konzeptionen lassen sich nur für die abgegrenzten Arbeitsgebiete entwickeln. Diese Geschäftsfelder[83] verfügen über eine unabhängige Marktaufgabe und ein eigenständiges Marketing, was eine spezifische Ausrichtung ermöglicht.

Nach Chancenabwägung empfiehlt sich beispielsweise, die Geschäftsfelder und Produkte in folgende Prioritätsstufen[84] einzuteilen:

- Priorität 1 = Ein hochrentables bzw. rentables sehr bedeutendes oder strategisches Produkt mit großer Zukunftsbedeutung, bei dem wir besondere abgesicherte Stärken besitzen. Hierauf sind die Kräfte zu konzentrieren. Es handelt sich um ein Zielgeschäftsfeld.
  Auch neue Produkte, die noch im Verlust liegen, aber sehr gute Zukunftschancen besitzen, gehören in diese Prioritätsstufe.
- Priorität 2 = Ein rentables Erzeugnis, das aber für den Geschäftsbereich wegen der Marktgröße nicht so bedeutend oder aber nicht so gut abzusichern ist. Es gibt andere Wettbewerber, die eine ähnliche Stärke aufweisen. Ressourcen werden nicht so stark darauf konzentriert und insbesondere dann eingesetzt, wenn das Geschäftsfeld die Chancen bei Produkten der Priorität 1 voll ausgenutzt hat.
- Priorität 3 = Erzeugnisse, die zwar einen geringeren Verlust erwirtschaften, denen die Führung aber mit einem neuen Konzept nochmals eine Chance für einen Durchbruch geben will. Sie erwartet also, daß sie die derzeitigen Schwächen mit dem neuen Konzept in Stärken umwandeln kann. Auch „Mitnahmegeschäfte" gehören in diese Priorität. Die Ressourcen sind vorsichtig einzusetzen.

-- Priorität 4 = Die Produkte machen seit längerem Verlust. Das Management versuchte mehrfach, sie mit anderen Konzepten aus dem Verlust zu holen. Die Gesellschaft besitzt auf diesem Gebiet eindeutig keine Stärken. Deshalb muß sie das Geschäftsfeld verkaufen oder die Umsätze zurückführen. Sie nimmt keine Investitionen mehr vor. Ausnahmen bedürfen einer besonderen Genehmigung.

Eine entsprechende Einteilung läßt sich auch für Technologien und andere Kriterien bilden, um die Leistung der Mitarbeiter besser auszurichten.

Bei der Beobachtung von neuen Produkten und Technologien sollte das Management noch folgendes beachten: In vielen Fällen macht es wenig Sinn, schon an einer neuen Technologie zu arbeiten, deren Potential noch nicht zu beurteilen ist. Auf der anderen Seite darf ein Unternehmen solche Entwicklungen nicht aus dem Auge verlieren, um zur richtigen Zeit „auf den abfahrenden Zug aufzuspringen". Solche Ansatzpunkte für zukünftige Prioritäten kennzeichneten wir auf unserer Strategietagung mit

- Suchposition, d. h. das Team veranlaßt zunächst einmal weitere Untersuchungen, bevor es eine Dringlichkeitsstufe erhält, oder
- Beobachtungsposition, d. h. es beobachtet die weitere Entwicklung, ohne Aufwand zu betreiben.

Für Produkte und Technologien in der Suchposition entschieden wir erst nach abschließender Beurteilung der Situation. Kriterien in der Beobachtungsposition beurteilten wir jeweils wieder auf der nächsten Strategietagung und überprüften, ob andere Voraussetzungen vorlagen, um nun konkrete Sucharbeiten einzuleiten, d. h. den Vorgang in die Suchposition zu übernehmen.

Alle Prioritäten waren Bestandteil der jährlichen Planungssitzungen und der monatlichen Bereichsbesprechungen. Für die Teams galten sie nach Abstimmung als verbindliche Richtschnur.

Die klare Definition der Stärken und Schwächen bietet auch eine hervorragende Basis für die Antwort auf die Frage „make or buy?". Immer dann, wenn ein Unternehmen aus der Position der Schwäche heraus handelt, wenn es also viele Anbieter gibt, die eine bestimmte Funktion oder Komponente wesentlich günstiger auf den Markt bringen können und damit keine Kernkompetenz beeinträchtigt wird, spricht die Entscheidung für einen Zukauf dieser Leistung. Stützt eine Tätigkeit dagegen die Stärken des Unternehmens oder besteht die Gefahr, daß durch eine Vergabe von Aufträgen neue Wettbewerber entstehen, so erhält die Eigenproduktion den Vorrang.

Die Konzentration auf Stärken beschleunigt den Durchlauf, reduziert die Reibungsverluste und die frustrierenden Widerstände großer Organisationen. Welche Bedeutung den unproduktiven Zeiten in großen Organisationen zukommt, zeigt neben der vielfältigen Erfahrung von Praktikern auch eine Untersuchung von Arthur D. Little,[85] nach der nur etwa 10 % der Zeit wirklich entwickelt wird, während der Rest durch Warten auf Entscheidungen, Zeitverluste durch Austragen von Meinungsverschiedenheiten etc. verlorengeht. Kennen alle Mitarbeiter die eiligen Projekte, so verkürzen sich die Entscheidungsabläufe, notwendige Beschaffungen erfolgen mit größerem Nachdruck, die Führung stellt Investitionen schneller bereit etc.

Wiederholungen und Verfolgung der Ziele

In der Praxis überschätzen Vorgesetzte immer wieder, was ihre Mitarbeiter wissen, und verkennen, wie oft Zusammenhänge zu lernen und wiederholen sind, bis alle Ebenen die theoretische Basis verstehen und diese schließlich als Bestandteil in das tägliche Handeln einfließt. Was die Führung als wichtig identifiziert und somit eine hohe Priorität erhält, muß sie auch mit Zähigkeit verfolgen. Dazu gehört insbesondere die Umsetzung der strategischen Grundsätze. Ihre ständige Wiederholung sowie die laufenden Berichte an Hand von einzelnen Beispielen aus der Praxis über erreichte Erfolge durch das Handeln im Sinne der Vorgaben erleichtert den Durchdringungsprozeß und verfestigt die strategische Orientierung in der gesamten Mannschaft.

Entscheidungsfreudigkeit

Wer schneller Ideen kreiert, in Produkte umsetzt und diese in den Markt einführt,[86] besitzt einen revolvierenden Vorsprung. Vorgänge kommen aber insbesondere ins Stocken, wenn die notwendigen Entscheidungen, die die Fortsetzung der Bearbeitung ermöglichen, nicht fallen. Ein in der Organisation stark verankertes Delegationsprinzip verkürzt den Entscheidungsweg. Es erfordert aber auch Entschlußkraft des Managements, wenn es die Zeit als Wettbewerbsfaktor zu nutzen gilt.

> Die Geschwindigkeit der Implementierung ist eine Erfolgsdeterminante.

Natürlich lassen sich viele Entscheidungen, insbesondere solche von großer Tragweite, nicht kurzfristig fällen. Analysen, Diskussionen etc. sind notwendig. Hier hilft es, sich und den Mitarbeitern Termine für alle Arbeitsstufen zu setzen und diese zu verfolgen. Erhalten Vorgänge mit hoher Priorität den Vorrang vor allen anderen, so werden wichtige Entscheidungen beschleunigt vorbereitet und gefällt.

Organisatorische Prämissen

Erfolgreiche Praktiker wissen, daß die organisatorischen Voraussetzungen eine entscheidende Basis für die Umsetzung einer Strategie darstellen. Peters und Waterman erläuterten vor allem ablauforganisatorische Zusammenhänge an vielen Beispielen sehr eingehend.[87] Die PIMS-Untersuchung trug ebenfalls einige weitere interessante Ergebnisse zu diesem Thema bei.[88] Danach zeigen Geschäftseinheiten in einer sich rasch verändernden Umwelt bei hoher Dezentralisation der Verantwortung das höchste Wachstum, aber bei mittlerer Dezentralisation die höchste Rendite (Abb. 1.27). In stabilen Märkten erzielen sie bei höchster Autonomie sowohl die höchste Rendite als auch den höchsten Umsatzzuwachs (Abb. 1.28).

Eine Untersuchung der Zusammenhänge zwischen den Basisstrategien und der Organisation ergab, daß eine Politik der Kostenführung bei stärkerer Anbindung und Kontrolle sowohl mehr Umsatzwachstum als auch einen höheren ROI in den business-units brachte (Abb. 1.29), während eine Differenzierungsstrategie eindeutige Vorteile bei starker Delegation der Verantwortung aufwies (Abb. 1.30).

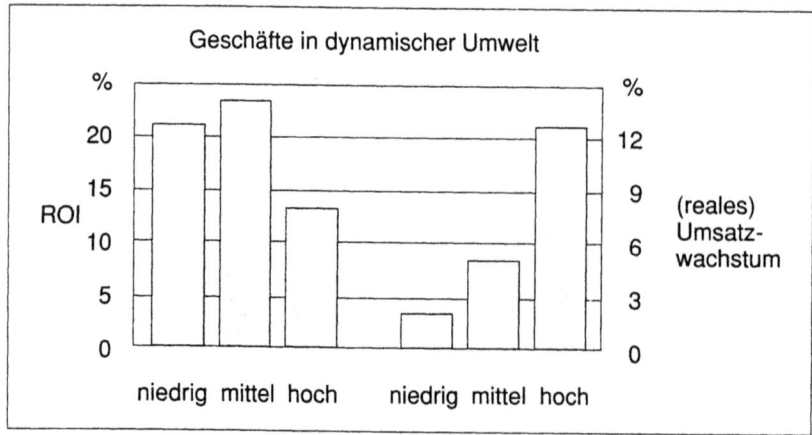

Abb. 1.27:
Geschäfte in dynamischer Umwelt

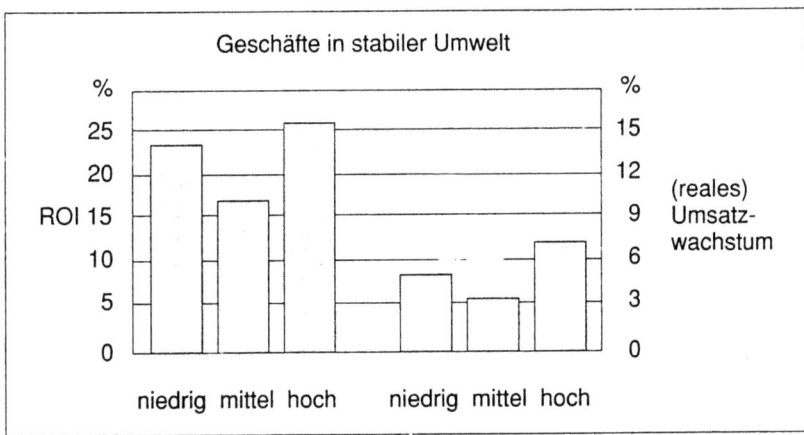

Abb. 1.28:
Geschäfte in stabiler Umwelt

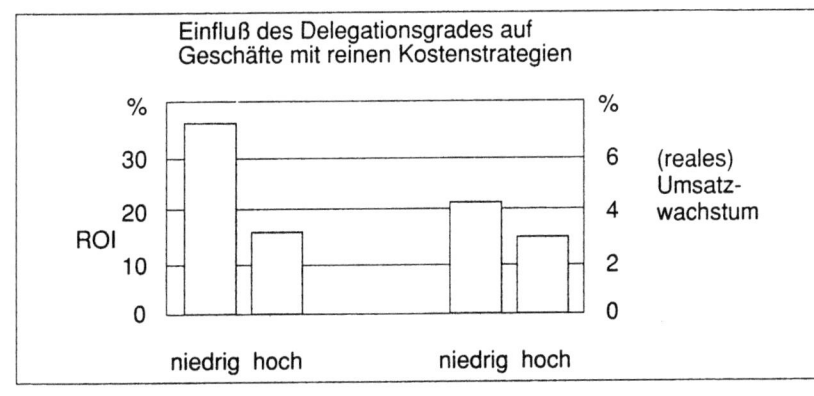

Abb. 1.29:
Geschäfte mit reinen Kostenstrategien

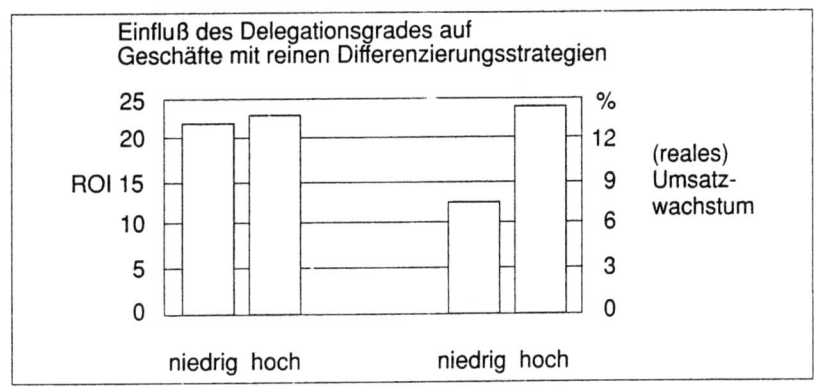

Abb. 1.30:
Geschäfte mit reinen Differenzierungsstrategien

Auch wenn die Untersuchungen noch nicht als abgeschlossen gelten können, so bestätigen sie doch die praktische Erfahrung, daß die organisatorischen Voraussetzungen an die jeweilige Situation der Geschäftsfelder angepaßt sein müssen.

1.44 Solitärbarrieren als Ziel

Das in einen Wirtschaftszweig eindringende Unternehmen hat Barrieren[89], die sogenannten Branchenbarrieren, zu überwinden. So braucht man bei der Aufnahme der Automobilproduktion nicht nur Kapital, sondern ein Know-how in allen Funktionsbereichen, das sich aus einer Vielzahl von einzelnen Wissensschritten zusammensetzt. Die Absatz- und Servicepositionen sind von den etablierten Firmen besetzt. Innerhalb einer Branche gibt es darüber hinaus Teile, die wiederum ein spezifisches Wissen erfordern und somit Segmentbarrieren bilden. Schließlich verfügen Firmen auf Grund ihrer spezifischen Strategie über Positionen und Solitärbarrieren, die ihnen einen mehr oder weniger großen Spielraum verschaffen.

> Branchen- und Segmentbarrieren stabilisieren und entschärfen eine gegebene Wettbewerbssituation, weil sie das Eindringen weiterer Wettbewerber erschweren. Positionen bzw. Solitärbarrieren entlasten die eigene Preispolitik, verschaffen ihr Spielraum oder sogar eine monopolistische Situation.

Arten von Positionsdeterminanten

Abbildung 1.31 stellt die wichtigsten Positionsdeterminanten, die als Erfolgsstabilisatoren wirken, geordnet nach ihrem vorwiegenden Einfluß auf die derivativen Erfolgsdeterminanten dar. Einige dienen der allgemeinen Risikoabsicherung und damit

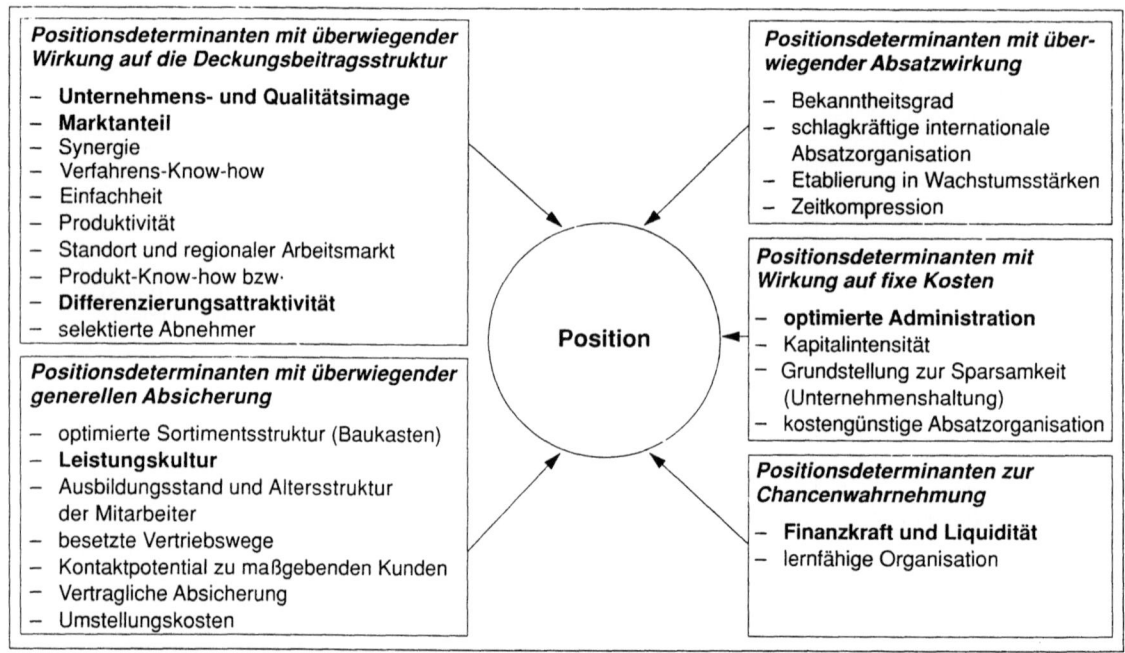

Abb. 1.31: Wichtige Positionsdeterminanten und Wirkungen auf Deckungsbeitragsstruktur und fixe Kosten sowie Determinanten zur Nutzung von Chancen und Absicherung des Unternehmens

50

der Erhaltung des Absatzes, andere verändern die Deckungsbeitragsstruktur beziehungsweise die fixen Kosten, oder sie schaffen wichtige Voraussetzungen dafür, daß ein Unternehmen gebotene Chancen wahrnehmen kann, zum Beispiel in neue Märkte einzudringen.

Bildung von Positionen und Solitärbarrieren

Die Gruppe von Determinanten mit dem höchsten Stabilisierungspotential für die Rentabilität, die Solitärbarrieren, ergeben sich durch die Kombination von Leistungen mit Postionen, die sich das Unternehmen auf Grund seiner Politik und seiner Leistung in der Vergangenheit erarbeitete. Durch ein einfaches Beispiel versuchten wir, auf der Strategietagung den Inhalt der Position deutlich zu machen: Zwei Freunde gehen auf der Basis gleicher Lebensumstände und nach gleicher Schulausbildung in den Beruf. Der eine konsumiert stets, was er verdient, der andere spart und investiert. Mit Fünfzig erhalten beide das gleiche Einkommen durch ihren Beruf. Der zweite besitzt jedoch ein abbezahltes eigenes Einfamilienhaus und ein Wertpapier- und Sparvermögen, dessen Erträge ihm fast ein weiteres Einkommen in Höhe seines Gehaltes verschaffen. Folglich liegen nach wie vor gleiche Leistungsdeterminanten vor. Die Positionen verschoben sich jedoch erheblich. – Vergleichbare Entwicklungen gibt es auch für verschiedene Gesellschaften: Alle Geschäftsführungen arbeiten normalerweise intensiv für den Verkauf und die Produktion, aber die geschickteren unternehmen alles, um das Image ihrer Produkte anzuheben und finanzielle Reserven anzusammeln. Die letzteren bauen im Laufe der Zeit weit stärkere Solitärbarrieren auf.

Positionen sind also die thesaurierten Ergebnisse aus den strategisch orientierten Leistungen der Vergangenheit. Ein schneller wachsender Umsatz als bei den Wettbewerbern führt zur Marktführung, ein ständiges und geschickteres Bemühen um Verbesserungen zum Know-how-Vorsprung, der nachhaltig strategieorientierte Erziehungspro-

zeß zu einer antriebsstarken Unternehmenskultur, oder eine geschickte Unternehmenspolitik zusammen mit professionellen absatzpolitischen Maßnahmen zum vorteilhaften Firmen- und Qualitätsimage.

Wirtschaftliche Bedeutung von Positionen und Solitärbarrieren

Positionsdeterminanten zeichnet vor allem die Nachhaltigkeit des damit verbundenen Vorsprungs aus.[90] Die Positionsstärke wächst dabei mit der Größe und Stabilität des Vorsprungs. Eine gute Position baut normalerweise darauf auf, daß das Management in der Vergangenheit Kundenbedürfnisse besser als der Wettbewerb erkannte und diese Erkenntnisse in besser angepaßte Produkte und ein entsprechendes Image umsetzte. Der nachhaltige Vorsprung und letztlich die Solitärbarriere kann aber auch in einem besetzten und für andere nicht zugänglichen starken Absatzweg, einer langfristig aufgebauten starken Absatzorganisation beziehungsweise einem hohen Marktanteil bestehen.

> Mit Hilfe von Positionen in Kombination mit hohen Leistungen baut die Führung Solitärbarrieren auf.

Sind die Positionen stark, tragen sie ein Unternehmen noch lange Zeit, selbst wenn es seine Leistungen wesentlich verschlechtert. Die Stabilität wächst mit zunehmender Unternehmensgröße beziehungsweise geht bei sehr kleinen Betrieben relativ schneller verloren (vgl. Abb. 1.32). Damit finden sich die Ergebnisse einer schlechteren oder besseren Unternehmenspolitik normalerweise nur mit einer Verzögerung von vielen Jahren in den Zahlen des Unternehmens wieder. Hierin liegt eine der schwierigsten Aufgaben von Überwachungsgremien größerer Gesellschaften, die vorhandenen Solitärbarrieren zu beurteilen und frühzeitig sich anbahnende Fehlentwicklungen zu erkennen.

Der Sicherung des Vorsprunges, d. h. die Orientierung auf Solitärbarrieren, kommt folglich in gut

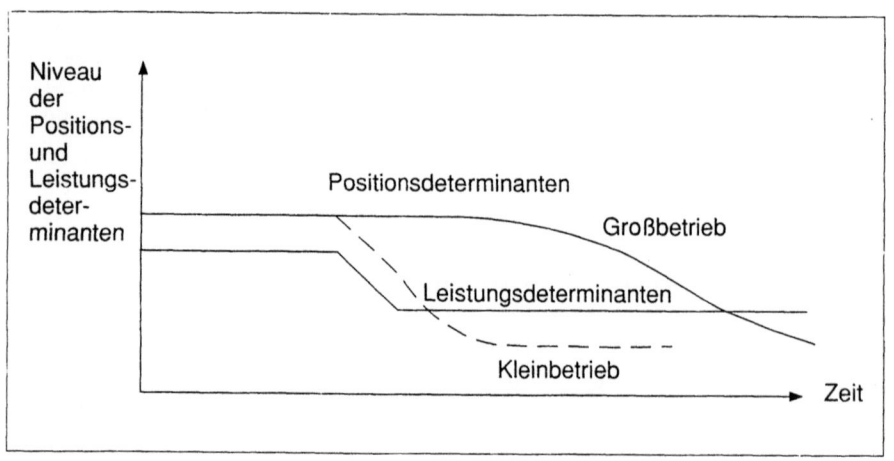

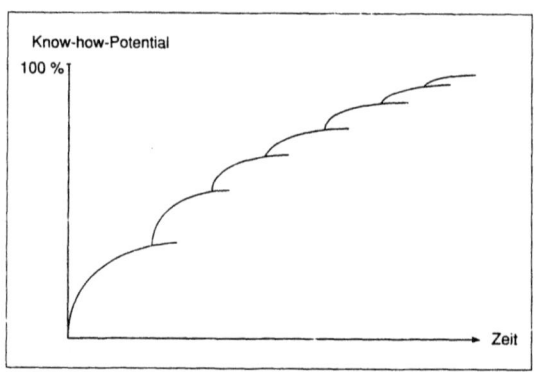

Abb. 1.32:
Einfluß der Leistungsdeterminanten auf die Positionsdeterminanten im Zeitablauf

geführten Unternehmen die entscheidende Bedeutung zu. Vier Kritierien bestimmen ihre Wettbewerbskraft:

- Solitärdistanz zum Wettbewerb
- Stabilität der Position (Risiko)
  • Zahl der Solitärbarrieren
  • Imitationszeit des maßgebenden Wettbewerbers (z. B. durch Entwicklungszeit oder strategische Hemmnisse)
  • Imitationsaufwand
  • Innovationstempo des eigenen Unternehmens im Vergleich zum Wettbewerb (revolvierender Vorsprung)
  • Anreiz zur Markteindringung (Penetrationsanreiz)

Der Abstand gegenüber den Wettbewerbern, also die Solitärdistanz, ist ein Maßstab für den Wert einer Solitärbarriere. Für das langfristige Ergebnis entscheidet darüber hinaus der zeitliche Vorsprung bis zur Imitation durch andere Anbieter beziehungsweise die Fähigkeit, mit einem hohen Innovationstempo des eigenen Unternehmens einen revolvierenden Vorsprung zu halten (vgl. Abb. 1.33). Damit bestimmt die Zeit als wichtiger Faktor den Wettbewerbsvorsprung. Die vorhandene

Kreativität und Entwicklungsdynamik bildet eine positionsbestimmende Einflußgröße. Starke Solitärbarrieren entziehen das Unternehmen dem unmittelbaren Angriff der Wettbewerber. Ist die Zahl der Solitärbarrieren auch noch relativ groß, so wird das Unternehmen noch schwerer für den Wettbewerb angreifbar. Sich dem unmittelbaren Angriff zu entziehen heißt Kräfte sparen und Ertragsdruck vermeiden.

Abb. 1.33: Ausschöpfung des Know-how-Potentials durch typische Entwicklungsverläufe eines revolvierenden Know-how-Vorsprungs

52

Nischen- oder „Kleines-Segment"-Strategie

Den Nischenproduzenten schützen spezielle Solitärbarrieren gegenüber den Großserienherstellern. Sie verhindern normalerweise deren Eindringen in dieses Arbeitsgebiet, selbst wenn diese damit ihre Produktion besser auslasten. Liegen keine Solitärbarrieren vor, so sieht die Situation ganz anders aus: Die Firmen mit großem Volumen bedrohen die kleinen vor allem in Phasen konjktureller Schwäche. Wenn beispielsweise ein Unternehmen ohne preisliche Wettbewerbsfähigkeit kleinere Serien produziert und dabei keine spezifischen Solitärbarrieren aufbauen kann (Kleines-Segment-Strategie), so ist bereits zu erwarten, daß in der Krise die dominierenden Firmen diese Geschäfte mitnehmen und damit die Situation des Kleinserienherstellers noch verschärfen (vgl. Abb. 1.34). Eine solche Politik läßt sich auch als „Brosamenpolitik" bezeichnen, weil letztere nur die Aufträge erhalten, die die Erstgenannten bei hoher Auslastung auf Grund einer zu geringen Losgröße nicht annehmen wollen. Oft entstehen jedoch, insbesondere wenn die Führung gezielt nach Stärken sucht, im Laufe der Zeit Spezialkenntnisse und besondere Einrichtungen, die der „Kleines-Segment"-Strategie schließlich begrenzte Solitärbarrieren verleiht und zu einer renditesicheren Nischenstrategie führt.

Einschätzung der wirtschaftlichen Kraft der eigenen Position

Die Solitärbarrieren verhindern also, daß Wettbewerber unsere Kunden an sich ziehen, weil sie nicht in der Lage sind, die Kundenbedürfnisse im gleichen Maße zu befriedigen. Je stärker diese Solitärstellung wächst, um so besser setzt das Unternehmen höhere Erlöse durch und entzieht sich dem Konkurrenzdruck. Die Praktiker kennen zwar oft mehr gefühlsmäßig die Auswirkungen von Positio-

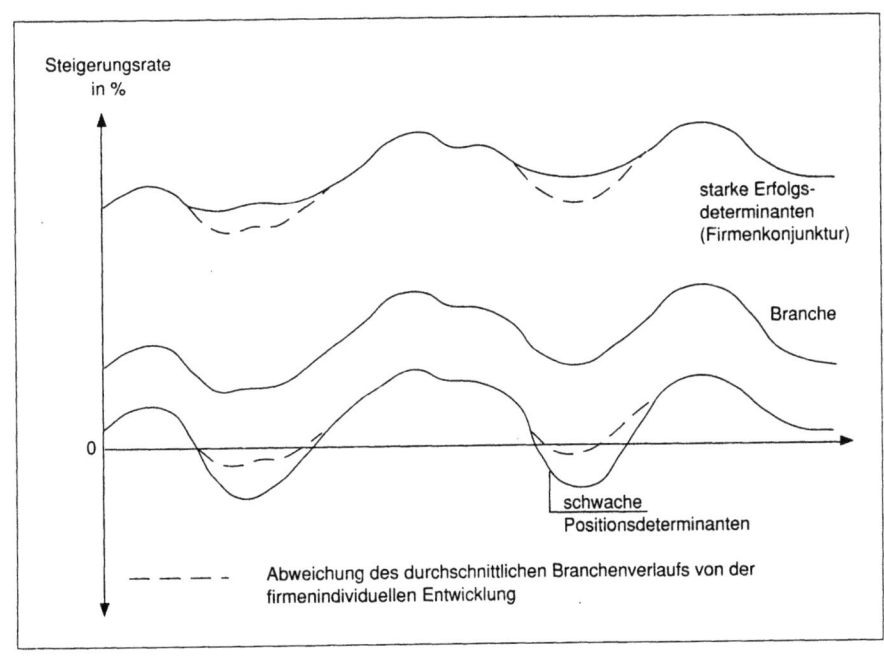

Abb. 1.34:
Verlauf der Umsatzveränderungen der Branchen im Vergleich zu Unternehmen mit starken oder schwachen Leistungs- und Positionsdeterminanten

nen und Solitärbarrieren, ihre konkrete wirtschaftliche Bedeutung, die den Mehrerlös gegenüber dem Wettbewerber bestimmt, wird jedoch nur selten gemessen. Darauf ist im Zusammenhang mit der Basisformel der Unternehmenspolitik noch näher einzugehen. Im Laufe der Zeit verändert sich die Differenzierungsfähigkeit meistens dadurch, daß der Wettbewerb Wege findet, solche Vorteile zu kompensieren. Die Labilität seiner Solitärstellung nimmt im Zeitablauf zu, wenn ein Unternehmen nicht ständig Stabilisierungsmaßnahmen ergreift.

Unsere Gruppe verfügt auf vielen Gebieten der traditionellen und modernen technischen Keramik über ein gewachsenes Know-how. Da, wo wir uns mit Metallverarbeitern im Substitutionswettbewerb befinden, ist es wegen der hohen Investitionen und der andersartigen Erfahrungskurven für sie ein langer und aufwendiger Weg, in die Keramik zu diversifizieren und gleiche Produkte herzustellen. Soweit wir uns in Nischen befinden, in denen wir darüber hinaus im Laufe der Zeit eine weltweite Verzweigung der Absatzkanäle aufbauten, wird ein Markteintritt auch für keramische Produzenten, die dieses Segment noch nicht bedienen, uninteressant, insbesondere wenn noch ein starkes Image diese Position unterstützt. Die auflaufenden Verluste über Jahre bis zur Umsatzgröße des break-even-points muß man hoch einschätzen. Die Positionsdeterminanten in den Nischen bewirken eine relativ große Distanz und erweisen sich als hochgradig stabil.

Anders sind die Segmente zu bewerten, in denen viele Hersteller über ähnliche Fertigungseinrichtungen, ein allgemein bekanntes Fertigungs-Know-how beziehungsweise eine vergleichbare Absatzorganisation verfügen, und der Vorteil allein auf einem anderen Werkstoff beruht. Hier besteht ständig die Gefahr, daß Konkurrenten alleine durch eine neue Werkstoffentwicklung die Vorteile der Positionsdeterminanten kompensieren. Die Solitärdistanz ist relativ gering und je nach der Strategie der Wettbewerber unter Umständen hochgradig labil.

Strategische Ausrichtung von Leistungen und Fehlorientierungen

Der Verfasser beobachtete an der Entwicklung von zwei Unternehmen, die auf demselben Markt tätig waren, daß die Unternehmensführung sich nicht nur darauf konzentrieren darf, die Leistungen zu steigern, sondern auch alle Chancen wahrnehmen muß, Positionen aufzubauen. Das Unternehmen 1 war vor etwa 30 Jahren auf Grund seiner historischen Entwicklung wesentlich stärker. Beide Geschäftsleitungen arbeiteten mit hohem Einsatz für ihre Gesellschaften, bemühten sich um Umsatzsteigerungen, neue Produkte, gingen in Exportmärkte etc. Der Beobachter des Tagesgeschäftes hätte kaum einen Unterschied erkennen können. Die Unternehmensleitung des Unternehmens 2 zielte jedoch weitaus mehr darauf ab, neben einer hohen Leistung auch Positionsdeterminanten, wie ein gutes Image, ein hohes Kontaktpotential und Differenzierungsattraktivität aufzubauen. Im Laufe von zwanzig Jahren wuchs das Unternehmen 2 wesentlich schneller und steigerte seinen nachhaltigen Ertrag weit über den des Unternehmens 1 hinaus.

Die Beispiele führen vor, wie wichtig, aber auch schwierig es für die Aufsichtsorgane ist, zu erkennen, ob eine Geschäftsführung die richtigen Schwerpunkte setzt. Dabei hilft die genaue Kenntnis von Fehlorientierungen, die eine Bildung von Positionsdeterminanten geradezu verhindern. Solche Fehlorientierungen sind z. B.:[91]

- Konzentration auf Verlustprodukte
- Zielkonflikte, z. B. durch Qualitäts- und Low-Preisorientierung
- kurzfristige Orientierungen
- Orientierung am Wettbewerb (Nachlaufpolitik)
- Umsatz- und Deckungsbeitragsorientierung.

Bei dieser Ausrichtung finden Maßnahmen, die kurzfristig Rendite kosten, aber langfristig Solitärbarrieren aufbauen, eher Widerstand, mindestens aber keine Unterstützung.

Praktische Probleme der Bewertung und Abgrenzung von Barrieren

Die einzelnen Barrieren zeigen nicht nur einen unterschiedlichen Widerstand gegenüber dem Eindringenden, sondern auch Abweichungen in der Stabilität. Ihre Wirkung erinnert an die verschiedenartige Stärke der Verteidigungseinrichtungen von Ländern, Städten und Burgen im Mittelalter. Sieht man beispielsweise die Landesgrenze als die Branchenbarriere an, so entspricht die schützende Stadtmauer der Segmentbarriere und die Befestigung einer zentral gelegenen Burg der Solitärbarriere (vgl. Abb. 1.35 und 1.36).

Jede Unternehmenssituation wird durch ein Netz von mehr oder weniger wichtigen Barrieren geprägt, die in ihrer Kombination die Branche, Segmente und Gesellschaften schützen. Ein Automobilhersteller liegt in erster Linie mit Herstellern der gleichen Klasse (zum Beispiel Viersitzer um

1,5 Liter Hubraum innerhalb einer bestimmten Preistoleranz) in Konkurrenz. Deshalb bestimmen segmentspezifisch ausgeprägte Wettbewerbsbedingungen den Erfolg am stärksten. Eine geringere Bedrohung bilden Unternehmen, die die nächsthöhere beziehungsweise -tiefere Klasse von Automobilen herstellen. Sie verursachen noch einen nahezu direkten Wettbewerb, weil sie aus der Kundengruppe die Ab- und Aufsteiger gewinnen. Steigert ein Produzent der darunter liegenden Klasse beispielsweise die Leistungsfähigkeit seiner Erzeugnisse, so erfüllen diese unter Umständen die Anforderungen für einen Teil der Kundschaft der darüberliegenden Anbieter. Zwischen den Fabrikaten der unteren und der oberen Klassen gibt es dagegen praktisch keine Konkurrenzsituation.

Der Übergang zwischen direkten und indirekten Wettbewerbern ist also fließend[92]. Je mehr Teilgebiete verwandt sind, je höhere Synergien also vorliegen, und je höher der Austauschbarkeitsgrad,

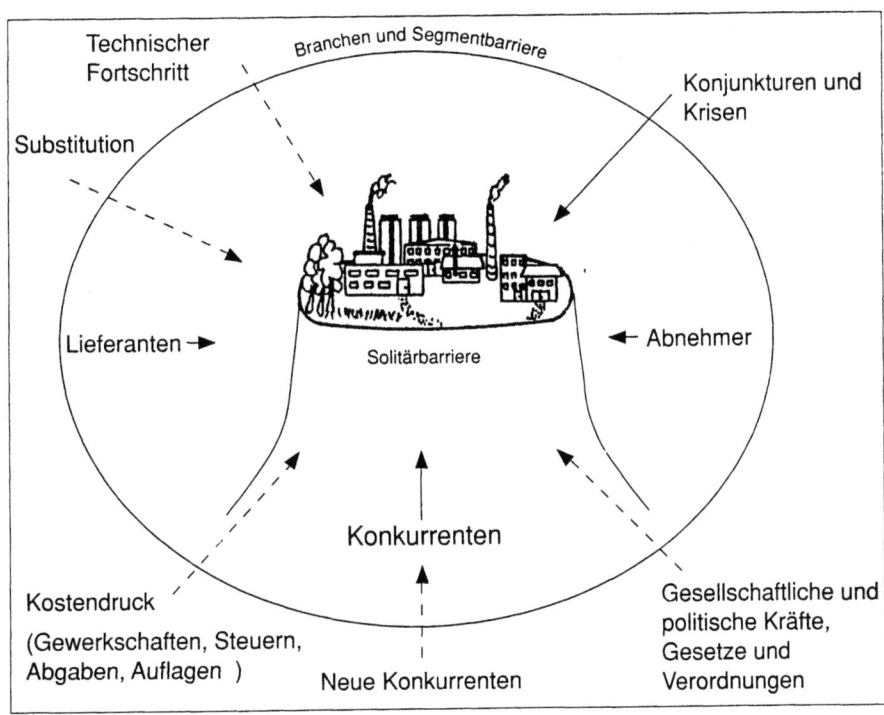

Abb. 1.35:
Solitär-, Segment-
und Branchen-
barrieren gegen
Bedrohungen

um so kleiner ist für sie der Schritt, zum unmittelbaren Wettbewerber zu werden, also die Markt- und Segmentbarrieren zu überwinden.

Abbildung 1.36 soll die Zusammenhänge verständlicher machen: Innerhalb der Branche verfügt das Segment II über die höchsten und I über die niedrigsten Barrieren. Die Firma A arbeitet im Segment III, genießt jedoch auf Grund ihrer Solitärposition einen starken Schutz.

Die Verhältnisse werden zu kompliziert, wenn man alle Einflußgrößen des Marktes berücksichtigt. Es kommt für den Praktiker darauf an, die maßgebenden Barrieren, insbesondere die Positionen und Solitärbarrieren, zu erkennen, in ihren Wirkungen zu beurteilen und auf alle Veränderungen zu reagieren.

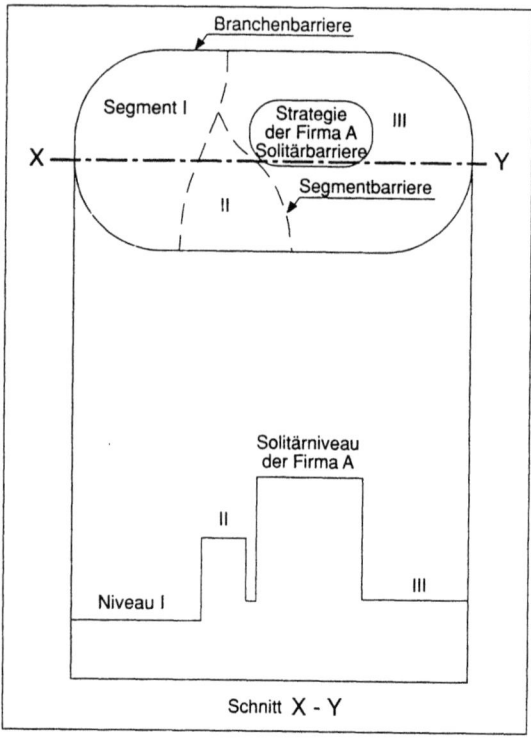

Abb. 1.36: Bildliche Darstellung der Abgrenzungsbarrieren einer Branche mit drei Segmenten (I bis III) und einem Unternehmen sowie deren Solitärdistanz

Auch zwischen Substitutionsprodukten gibt es einen Wettbewerb indirekter Art. Er wirkt jedoch auf Grund der starken Marktbarrieren auf die Preispolitik normalerweise nur abgeschwächt. Kommt es jedoch auf Grund verbesserter Angebotsbedingungen der substituierenden Hersteller zu einem Wechsel von Kunden, so bleibt dieser normalerweise auch nachhaltig. Die Branchenhindernisse können nach beiden Seiten nur schwer überwunden werden. Eine Rückgewinnung von Abnehmern gelingt um so schwieriger, je mehr die Gewöhnung an das alte Erzeugnis und die Erinnerung an seine Vorzüge ihre bindende Kraft verlieren.

Selbst zwischen Substitutionsprodukten fließen die Grenzen von sehr geringer bis vollkommener Austauschbarkeit. Alle Transportmittel zeigen in unterschiedlichem Maße zueinander substituierende Wirkungen. Das Flugzeug substituiert im Grenzbereich das Auto der Luxusklasse, der Autobus das preiswertere Zweirad oder der Sportwagen das Hochleistungsmotorrad.

Permanente Angriffe auf die Barrieren

Sobald der Wettbewerb Stärken eines Herstellers erkennt, setzt ein Nachahmungswettlauf ein. Er versucht, bildlich gesprochen, die schützenden Mauern starker Konkurrenten einzureißen, so daß die Barrieren für ihn beim Vordringen in den Markt kein Hindernis mehr darstellen.

Hohe, allgemein evidente Wachstumserwartungen beeinflussen die Stabilität von Positionen und Solitärbarrieren erheblich. Mit ständiger positiver Berichterstattung in der Presse und der Darstellung hoher Umsatzerwartungen in der Zukunft bezieht eine zunehmende Zahl potentieller Konkurrenten den Markteintritt in ihre Überlegungen mit ein. Die Bereitschaft, mehr zu investieren und höhere Vorlaufverluste für den Eintritt in die Branche hinzunehmen, steigt bei einer zunehmenden Zahl potentieller Wettbewerber, so daß die Angriffsintensität zu- und, selbst in Märkten mit normalerweise hoher Solitärdistanz, die Stabilität erheblich abnimmt. Der Penetrationsanreiz vergrößert sich, mit erheblichen Vorleistungen die Branchenbarrieren und die Solitärdistanz einzelner Hersteller zu überwinden, auch wenn auf vielen Gebieten der Ressourcenverzehr möglicherweise in keinem Verhältnis zum Kapitalrückfluß stehen wird.

1.45 Differenzierungsattraktivität

Bei einer Differenzierungsstrategie gibt es zwei Prämissen, um eine hochleistungsfähige Organisation zu erreichen:

1. Die Kundennutzenorientierung führt zu dem Bemühen, den Kundennutzen im Produkt, im Service etc. zu erkennen und auszubauen.

> Entscheidend ist nicht, wie gut man zu sein glaubt oder wie gut man ist, sondern welchen Wert der Kunde einzelnen Solitärbarrieren zuordnet.

2. Die Orientierung zur Einfachheit ist fast immer eine Voraussetzung dafür, daß man starke Differenzierungspositionen aufbaut. Werden die Programme und Organisationen zu komplex, so steigen die Reibungsverluste und der Zwang, sich mit Unwesentlichem zu befassen. Dadurch werden die Mitarbeiter überfordert und die wichtigen Vorgänge und Produkte vernachlässigt, so daß man gegenüber dem Wettbewerb zurückfällt.

> Einfache bzw. leicht überschaubare Produkte, Sortimente, Technologien und Organisationen sind eine wichtige Voraussetzung für eine hohe Leistungsentfaltung und nachhaltig differenzierende Stärken.

Positionen durch Differenzierungsattraktivität können auf folgende Ursachen zurückzuführen sein:

- rational begründete produktbezogene Merkmale, wie Funktionseigenschaften, Funktionssicherheit etc. Hierbei ist wiederum zwischen der Attraktivität auf Grund der rationalen Produktqualität und attraktiver Innovationen zu unterscheiden
- emotional begründete produktbezogene Merkmale, wie Nebenfunktionen in optischen Eigenschaften oder im Neuigkeitsgrad etc. Auch die Attraktivität auf Grund eines hohen Bekanntheitsgrades oder emotionaler Qualität unterscheidet man sinnvollerweise von emotionalen Innovationen
- servicebezogene Merkmale (mit rationalen und emotionalen Komponenten), wie Fachkompetenz, Reparaturdienst
- Schnelligkeit der Lieferung, des Service sowie
- imagebezogene Merkmale, wie z. B. exklusiver Vertriebsweg.

Die produktbezogenen Merkmale stellen dabei die wichtigste Basis dar.[93] Mit der Ausschöpfung ihrer Möglichkeiten im Verlauf der Lebenskurve verlagern sich die Schwergewichte für Differenzierungschancen auf die service- und imagebezogenen Potentiale.

Differenzierungsattraktivität erzielen Unternehmen auf zwei verschiedenen Wegen:

1. Sie entwickeln eine echte Innovation oder
2. sie imitieren intelligent,[94] indem sie ein Wettbewerbsangebot so abwandeln, daß es dem Kunden attraktiver erscheint.

Rationale Produktdifferenzierung

Produkte haben je nach ihrer Eigenschaftsstruktur und der Kenntnis der Anwender über sie eine mehr oder weniger große Fähigkeit, Kundenprobleme zu lösen und geben somit unterschiedliche Ansatzpunkte für die Absatzpolitik. Basieren die Erzeugnisse der verschiedenen Hersteller zwar auf vergleichbaren Konzepten, sind sie aber technisch un-

terschiedlich ausgereift oder bieten einzelne Lieferanten eine zusätzliche Serviceleistung, so befriedigen sie die Bedürfnisse objektiv anders. Die
meßbaren Vorteile lassen sich für Argumente nutzen, die eine rationale Differenzierung stützen.
Nutzt der Produzent jedoch die Chance nicht, dem
Verbraucher ein differenziertes Meinungsbild zu
vermitteln, und macht der Verbraucher einmal die
Erfahrung, daß letztlich die technisch andersartigen Erzeugnisse in ähnlicher Weise das entsprechende Bedürfnis befriedigen, so homogenisieren
sie sich in der Meinung der Verbraucher, die Ima-
geunterschiede verwischen. Tatsächlich vorhandene Differenzierungspotentiale gingen nachhaltig
verloren. Die hohen notwendigen Aufwendungen
für eine Korrektur des homogenisierten gefestigten
Verbraucherbildes sind kaum noch wirtschaftlich
vertretbar.

Emotionale Produktdifferenzierung

Neben der Möglichkeit der technischen Differenzierung besitzen die Produkte auch ein unterschiedliches Emotionalisierungspotential. Dies ist
insbesondere stark ausgeprägt, wenn sich mit
ihrem Besitz Prestige, Ansehen, Schönheit, Gesundheit, Religion, Anerkennung oder Wertschätzung verbinden. Gegenstände, die weniger einen
rationalen Nutzen stiften, wie Kunstwerke,
Schmuck etc., gehören insbesondere hierher. Das
Image kann sich unter bestimmten Voraussetzungen erheblich von der Wirklichkeit entfernen.[95]
Ein solcher Unterschied entsteht mit zunehmendem Bekanntheitsgrad der emotionalisierungsfähi-
gen besonderen Merkmale. Die inhärenten Eigenschaften müssen vermarktet werden, wenn sie ihre
Wirksamkeit für das Image entfalten sollen.

Qualität und Qualitätsimage

Das überlegene Qualitätsimage stellt vermutlich
die wichtigste unternehmenspolitische Möglichkeit dar, den Wettbewerb zu übertreffen.[96] Fast alle unternehmenspolitischen Merkmale fließen
schließlich darin ein.[97] Leider verwendet die Praxis den Begriff Qualität mit völlig unterschiedlichen Inhalten, so daß eine klare Definition notwendig erscheint. Garvin[98] unterscheidet fünf verschiedene Begriffe:

1. Die produktbezogene Definition legt die präzise
   meßbaren, objektiven Eigenschaften zu Grunde.
2. Die anwenderbezogene Definition sieht die
   Qualität subjektiv. Sie liegt um so höher, je besser sie ein Bedürfnis der Anwender befriedigt.
3. Die prozeßbezogene Definition geht von einer
   betriebsinternen Betrachtung aus. Danach steigt
   die Qualität mit abnehmendem Ausschuß und
   abnehmender Nacharbeit.
4. Die „transzendente" Definition mißt nicht präzise, sie ordnet der Qualität lediglich hohe Standards und Funktionsweisen zu.
5. Die preis-/nutzenbezogene Definition bezieht
   im Gegensatz zu allen anderen Definitionen den
   Preis mit ein.

Für die praxisbezogenen Zwecke in einem Käu-
fermarkt hilft vor allem die verwenderbezogene
Definition (Abb. 1.37). Da die Qualität dem Meinungsbild der Verbraucher entspricht, ist sie identisch mit dem Qualitätsimage. Dieser Begriff beinhaltet jedoch noch nicht die Relation zum Wettbewerb. Erst wenn sich das Image attraktiv differenziert, entstehen durch die Qualität unternehmenspolitische Vorteile. Die umfassende Qualitätspolitik basiert also auf dem relativen Image der Differenzierungsattraktivität. Es entsteht durch eine
Reihe von Einflußgrößen, deren Zusammenspiel
man kennen muß, um effiziente Konzeptionen zu
erstellen.

Aus Zweckmäßigkeitsgründen soll der Preis
nicht in den Qualitätsbegriff eingehen. Nach dieser
kundenorientierten Definition der Qualität, die hier
mit Qualitätsimage im umfassenden Sinn gleich-
gesetzt wird,[99] umfaßt der Begriff sämtliche Instrumente des Marketings, wie Form-[100] und Verpackungsgestaltung,[101] Service, Distribution, Ver-

kaufsförderung. Kommunikation[102] etc. Alle diese Instrumente wirken auf das Qualitätsimage ein und beeinflussen das Kaufverhalten.[103] Eine hohe und sichere Qualität ist damit verständlicherweise ein sehr zentrales unternehmenspolitisches Ziel.[104] Aus dieser wichtigen Einschätzung heraus haben große Unternehmen dem Leiter der Qualitätssicherung nicht selten eine starke Stellung in der Organisation zugebilligt.[105] Eine hochentwickelte Qualitätskultur erweist sich als gute Basis zur besseren Bedürfnisbefriedigung, führt zu überdurchschnittlichen Erlösen und zur Senkung von Fertigungs- und Vertriebskosten infolge von weniger Ausschuß und Reklamationen. Nicht nur das Niveau der objektiv vorhandenen nützlichen Eigenschaften, die Gebrauchstauglichkeit und die Innovation, sondern alle für den Verbraucher nützlichen Rahmenbedingungen durch das Marketing spielen eine Rolle. Diese Komponenten beeinflussen jedoch erst dann den Erfolg, wenn es gelingt, sie im Meinungsbild der Kaufinteressenten zu verankern. Grundsätzlich kann jedes Produktmerkmal einen Informationsgrad von Null bis Hundert besitzen, d. h. für den Interessenten und später auch für den Käufer voll latent bis völlig evident sein.[106]

> Bleiben Merkmale mehr oder weniger latent, aber für den Käufer von Interesse, so stellt sich der Kommunikationspolitik die Aufgabe, die Produktmerkmale in der Verbrauchermeinung zu verankern.

Differenzierung beginnt zwar bei den rationalen und emotionalen Voraussetzungen im Produkt selbst, aber eine Kommunikation mit den Kunden ist nur unter wirtschaftlichen Gesichtspunkten möglich, wenn diese ein Erzeugnis durch seinen unverwechselbaren Namen zu identifizieren vermögen. Mit dem Namen verknüpfen die Kaufinteressenten alle Kenntnis und Erfahrung in bezug auf das Produkt. Die Marke vermittelt eine Art Kurzbotschaft, die dem Verbraucher auf sehr wirtschaftliche Weise die sichere Identifikation trotz der Informationsflut ermöglicht.

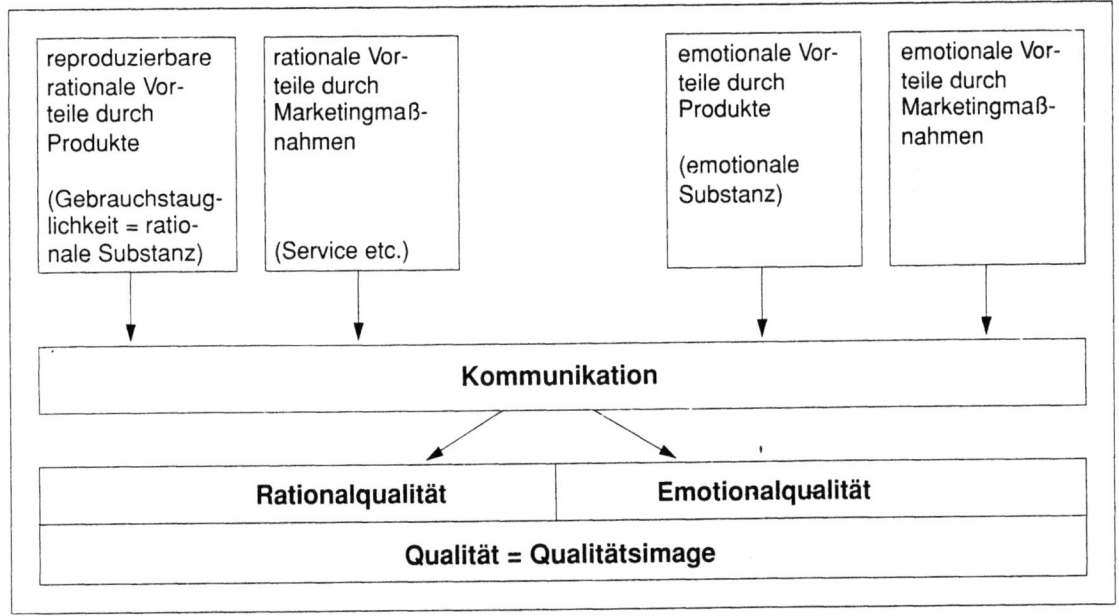

Abb. 1.37: Komponenten eines praxisorientierten Qualitätsbegriffes

> Die Unverwechselbarkeit der Marke bildet eine entscheidende weitere Voraussetzung für den Erfolg der Differenzierungsbemühungen.

Inwieweit es nun gelingt, die im Angebot vorhandenen attraktiven Differenzierungsmerkmale über die Botschaft in der Verbrauchermeinung zu verankern, entscheiden nicht nur ein optimiertes Maß an Originalität der Kommunikation und deren Intensität, sondern auch die Zahl der Wiederholungen, also die Konstanz, die für die Verankerung und nachhaltige Verfestigung der Informationen im Image erforderlich sind. Bei einer zu häufigen Änderung des Lay-outs und der Aussage oder einem Abbruch der Maßnahmen entsteht erst gar kein prägnantes Bild. Der betriebene Aufwand bleibt ohne Nutzen. Eine zu lange konstant gehaltene Kommunikationspolitik verliert an Attraktivität und damit an Effizienz.

Wird das Image nicht durch eine geeignete Kommunikationspolitik gezielt beeinflußt, so bleibt es dem Zufall überlassen, welcher Eindruck entsteht. Da es eine natürliche Tendenz zur Homogenisierung gibt, hebt sich eine anfänglich vorhandene Differenzierung normalerweise bald auf, eine Entwicklung, die jedes strategisch orientierte Unternehmen zu verhindern sucht. Erst durch die geschickte Nutzung des Zusammenspiels aller Komponenten entsteht eine Marketingpolitik, die das Differenzierungspotential ausschöpft und dadurch für das Unternehmen starke Positionen und Solitärbarrieren aufbaut.

Die Bedeutung der Qualität als Instrument für die Differenzierung steigt um so mehr,

- je stärker objektive Mängel die Gebrauchstauglichkeit des Produktes beeinträchtigen,
- je unangenehmer die Folgen von Qualitätsproblemen den Abnehmer tangieren,
- je mehr Intensität die angesprochenen Bedürfnisse entwickeln und
- je größere öffentliche Aufmerksamkeit Mängel in den Kommunikationsmitteln finden.

Diese Faktoren bestimmen damit, ob ein Abnehmer qualitätssensibel oder qualitätstolerant reagiert.

Niveauveränderungen des Qualitätsimage

Das Qualitätsimage entsteht durch eine über lange Zeit mit engen Toleranzen vorhandene solide Gebrauchstauglichkeit, kombiniert mit einem geschickten Marketing, das Ansichten bildet, d. h. dem Kunden die Vorteile des Angebotes durch Verkaufsförderung, Werbung, Service, Schulung etc. ständig verdeutlicht.[107] Damit festigt sich das Vertrauen der Käufer in die Qualitätskonstanz und nicht sofort evidente Merkmale werden für einen möglichst hohen Teil der Interessenten erkennbar gemacht. Dieses Meinungsbild wächst als geronnenes Vertrauen im Laufe einer langen Zeit. Gelingt es dem eigenen Unternehmen, eine reproduzierbare höhere Gebrauchstauglichkeit zu erstellen, und diese mit geschicktem Marketing dem Verbraucher einzuprägen,[108] so bildet sich das Image zwar mit einem Time-lag,[109] geht dann jedoch über die anerkannten Werte anderer Produkte mit vergleichbarer Gebrauchstauglichkeit hinaus (Abb. 1.38).

Sinkt die rationale Substanz eines Erzeugnisses in Relation zum Wettbewerb, so zieht das Unternehmen noch über längere Zeit Nutzen von seinem ursprünglich erworbenen guten Ruf. Die Geschwindigkeit, mit der sich ein Image verändert, hängt von der Markttransparenz ab, die die Verbraucher in dem jeweiligen Markt besitzen.

Tendenziell reagiert der Umsatz auf ein sinkendes Qualitätsniveau schneller als auf ein steigendes. Im ersten Fall gehen durch Bemühungen der Konkurrenz eigene Abnehmer verloren, eine Anpassung auf Grund eines Anstiegs erfordert dagegen die Abwerbung fremder Kunden. Dabei stehen das Beharrungsvermögen der Abnehmer und die Widerstände der betroffenen Wettbewerber im Wege. Qualitätsveränderungen finden bei den verwendeten Produkten natürlicherweise eine höhere

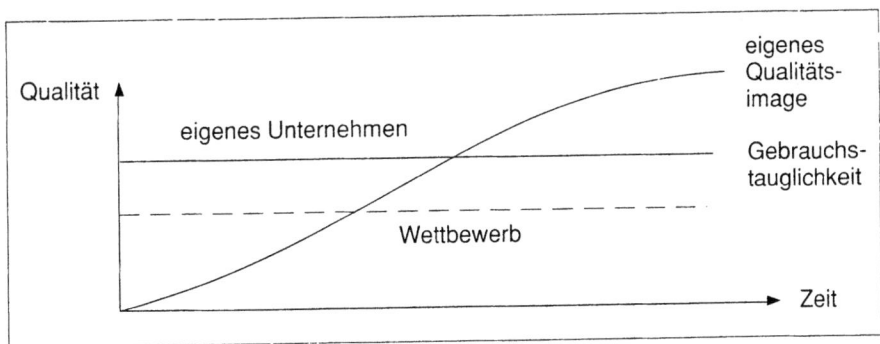

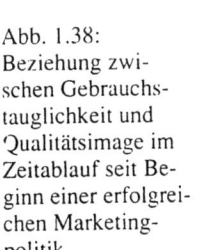

Abb. 1.38:
Beziehung zwischen Gebrauchstauglichkeit und Qualitätsimage im Zeitablauf seit Beginn einer erfolgreichen Marketingpolitik

Beachtung als bei nichtverwendeten. Läßt eine Enttäuschung den Verbraucher sein Beharrungsvermögen, beim Gewohnten zu verbleiben, überwinden, so entsteht ein schwer wiedergutzumachender Schaden (Abb. 1.39).

Qualität und Rentabilität

Die Erfahrungen besagen, daß hochqualitative Produkte und Dienstleistungen grundsätzlich ein günstigeres Ergebnis zeigen als solche mit niedrigerer Qualität,[110] gemessen am Meinungsbild der Kaufinteressenten.

Sowohl der Return-on-Investment (ROI) als auch der Nettogewinn in Prozent vom Umsatz steigt mit dem Qualitätsanstieg (Abb. 1.40). Dabei

erweist sich als besonders interessant, daß der Einfluß von Differenzen im Qualitätsimage vor allem bei den Extremen „hoch" und „niedrig" besonders groß wird. Verschiedene Analysen haben ergeben, daß das Verhältnis von Qualitätsimage und ROI in den unterschiedlichen Branchen ähnlich ist: Für Geschäftsfelder mit hoher und niedriger Kapitalintensität, für solche mit hoher und niedriger vertikaler Integration, für schnell wachsende und stabile Märkte.

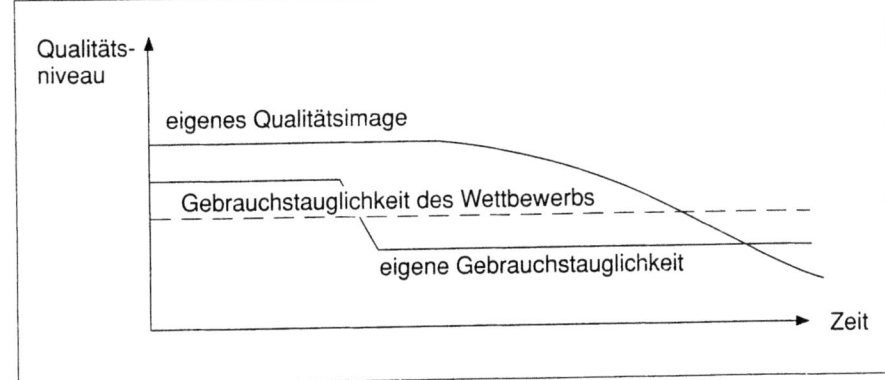

Abb. 1.39:
Verlauf des Qualitätsimage bei sinkender Gebrauchstauglichkeit im Vergleich zum Wettbewerb

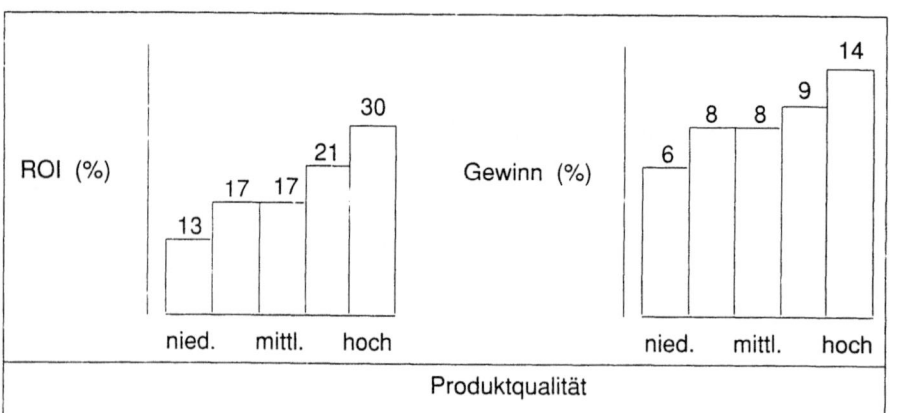

ROI (%)

13   17   17   21   30

nied.   mittl.   hoch

Gewinn (%)

6   8   8   9   14

nied.   mittl.   hoch

Produktqualität

Abb. 1.40:
Zusammenhang
zwischen Quali-
tätsimage, ROI
und Gewinn[111]

Differenzierung durch attraktive Innovationen

Neben der Qualität hilft die Innovation als ein Mittel, sich attraktiv vom Wettbewerb zu differenzieren und die Rentabilität langfristig zu erhöhen.[112] Ihr Potential nimmt im Verlauf der Lebenskurve ab, was die Führung bei der F+E-Politik zu berücksichtigen hat. Innovation betrifft nicht allein das Produkt,[113] sondern bezieht sich auf alle Gebiete der Unternehmenspolitik, soweit der Kunde dies direkt oder indirekt als Vorteil empfindet. Diese sind insbesondere die Instrumente des Marketings, wie Produkte, Sortiment, Service, Distribution, Verkaufsförderung, Kommunikation, Schulung und persönliche Anbindung.

Innovationen umfassen nicht nur die absoluten Neuigkeiten, sondern man sollte wegen ähnlicher praktischer Auswirkungen auch die Verbesserungen, soweit ihnen innovative Ideen zu Grunde liegen, sowie die intelligente Imitation[114] einbeziehen. Im letzten Falle analysiert der Nachahmer das Angebot des Innovators, um die darin vorhandenen Schwächen zu beseitigen, sich also besser als sein Konkurrent an die Kundenwünsche anzupassen.

Die attraktive Innovation liefert wohl das wichtigste Instrument, gegen Marktführer anzugehen.[115] Der Erfolg eines solchen Angriffs hängt jedoch entscheidend von der Wettbewerbskraft der eigenen Solitärbarriere ab, die durch sie geschaffen wurde, d. h. von der Solitärdistanz und Stabilität[116] der gewonnenen Position. Reicht sie aus, die Vorteile des Marktführers auf Grund seiner Produktionssituation, seiner etablierten Absatzwege, seines Image etc. deutlich zu übertreffen, und dies für eine lange Zeit, so kann es gelingen, die Vorteile des etablierten Marktführers insgesamt zu überflügeln. Dies gibt dann dem Angreifer die Zeit, seine Position wirtschaftlich zu festigen, Absatzkanäle so gut oder besser als der Wettbewerber zu besetzen und ein gleich gutes oder besseres Image zu prägen. Nur so kann der Durchbruch auf den ersten Platz gelingen.

Firmen schätzen aber nicht selten die Innovation in ihrer wirtschaftlichen Kraft völlig falsch ein, wenn der Neuigkeitsgrad objektiv sehr hoch liegt, die Attraktivität aber dadurch sinkt, daß im wesentlichen latente Vorteile vorliegen und der Kunde unsicher und mißtrauisch reagiert. Ist die latente Attraktivität der Innovation interessant genug, so läßt sich die Schwelle mit hohem Aufwand überwinden. Ihre wirtschaftliche Nutzung setzt voraus, daß das angreifende Unternehmen die Kraft besitzt, die hohen Vorleistungen über einen längeren Zeitraum zu erbringen. Gelingt die Einführung, so liegt die Solitärdistanz und -stabilität normalerweise besonders hoch und bildet eine gute Basis, sich als Marktführer zu etablieren.

Umstellungsbarrieren aufbauen

Solitärbarrieren geben dem Kunden einen Anreiz, ein Angebot gegenüber anderen zu bevorzugen. Sie verhindern z. B. einen Wechsel zum Wettbewerb, indem die Umstellung Probleme, höhere Kosten, Risiken und erwartete Qualitätsverluste mit sich bringt. Um die aufgebauten Hindernisse abzuschwächen oder zu beseitigen, versuchen andere Unternehmen, die in einen Markt eindringen wollen, ihre Angebote so eng wie möglich an die des Marktführers anzupassen.

Umstellungsbarrieren stellen eine besondere Art von Positionen dar. Sie können beispielsweise darin bestehen, daß der Kunde erst seine eigene Organisation zu schulen hat, um sie mit den anderen Produkten vertraut zu machen. Für Großaufträge mit umfangreichen Details stellen die Vorinformationen bzw. vorbereitenden Verhandlungen und Arbeiten, also die damit zusammenhängenden Kosten sowie der notwendige Zeitverlust, eine erhebliche Umstellungsbarriere dar. Typische Umstellungsbarrieren ergeben sich bei allen Ersatzteilen. Will der Betreiber einer Maschine oder Anlage auf einen anderen Lieferanten umstellen, so muß er normalerweise das Hauptaggregat auswechseln. Schließlich verhindern bezahlte Modelleinrichtungen oder Werkzeuge des Kunden, eine Umstellung vorzunehmen.

Alle Umstellungsbarrieren schaffen einen begrenzten preislichen Spielraum. Ab einer bestimmten Differenz überlegt der Käufer, ob er nicht die Kosten oder Risiken hinnimmt, um auf einen anderen Anbieter umzustellen. Nach einem Wechsel wirken solche Umstellungsbarrieren auf den abgestoßenen Lieferanten negativ, weil dieser seinerseits vor einer erneuten Belieferung die nun gegen ihn wirkenden Hindernisse zu überwinden hat. Ein nicht kundenorientierter Lieferant läuft Gefahr, daß er durch eine zu starke Ausnutzung beim Abnehmer das Gefühl aufkommen läßt, daß der Lieferant seine geschützte Position mißbraucht. Dadurch bedingt tritt nicht selten langfristig eine Schädigung der Geschäftsbeziehungen ein.

Zeitorientierung

Die Geschwindigkeit, mit der Produkte entwickelt und auf den Markt gebracht und mit der Kunden beliefert werden, hat sich als wichtiger Wettbewerbsfaktor erwiesen (Näheres siehe bei Stalk u. a.: Zeitwettbewerb ... Oder: Womack u. a.: Die zweite Revolution in der Autoindustrie ...). Erfolgreiche Unternehmen kommen mit deutlich kürzeren Entwicklungszeiten aus. Bei der Erstellung der Projektstudie, der Konzeptionserstellung, bei der Produktentwicklung, der Produktionsplanung und deren Umsetzung erreichen sie relativ kurze Zeiten. Sie benötigen kürzere Durchlaufzeiten als der Wettbewerb, indem sie die innere Beschäftigung ohne Wertschöpfung beseitigen und so eine Konzentration auf die Wertschöpfung erreichen. Dadurch reduzieren sie den Ausschuß und damit die Nacharbeit, die Wartezeiten und die Ausfallzeiten so drastisch, daß sich die Lieferzeiten nicht selten auf weniger als 50 Prozent reduzieren.

Differenzierung durch eine Position der inneren Leistungskraft

Neben den genannten externen emotionalen Solitärbarrieren, wie beispielsweise durch Meinungsbildung oder persönliche Bindungen, besteht auch die Möglichkeit, auf Grund einer an die Marktbedingungen angepaßten Unternehmenskultur eine interne Basis für Stärken zu legen. Durch eine hohe Qualität der Mitarbeiter, eine starke Motivierung, Begeisterung und Einsatzbereitschaft[117] sowie eine abgesicherte Finanzkraft entwickelt ein Unternehmen Stärken, aus denen ständige revolvierende Vorsprünge in den unterschiedlichen Funktionsbereichen des Unternehmens erwachsen.

Geschäftliche Erfolge entstehen durch das Wirken, die Kreativität und das Engagement von Menschen.

> Die personelle Qualifikation ist eine der wichtigsten Voraussetzungen für Erfolg oder Mißerfolg,[118] wobei deren Bedeutung mit der Hierarchieebene steigt.

Dabei muß man zwischen den Prämissen unterscheiden, die der Mitarbeiter auf Grund seiner persönlichen Einstellung und seines Ausbildungsstandes selbst mitbringt, und den Voraussetzungen, die das Unternehmen schafft, damit das Wissen und die Bereitschaft, etwas zu leisten, sich voll entfalten.

Menschen sind in unterschiedlichem Maße motivierbar: extrovertierte normalerweise leichter als introvertierte. Nicht motivierbare Mitarbeiter zeigen kein Engagement und leisten dadurch selbst wenig. Sie erweisen sich aber vor allem als eine starke Störquelle für die Entfaltung einer leistungsstarken Unternehmenskultur, da sie mit negativen Signalen andere negativ beeinflussen. In diesen Fällen muß die Unternehmensführung frühzeitig eingreifen und ernste Gespräche führen. Falls eine Änderung der Einstellung eines solchen Mitarbeiters nicht gelingt, hat sie Konsequenzen zu ziehen.

Ähnliche Probleme entstehen normalerweise, wenn Mitarbeiter über eine lange Zeit in einer antagonistischen Unternehmenskultur arbeiteten: Menschen beurteilen Situationen stets im Lichte eigener Erfahrungen. Langjährige Erfahrungen führen im positiven wie im negativen zu stabilen Meinungsbildungen, die nur schwer zu ändern sind.[119] Für die personelle Qualifikation kommt folglich der Selbstmotivierung, bzw. Autosuggestion des Mitarbeiters zu positiver oder negativer Leistung die wohl größte Bedeutung zu. Selbst wenn das Unternehmen alle positiven Voraussetzungen schafft, gelingt es nicht, Mitarbeiter mit negativer Selbstmotivierung für die Ziele des Unternehmens zu gewinnen und zum Einsatz hoher

Kräfte zu bewegen. Unzufriedene Mitarbeiter belasten sich aber auch selbst dadurch, daß sie bei gleicher Anforderung subjektiv unter Stress und Belastung leiden, wo zufriedene Mitarbeiter nichts negativ empfinden. Auf Grund ihrer Einstellung sinkt ihre Lebensqualität.

Durch eine konsequente Selektion über viele Jahre verändern Vorgesetzte im Laufe der Zeit die Personalstruktur so, daß ihre Motivationsimpulse leichter aufgenommen werden.

> Die personelle Selektion ist damit die erste wichtige Voraussetzung für eine günstige personelle Position und die Bildung einer Leistungskultur des Unternehmens.

Die Mitarbeiter aus dem eigenen Hause zu fördern, damit sie Erfolge erzielen, schafft eine bessere Basis für die Motivation und für die Bildung einer erfolgsorientierten Unternehmenskultur. Je besser die Führung sie darauf vorbereitet, um so eher besteht die Möglichkeit, offene Stellen aus dem eigenen Hause zu besetzen. Muß sie eine Unternehmenskultur ändern oder ein Unternehmen umstrukturieren, so erfordert dies dagegen im Übergang eine stärkere Besetzung mit Personal von außen, um neues Gedankengut in das Unternehmen hereinzutragen.

Die Fortbildung ist also eine weitere wichtige Voraussetzung für die personelle Qualifizierung und Motivierung. Kurzfristig läßt sich hier kaum etwas erreichen. Nach der Schulung wächst erst langsam das Verständnis für die Zusammenhänge: Der Schulungsprozeß dauert Jahre, der vertiefende Reifeprozeß erfordert nicht weniger Zeit.

Wissen entfaltet für das Unternehmen erst dann seine volle Wirkung, wenn es zum formenden Teil der Persönlichkeit beziehungsweise zur Geisteshaltung wird. Es muß als Bestandteil des täglichen Handelns bei Fehlentwicklungen sofort ein warnendes Gefühl signalisieren, bevor der Mitarbeiter noch rational an die Probleme herangeht (Schmalenbachsches Schwindelgefühl). Auch ein Fahrschüler steuert erst mit ausreichender Sicherheit sein Automobil, wenn er nicht mehr nachdenkt, wann und wo er schaltet, bremst oder Gas gibt. Diese Sicherheit erreicht er durch Übung im Laufe der Zeit.

Das Programm der Fortbildung sollte einmal auf den Unternehmenszielen, aber auch auf der speziellen Situation des Unternehmens basieren. Ein stark extrovertiertes Unternehmen, für das die Pflege der Kundenkontakte eine hohe Priorität besitzt, achtet in erster Linie darauf, daß sich möglichst viele Mitarbeiter im Sinne dieser Zielsetzungen mit den Instrumenten des Marketings auseinandersetzen. Stellt die Gesellschaft hohe Anforderungen an die Qualität, muß sie auch die Sensibilität ihrer Mitarbeiter dafür ständig schulen. Besteht das Ziel darin, überhöhte Kosten anzupassen, um die Wettbewerbsfähigkeit des Unternehmens wiederherzustellen, so hat die Führung die Aufgabe, allen Mitarbeitern diese Notwendigkeiten klarzumachen, indem sie das Verständnis schult, daß nur derjenige die Arbeitsplätze sichert und erhält, der entsprechende Gewinne erwirtschaftet und sein Arbeitsgebiet durch rechtzeitige Kosteneinsparungen auf schwierige Zeiten vorbereitet, damit er in der Krise nicht in die Verlustphase gerät. Erst wenn die wesentlichen strategischen Elemente als Bestandteil in das Wissen der Mitarbeiter einge-

hen, ist weiteren Schulungsinhalten eine entsprechende Beachtung zu schenken.

Die Schulung erweist sich also als permanente Aufgabe mit drei Grundaufgaben:

1. Sie trägt dazu bei, die Strategie zu verstehen und verankert sie soweit in den Köpfen, daß sie zum Bestandteil des Handelns wird.
2. Sie beseitigt Qualifikationslücken, die der Vorgesetzte auf Grund von Beurteilungssystemen ermittelte. Sie hilft dem Mitarbeiter, erfolgreich zu sein.
3. Schließlich dient sie der laufenden Anpassung des Wissens an den neuesten Stand.

Die Schulungsverantwortung läßt sich in kleineren und mittleren Gesellschaften teilen, auch wenn die gesamte Koordination und Kontrolle dem Personalbereich obliegt. Ein dreistufiges System (Abb. 1.41) hat sich bewährt, in dem das Vermitteln von allgemeingültigem Wissen zur Unternehmensstrategie auf die Geschäftsführung, von sonstigem allgemeingültigen Wissen für das gesamte Unternehmen auf die zuständigen Zentral- oder Servicebereiche und für spezielles Wissen in die Verantwortung der Fachbereiche fällt.

Themen	Verantwortliche/Empfänger
Unternehmensstrategie	Unternehmensführung für alle Führungskräfte
Marketing allgemein und allgemeine betriebswirtschaftliche (z. B. Verkaufsschulung) oder technische Gebiete	Personalbereich für alle Mitarbeiter
spezielle betriebswirtschaftliche (z. B. Argumentationsprofile für eigene Produkte) und technische (neuester Stand des Wissens zur Keramik, Metallverarbeitung, Maschinenbau, EDV) Gebiete	Sparten bzw. Zentral- oder Servicebereiche für eigene Mitarbeiter

Abb. 1.41: Verteilung der wichtigen Themenkomplexe für Schulungsveranstaltungen auf Verantwortliche und Empfänger

Kulturposition

Die Bereitstellung qualifizierter und motivierter Mitarbeiter sowie deren Motivation hängt zunächst von der Auswahl und den unmittelbaren Impulsen der obersten Unternehmensführung ab. Im Laufe der Zeit führen diese Aktivitäten dann zu einer Unternehmenskultur,[120] die eine Eigendynamik entfaltet, Mitarbeiter steuert und mitreißt, ohne daß das Management noch direkte Impulse geben muß. Es erfordert jedoch das Verständnis der Zusammenhänge, um die Kultur weiter durch eine kontinuierliche Verhaltensweise zu stützen, und sie nicht langfristig dem Verfall preiszugeben. Die Eigendynamik verliert sich vor allem dann, wenn durch Wechsel in der Unternehmensspitze starke antagonistische Impulse auf die Organisation einwirken.

> Kontinuität in der Führung bildet eine wesentliche Voraussetzung für die Ausbildung einer leistungsstarken Kulturposition.

Die Unternehmenskultur übernimmt eine Reihe wichtiger Funktionen. Sie

– koordiniert
– integriert
– motiviert
– informiert
– vereinfacht
– orientiert auf das Ziel
– erzieht
– schafft Unternehmertum
– entlastet
– kontrolliert.[121]

Die einmal gewonnene Eigendynamik reduziert die Komplexität der betrieblichen Praxis, schafft das Umfeld für die Zielorientierung und erzwingt die Einstellung einer breiten Schicht von Mitarbeitern zu einem bestimmten Verhalten, das über die Verwirklichung der strategischen Ziele entscheidet. Sie vereinfacht die Führung, die Umsetzung von Strategien in das operative Geschäft, treibt an

zur Dynamik in Richtung der Ziele,[122] führt zu einer kreativen Unzufriedenheit und schafft Leistungskraft durch Konsens und Stabilität in der Zielrichtung. Dadurch vermeidet sie auch Machtkämpfe unterschiedlicher strategischer Ausrichtung,[123] versachlicht die Diskussion, vermindert also das Konfliktpotential.[124]

Neben dem Grundkonsens in Richtung der Ziele sorgt eine Leistungskultur aber auch für ein gesundes Spannungsverhältnis, zum Beispiel zwischen den Forderungen nach Lieferschnelligkeit des Vertriebs und den Forderungen nach wirtschaftlichster Fertigung der Produktionsleistung. Das verhindert, daß ein Unternehmen erlahmt.

Ohne die anregenden Firmenkulturen,[125] zum Beispiel mit dem Primat der Kundenorientierung, die kreativ die Ziele in die Tagesarbeit umsetzen, bleiben strategische Überlegungen relativ wertlos, weil sie nicht ins operative Geschäft einfließen. Starke Kulturen fördern dagegen Engagement und Unternehmertum auf allen Ebenen und entlasten damit die Geschäftsführung von Einzelentscheidungen. Das tägliche Verhalten der Mitarbeiter entscheidet letztlich über den Erfolg.[126] Nach Untersuchungen von Pümpin[127] kämpften Unternehmen, die eine nicht mit der Unternehmenskultur übereinstimmende strategische Neuorientierung vornahmen, mit erheblichen Durchsetzungsproblemen.

> Eine Leistungskultur mit ihren ständigen Impulsen in Richtung der Unternehmensziele ist die wesentliche Voraussetzung dafür, daß sich die Erfolgsfaktoren entfalten können.

Damit sich die Leistungskulturen entwickeln, müssen vor allem vier Einflußgrößen unterstützend zusammenwirken:

1. räumliche Prämissen
2. instrumentale Prämissen
3. Führungsprämissen
4. organisatorische Prämissen[128] in der Struktur- und Ablauforganisation

Die räumlichen und instrumentalen Rahmenbedingungen sollten in kundenorientierten Firmen so gestaltet sein, daß sie es den Mitarbeitern erleichtern, entsprechend den Unternehmenszielen z. B. erlebnisreiche und informative Gespräche bzw. Tagungen abzuhalten.[129] Dazu gehören u. a. geeignete Sitzungszimmer und Tagungsstätten, möglichst mit Produktschau, sowie Unterhaltungsmöglichkeiten für die Freizeit.

Peters und Waterman[130] heben die besondere Bedeutung der Unternehmenskulturen in den amerikanischen Spitzenunternehmen hervor und beschreiben vor allem die Prämissen, die die Führung und die Organisation[131] zu geben haben. Es beginnt mit einer klaren Vision[132] und mit dem Glauben und Vertrauen an die eigene Leistungsfähigkeit.[133] Skepsis, Angst und mangelndes Selbstvertrauen bilden eine schlechte Basis für Engagement, Identifikation und Kreativität. Wer sich mit seiner Aufgabe identifiziert, wen eine Idee packt, der gibt nicht auf, in ihm arbeitet es Tag und Nacht weiter.

Marktnahe, lernfähige Organisationen mit offener Kommunikation und wenig Administration ermöglichen eine große unternehmerische Entfaltung. In ihnen ändern die Manager so ziemlich alles mit Ausnahme der Grundüberzeugung. Sie schaffen es, auch ihre einfachen Mitarbeiter, die die Produkte herstellen, verkaufen oder warten, anzuspornen. Einige wichtige von der Unternehmensführung zu prägende Kennzeichen sind:[134] kleine Einheiten, lockerer Umgangston, wenig betonte Hierarchie, fast völlige Freiheit, solange man die Vorgaben erfüllt, Politik der offenen Tür, lockere Führung im Tagesgeschäft, offene Kommunikation, Betonung des Positiven, Wettbewerbe, Leistungsvergleiche, ehrende Herausstellung der „Sieger", Prämien und Belohnungssysteme, Beförderung nach Leistung und flexible Organisation, Atmosphäre der Glaubwürdigkeit und des gegenseitigen Respektes. Sie fördern Arbeitsfreude und hohe Einsatzbereitschaft. Weitere Merkmale stützen das Verhalten: Drang zur Tat durch starke Aktionsorientierung der Mitarbeiter, wenig Bürokratie, Projektgruppen, schnelle Nutzung aller

Chancen, schnelle Beseitigung aller Probleme in „Blitzkriegen", Aufgeschlossenheit gegenüber Neuerungen durch ständiges Experimentieren, parallele Versuche und Tolerierung eines bestimmten Volumens an Fehlern befähigen zur Innovationskraft. Die erfolgreichen Firmen gehen von der Einstellung aus, daß das Bessere des Guten Feind sei. Für sie befindet sich die Welt in einem laufenden Wandel; als einzige Konstante bleibt die Grundüberzeugung.[135] Dadurch erhalten sie ihre Lernfähigkeit. Sie handeln, verbessern ihre Tätigkeit, experimentieren, machen Fehler und erzielen mit höherer Wahrscheinlichkeit Erfolge.

> Durch die kreativitätsfördernden Unternehmenskulturen entsteht ein revolvierender Vorsprung, d. h. die Gesellschaft verbessert ihr Leistungsangebot für den Kunden schneller als der Wettbewerb.

Leistungskulturen werden meistens von einem Stolz auf das Unternehmen, die Tätigkeit und die eigenen Ergebnisse begleitet.[136] Typische Aussagen sind u. a.: „Wir gehören zu den Spitzenfirmen." „Auf unsere Leistungen können wir stolz sein." Diese Einstellungen fördern zwar grundsätzlich die Motivation, beinhalten aber die Gefahr, daß sie im Laufe vieler Jahre zu Hochmut und zum Nachlassen der Anstrengungen führen. Auch Leistungskulturen sollten deshalb von der Führungsspitze ständige anspornende und die Gefahren aufzeigende Anregungen erhalten, um solche Fehlentwicklungen von vornherein zu verhindern.

Motivierte Spitzenkräfte zeigen eine hohe Selbstmotivation. Ihr typisches Kennzeichen ist die zeitliche Einsatzbereitschaft. Sie ringen laufend um bessere und neue Lösungen. Geht das eine nicht, experimentieren sie weiter.[137] Erst diese Hartnäckigkeit führt zu Innovationen und Erfolg.

Gefahren für die Unternehmenskultur signalisieren Argumente[138] von Führungskräften, wie:

− „Das geht nicht."
− „Das haben wir alles schon probiert."
− „Bei uns ist alles anders." [139]

Positiv sind dagegen Antworten zu beurteilen wie:

– „Laßt uns die Vorteile und Nachteile gegenüberstellen." Oder
– „Wir wollen das ausprobieren."

Leistungskulturen zeichnen sich durch ergänzendes Management, Lernbereitschaft, Vertrauensorganisation, ein klares Feinbild (vgl. Berth, Rolf: Erfolg … S. 84 ff.), schnelle Reaktion, Innovationsorientierung und Konzentration auf das Wesentliche aus.

Zur Unternehmenskultur paßt der Vergleich mit einem großen Schwungrad mit hoher kinetischer Energie. Hier wirken die Gesetzmäßigkeiten der Lernkurve. Es erfordert viele Jahre, oft mehr als ein Jahrzehnt, bis dieses Gefüge von Normen und Einstellungen umfassend entsteht. So kann man die Kulturen insbesondere sehr alter Unternehmen manchmal noch auf Gründe zurückführen, die mehr als 50 Jahre zurückliegen.[140] Solche gefestigten Strukturen zu ändern, erfordert ein weitaus höheres Durchsetzungsvermögen und weitaus mehr Krafteinsatz der Führung als eine kontinuierlich laufende Unternehmenssituation.[141] Dieser Kraftakt setzt deshalb im allgemeinen eine starke Konzentration der Macht auf einen Spitzenmann voraus.

Damit wirkt die Unternehmenskultur als ein typisches indirektes Erfolgspotential. Gibt die Führung bestimmte Ziele vor, setzt sie ständig durch Abweichungsanalyse definierte Prioritäten bzw. findet sie für konkrete Aktivitäten besondere Beachtung und Förderung, so stellen sich die Mitarbeiter im Laufe der Zeit zunehmend darauf ein. Die Schwerpunkte der Aktivitäten wirken dann auch ohne besondere Kontrolle weiter. Unternehmenskulturen entfalten ihre volle Wirkung, wenn eine bestimmte Geisteshaltung nicht nur die Arbeit des Managements prägt, sondern bis zum unteren Ende der Hierarchie wirkt. Neuen Mitarbeitern bleibt dann nur die Wahl, mitzumachen oder auszuscheiden. In diesem Falle überleben gebildete Unternehmenskulturen ihren Schöpfer in großen Gesellschaften oft um Jahrzehnte, wenn durch interne Beförderungen die Grundeinstellung in der Spitze erhalten bleibt.

Finanzposition

Eines der wichtigsten Kriterien zur Beurteilung der wirtschaftlichen Kraft stellt die Finanzposition dar. Solange ein Unternehmen über ein hohes Eigenkapital oder ein großes Liquiditätspolster verfügt und gute Ergebnisse erzielt, bestehen keine Probleme, schnellstens über die Hausbanken alle notwendigen Beträge bereitzustellen, wenn sich Chancen eröffnen. In dieser Situation geht es vor allem darum, die vorhandenen Mittel rentabel einzusetzen, mit jedem ausgegebenen Betrag die Ertragskraft weiter zu stärken und der Gefahr eines verschwenderischen Umgangs mit den vorhandenen Ressourcen entgegenzuwirken.

Mit zunehmender Ausschöpfung der finanziellen Möglichkeiten, oft durch einen enger werdenden Rahmen bei sinkenden Erträgen verschärft, steigen jedoch die Anforderungen an das Finanzmanagement. Es hat dann darauf zu achten, daß die Kapitalbindungs- und Kapitalüberlassungsfristen übereinstimmen.[142] Da im Zeitablauf der wirtschaftlichen Entwicklung aber immer unvorhergesehene kleinere oder größere Belastungen eintreten, gehen Spitzenunternehmen stets von einer soliden Finanzierungsbasis aus. Als weitere wichtige Voraussetzung sehen sie den Ertrag. Sprünge im Wachstum und insbesondere durch Firmenübernahmen beanspruchen die Finanzkraft hoch. Ertragsfähigkeit und Wachstum müssen also aufeinander abgestimmt sein. Dabei sind zu erwartende Krisensituationen zu berücksichtigen.

Insbesondere schnell wachsende Unternehmen laufen Gefahr, ihre Finanzkraft zu überfordern, wenn ihr Ertrag nicht in ähnlicher Relation ansteigt. In Unternehmen mit schlechter Rendite und mehr resignativer Einstellung kommt leicht das Argument auf: „Wir sind nicht kapitalkräftig genug." Richtiger wären die Begründungen: „Wir verdienen zu wenig. – Wir verdienten in der Vergangenheit nicht genug." Daß eine Finanzierung aus kleinsten Anfängen bis zum Großunternehmen innerhalb von wenigen Jahrzehnten durch eigene Kraft gelingen kann, zeigt das Beispiel Nixdorf, unabhängig davon, daß der gewaltige Renditeeinbruch Ende der 80er Jahre dieses Großunternehmen in Schwierigkeiten brachte.

Das Thema der Finanzkraft und Liquidität betrifft in erster Linie die Finanzleute. Sie liegt aber auch in der Verantwortung des gesamten Führungskreises. Es erscheint sinnvoll, wenn sich die anderen Manager von Zeit zu Zeit Gedanken über ihren Finanzbedarf machen. Insbesondere wird dadurch das Verständnis für Bestandsabbau und Abbau von Außenständen sowie das Verständnis für die Notwendigkeit von sorgfältigen Rentabilitätsrechnungen geweckt. Schon aus Schulungsgründen sollte die Führung deshalb in periodischen Abständen von einigen Jahren auch die Frage nach der Vorgehensweise im Hinblick auf die Finanzkraft und Liquidität stellen.

Welche Hauptdeterminanten des Kapitalbedarfs[143] gibt es, und welche Mittel binden sie? Dabei ist für die Zukunftsüberlegungen zu klären, mit welcher Prozeßanordnung das Unternehmen im Einkauf, in der Fertigung, in der Lagerwirtschaft oder im Vertrieb arbeiten will. Baut beispielsweise das Einkaufsprinzip stärker auf einer Finanzierung durch Lieferanten, der Verkauf auf Anzahlungen von Kunden, das Fertigungssystem auf einer großen Fertigungstiefe oder auf einer Lagerwirtschaft mit mehr oder weniger Außenlägern auf, so verändert dies den Kapitalbedarf.

Auch die Betriebsgröße beeinflußt die Mittelbindung. Jedes schnell wachsende Unternehmen, das in eine höhere Betriebsgrößenklasse hineinwächst, muß feststellen, welches Geldvolumen es für eine Umsatzausweitung benötigt. Liegt eine mutative Betriebsgrößen-Variation[144] vor, das heißt, hängt die Produktion von einer oder sehr wenigen einzelnen Einheiten ab, so erfordert jede Ausweitung auf die nächstgrößere einen sprunghaft höheren Kapitalbedarf. Im Gegensatz dazu erreicht man mit der multiplen Betriebsgrößen-Variation, bei der sich die Produktion aus vielen gleichartigen Einheiten aufbaut, eine Kapazitätserhöhung mit kleinen Ausweitungsschritten.

Eine weitere Determinante des Kapitalbedarfs liegt in der Prozeßgeschwindigkeit. Je kürzer die Produktions- und Lagerzeit, je schneller der Geldeingang, um so geringer bleibt der Kapitalbedarf. Auch das Produktions- und Absatzprogramm beeinflußt die Mittelbindung. Bei gleicher Struktur und Prozeßgeschwindigkeit erfordert ein breiteres Programm höhere Halb- und Fertigfabrikatebestände. Benötigt man eine Vielzahl von Rohstoffen, so vergrößert sich auch das Rohstofflager entsprechend. Schließlich enthält ein großes Sortiment einen höheren Anteil schleppend drehender Artikel und verlangsamt damit auch die Umschlags- und Prozeßgeschwindigkeit.

Die Portfolio-Matrix[145] (vgl. Abb. 1.42) veranschaulicht den finanziellen Beitrag der Produkte. Generell gilt, daß die Geschäftsfelder im rechten Dreieck in der Zone des Kapitalbedarfs liegen, das heißt ein Cash-flow-Defizit haben, während die auf der gegenüberliegenden Seite Kapital freisetzen, also Cash-flow-Überschüsse aufweisen. Das stärkste Defizit entsteht, wenn eine Firma ihre Position verbessern will, z. B. in einem Markt mit hoher Attraktivität aus einer schwachen in eine starke Position strebt. Umgekehrt sind die Liquiditätsüberschüsse besonders hoch, wenn man sie abschöpft und Positionen aufgibt.

Ein Geschäftsfeld, das in einem ausgesprochen attraktiven Markt eine starke Wettbewerbsposition besitzt, braucht Kapital für die notwendigen Investitionen, wenn es mit dem Marktwachstum Schritt halten oder gar noch stärker wachsen will. Dagegen rechtfertigt die schwache Position eines alten Geschäftsfeldes keine Erweiterungen der Kapazität. In diesem Fall empfiehlt es sich unter Umständen zu ernten und einen Kapitalüberschuß zu erzielen, der das Wachstum des ersten Geschäftsfeldes finanziert. Insofern bringt eine Mischung aus Produkten, die Mittel binden und solchen, die Mittel freisetzen, Vorteile für die finanzielle Struktur.[147]

Die Beschäftigung ist eine weitere Hauptdeterminante des Kapitalbedarfs. Sinkt sie, so baut eine Unternehmensleitung nur dann die Kapazität ab,

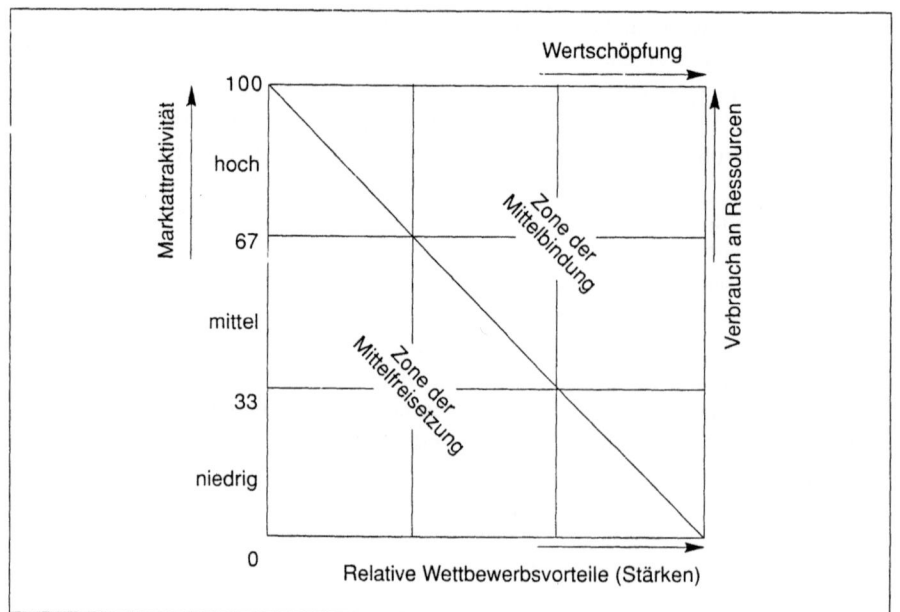

Abb. 1.42:
Mittelbindungs- und
Mittelfreisetzungs-
tendenz je nach
Matrixposition[146]

wenn sie davon ausgeht, daß diese Entwicklung einen nachhaltigen Trend anzeigt. Mit einem Timelag setzt sie dann Liquidität frei und veräußert je nach den Möglichkeiten die Maschinen und Gebäude, um eine mehr oder weniger gute Anpassung des Finanzbedarfs an die neue Betriebsgrößenklasse zu erreichen. Normalerweise erwartet das Management jedoch eine zeitliche Begrenzung der Unterbeschäftigung, so daß es sich nicht zu einer Anpassung der Kapazität entschließt, sondern sie durch Kurzarbeit oder durch Änderung der Arbeitsgeschwindigkeit zu überbrücken sucht.[148] Im letzteren Falle produziert der Betrieb bei konstanter Betriebszeit und gleicher Aggregatzeit weniger Menge. Der Kapitalbedarf ändert sich nur geringfügig.

Entwicklungsposition

Die Forschungs- und Entwicklungssituation ist unter folgenden Gesichtspunkten zu optimieren:

– Welche Leistung erbringt unsere Entwicklung im Vergleich zu kreativen Wettbewerbern?

– Welches Entwicklungspotential liegt unter den gegebenen Umständen vor?
– Inwieweit sind die Voraussetzungen im Unternehmen bereits geschaffen, diese Chancen zu nutzen?
– Unter welchen Bedingungen bringt die Führung die Fähigkeit der Forschung und Entwicklung zur Entfaltung beziehungsweise wie optimiert sie das Verhältnis von Input zu Output?
– Welche Forschungsausgaben sollte unser Unternehmen im Verhältnis zum Umsatz und zum Wettbewerb betreiben?

Über den optimierten Aufwand berichtet der Verfasser im Zusammenhang mit der Positionsdeterminante Kostenführung. Hier geht es um die kreative Leistungsfähigkeit der Forschung und Entwicklung. Diese Effizienz wird im wesentlichen geprägt durch die Führung, Unternehmenskultur, sowie die Struktur- und Ablauforganisation. Die erfolgreichen Unternehmen gehen von der Einstellung aus, daß das Bessere des Guten Feind sei. Für sie befindet sich die Welt in einem

70

laufenden Wandel, die einzige Konstante bleiben die Strategischen Grundsätze.[149] Dadurch bleiben sie lernfähige Organisationen.

Wenig kreative Unternehmen zeigen im Laufe der Zeit typische Symptome, wie schrumpfende Umsätze oder Druck auf die Preise, da die Attraktivität ihrer Produkte nachläßt. Die Umsatzstruktur verändert sich somit zwangsläufig ungünstiger. Darüber hinaus gelingt es einer nichtkreativen Mannschaft auch selten, die Fertigungstechnik so zu rationalisieren, daß sie Stärken auf der Kostenseite bildet. So kommen Gesellschaften, die ursprünglich mit guten Ideen expandierten, immer mehr in Strukturschwierigkeiten, weil weitere Impulse fehlen und sie zu lange auf alten Technologien verharren. Je später sie die Probleme anpacken, um so weiter können die direkten Wettbewerber oder die Substitutionskonkurrenz ihren Vorsprung in den Lernkurven vergrößern, um so schwerer fällt es, im Rahmen der wirtschaftlichen Möglichkeiten die Struktur des Unternehmens noch zu verändern.

> Der Zeitfaktor spielt für die Erfolge von Entwicklungsprojekten eine entscheidende Rolle.

Daß eine kreative Entwicklung weniger vom Kapitaleinsatz als mehr von den Rahmenbedingungen abhängt, zeigen die Erfolge vieler kleinerer und mittlerer Unternehmen trotz der zum Teil erheblichen Positionsnachteile. Die Motivation der Mannschaft, der Wille, ein gemeinsames Ziel zu erreichen, Sympathien und Antipathien, ein wenig ausgeprägtes Hierarchiedenken sowie ein Klima der Offenheit, in dem die Mitarbeiter Vorschläge unvoreingenommen diskutieren, spielt für die Leistung der Gruppe oft eine größere Rolle als das Fachwissen. Damit bilden die Menschen, die Unternehmenskultur und die organisatorischen Rahmenbedingungen die entscheidenden Voraussetzungen für die Innovationsfähigkeit und den Erfolg der Forschung und Entwicklung.

Die Spitzenfirmen ziehen es vor, Konkretes mit dem Abnehmer auszuprobieren. Sie experimentieren mehr und lassen es häufiger auf einen Versuch

ankommen. Sie befürchten offensichtlich nicht, durch Tests ihre Vorhaben zu verraten. Vermutlich bewerten sie den Lerneffekt vor der landesweiten Einführung doch sehr viel höher als den verlorenen Überraschungseffekt. Experimente nutzen sie als eine billige Lernmethode. Sie tasten sich so am besten an die Wünsche der Kunden heran, kombinieren Marketing und Produktentwicklung besonders effizient[150] und schenken theoretischen Analysen, Konzepten und Marktforschung[151] kein übermäßiges Vertrauen, lieber erstellen sie Prototypen und stellen sie dem Kunden zur Erprobung zur Verfügung. Der Mensch denkt mit einem Prototyp kreativer und konkreter nach als nur mit Plänen, Zeichnungen oder Konzeptionen. Den Vorteil der dadurch gewonnenen Wirklichkeitsnähe schätzen sie höher ein: Die Produkte werden dadurch praxisgerechter, wirtschaftlicher, einfacher und narrensicherer.[152] Nach ihrer Auffassung treffen Männer der Linie die bessere Entscheidung als zentrale Stäbe.[153] Erfolgreiche Unternehmen versuchen zu verhindern, daß Theoretiker die Ideen verwässern. Dadurch, daß sie im ständigen Kontakt mit gut informierten Kunden es stets auf Versuche ankommen lassen, fördern sie ihre eigenen Mutationen, merzen Nachteiliges aus, investieren in Vorteilhaftes.[154]

Viele dieser Gesellschaften probieren überhaupt nur etwas aus, wenn sie einen gut informierten und qualifizierten Kunden finden, der bei den Experimenten eine Schlüsselrolle übernimmt.[155] Sie laden ihre Kunden ein und kommen über viele Diskussionen zu einer echten Partnerschaft. Durch diese Verfahren gelingt es ihnen, eine große Wirklichkeitsnähe zu erreichen, und sie umgehen die Gefahr, durch abstrakte Planungen am Markt vorbei zu entwickeln.

Es ist hier deutlich zu unterscheiden zwischen einer weniger zielgerichteten Grundlagenforschung und der kundenorientierten Entwicklung. Auch wenn die Entwickler engste Kontakte mit den Kunden pflegen, erscheint ein gewisses Maß an Kontrolle und Führung notwendig. Wir erreichen in unserem Unternehmen eine höhere Effizienz, indem wir in monatlichen Schritten gemeinsam mit der Entwicklung, dem Vertrieb und der Produktion Ziele erarbeiten und immer wieder vorgeben, daß die Entwickler den Kunden mit einbeziehen.

> Die besten Entwickler stehen an der Front und nicht im Labor.

Grundlagenforschung sollte das Management schon deshalb anders betrachten, weil hier nicht die Abnehmer die Orientierung geben. Die Mitarbeiter lassen den Gedanken freien Lauf und die wirtschaftlichen Inhalte der Entwicklung treten weit zurück. Es kommt allein auf die schöpferische Kraft an. Sprünge sind noch erlaubt, wenn sie völlig von den Zielsetzungen abweichen und unter Umständen zu anderen Ergebnissen führen. Diese Art der Forschung bleibt sehr großen Unternehmen vorbehalten.

In erfolgreichen Unternehmen gehört auch zur Praxisbezogenheit der Forschung und Entwicklung, daß sie sie mit geringen Kosten betreiben, das Produkt so einfach wie möglich konzipieren und Einzelheiten weitestgehend standardisieren, um das Verhältnis von Input und Output möglichst günstig zu gestalten. Sie betrachten es als Selbstverständlichkeit, daß die Kosten einen entscheidenden Bestandteil der Wettbewerbsfähigkeit darstellen. Deshalb gehen erfolgreiche Unternehmen auch methodisch vor. Praxiserprobte und wirtschaftliche Methoden, wie beispielsweise die Wertanalyse, kommen zum Einsatz. Wenn sie bei diesen Untersuchungen auch eigene maßgebende Kunden mit einbeziehen und die eigenen Mitarbeiter auf Grund ihrer engen Kontakte deren Wünsche und Gedankengänge kennen, so ergibt sich dadurch eine verhältnismäßig große Sicherheit, daß die Verbesserungen bedürfnisbezogen erfolgen.

Bedeutung einzelner Differenzierungssegmente für die Unternehmenspolitik

Das Qualitätsimage besitzt bei verschiedenen Produkten ein sehr unterschiedliches Gewicht als Differenzierungsdeterminante. Führen Qualitätsprobleme zu erheblichen Folgen, sei es durch hohe Kosten, gesundheitliche Risiken etc., so reagieren Kunden stark qualitätsorientiert. Diese Sensibilität steigert sich zeitlich begrenzt nochmals, wenn Schadensfälle bekannt oder mögliche Probleme in der Öffentlichkeit diskutiert werden. Auch die Intensität des Bedürfnisses, zu dessen Befriedigung solche Produkte bzw. ihre wichtigen Eigenschaften beitragen, stellt ein Maß für die Beachtung und damit für deren Sensiblität dar. Liegt sie hoch, so gibt es für eine Qualitätspolitik ein weitaus größeres unternehmenspolitisches Erfolgspotential als bei Produkten, bei denen Mängel in der objektiven Beschaffenheit kaum Folgen haben beziehungsweise aus anderen Gründen geringe Beachtung finden.

Die rationalen Differenzierungsvorteile sowie die Innovationsattraktivität sind die Grundlage einer erfolgversprechenden Marketingpolitik und tragen damit am stärksten zur Erschließung neuer Märkte oder zum Aufbau starker Positionen bei.[156] Die Differenzierungsbemühungen bieten folglich auch die größten Chancen für die Politik eines schwachen Unternehmens in bedrängter Position: Es sollte sich in Segmenten betätigen, die von gefährlichen Wettbewerbern unberührt bleiben und die diese aus irgendwelchen Gründen nicht bearbeiten können.

Eine technische Distanz durch rationale Differenzierung geht möglicherweise schnell verloren, weil andere Hersteller sich bemühen, solche Vorteile nachzuahmen. Es ist deshalb wichtig, mit Zähigkeit und Kreativität zu einem revolvierenden Vorsprung zu kommen. Auch diese Fähigkeit sichert eine rationale Solitärbarriere. Dazu muß das Unternehmen eine über lange Zeit gewachsene geeignete Unternehmenskultur besitzen, durch die sich ein natürliches Bemühen um Innovation ergibt. Ein revolvierender technischer Vorsprung führt langfristig zum Image hoher Leistungsfähigkeit.

Weitere Positionsdeterminanten bestehen zum Beispiel darin, einen Vertriebsweg zu besetzen und abzusichern, sich in Wachstumssegmenten zu bewegen, zu denen andere Wettbewerber keinen Zugang finden, oder die Mitarbeiter auf einen hohen Ausbildungsstand zu bringen, der sich von einem Wettbewerber nur durch jahrelange Schulung erreichen läßt. Darüber hinaus gehören zu den rationalen Solitärbarrieren auch schwer nachahmbare Servicevorteile, zum Beispiel infolge eines langfristig aufgebauten Service-Netzes oder eines Kommunikationsweges.

Die rationalen Eigenschaften des Produktes bestimmen bei technischen Erzeugnissen für industrielle Zwecke weitgehend die Kaufentscheidung in den Gremien,[157] auch wenn man die langfristig gewachsenen persönlichen Kontakte oft nicht unterschätzen darf. Letzteres trifft insbesondere in einigen überseeischen Exportländern zu, wo das Management den Entscheidungsprozeß noch nicht so systematisiert hat wie in europäischen Unternehmen.

Viele Produkte besitzen aber auf Grund ihrer Eigenschaftsstruktur und des Kaufverhaltens der Interessenten ein so hohes Emotionalisierungspotential, daß die rationalen Komponenten hinter die emotionalen Kaufentscheidungsgründe zurücktreten, wie dies insbesondere bei Angeboten mit hohem Prestige zutrifft. In diesen Fällen stellt das erarbeitete Qualitäts-Image den wichtigsten Faktor für den langfristigen Erfolg dar. Bei Spitzenerzeugnissen unterstützen die emotionalen Solitärbarrieren die rationalen mehr oder weniger, wobei den kommunikationspolitischen Aktivitäten sowie allen anderen Marketingmaßnahmen ein hoher Stellenwert zukommt.[158]

1.46 Kostenführung als Basis der Preisführung

Eine weitere Haupt-Positionsdeterminante liegt in der Kostenstruktur des Unternehmens. Je kleinere Erlösdifferenzen auf Grund von Solitärbarrieren eine Gesellschaft im Vergleich zum Wettbewerb erzielt, um so mehr hängt das Ergebnis davon ab.

Folgende Merkmale bestimmen im wesentlichen die Kostenposition:

1. Strategiekosten
   a) Serviceintensität
   b) Werbeintensität
2. Overhead-Belastung infolge
   a) Strukturorganisation
   b) Ablauforganisation
3. Sortiments-Komplexität
   a) Sortimentsbreite
   b) Sortimentstiefe
   c) Standardisierungsmaß
4. Absatzwegstruktur
   a) Divisor
   b) Serviceintensität
   c) Prestigekosten des Absatzweges
   d) Auftragsstruktur
5. Kundenstruktur
   a) Kundenansprüche
   b) Zahlungsfähigkeit und -bereitschaft
6. Kapazitätsauslastung
7. Losgrößenstruktur
8. Fertigungstechnik

Der Wert des Kostenvorteils für die Wettbewerbsposition bemißt sich nach folgenden Faktoren:

– Kostendistanz zum Wettbewerb
– Stabilität des Kostenvorsprungs
  • Zahl der vorteilhaften Kostenbarrieren
  • Imitationszeit zum Ausgleich der Kostendifferenz
  • Imitationsaufwand
  • Kostensenkungstempo des eigenen Unternehmens im Vergleich zum Wettbewerb
  • Anreiz zur Kostensenkung in der Branche

Kostenvorteile durch Positionen, wie auf Grund von Marktanteilen, Synergiepositionen etc., besitzen eine weitaus größere Stabilität als solche, die nur durch Leistungen geprägt sind. Auch die

Determinanten mit vorwiegender Kostenwirkung stellen allerdings nur Potentiale dar. Ohne die Untermauerung durch Leistungen werden die in ihnen liegenden Chancen nicht genutzt. Leistungsdeterminanten bauen folglich die Potentiale zu Solitärbarrieren aus. Je mehr Positions- und Leistungsdeterminanten die Grundlage bilden, um so größer ist im allgemeinen die Distanz, vor allem aber die Stabilität der Kostenführung.

Eine reine Strategie der Kostenführung beeinhaltet relativ hohe Risiken, wenn sie nicht auf nachhaltig abgesicherten Positionen, wie Patenten, einmaligen Rohstoffquellen etc. beruhen. Beispielsweise besteht stets die Möglichkeit, daß kostengünstigere Verfahren die gesamte bisherige Investition entwerten. Produkte der Kostenführer besitzen generell kein nachhaltig tragendes Image. Deshalb sollte auch der Kostenführer dafür sorgen, daß differenzierende Merkmale die Position unterstützen. Aber auch bei differenzierender Strategie empfiehlt es sich, stets alle Einsparungsmöglichkeiten zu nutzen und deren einschränkende Auswirkungen auf die strategischen Ziele abzuwägen.[159]

Positionsdeterminanten der Kostenführung

Der Marktanteil als Kostendeterminante

Unter den Einflußgrößen besitzt der eigene Marktanteil, bezogen auf das spezielle bearbeitete Marktsegment („served market"), im allgemeinen eine besondere Bedeutung.[160] Dabei kann unter Umständen eine Globalstrategie die Chancen am besten ausschöpfen.[161] Ein hoher Marktanteil wird von einem hohen Bekanntheitsgrad gestützt.[162] Seinen Kostenvorteil belegte zuerst 1974 die Boston-Consulting-Group durch die empirische Ermittlung der Kostenerfahrungskurve.[163] Danach gehen die auf die Wertschöpfung bezogenen Kosten bei jeder Verdoppelung der Menge um 20 bis 30 Prozent zurück (Abb. 1.43).

Im Hinblick auf das erarbeitete Know-how zur Ausschöpfung der Kostenpotentiale entstehen zwischen den Wettbewerbern generell um so größere Unterschiede, je komplizierter und vielschichtiger sich ein Arbeitsgebiet darstellt. In jedem Fall steigt dann die Bedeutung für die Unternehmensführung, die relative Kostenstruktur im Vergleich zum Wett-

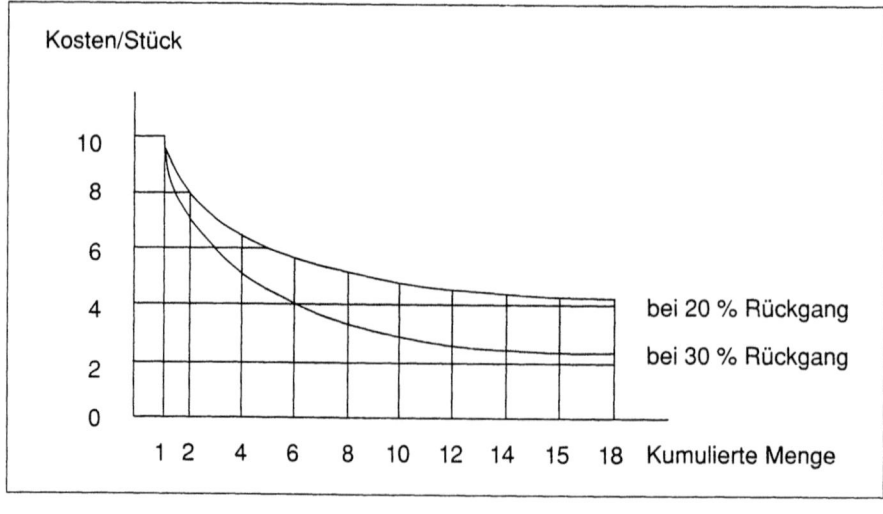

Abb. 1.43:
Kosten-
Erfahrungskurve bei
linear eingeteilten
Ordinaten

74

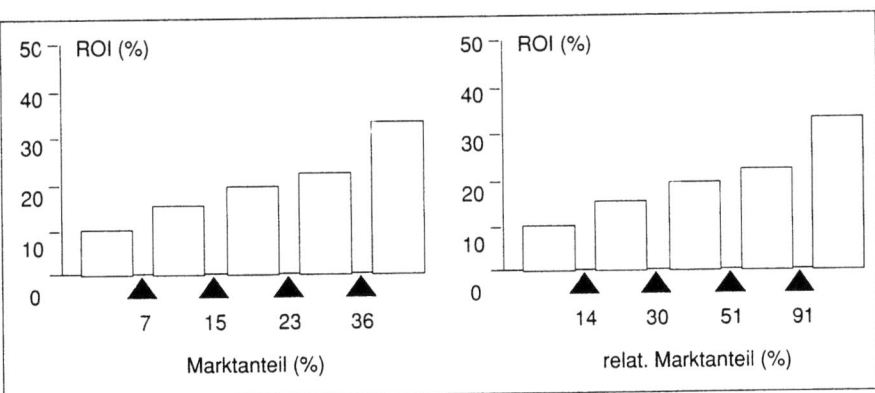

Abb. 1.44:
Entwicklung des
ROI bei verän-
derten absoluten
und relativen
Marktanteilen im
served-market
nach PIMS
(PIMS-Letter
No. 3. Oder
Buzzell und
Gale: PIMS-
Programm,
S. 65 ff.)

bewerb laufend zu überwachen. Viele Unternehmer sehen deshalb in einer hohen Produktivität und Wertschöpfung pro Kopf ein wichtiges Führungsziel.

Die PIMS-Analyse bestätigt auf eine andere empirische Weise die Ergebnisse der Boston-Consulting-Group (Abb. 1.44).

Theoretisch läßt sich die Wirkung des Marktanteils auf die Kostenstruktur in einer Branche durch eine Gerade bei logarithmischem Maßstab darstellen (Abb. 1.45). Verständlicherweise läuft der Grenzanbieter am ehesten Gefahr, über Verluste aus dem Markt gedrängt zu werden.

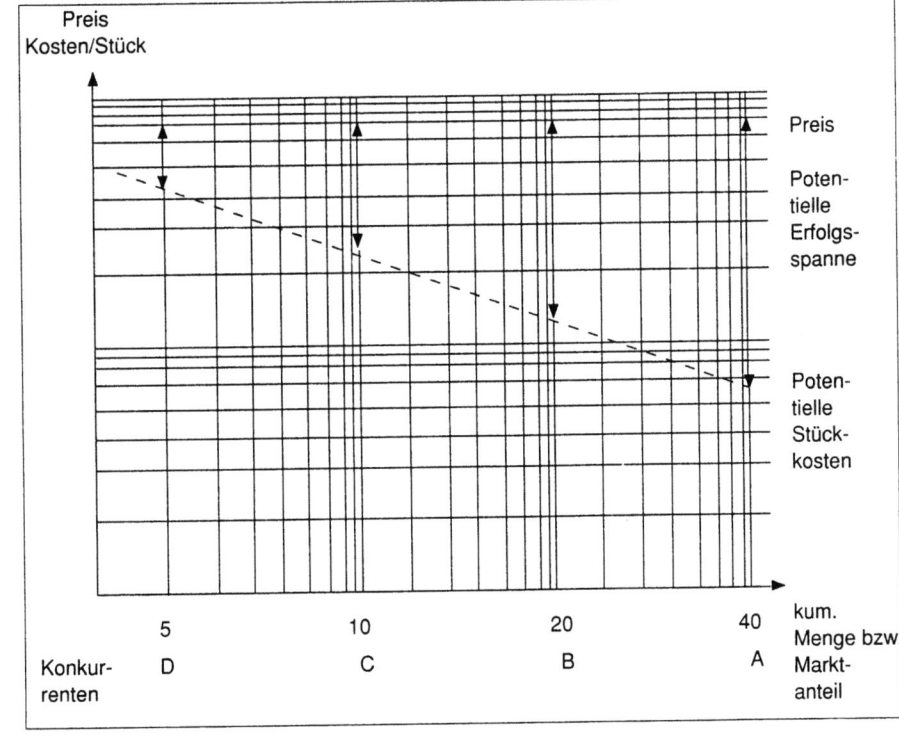

Abb. 1.45:
Beziehungen zwi-
schen Marktantei-
len, potentiellen
Stückkosten und
Erfolgsspannen der
Konkurrenten
A, B, C, D
(Gälweiler: Die
finanzielle Quanti-
fizierung der Port-
folio-Wirkungen.
In: Portfolio-
Management 4836,
S. 6.)

Noch stärker als der absolute Marktanteil wirkt der relative, der darüber hinaus die Distanz zu den nächsten Wettbewerbern ausdrückt. Dieser errechnet sich, indem man den eigenen Marktanteil durch die Summe der Marktanteile der drei größten Wettbewerber dividiert.[164] Hierzu ein Beispiel: Der eigene Marktanteil soll 30 % betragen, der der drei größten Hersteller zusammen ebenfalls 30 %. Damit ergibt sich ein relativer Wert von 100 %. Besitzen die drei Wettbewerber dagegen insgesamt einen Marktanteil von 60 %, so ergibt sich nur ein eigener relativer Wert von 50 %.

Wirkungen des Marktanteils

Der Marktanteil wirkt generell über zwei verschiedene Determinanten auf das Unternehmensergebnis ein:

– Kostendeterminanten
  1. fertigungstechnische Bestimmungsgrößen
  2. vertriebsbegründete Bestimmungsgrößen
– Erlösdeterminanten
  durch Abgrenzungsbarrieren, z. B. auf Grund des höheren Bekanntheitsgrades oder des besseren Image.

Der Marktanteil kennzeichnet ebenfalls nur ein Potential: Es gibt Hersteller mit kleinem Marktanteil und guten sowie Hersteller mit hohem Marktanteil und unbefriedigenden Ergebnissen. Letztere sind nicht in der Lage, durch harte Arbeit, also gute Leistungsdeterminanten, ihr Potential auszuschöpfen. Synergiepotentiale wirken in größeren und komplexeren Unternehmen oft ähnlich wie der hohe Marktanteil. Ihre Vorteile muß das Unternehmen, durch organisatorische Voraussetzungen und koordinierende Maßnahmen nutzen.[165]

Branchenabhängigkeit

In den einzelnen Branchen ist der Einfluß des Marktanteils jedoch sehr unterschiedlich:

1. Das Kostensenkungspotential, also die gegebenen Kostensenkungsmöglichkeiten mit steigender Ausbringungsmenge, unterscheiden sich von Branche zu Branche.
2. Die Konkurrenten zeigen verschiedene Synergiepotentiale.
3. Die Bedeutung der Preise und damit des Kostensenkungspotentials hat je nach dem Grad der Differenzierung ein unterschiedliches Gewicht.
4. Der Marktanteil wirkt auf die erlössteigernden Faktoren von Markt zu Markt verschieden.

Zwar kommt es generell zu einer Kostendegression mit steigender Menge, aber man sollte stets im Einzelfall genauer untersuchen, in welcher Höhe sich Vorteile bei größeren Serien auf Grund von Rüstzeiten, höherer Automatisierungsmöglichkeit bei steigender Betriebsgröße, besserer Umlage betriebsfixer Kosten etc. ergeben. Daß es eine Vielzahl von weiteren Kostendeterminanten, wie beispielsweise die Verfahrenstechnik, das Lohnniveau, die Lernkurve, Einkaufsvorteile oder Standort, gibt, braucht hier nicht näher erläutert zu werden.[166] Für die Erlösseite spielen der Marktanteil und der damit verbundene Bekanntheitsgrad bzw. das bessere Image eine größere Rolle, wenn z. B. qualitätssensible Produkte dominieren.

In der Lern- und Erfahrungskurve liegt eine wichtige Basis für die Rentabilitätswirkungen des Marktanteils. Mit zunehmender Produktionsmenge wächst die Erfahrung. In dieser Hinsicht entstehen zwischen den Wettbewerbern generell um so größere Unterschiede, je komplizierter und vielschichtiger ein Arbeitsgebiet ist. Die Vorteile im strategischen Kostensenkungspotential bieten dem Hersteller die Chance, die fixen oder die variablen Kosten besonders günstig zu gestalten. Es handelt sich aber deshalb nur um ein Potential, weil der Marktführer unter Umständen, wie viele praktische Beispiele zeigen, durchaus zu höheren Kosten produzieren kann. Die Chancen muß er also wahrnehmen und durch konsequente operative Maßnahmen ausschöpfen, wenn er auf Grund der Kostensituation eine Solitärbarriere aufbaut bzw.

aus seiner Position Nutzen ziehen will. Im Verlauf der Lebenskurve steigt normalerweise die Bedeutung des Marktanteils, weil viele Differenzierungsmöglichkeiten infolge des Imitationsprozesses verlorengehen.

Gefahren für den Marktführer

Marktführer treten normalerweise früher in den Markt ein und besitzen bereits Positionen, wenn weitere Unternehmen beginnen, das Arbeitsgebiet aufzunehmen. Diese basieren beispielsweise auf Patenten, geheimgehaltenen Vorteilen im Produktionsprozeß oder einem höheren Qualitätsimage. Nachfolger können also nur über vorhandene Synergien oder wesentlich höhere Leistungsdeterminanten aufholen. Letzteres gelingt nur, wenn der Innovator hier Schwächen aufweist.

Es bestehen einige grundsätzliche Möglichkeiten, gegen den Marktführer erfolgreich vorzugehen:

1. Falls der Marktführer seine Position nicht durch Leistungen absichert, gibt er dem Hersteller mit kleinerem Marktanteil die Möglichkeit, ihn durch schnellere Umsatzsteigerungen zu überrunden. Dieser Ansatzpunkt der Verdrängung erweist sich jedoch meist als risikoreich: Reagiert der angegriffene Wettbewerber bevor der Gegner seine Solitärbarrieren kompensiert hat – und dazu bleibt ihm viel Zeit – so kann er mit aktivierten Kräften den Angreifer immer noch zurückschlagen.

2. Falls neue Erfahrungskurven entstehen (Abb. 1.46), verliert der Know-how-Vorsprung des etablierten Herstellers seine Bedeutung, da sich der „Kriegsschauplatz" verlagert und entweder die technologischen Positionsdeterminanten oder die Marktdeterminanten ihre Bedeutung verlieren. Durch die neuen Erfahrungskurven muß auch der etablierte Hersteller teilweise ebenfalls von vorne anfangen. Wichtige Positionen gehen verloren, der Wettbewerb verlagert

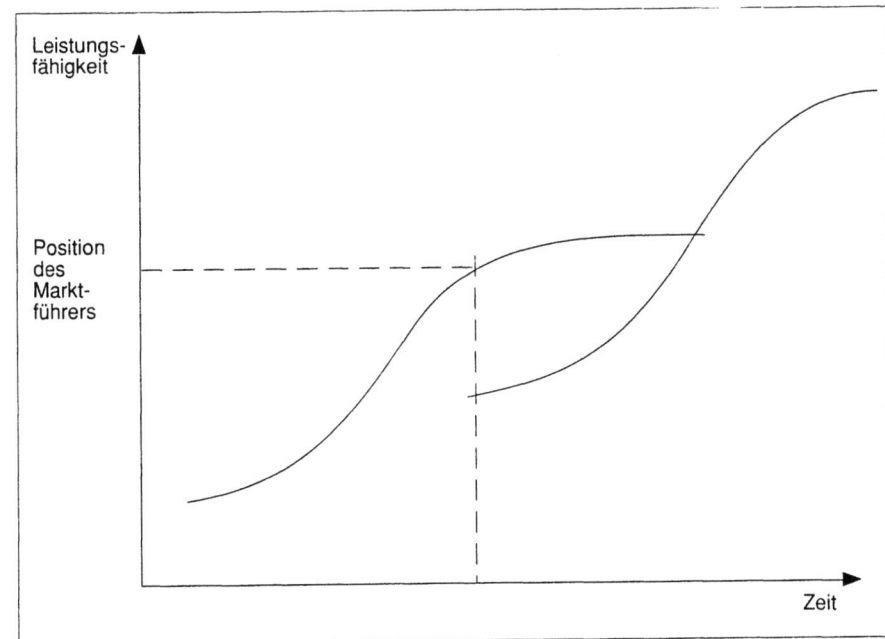

Abb. 1.46:
Verdrängungschancen durch neue Erfahrungskurven
(Pfeiffer: Technologieportfolio, S. 50 f.)

77

sich vor allem auf die Leistungsebene. Dies gibt neu eindringenden Unternehmen eine Chance, mit höherem Leistungsniveau die Führung zu übernehmen.

Oft bindet ein altes Produkt das etablierte Unternehmen an ein bestimmtes Image, oder es sieht auf Grund der Erfolge der Vergangenheit keine Notwendigkeit, frühzeitig in die neue Erfahrungskurve einzutreten. Die Möglichkeit, den Marktführer mehr oder weniger leicht zu überrunden, hängt nun davon ab, inwieweit dessen verbleibende Synergien ihn noch stärken, mit welcher Leistungskraft er sich verteidigt und wie schnell er auf die Gefahren einer neuen Erfahrungskurve reagiert. Das nachfolgende Unternehmen benötigt Zeit, um seine Stärken zu entwickeln.

Nicht selten verlieren Gesellschaften mit einem hohen Kostensenkungspotential ihre Vorteile dadurch, daß sie beispielsweise zu sehr administrieren, zu hohe Overheads aufweisen, eine kostenaufwendige Konzeption wählen, z. B. Standardisierungschancen nicht nutzen, oder eine Gruppenstrategie die notwendige spartanische Kostengestaltung für die Gesellschaft verhindert. So erhalten kleinere Firmen die Chance, das strategische Vorteilspotential größerer Wettbewerber zu kompensieren oder diese gar zu überflügeln, indem sie konsequent die operativen Kostensenkungsmöglichkeiten ausschöpfen. Geben sie diese Vorteile im Preis weiter, und reagiert der Markt relativ sensibel auf das niedrigere Niveau, so besteht die Möglichkeit, daß das ursprünglich kleinere Unternehmen mit zunehmenden Marktanteilen seinen operativen Kostenvorteil auch strategisch absichert.

Trotz der starken Positionsdeterminanten des Marktführers sind diese nicht selten gefährdet:

– Seine Anstrengungen lassen nach; er schöpft die Potentiale immer weniger aus. Eine langfristige gute Rendite schwächt das Kostenbewußtsein. Die Führung gibt den ständigen kostentreibenden Forderungen nach.

– Die Erfolge der Vergangenheit projiziert das Management in die Zukunft. Dies führt dazu, daß es bei der „Erfolgsstrategie" auch dann noch bleibt, wenn der Markt sich bereits wesentlich geändert hat.
– Die Führung scheut sich, Produkte einzuführen, die die eigenen Erfolgsprodukte kannibalisieren.
– Das Unternehmen wird in stärkerem Maße ein Angriffsziel des Wettbewerbs.

Erfahrungskurven verlaufen besonders günstig, wenn der Betroffene mit klaren Schwerpunkten arbeitet. Er kommt dann schnell zu einem vertieften Wissensstand, während derjenige, der versucht, sein Know-how möglichst breit anzulegen, normalerweise nicht die Tiefe erreicht. Dies setzt voraus, alle chancenreichen Tätigkeiten von weniger erfolgträchtigen zu unterscheiden, um sich auf die besseren Möglichkeiten zu konzentrieren. Dadurch entstehen Stärken, und die Konzentration darauf führt zu einer optimalen Ausrichtung der Leistung.

Es sei nur am Rande erwähnt, daß die Erfahrungskurve nicht nur für die Produktionstechnik, sondern auch für alle anderen Funktionsbereiche des Unternehmens, wie das Marketing, die Finanzierung, die organisatorischen Leistungen etc., gilt. Deshalb überprüft die Führung alle Überlegungen mit der Grundsatzfrage: Wo liegen unsere besten Voraussetzungen für einen schnellen Fortschritt auf der Erfahrungskurve?

Ist die Kostenführung ein entscheidendes Element der Unternehmenspolitik und die Marktführung in einem Teilmarkt eine wichtige Voraussetzung für die Kostenführung, so muß das Unternehmen die Gefahr erkennen, daß ein zu langsames Wachstum im Vergleich zum Wettbewerb mangels ausreichender Kostendegression in eine strategische Sackgasse führt. Das Wachstum sollte in diesem Fall oberste Priorität erhalten.

Synergien üben einen ähnlichen Einfluß auf die Kostenposition aus wie Marktanteile.[167] Große Unternehmen besitzen nicht selten den Vorteil, daß sie auf Grund ihrer Synergiepotentiale die kostensenkende Wirkung größerer Marktanteile von Wettbewerbern um so mehr kompensieren, je enger der Kostenverbund ist. So sind in einem Sortiment alle synergetischen Wirkungen von 0 bis 100 Prozent denkbar. Solche Synergien können sich auf die Produktion, die Forschung und Entwicklung, den Einkauf, den Absatzweg, die Organisation etc. erstrecken.

Während bei gleichen Produkten für denselben Absatzweg eine hundertprozentige Synergie vorliegt, nimmt sie immer weiter ab, je andersartiger die Erzeugnisse, die Herstellungsverfahren, die Entwicklungsprobleme, der Absatzweg, die Kunden etc. werden. Zur besseren Beurteilung der Synergien in einem Unternehmen führen wir die wichtigsten Einzelaspekte auf zwei Hauptkriterien zurück:

- produktbezogene Synergien, das heißt z. B.
  • einkaufsbezogene
  • produktionsbezogene, z. B. Technologie
  • F+E bezogene
  • lagerbezogene
  • markenbezogene Synergien

- absatzbezogene Synergien, das heißt z. B.
  • kundenbezogene (Kontakt und Mentalität)
  • absatzwegbezogene
  • absatzorganisationsbezogene
  • kommunikationsbezogene Synergien

Die Wettbewerbsstärke einer Synergie erweist sich als um so stabiler, je mehr synergetische Einflußgrößen ihre Position abstützen. So nutzt ein Kunststoffverarbeiter, der viele Gebiete abdeckt, sein Fertigungs-Know-how mehrfach. Ein Lieferant von Kunststoffrohren und Spülbecken benötigt für beide Produkte dieselben Kundenkontakte zum Sanitärhandel und vertreibt über eine Absatz-

organisation. Eine für mehrere Geschäftsfelder arbeitende ausländische Tochtergesellschaft erleichtert normalerweise den Eintritt für weitere Tätigkeitsgebiete in diesem Auslandsmarkt. Generell darf man davon ausgehen, daß die Synergieposition mit der Betriebsgröße und der Komplexität wächst.

Der Programmumfang nimmt einen entscheidenden Einfluß auf die Kostensituation und Flexibilität des Unternehmens: Breite verhindert Serienvorteile und schafft Steuerungsprobleme. Je breiter ein Sortiment, je höher also der Komplexitätsgrad, um so größer ist nicht nur der Verwaltungsaufwand und die Gefahr, Lagerhüter bzw. überlagerte Waren zu bevorraten, um so mehr steigt auch die Unbeweglichkeit. Letztere äußert sich beispielsweise in längeren Lieferzeiten und zunehmenden Lieferschwierigkeiten.

Drei Faktoren beeinflussen die Probleme eines komplexen Programmes:

1. die Fertigungstiefe bzw. die Zahl der Fertigungsstufen
2. die Zahl der Außenstellen
3. der Standardisierungsgrad.

Mit höherer Zahl der Fertigungsstufen wächst das Problem der Komplexität proportional, wenn Stufen gleicher Vielfalt hinzukommen. Grundsätzlich kann man beispielsweise davon ausgehen, daß eine Verdoppelung des Sortimentes, das fünf Fertigungsstufen in gleicher Weise betrifft, das Komplexitätsproblem fast verzehnfacht. Am wenigsten führt somit noch ein wachsendes Sortiment in einem reinen Handelsunternehmen zu Kostenerhöhungen. Der Vertrieb über ein weltweites Netz von Außenstellen steigert die Probleme auf Grund der vielfachen Lagerhaltung nochmals. Es wird verständlich, daß mit zunehmendem Sortiment auch die Fähigkeit sinkt, schnellen Service zu erbringen. Treffen mehrere Faktoren zusammen, dann multipliziert sich deren Wirkung.

Andererseits läßt sich die kostentreibende Wirkung der Komplexität erheblich vermindern, wenn bei Produkten, die sich selbst aus vielen Einzelteilen zusammensetzen, in mehr oder weniger hohem Maße Standards zum Einsatz kommen. In vielen erfolgreichen Unternehmensentwicklungen[168] bzw. in Umstrukturierungsfällen[169] erhoben die Geschäftsführungen das Baukastenprinzip zu einem zentralen Punkt der Unternehmensstrategie. Wie stark die Zahl der Einzelteile dadurch zu reduzieren ist, belegt ein praktisches Beispiel:[170] Jungheinrich, ein Hersteller von Flurförderfahrzeugen, benötigte Anfang der achtziger Jahre auf Grund seiner hohen Variantenzahl 300.000 Sachnummern. Die Folge waren eine überforderte EDV, unvertretbare Kosten in der Fertigung und der Konstruktion sowie weit überhöhte Lagerbestände. Nach einer systematischen Analyse des Sortimentes und einer Standardisierung der Teile sank bei steigender Vielfalt des Angebotes die Zahl der Sachnummern um 80 % auf 60.000.

Es braucht nicht weiter diskutiert zu werden, daß ein flexibles, schnelles und leistungsfähiges Marketing zu angemessenen Kosten kaum möglich erscheint, wenn man den Komplexitätsgrad über das Sortiment und die Zahl der Einzelteile exzessiv steigert.

Wertschöpfungsposition

Die Wertschöpfung pro Kopf erweist sich als ein deutlich besserer Maßstab als die Umsatzleistung, da sie sowohl die Wirkungen der Absatzmenge, der Erlöse als auch der Deckungsbeitragsstruktur erfaßt und dadurch auch Strukturverbesserungen oder -verschlechterungen in den Wert eingehen.[171] Sie ist definiert als der Umsatz nach Abzug der von Fremden bezogenen Lieferungen und Leistungen. Produktivitätssteigerung verbessert die Ergebnis- und die Wettbewerbssituation, vor allem, wenn es gelingt, günstigere Steigerungen als die Konkurrenz zu erreichen.

Auch wenn der Einfluß steigender Wertschöpfung nicht so hoch liegt wie vielfach erwartet, so zeigt er doch eindeutig eine positive Tendenz (Abb. 1.47). Firmen mit hoher Wertschöpfung arbeiten fast immer mit einem hohen Mechanisierungs- bzw. Automatisierungsgrad und bedienen durch ihre Serienprodukte normalerweise auch andere Segmente als solche mit niedriger Kennziffer. Letztere produzieren dagegen Spezialitäten, beliefern also Nischen. Durch die günstigere Erlössituation und das niedrigere investierte Kapital erreichen auch sie noch relativ gute Werte. Die Situation liegt jedoch völlig anders, falls man Ge-

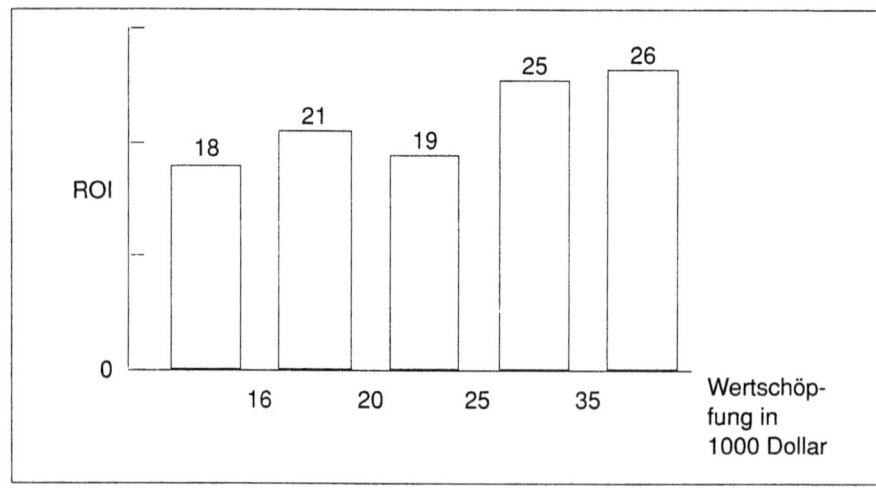

Abb. 1.47:
Entwicklung des ROI bei steigender Wertschöpfung je Mitarbieter (PIMS-Letter No. 11.)

sellschaften mit unterschiedlicher Wertschöpfung im gleichen Segment betrachtet. Mißt das Unternehmen statt des ROI als Prozentsatz der Investition die absolute Rentabilität, so kommt der Vorteil steigender Wertschöpfung noch deutlicher zum Ausdruck, weil Firmen mit hoher Arbeitsproduktivität oft einen hohen Investitionsgrad besitzen.

Die relative Leistungsfähigkeit eines Unternehmens drückt sich in seiner Personalstruktur im Vergleich zum Wettbewerb aus. Folgende Ziele kennzeichnen das Optimum in einfacher Weise:
- Möglichst wenige Mitarbeiter in der Verwaltung und in kaufmännischen Stäben.
- Möglichst wenige in der Produktion und in den technischen Stäben.

Starke, aber nicht übersetzte Vertriebsabteilungen führen dagegen durch ständiges Wachstum zu einem Druck auf die Fertigung und zu hoher Kapazitätsauslastung. Das Optimierungsproblem zur Verbesserung der Leistungsfähigkeit besteht also darin, ein möglichst günstiges Verhältnis zwischen Personalbestand mit extrovertierten und introvertierten Aufgaben anzustreben. Diese Unternehmenspolitik darf andererseits aber nicht zu einer Mittelverschwendung im Vertrieb führen. Es muß jedoch stets Kapazität vorhanden sein, neue Kunden zu umwerben, und mit Hilfe der Steuerungsinstrumente ist für eine hohe Auslastung aller Mitarbeiter zu sorgen.

Für strategische Geschäftseinheiten, insbesondere deren Vertrieb und die Produktion, lassen sich aufschlußreiche Kennziffern entwickeln, die die Leistungsfähigkeit messen. Dies sind neben dem Gewinn und dem Deckungsbeitrag die Zahl der bearbeiteten Kunden, der neugewonnenen Kunden, die Produktionsmenge je Person etc. Schwierigkeiten bereitet es dagegen, für zentrale Stellen solche Meßzahlen zu finden. Für den Einkauf haben wir beispielsweise die Leistung pro Mitarbeiter ermittelt, indem wir uns über den Verband oder die Kammer von verschiedensten Herstellern das Einkaufsvolumen insgesamt sowie die Zahl der Ein-

kaufsmitarbeiter besorgten. Zur Kontrolle der Finanzbuchhaltung diente die Menge der Eingangsrechnungen im Verhältnis zur Zahl der Mitarbeiter usw. Gegen alle diese Kennziffern gibt es jedoch Gegenargumente, weil die Strukturen der Betriebe Unterschiede aufweisen.

Die Bedeutung der hohen Pro-Kopf-Leistung bzw. -Wertschöpfung erklärt sich auch dadurch, daß neben den Materialkosten die Personalkosten normalerweise den größten Kostenblock darstellen. Wer in dieser Hinsicht Vorteile gegenüber dem Wettbewerb durchsetzt, realisiert damit einen wichtigen Ansatzpunkt zur Optimierung der Basisformel der Unternehmenspolitik.

Einkaufsposition

Auch der Kostendruck von außen beeinflußt das Ergebnis. Steht der Käufer beispielsweise sehr starken Lieferanten gegenüber oder hängt er von einem Monopolisten ab, so verfügt letzterer über die Möglichkeit, durch Preisanhebungen das Ergebnis seines Abnehmers deutlich zu drücken.

So wählte ein Unternehmen unserer Gruppe seit den 70er Jahren für ein wichtiges Fertigprodukt einen Rohstoff mit interessanten Eigenschaften, den nur ein einziger Hersteller anbot, mit dem es bereits eine lange gute Kooperation gab. Der gesamte Wettbewerb fertigte auf einer anderen Rohmaterialbasis, die mehrere lieferten. Wir stellten die gesamte Argumentation des Fertigproduktes auf die unverwechselbaren Eigenschaften dieses Vorproduktes ein. Das Erzeugnis wurde erfolgreich. Die strategische Bindung an den Partner wuchs folglich mit zunehmender Marktdurchdringung. Damit hatte sich das Unternehmen in eine sehr ungünstige Einkaufsposition begeben. Trotzdem lief die Kooperation über lange Zeit ohne besondere Schwierigkeiten.

Infolge der Erdölkrise war unser Anbieter gezwungen, insbesondere bei Sonderprodukten, bei denen er keinem außergewöhnlichen Wettbewerbsdruck unterlag, überdurchschnittliche Preissteigerungen vorzunehmen, um die schwierige Situation in anderen Märkten zu kompensieren. Dies brachte unser Erzeugnis in eine tiefe Verlustphase. Da der Lieferant nicht damit rechnete, daß wir Ausweichmöglichkeiten fanden, blieb er bei seiner Hochpreispolitik. Erst im Laufe von mehreren Jahren, durch umfangreiche Recherchen und eigene Entwicklungen, gelang es uns, dem Würgegriff zu entkommen.

Die Stärke von Anbietern baut logischerweise auf einer Schwächung der Kundenposition auf. Lieferanten sind dann um so stärker,[172]

- je mehr ihre Produkte eine Solitärstellung besitzen, insbesondere wenn sie ganz spezielle Produkte für den Kunden erstellen, die andere Hersteller auf Grund ihres Know-how, ihrer Produktionseinrichtung etc. nicht anbieten,
- je mehr sich die Liefermöglichkeit auf wenige Anbieter konzentriert,
- je größere Bedeutung das gelieferte Erzeugnis für die Qualität des Angebotes des Kunden besitzt,
- je höhere Umstellungskosten entstehen,
- je unwichtiger der Abnehmer für den Lieferanten ist und
- je glaubwürdiger der Verkäufer mit Vorwärtsintegration drohen kann.

Kennt der Einkäufer diese Zusammenhänge, so daß er bereits bei Beginn einer strategischen Fehlentwicklung Einfluß nimmt, so entstehen solche Abhängigkeiten in vielen Fällen erst gar nicht. Der Abnehmer muß sich folglich so darstellen, daß er seinerseits Verhandlungsmacht besitzt beziehungsweise diese beim Anbieter nicht entsteht. Dem Einkauf fällt darüber hinaus die Aufgabe zu, alle Maßnahmen von Lieferanten, die auf deren bessere Positionierung abzielen, zu neutralisieren.

Lohn- und Gehaltsposition

Externen Kostendruck können auch Gewerkschaften erzeugen.[173] In den meisten Gesellschaften stellen die Löhne und Gehälter den größten oder mindestens einen der größten Kostenblöcke dar. Bei deren ununterbrochenem Aufwärtstrend erreichen Produkte, die im internationalen Wettbewerb stehen, dadurch leicht die Verlustphase. Die Verhältnisse provozieren somit einen starken Rationalisierungsdruck. Diese Kostenposition darf deshalb nicht unkontrolliert wachsen. Das soll aber nicht heißen, daß eine vorteilhafte Entwicklung nicht besonders belohnt wird. Unternehmen sind im allgemeinen gut beraten, wenn sie Leistungen durch großzügige Zuschläge honorieren,[174] aber nur für die Personen, die auch überdurchschnittliche Erfolge erwirtschafteten. Neben den Löhnen und Gehältern spielen in diesem Zusammenhang auch sämtliche Nebenkosten, wie beispielsweise für die Altersversorgung, die Verpflegung, den ärztlichen Service, die Arbeitsplatzsicherung, eine nahezu gleichbedeutende Rolle. Ihre Höhe hat in einzelnen Ländern bereits die der unmittelbaren Lohn- und Gehaltszahlungen für einzelne Mitarbeitergruppen erreicht.

Zunächst einmal beeinflußt die Unternehmensführung die Lohn- und Gehaltsposition dadurch, daß sie die Standorte optimiert. So verlagerten eine Reihe von Branchen die Produktionsstätten in Niedriglohnländer. Konzerne besitzen in dieser Hinsicht große Vorteile, insbesondere wenn sie bereits an mehreren Standorten mit sehr unterschiedlichem Lohn- und Gehaltsniveau produzieren. Gegen die Vorteile der niedrigen Löhne, Gehälter und Sozialkosten sind jedoch stets die möglichen Nachteile durch eine zu geringe Qualifikation, eine ungünstige Infrastruktur etc. abzuwägen.

Unternehmen verbessern ihre Lohn- und Gehaltsposition aber vor allem dadurch, daß sie ihre personelle und organisatorische Struktur optimieren. Wird die Organisation zu stark gegliedert und dadurch die Zahl der Führungskräfte im Verhältnis zu den unterstellten Mitarbeitern zu hoch, so entsteht eine ungünstigere Kostenstruktur, der vor allem auf Grund zunehmender Schnittstellen und der damit verbundenen Reibungsverluste normalerweise sogar geringere Leistungen gegenüberstehen. Auch eine aufgeblähte Organisation, z. B. mit zahlreichen zentralen Stabsabteilungen, verschlechtert die Kostenstruktur. Die Effizienz fällt dann in der Regel ebenfalls zurück, da die Abwehraktivitäten der Linie wachsen, die inneren Reibungen zunehmen und von der Konzentration auf die wichtigen Arbeiten ablenken.

Es muß das Ziel der Unternehmensführung sein, den Verwaltungsaufwand und die damit verbundene personelle Besetzung zu optimieren. Unter der Bedingung der generellen unternehmenspolitischen Zielsetzung der Kostenführung hat die Führung in dieser Hinsicht weitaus strengere Maßstäbe anzulegen als beim obersten Ziel der Differenzierung.

Kapitalbindungsposition

Schließlich erzeugt die Kapitalbindungsintensität, also die Kapitalbindung in das Anlage- und Umlaufvermögen in einer Branche, einen großen Kostendruck. Die PIMS-Analyse ermittelte in einem

hohen Investitionsanteil sogar den negativsten Faktor auf den ROI (Abb. 1.48). Allerdings sind diese Ergebnisse in der Wirtschaftswissenschaft umstritten.

Die Investitionsintensität definierte das Strategic Planning Institute als

Investitionsintensität =

$$\frac{\text{Anlagevermögen} + \text{Umlaufvermögen} \times 100}{\text{Umsatz}}$$

Noch deutlicher zeigt sich der Einfluß der Investitionsintensität, wenn das Unternehmen eine Art Risikoprämie für die unternehmerische Tätigkeit ermittelt, indem es zunächst eine zehnprozentige Zinsbelastung für das investierte Kapital abzieht. Bei hoher Investitionsintensität entsteht dann sogar eine negative Risikoprämie (Abb. 1.49).

Man erklärt die Tendenz zu großer Investitionsintensität durch den Glauben des Managements an eine moderne Technologie und die Notwendigkeit von Investition bei Arbeitskräfteknappheit in Kon-

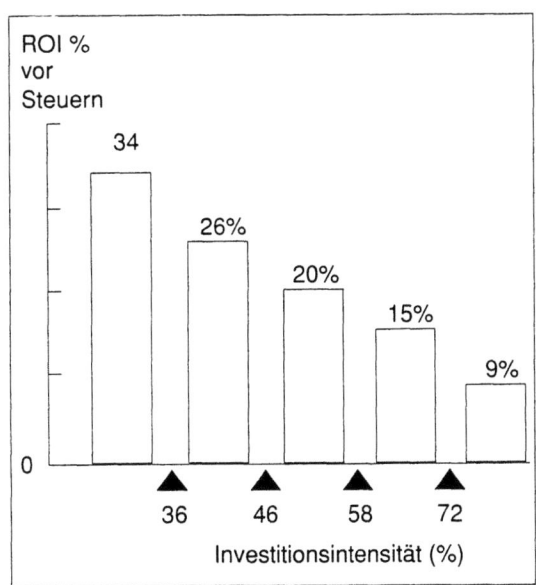

Abb. 1.48: Veränderung des ROI mit veränderter Investitionsintensität (PIMS-Letter No. 2.)

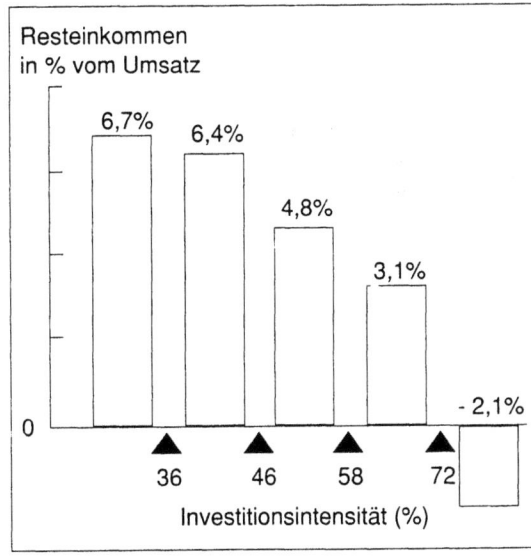

Abb. 1.49: Verbleibendes Unternehmensergebnis nach Abzug einer 10%igen Zinsbelastung vom investierten Kapital

junkturen. Ein Druck auf den ROI kommt vor allem durch eine Erhöhung des Preiswettbewerbs infolge stark steigender Kosten bei Unterauslastung zustande. Daraus folgt stets eine leichte Erpreßbarkeit durch die Gewerkschaften sowie eine ungünstige Beeinflussung der Ergebnisse durch saisonale und konjunkturelle Auslastungsschwankungen (Abb. 1.50).

Nach den Ergebnissen der PIMS-Analyse bleibt die Beschäftigtenzahl bei wachsendem Mechanisierungsgrad fast gleich. Die Firmen benötigen zwar weniger Hilfsarbeiter, dafür aber mehr Techniker zur Wartung der Anlagen. Auf der anderen Seite zeigen Untersuchungen in Deutschland,[175] daß Spitzenunternehmen mit überdurchschnittlich hohen Investititionen ihre Fertigung mechanisie-

ren und rationalisieren. Solche Widersprüche lassen sich teilweise dadurch aufklären, daß man zwischen der generellen Investitionsintensität der Branche und der individuellen Investitionsintensität im Vergleich zum Wettbewerb unterscheidet. Nach den Erfahrungen des Verfassers kann das Management grundsätzlich davon ausgehen, daß die durch die Struktur vorgegebene Investitionsintensität einer Branche im Vergleich zu anderen Branchen[176] den Return-on-Investment entsprechend den PIMS-Ergebnissen beeinflußt.

In der Praxis erreichen es Unternehmen mit gleichen Arbeitsgebieten in sehr unterschiedlichem Maße, das Kapital so produktiv wie möglich einzusetzen. Hierbei dürften Spitzenfirmen einerseits mehr rechnerische Disziplin und zum anderen

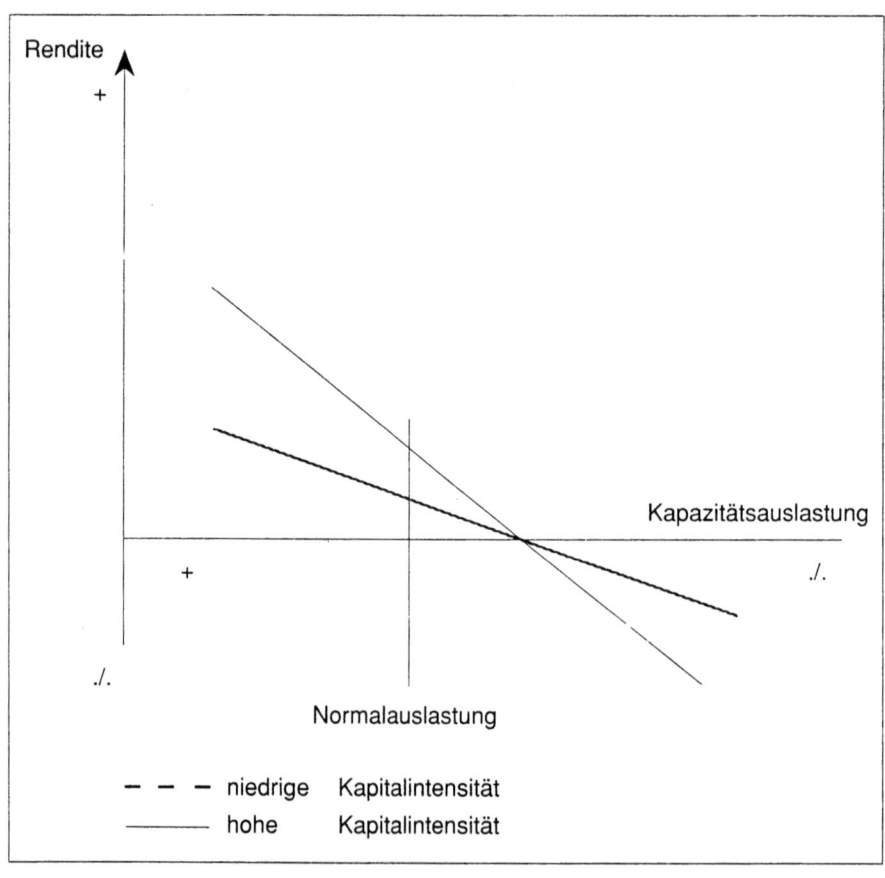

Abb. 1.50:
Typischer Renditeverlauf bei homogenen Massengütern bei unterschiedlicher Auslastung und unterschiedlicher Investitionsintensität, niedrige Kapitalintensität, hohe Kapitalintensität

mehr Phantasie entwickeln, wirtschaftliche Methoden und Produktionsverfahren zu entdecken. So weichen die Werte beispielsweise deutlich voneinander ab, wenn eine Gesellschaft bei gleichem Umsatz mit niedrigerer Kapazität länger arbeitet, zum Beispiel durch eine bessere Kapazitätsauslastung infolge von Überstunden an Wochenenden oder eine zweite beziehungsweise dritte Schicht. Auch gelingt es mehr oder weniger gut, die Bestände in den Griff zu bekommen beziehungsweise die Umschlagshäufigkeit zu steigern. Hier sei nur an moderne Lagersysteme und an Stichworte wie real-time-, just-in-time-production beziehungsweise das Kanban-System erinnert.[177]

Selbst Lagerbestände, die normalerweise in hohem Maße Mittel binden, sind kurzfristig nicht auf ein Mindestmaß zu reduzieren, wenn die Führung nicht größere Lieferprobleme hinnehmen will. Sie muß zunächst die notwendigen Voraussetzungen im Hinblick auf eine Steuerung, ein gestrafftes Sortiment, eine ausgeschöpfte Standardisierung etc. schaffen. Im Erfolgsfall beeinflußt sie damit den ROI erheblich. An einem Beispiel, das den Einfluß der Lagerveränderungen auf den Return-on-Investment zeigt, läßt sich die Bedeutung der Kapitalbindung im Umlaufvermögen erklären (Abb. 1.51).

Um-satz	Lager-be-stand	zusätz-liche Zinsen absolut	Rendite absolut	ROI in %
10	2	0,2	0,4	8,0
10	3	0,3	0,3	5,0
10	4	0,4	0,2	2,9
10	5	0,5	0,1	1,3

Abb. 1.51: Einfluß des Lagerbestandes (in Mio DM) auf Grund der Kostenerhöhungen über die Zinsen auf die Rendite und den ROI in Prozent

Die einzelnen Unternehmer betrachten die Wirtschaftlichkeit der Investitionen unterschiedlich kritisch. Darüber hinaus legen sie andersartige Verfahren mit verschiedener Investitionsintensität und unterschiedlicher Wirtschaftlichkeit zu Grunde. Wettbewerbsvorteile entstehen auch dadurch, daß es Unternehmen gelingt, eine bessere durchschnittliche Kapazitätsauslastung zu erreichen. All dies führt in der Praxis auch zwischen Firmen einer Branche zu deutlichen Abweichungen, insbesondere dann, wenn die Verfahrenstechnik nicht zum allgemeinen Know-how gehört. Die Lösung liegt für den Unternehmer darin, daß er jede Investition auf ihren Kapitalrückfluß überprüft und nur da investiert, wo er einen guten Ertrag für die Zukunft erwartet. Ausnahmen bilden lediglich strategische Investitionen, die sich nur sehr langfristig im Rahmen eines Gesamtkonzeptes bei hoher Unsicherheit rechnen oder erste Schritte in eine neue Technologie, die einen langen Lernprozeß der Mitarbeiter erfordern.

Sonstige interne Positionsdeterminanten der Kostenführung

Natürlich gibt es eine Vielzahl weiterer unternehmensbedingter Einflußgrößen, die im Einzelfalle größere Bedeutung besitzen. So spielt bei transportintensiven Produkten der Standort eine Rolle. Die Verwaltungsabläufe können zum Beispiel mehr oder weniger kostenaufwendig gestaltet sein, die Absatzkanäle eine mehr oder weniger große Spanne erfordern, die Vertriebs- und Serviceorganisation einen unterschiedlichen Aufwand verursachen. Die Forschung und Entwicklung stellt zwar vorwiegend eine Determinante zur Differenzierung dar, aber als nennenswerter Kostenfaktor nimmt sie auch einen entsprechenden Einfluß auf das Ergebnis. Sowohl nach PIMS (Abb. 1.52 und 1.53) als auch nach Albach betreiben Spitzenunternehmen einen mittleren bis unterdurchschnittlichen Aufwand im Vergleich zur Branche.[178]

Bei einer starken Abhängigkeit von Lieferanten erhält deren Verhalten ebenso wie die Macht der Ge-

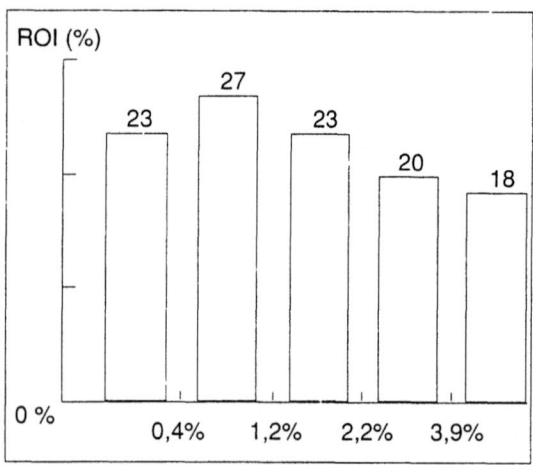

Abb. 1.52: Einfluß der F+E-Ausgaben (in % vom Umsatz) auf den ROI

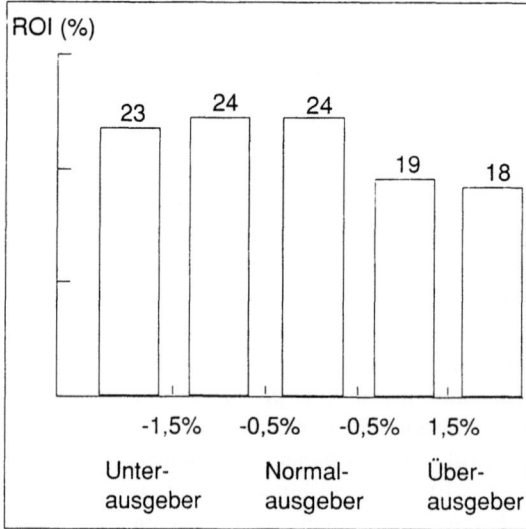

Abb. 1.53: Einfluß der relativen Forschungs- und Ent-
wicklungsausgaben im Vergleich zur Bran-
che auf den ROI

werkschaften große Bedeutung für das Ergebnis,
da die Kostenrelation die relative Wettbewerbsfähigkeit normalerweise entscheidend beeinflußt.

Trotz guter Kostenführungspotentiale, z. B.
durch hohe Marktanteile oder spezielle Verfahren,
können Overheads auf Grund einer Strukturorganisation mit großen Stäben beziehungsweise wegen einer Ablauforganisation mit einer ausgeprägten Administration Kostenvorteile kompensieren
oder gar überkompensieren. Solche gewachsenen
Einstellungen und Strukturen sind oft nur schwer
zu beseitigen. Die in der Unternehmenskultur ver-
wurzelte Grundeinstellung der Mitarbeiter zur
Sparsamkeit führt zu einem ständigen Leistungs-
und dadurch zu einem Positionsvorteil, der aus einem langen Erziehungsprozeß erwächst. Nach einer längeren Phase der Großzügigkeit und man-
gelnder Kostenkontrolle verlieren die Verantwortlichen mehr und mehr die kostenbewußte Einstellung, deren Bedeutung sie oftmals erst wieder in
Verlustphasen erkennen. Erzwungene, von den
Beteiligten nicht aus Überzeugung getragene Sparsamkeit führt zu Demotivation, deren Nachteile

die Vorteile weit überkompensieren dürften. Insofern erweist sich die anerzogene, auf Sparsamkeit
bedachte Grundeinstellung der Mitarbeiter als eine
Positionsdeterminante.

*Einflüsse des wirtschaftspolitischen und
sozialen Umfeldes*

Tendenziell wachsen die Einflüsse des wirtschaftspolitischen und sozialen Umfeldes mit der
Betriebsgröße. Auf Grund der allgemeinen Wirt-
schaftspolitik verursachte langfristige Hochzins-
phasen besitzen starke Auswirkungen auf zinsab-
hängige Branchen, wie die Bauindustrie. Spezielle
steuerliche Belastungen haben für ganze Branchen, wie etwa die Spirituosenindustrie, erhebliche Auswirkungen. Im internationalen Wettbewerb spielen die länderspezifischen Inflationsra-
ten,[179] die Steuer- und Tarifpolitik[180] und die
staatlich veranlaßte Administration oder Preiskon-
trollen[181] eine erhebliche Rolle.

Eingriffe des Kartellamtes, zum Beispiel durch

86

Verurteilung zu Zwangslizenzen, verringern unter Umständen die Solitärbarrieren eines Unternehmens erheblich. Die Erteilung von Gütezeichen, die nicht selten stark von Interessengruppen abhängt, entscheidet oft über Erfolg oder Mißerfolg neuer Produkte. Wichtige Auflagen, beispielsweise für den Umweltschutz, führen zeitweise zu Vor- und Nachteilen in einzelnen Ländern. Regional oder national wirkende Leistungsbremsen, sei es durch Ideologien, staatliche Administration oder sozioökonomische Prozesse, hemmen die Fähigkeit eines Unternehmens im Vergleich zu besser gestellten Wettbewerbern. Auch die Abschottung von Märkten durch Zölle oder andere Handelsbarrieren hindern gegebenenfalls Firmen an ihrem Wachstum.

Vor allem in der Phase der Umstrukturierung kommt dem wirtschaftspolitischen Umfeld große Bedeutung zu, da diese regelmäßig mit Personalabbau verbunden ist. Die Widerstände durch Gewerkschaften, das Schüren von Gegenstimmungen, die Einflußnahme von Politikern und öffentlichen Organisationen verschiedenster Art, verhindern oder verlangsamen dringend notwendige Bereinigungsprozesse. Diese Einflüsse nehmen wiederum normalerweise mit wachsender Unternehmensgröße zu.

Leistungsdeterminanten zur Ausschöpfung des Kostensenkungspotentials

Auch wenn eine Gesellschaft auf Grund ihrer Losgrößen und ihres Know-how-Standes Nachteile besitzt, kann sie diese manchmal durch eine kurzfristig erreichbare größere Sparsamkeit teilweise oder ganz kompensieren. Die Unternehmensleitung bemüht sich durch ausdauernde Impulse darum, daß Vereinfachung und Sparsamkeit sowie das ständige Streben danach als Tugend Anerkennung genießen.[182] Die geprägte Grundeinstellung der Mitarbeiter gibt damit bereits einen Positionsvorteil. Sparsamkeit am falschen Platz führt aber dazu, daß interessante Maßnahmen unterlassen werden. Letztlich entscheidet also, daß das Management stets die Wirtschaftlichkeit aller eingesetzten Mittel im Hinblick auf die Optimierung der Basisformel der Unternehmenspolitik betrachtet, sei es in bezug auf die Auswirkungen auf die Motivation der Mitarbeiter oder den Kapitalrückfluß aller unternehmenspolitischen Maßnahmen.

Neben der Gesamtleistung empfindet der Käufer den Preis als ein wichtiges Entscheidungskriterium. Je weniger die Differenzierung gelingt, um so mehr Bedeutung erhält die Preispolitik als absatzpolitisches Instrument.[183] Wer also das Ziel „Sicherheit der Arbeitsplätze" verfolgt, muß sich Sparsamkeit und Rationalisierung verpflichtet fühlen.

– Die Sortimente sind mit wertanalytisch untersuchten Produkten klein zu halten und alle Standardisierungsmöglichkeiten zu nutzen.

– Jeder hat darauf zu achten, seine Handlungsweise wirtschaftlich zu gestalten. Die zentrale Frage „Was vereinfachen und verbilligen wir?" bestimmt die Geisteshaltung. – Es dürfen aber durch falsche Sparsamkeit keine Chancen ungenutzt bleiben!

– In regelmäßigen Untersuchungen überprüft man ständig die Ausschußminderung, Rezepteinsparung, unrentablen Kostenstellen, Produkte und Kunden, wirtschaftlichsten Produktions- und Verwaltungsabläufe, wertanalytische Vereinfachung der Erzeugnisse und Arbeitsgänge (Pflichtenhefte), Standardisierung nach innen, nicht dagegen nach außen.

– Sparsamste Personalbesetzung! Kein Mann zuviel! Dies gilt vor allem für Stäbe und Overheads. Sparsame Personalbesetzung ist nur möglich, wenn das Management alle unwichtigen Arbeiten beseitigt und Prioritäten setzt. Deshalb Mut zur Kürze: Jeder Bericht und jede Diskussion beschränkt sich auf das Wesentliche. Aktenvermerke umfassen möglichst nicht mehr als eine Seite, Konzeptionen nicht mehr als drei Seiten. Dadurch erkennen die Leser die Kerngedanken leichter.

– Kapitalstruktur günstig halten! Es darf kein unwirtschaftliches Kapital, zum Beispiel in stillgelegten Anlagen oder langfristig ungenutzten Gebäuden und Grundstücken, gebunden sein – Investitionen genehmigt die Führung nur nach günstigen Rentabilitätsrechnungen. Die Läger hält sie durch den Einsatz moderner Steuerungsinstrumente niedrig.

– Kostenvorteile entstehen, wenn die eigene Kapazitätsauslastung dichter an 100 Prozent liegt als die des Wettbewerbs. Insbesondere in den „Zielgeschäftsfeldern" ist deshalb für eine hohe Nutzung zu sorgen. Produkte der Priorität 3 nutzt der Verkauf nur zur Auslastung, aber auch nur dann, wenn sich dies rechnet. Auf keinen Fall darf eine Überauslastung in Geschäftsfeldern der niedrigeren Priorität geduldet werden.

Umsetzung von Kostenvorteilen durch Preispolitik

Ein marktorientiertes Unternehmen legt langfristig nicht die Kosten für die eigene Preispolitik zu Grunde. Die unternehmenspolitisch optimierte Preispolitik basiert auf der Basisformel der Unternehmenspolitik. Der Abnehmer sollte die Preise als angemessen und fair empfinden und eine günstige Relation der Differenzierungsattraktivität zum Wettbewerb erkennen, wenn die Geschäftsführung einen hohen Marktanteil erreichen will.[184] Die Kosten besagen dagegen lediglich, ob ein Unternehmen bei einem erfolgversprechenden Preisniveau noch ein angemessenes Ergebnis erzielen kann.

Der Praktiker orientiert sich mit seiner Preispolitik bei eingeführten Produkten auch normalerweise am Wettbewerb. Bei neuartigen Produkten erlebt er dagegen die ganze Schwierigkeit der Preisfindung. Welches Niveau ist anzusetzen, um das Potential auszuschöpfen, also einerseits keinen Erlös zu verschenken und andererseits keinen Absatz zu verlieren beziehungsweise seine Entwicklung nicht zu behindern.[185] Die zahlreichen theoretischen Überlegungen geben für die praktische Arbeit in diesem Punkte wenig konkrete Hilfe. – Woran lehnt sich die Preisbildung bei differenzier-

ten Produkten an? Woran orientiert der Praktiker seine Entscheidung, falls nur eine Substitutionskonkurrenz existiert?

Theoretische Überlegungen tragen dagegen zum Verständnis der Gesamtzusammenhänge bei.[186] Im Falle der Preis-Absatz-Kurve des vollkommenen Monopols deckt das Unternehmen den gesamten Bedarf des Marktes zur Befriedigung eines Bedürfnisses ab. Es gibt also keine Konkurrenz, auch keine Substitutionsprodukte.[187] Den Verlauf bestimmt einerseits der Höchstpreis, zu dem auf Grund der subjektiven Bewertung der letzte Käufer gerade noch Bereitschaft zeigt, das Produkt zu erwerben, und andererseits eine Sättigungsmenge, bei der eine weitere Preissenkung die Nachfrage nicht mehr erhöht (Abb. 1.54). Dieser theoretische Fall interessiert für praktische Zwecke nur, weil er dem besseren Verständnis der Zusammenhänge dient.

In der Praxis existieren jedoch stets Konkurrenzsituationen, wenn auch unterschiedlichen Grades:

– Indirekter Wettbewerb durch Substitutionskonkurrenz,
  • z. B. Fahrrad, Motorrad, Zug, Omnibus, Pkw, Schiff, Flugzeug
    oder

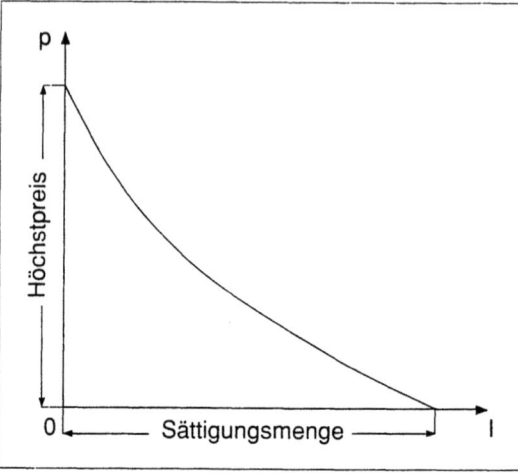

Abb. 1.54: Verlauf der Preis-Absatz-Kurve beim vollkommenen Monopol

- Beton-, Guß-, Steinzeug-, Kunststoffrohr
- Konkurrenz differenzierter Produkte der gleichen Warengattung, das heißt direkte Konkurrenz,
  - z. B. Pkws unterschiedlicher Hersteller
- Konkurrenz ganz oder weitgehend homogener Produkte,
  - z. B. Massenkunststoffe (PVC, PE etc.) unterschiedlicher Hersteller

Zwischen den einzelnen Kategorien gibt es fließende Übergänge.

Preispolitische Wirkungen
bei homogenen Produkten

Stellt ein Unternehmen Produkte her, die der Abnehmer als voll austauschbar im Vergleich zu denen anderer Hersteller ansieht, weil er sie im Meinungsbild nicht differenziert, beläuft sich der Zähler der Basisformel auf 100. Damit läßt sich eine betriebsindividuelle Nachfragekurve nicht mehr aufbauen.[188] Ein solcher Fall liegt beispielsweise nicht selten bei einfachen Produkten mit fortgeschrittener Lebenskurve vor, die auch noch einer umfassenden Normung unterlagen. So sind bei vielen Kunststoffbauprodukten die Form, Farbe. Maße, Kennzeichnung sowie viele äußere Merkmale festgelegt und bei allen Lieferanten gleich. Wenn ein Hersteller dann auch noch Facheinkäufern oder geschulten Kunden gegenübersteht, die eine gute Markttransparenz besitzen, dann führen schon geringfügige Preissteigerungen zu einem großen Mengenabfall, falls die gesamten Wettbewerber kein gleichartiges Verhalten zeigen. Daraus ergibt sich als das wesentlichste Merkmal dieser Märkte die gegenseitige Preisabhängigkeit der Anbieter.

Der oben skizzierte Fall geht davon aus, daß die gesamte Branche einmal ihren Preis von a nach b verändert (Abb. 1.55), dann aber bei ihrer Politik bleibt. Verlagern alle Hersteller ihr Niveau nach oben, so verläuft die Branchenmenge auf der gestrichelten Linie von a nach b, und der einzelne Produzent kann ohne nennenswerte Mengeneinbußen folgen. Die Preis-Mengen-Relationen wechseln von der Kurve 1 auf die Kurve 2. Die Branchenkurve zeigt also einen deutlichen monopolistischen Spielraum zu den Substitutionsprodukten, der je nach der Stärke der Differenzierungsattraktivität zum konkurrierenden Angebot einen mehr oder weniger großen Ausschnitt aus der Preis-Absatz-Kurve des vollkommenen Monopols wieder-

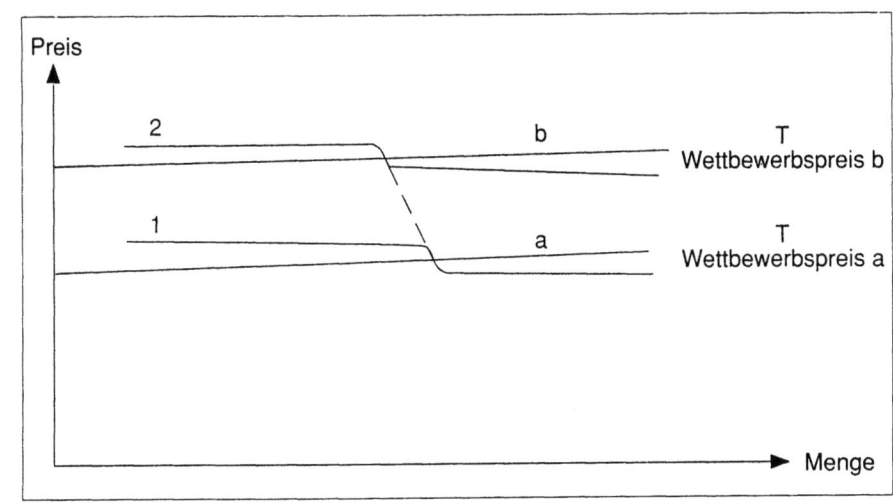

Abb. 1.55:
Anlagerung der
betriebsindividuellen
Preis-Absatz-Kurven
(1 und 2) um die
Wettbewerbspreise
(a und b)

gibt bzw. einen mehr oder weniger großen monopolistischen Branchenspielraum zuläßt.

Will ein einzelner Hersteller jedoch im Alleingang seine Preise anheben, so fallen seine Mengen in einer so untragbaren Weise zurück, daß er in große Auslastungsprobleme kommt. Die Preis-Mengen-Relationen verlaufen nicht auf der Branchenkurve, also der gestrichelten Linie zwischen a und b bzw. zwischen der Kurve 1 und 2, sondern bleiben je nach dem Branchenniveau auf der Unternehmenskurve 1 oder 2. Bei großen Preissenkungen würde er sofort große Mengen auf sich ziehen, so daß seine Kapazität nicht mehr reicht. Durch wohldosierte Preissenkungen könnte er theoretisch eine hohe Auslastung seiner Kapazität bewirken. Da der Wettbewerb seinerseits hierauf nahezu immer mit Nachlässen reagiert, lohnt sich eine solche Handlungsweise nicht. Die betriebsindividuelle Preis-Absatz-Kurve belegt also die mehr oder weniger totale Abhängigkeit vom Wettbewerbsverhalten, wodurch auch in diesen Fällen die Neigung zu Preisabsprachen besonders hoch liegt.

> Alle Wettbewerber einer Branche hängen bei homogenen Produkten mit ihrer Preispolitik in hohem Maße voneinander ab.

Die Praxis der Kunststoffrohrmärkte zeigt, wie die Situation bei solchen homogenen Produkten vielfach aussieht: Da die Vergleichbarkeit der Produkte, die Konzentration auf wenige große Abnehmergruppen und das Verhalten der Einkäufer diese Märkte sehr transparent machen, gelangen trotz aller Verschleierungsversuche Preisinformationen mit erstaunlicher Schnelligkeit an die Wettbewerber. Diese reagieren sofort, um ihrerseits Mengenabschlüsse auf sich zu ziehen.

Nach mehr als zehnjähriger Erfahrung mit diesen homogenen Produkten kamen Preisanhebungen fast aller Hersteller meistens nur zustande, wenn bereits die überwiegende Zahl der Betriebe die Verlustphase erreichte, während die Konkurrenten auf Preissenkungen oder Rabatterhöhungen eines Anbieters schnell mit Nachlässen reagierten.

Auch die feste Entschlossenheit einer Branche, Preisnachlässe zu verhindern, fiel schließlich der ungeheuren Kraft des Marktes und der geschickten Einkäufer zum Opfer, weil der einzelne jeweils den starken Mengenabfluß mit der Gefahr, Marktanteile zu verlieren, als das größere Problem ansah. Diese Kräfte des Wettbewerbs brachten selbst staatlich gelenkte Kartelle (z. B. Stahl oder Öl) in Schwierigkeiten, obwohl hier rechtlich sanktionierte Absprachen zu Grunde lagen und zum Teil empfindliche Strafen verhängt werden konnten.

Homogene Märkte zeigen normalerweise regelrechte Tagespreise mit zeitweise starkem Preisverfall (Abb. 1.56), der alle Hersteller in Not bringt. Schließlich kommt es zu Preissprüngen nach oben, die alle Hersteller mittragen, und die kurzzeitig zu überdurchschnittlichen Gewinnen führen.

Diese Ausgangsbasis erweist sich stets für die gedeihliche Entwicklung einer Branche ungünstig und führt fast immer zu starken Verdrängungsprozessen, verbunden mit Konkursen und Werksschließungen. Die Kostenführung in der Branche entscheidet dann über die erfolgreiche Unternehmenspolitik. Das operative Ziel mag die Preisführung, das strategische Ziel muß in dieser Situation aber die Kostenführung sein.

Preispolitische Wirkungen der Differenzierung

Unterschiedliche Varianten bzw. Marken einer gleichen Produktart und Substitutionsprodukte unterliegen bezüglich des Preis-Mengenverhaltens denselben Gesetzmäßigkeiten. Substitute basieren stets auf einem völlig andersartigen Angebot durch andere technische Konzepte und damit generell auf einer besonders starken Differenzierung. Sie zielen ebenso wie anders konzipierte Erzeugnisse derselben Gattung darauf ab, dasselbe Bedürfnis zu befriedigen. Die Hersteller gehören aber meist unterschiedlichen Industriebranchen an und stehen trotzdem in einer schon spürbaren Wettbewerbssituation. Aber auch Substitutionsprodukte geben dem Kaufinteressenten die Möglichkeit, seine Bedürfnisse mehr oder weniger gut

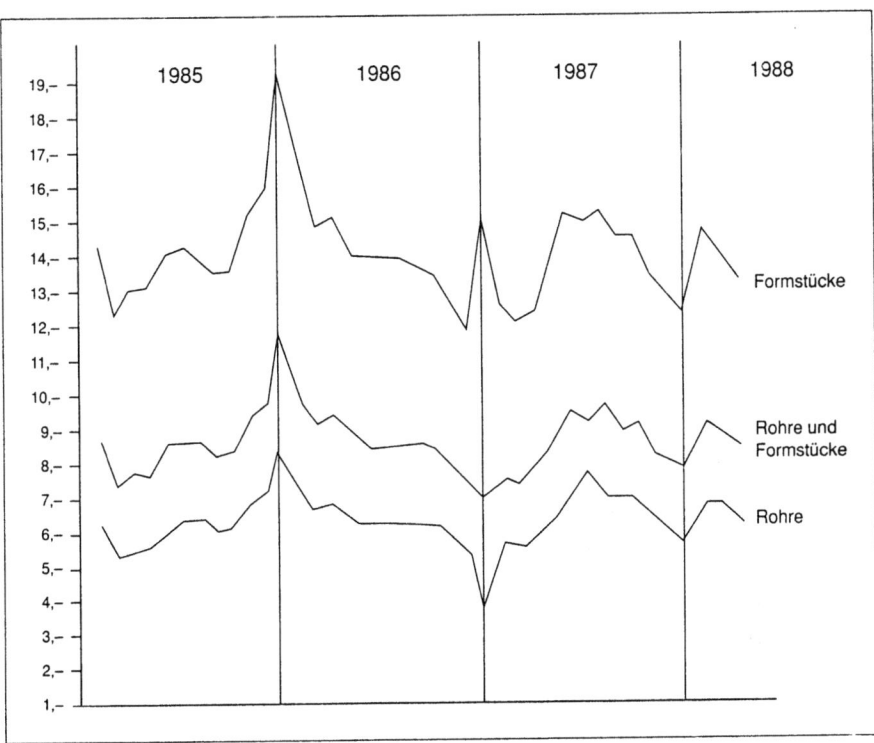

Abb. 1.56:
Preisverläufe von
Kunststoffrohren in
den Jahren
1985–1988

mit Hilfe einer anderen Gattung zu befriedigen. Das begrenzt die monopolistische Freiheit des ehemals alleinanbietenden Herstellers oder einer Branche, indem zunächst ein Teil und ab einem bestimmten Preis fast die ganze Menge zur Substitutionskonkurrenz wandert. Der verlorene Anteil richtet sich langfristig nach dem Preis-Leistungs-Verhältnis der substituierenden Produkte. Die Preis-Absatz-Kurve verändert also ihre Lage und ihren Verlauf. Auch Substitutionsprodukte besitzen eine Preisobergrenze, ab der der Absatz zunehmend verfällt.

Die Fähigkeit der Substitutionslösungen oder, richtiger, die Meinung der Kaufinteressenten über diese Fähigkeit, begrenzt nach der Basisformel der Unternehmenspolitik den Höchstpreis. Handelt es sich bei dem Substitut um eine neuartige Lösung, so darf man eine Verbesserung der technischen Leistungsfähigkeit auf Grund der Lebenskurve im

Laufe der Zeit erwarten, so daß die Substitutionslösung in der Meinung der Verbraucher nach und nach mehr Zuspruch erfährt.

Mit zunehmender Leistungsfähigkeit der substituierenden Produkte drängen diese die Preis-Absatz-Kurve des angegriffenen Herstellers weiter nach unten (in der Abbildung 1.57 von Kurve 2 nach Kurve 3). Sein monopolistischer Spielraum wird enger, das heißt, seine Wettbewerbsfähigkeit sinkt. Im weiteren zeitlichen Verlauf besteht die Wahrscheinlichkeit, daß die relative Fähigkeit der jüngeren Warengattung zur Bedürfnisbefriedigung auf Grund der Erfahrungskurve deutlich über der älteren hinauswächst, weil die Produzenten sie zunehmend verbessern und rationeller herstellen. Das ältere Erzeugnis verteidigt sich nur noch über Preissenkungen bei einer ausgereizten Kostenposition, wenn sich keine Segmente finden lassen, in denen es sich weiter attraktiv differenziert. Dies

91

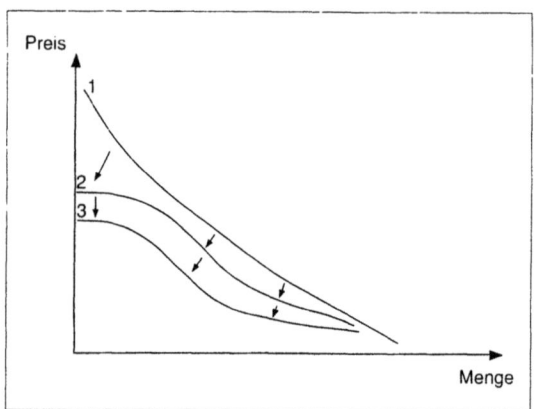

Abb. 1.57: Verlagerung der Preis-Absatz-Kurve des vollkommenen Monopols (1) mit stärker werdender Substitutionskonkurrenz (2 und 3)

führt durch die abnehmende Auslastung und die zunehmenden Verluste zu Betriebsschließungen und schließlich zu einer starken Schrumpfung oder gar zum Ende eines ganzen Industriezweiges.

Warum verändert nun die Preis-Absatz-Kurve ihre Lage und Form mit zeitlicher Verzögerung (time lag)? – Warum bildet sich ein monopolistischer Spielraum bei differenzierten Erzeugnissen und Substitutionsprodukten? – Die Veränderung der Lage und Kurvenformen hängt mit der verzögerten Reaktion des Wettbewerbs und der Verbraucher zusammen: Weil es in der Praxis keinen objektiv ermittelbaren Wert für den Zähler der Basisformel[189] gibt, passen sich die individuellen Einschätzungen iterativ mit zunehmender Erfahrung mehr oder weniger korrekt an die objektiv gegebenen Verhältnisse an. Schließlich sind bei jedem einzelnen Kaufinteressenten unterschiedliche Reaktionsschwellen zu überwinden. Es existieren also individuelle Preisbereiche, in denen die Kunden noch nicht abwandern. Ihre verzögerte Reaktion lenkt die Aufmerksamkeit der Wettbewerber weniger auf die Preispolitik als auf die generelle Leistungsfähigkeit eines Substitutionsproduktes und des Marketing. Auf einen Kundenwechsel reagieren die Konkurrenten eher über Leistungssteigerung als über Preissenkungen.

Substitutionsprodukte besitzen zwar das höhere Differenzierungspotential, aber bezüglich der technischen Konzepte liegen auch bei ihnen alle Übergangslösungen vor: Sie können mehr oder weniger gleichartig sein, so daß die Übergänge zu differenzierten Produkten der gleichen Warengattung fließend sind.

Einige Beispiele mögen den Zusammenhang verdeutlichen: Motorräder transportieren Menschen wie Personenkraftwagen. Sie substituieren Automobile nur in gewissen Grenzen, obwohl sie zum Teil vom gleichen Hersteller wie die Personenkraftwagen angeboten werden. Beide Produkte besitzen deutliche Solitärbarrieren, die die Märkte voneinander abgrenzen. Ein Kunststoffrohr transportiert Abwässer ebenso wie ein Steinzeugrohr. Die Hersteller gehören zu unterschiedlichen Branchen und sehen ihre Produkte als substituierende Wettbewerbsprodukte an. Interessanterweise gibt es bei den Rohren mit kleinen Nennweiten nur geringe Solitärbarrieren, während die Märkte bei größeren Dimensionen sie immer noch deutlich zeigen. Eine Keramikpumpe transportiert Flüssigkeiten wie eine Kunststoffpumpe. Die Nachfrager und die Branche empfinden sie jedoch mehr oder weniger als differenziertes Produkt einer gleichartigen Produktkonzeption. Alle Anbieter gehören dem gleichen Verband an.

Die Wirkungen der Substitution und der Differenzierung auf den Preis-Absatz-Kurvenverlauf erweisen sich jedoch prinzipiell als gleichartig. Der Unterschied liegt vor allem im Differenzierungsmaß: Substitutionsprodukte kennzeichnen, wie erläutert, generell ein höheres Differenzierungsmaß und damit einen ausgeprägteren monopolistischen Spielraum. Grundsätzlich stehen also Produkte zueinander in unterschiedlichen Wettbewerbssituationen, die von fast 0 bis nahezu 100 Prozent reichen können.

Absolute und relative Preispolitik

Das tägliche, zum Teil berechtigte Klagen der Vertriebsleute über zu hohe Preise, insbesondere bei austauschbaren Angeboten, beweist eindringlich, wie sehr der Kunde die Leistungsfähigkeit letztlich an einer einfachen Relation von Nutzen und Preis mißt und wie wenig ein Differenzierungspotential existiert bzw. ausgeschöpft wird.

Für die praktischen Zwecke der Preispolitik muß die Führung also das Maß der relativen Differenzierungsattraktivität beziehungsweise das Qualitätsimage einschätzen, und dieses in Relation zum Preis sehen.[190] Liegt der Zähler auf Grund von Solitärbarrieren deutlich über dem des Wettbewerbs, so darf auch der Preis entsprechend hoch sein, ohne daß deshalb Mengen verlorengehen. Rein rechnerisch läßt sich vereinfacht sagen, daß der Preis bis zu 20 Prozent über anderen Anbietern liegen darf, wenn das relative Qualitätsimage einen Wert von 120 Prozent erreicht. Bis zu diesem Gleichgewicht verschieben sich gegenüber dem betrachteten Wettbewerb theoretisch keine Nachfragemengen.

In der Praxis besteht das Problem darin, daß das relative Image der Differenzierungsattraktivität schlecht zu messen ist. Über die Vorgehensweise wird noch an anderer Stelle ausführlich berichtet.[191] Das Management tastet sich z. B. durch Marktforschung an die ungefähre Größe des Zählers für einzelne Segmente heran. Auch wenn solche Einschätzungen keine objektiven Werte darstellen, und sie tatsächlich ständig einem Wandel unterliegen, so genügt in der Praxis ein Gefühl für die Relationen, das man nicht zuletzt durch laufende Kundenkontakte absichert. Weichen die internen Stärken-Schwächen-Einschätzungen deutlich von der Kundenbewertung ab, so weist dies auf eine unzureichende Kenntnis der Kundenbedürfnisse hin. Dies führt dazu, daß die Konstrukteure oder Entwickler eine unbefriedigende Anpassung der Produkteigenschaften an die tatsächlichen Bedürfnisse vornehmen oder das Marketing, beziehungsweise die Kommunikationspolitik findet nicht die kundenorientierten Schwerpunkte, so daß die vorteilhaften Eigenschaften des Erzeugnisses keine Verankerung in der Verbrauchermeinung finden. Jedenfalls gelang es nicht, die Produktstärken in den Köpfen der Verbraucher zu fixieren. Es

entstanden unzureichende Solitärbarrieren, die der Preispolitik damit trotz weit günstigerer monopolitischer Potentiale enge Grenzen setzt.

Wettbewerber vergleichen normalerweise die absoluten Preise miteinander, weil differenzierte Produkte es sehr erschweren, relative Preisunterbietungen zu erkennen. Eine Gegenüberstellung absoluter Preise eignet sich jedoch nur für homogene Erzeugnisse. So bedeutet ein Aufschlag von 20 Prozent bei einem Qualitätsimage von 130 gegenüber einem Wettbewerber mit einem Preis von 100 und einem Qualitätsimage von 100 bereits eine relative Preisunterbietung, obwohl die absoluten Preise die des Wettbewerbsproduktes um 20 Prozent übersteigen. Diese Intransparenz relativer Preise bremst die Wettbewerbsreaktion. Um Gefahren jedoch rechtzeitig zu erkennen, sollte das Management nicht nur die absoluten, sondern auch die relativen Unterbietungen zu messen versuchen.

> Hersteller von Substitutionsprodukten und differenzierten Produkten arbeiten grundsätzlich preispolitisch im optimierten Bereich, wenn der sorgfältig eingeschätzte Nenner der Basisformel der Unternehmenspolitik nicht größer beziehungsweise etwas kleiner ist als der Zähler, so daß es im Wettbewerbsvergleich zu einem etwas günstigeren Verhältnis kommt (Abb. 1.58).

Die relative Preisunterbietung bewirkt einen überdurchschnittlich positiven Trend der Umsatzentwicklung im Vergleich zu anderen Herstellern der Branche. Die Mengen verschieben sich jedoch nicht so stark, daß diese preispolitisch reagieren. Sie bleibt insbesondere dann unbemerkt, wenn der Divisor der Basisformel der Unternehmenspolitik günstiger wird, aber auf Grund der starken Qualitätsdifferenz der absolute Preis immer noch deutlich über dem der Wettbewerber liegt.

Die PIMS-Analyse lieferte in diesem Zusammenhang wichtige Erkenntnisse. Danach zeigen Kunden tatsächlich Bereitschaft, für eine höhere Qualität auch höhere Preise zu zahlen. Hersteller, die ein günstigeres Verhältnis von Preis und Qua-

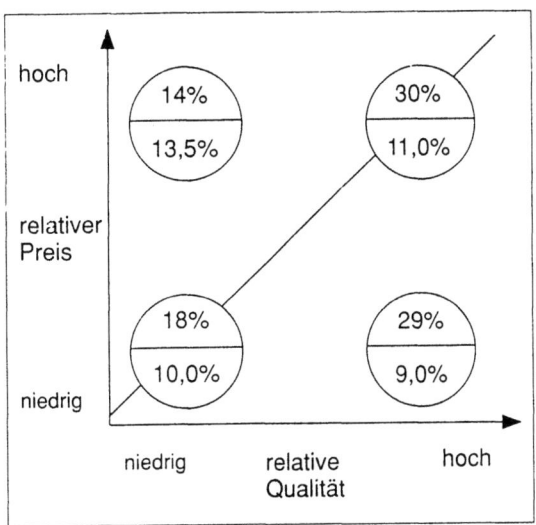

Abb. 1.58: Einfluß der Relation Preis zu Produktqualität auf den Return-on-Investment. Der obere Teil des Kreises zeigt den ROI. Der untere Teil des Kreises zeigt die Marketingaufwendungen in Prozent vom Umsatz jeder Gruppe. (Vgl. Lux und Neubauer: Qualitätsmanagement, S. 21 f.)

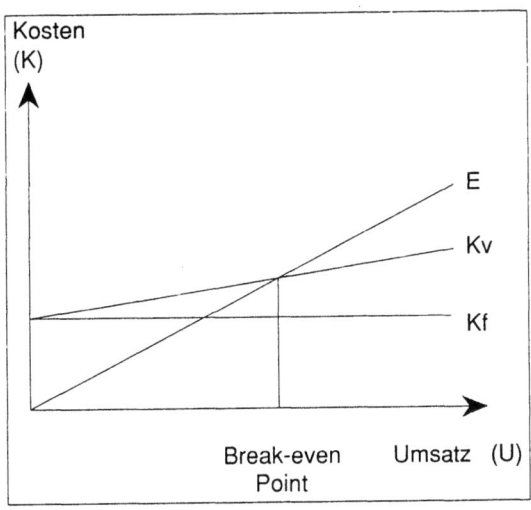

Abb. 1.59: Verlauf der Erlöse (E), Fixkosten (Kf) und variablen Kosten (Kv) bei steigendem Umsatz (U)

lität erreichen, gewinnen nicht nur schneller Marktanteile, sondern sie zeigen auch tendenziell das' bessere Ergebnis.

Überdurchschnittlich teure Lieferanten mußten ihren relativ niedrigen ROI auch noch mit relativ hohem Marketingaufwand erwirtschaften, während bei unterdurchschnittlichen Preisen dieser eher niedrig lag. Der optimierte preispolitische Bereich (in Abb. 1.58 schraffiert gekennzeichnet) liegt nach der Basisformel bei 1 oder etwas dar-über.

1.47 Derivative Haupt-Erfolgsdeterminanten

Markt-, Positions- und Leistungsdeterminanten verändern über ihren Einfluß auf die Kosten, Erlöse und Umsätze beziehungsweise durch höhere Absatzmengen, eine günstigere Deckungsbeitragsstruktur und niedrigere fixe Kosten das Ergebnis des Unternehmens. Die Relationen von Kosten-, Erlös- und Umsatzveränderungen bestimmen das Unternehmensergebnis (Abb. 1.59).

Besser an die Kundenbedürfnisse angepaßte Leistungsdeterminanten, ein besseres Image oder Positionierungen in preisunempfindlicheren Marktsegmenten führen zu Produkten mit günstigerer Deckungsbeitragsstruktur durch steilere Erlöskurven. Neue Märkte und Kunden, also eine bessere Ausschöpfung der Marktpotentiale oder Absatzbewegungen auf Segmente bzw. Anwender mit Wachstumstrend, fördern die Umsatzentwicklung und erhöhen das Kostensenkungspotential.

Grundsätzlich gilt, daß ein Unternehmen durch höhere Leistungen ausgleichen muß, was ihm an Positionen bzw. sonstigen sekundären Erfolgsdeterminanten fehlt, wenn es ein gleich gutes Ergebnis wie sein besser positionierter Wettbewerber erzielen will. Diese Abhängigkeiten erklären auch, welche Grenzen dem Erfolg eines Unternehmens mit schwachen sekundären Erfolgsdeterminanten selbst bei höchster Motivation und Einsatzbereitschaft der Mitarbeiter gesetzt sind.

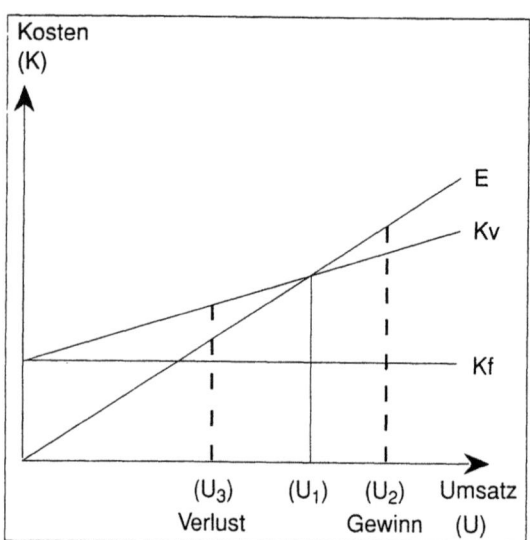

Abb. 1.60: Veränderung der Gewinne durch sinkende (U3) oder steigende (U2) Umsätze ohne Nutzung der Kostenpotentiale

Absatzveränderung

Eine effizientere Absatzorganisation, neue Anwender bzw. Märkte, verbesserte bzw. neue Produkte etc. bewirken steigende Absatzmengen. Steigender oder fallender Absatz führt bei sonst konstanten Fixkosten und Erlösen zu einer Veränderung der Umsätze und Ergebnisse, wie der Kurvenverlauf zeigt (Abb. 1.60). Umsatzerhöhungen wirken sich auf Grund der Losgrößen-Degression und des Erfahrungskurveneffektes günstig auf die Kostensituation aus. Aber auch das qualitative Potential steigt, da die zunehmende Automatisierung die Voraussetzungen für eine exakte Reproduzierbarkeit verbessert. Gelingt es, diese Umsatzsteigerung über dem Niveau des Wettbewerbs zu halten, so schafft das Unternehmen damit bessere Voraussetzungen für Kostenvorteile.

Deckungsbeitragsveränderung

Steigende Erlöse, z. B. durch ein höheres Image, eine leistungsstärkere Sortimentsstruktur, selek-

tierte Kunden oder eine veränderte Wettbewerbsstruktur, verbessern auf Grund des steileren (E_2 in Abb. 1.61), fallende verschlechtern durch den flacheren Verlauf der Erlöskurve grundsätzlich das Ergebnis. Auf der anderen Seite erhöhen sinkende Erlöse den Nutzen für den Abnehmer und steigern normalerweise dessen Interesse am Kauf und damit den Umsatz der Produkte.

Nur wenn entsprechende Solitärbarrieren vorliegen, bleiben die Kunden trotz höherer Preise weiterhin dem Lieferanten treu. Die Anerkennung einer besseren Unternehmensleistung durch den Käufer drückt sich in möglichen nachhaltigen höheren Erlösen im Vergleich zum Wettbewerb aus. Image-Verbesserungen erfordern jedoch jahrelange unternehmerische Kleinarbeit: Leistungsdeterminanten und Positionen sind auszubauen, um höhere Erlöse bei gleichem Umsatz durchzusetzen.

Auch die Absenkung der variablen Kosten (von Kv_1 nach Kv_2 in Abb. 1.62) erhöht die Deckungsbeiträge. Sie verlagert den Break-even-point auf einen kleineren Umsatz (von U_1 nach U_2), beziehungsweise der Gewinn steigt bei gleichem Umsatz (U_1).

Veränderung der fixen Kosten

Jede Absenkung der fixen Kosten (Kf_2 in Abb. 1.63), wie beispielsweise der Overhead-Kosten, bringt, soweit die anderen derivativen Erfolgsdeterminanten dabei unberührt bleiben, nur Vorteile. Der Break-even-point wandert bei konstantem Erlös zu kleineren Umsätzen (von U_1 nach U_2), beziehungsweise der Gewinn steigt bei sonst gleichbleibenden Größen. Sinkende Fixkosten verlagern den Break-even-point auf kleinere Umsätze oder schaffen Spielraum für die Preispolitik. Eine Kostensenkung reicht unter Umständen nicht aus, wenn das Niveau des Unternehmens noch immer über dem der maßgebenden Konkurrenz liegt. Die Relation zum Wettbewerb ist also der entscheidende Faktor. Auf der anderen Seite sind die Wettbewerbskosten normalerweise nicht bekannt und nur schwer zu ermitteln. Das Management sollte aber versuchen, diesen Vergleichsmaßstab abzuschätzen.

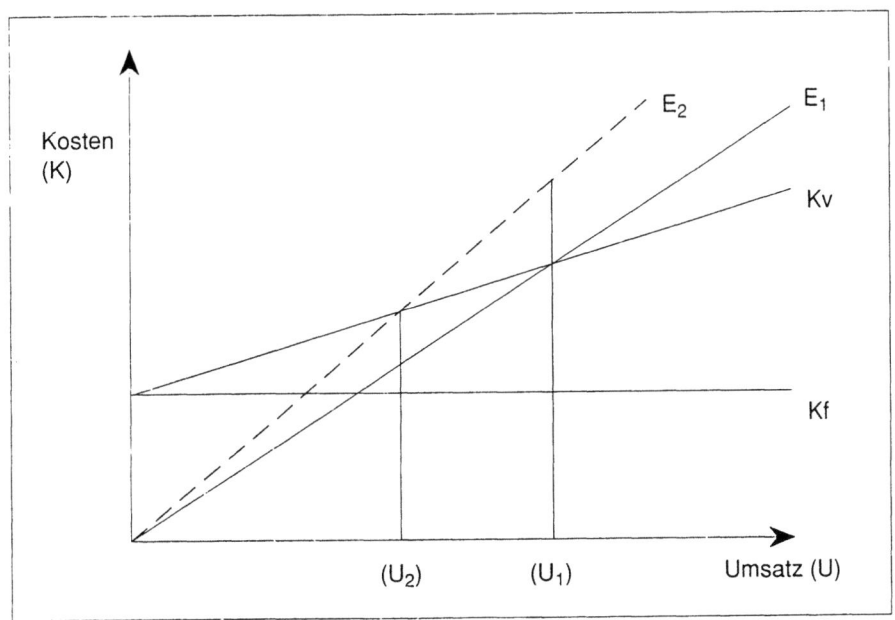

Abb. 1.61:
Verbesserung des
Ergebnisses durch
Erhöhung der Erlöse
von E1 nach E2

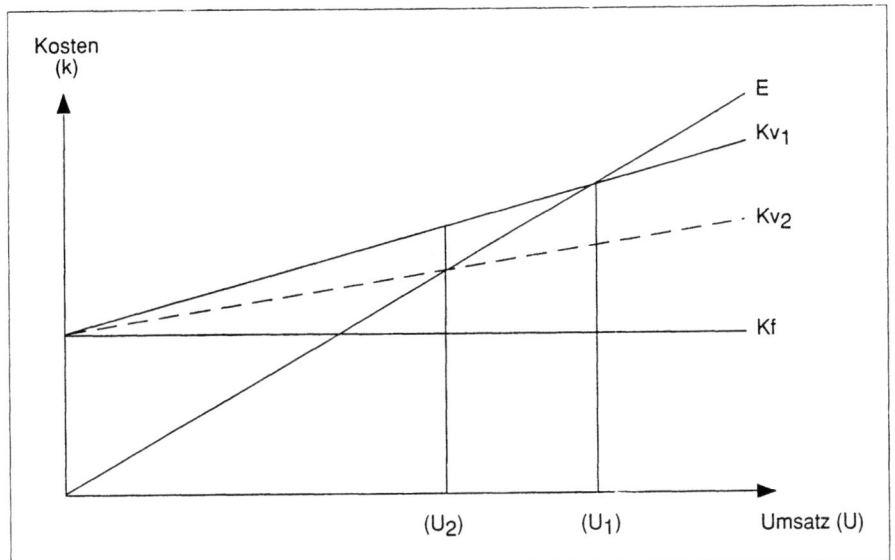

Abb. 1.62:
Verbesserung des
Ergebnisses durch
Senkung der varia-
blen Kosten von
Kv_1 nach KV_2

1.48 Verbundenheit der Haupt-Erfolgsdeterminanten

Der Ansatzpunkt für die Unternehmensführung liegt stets bei den primären Erfolgsdeterminanten, mit denen sie die derivativen entweder direkt oder indirekt beeinflußt. Es reicht als Ziel alleine nicht aus, wenn sie den Umsatz oder den Ertrag in einer bestimmten Zeit beispielsweise verdoppeln will. Solche derivativen Vorgaben machen nur Sinn,

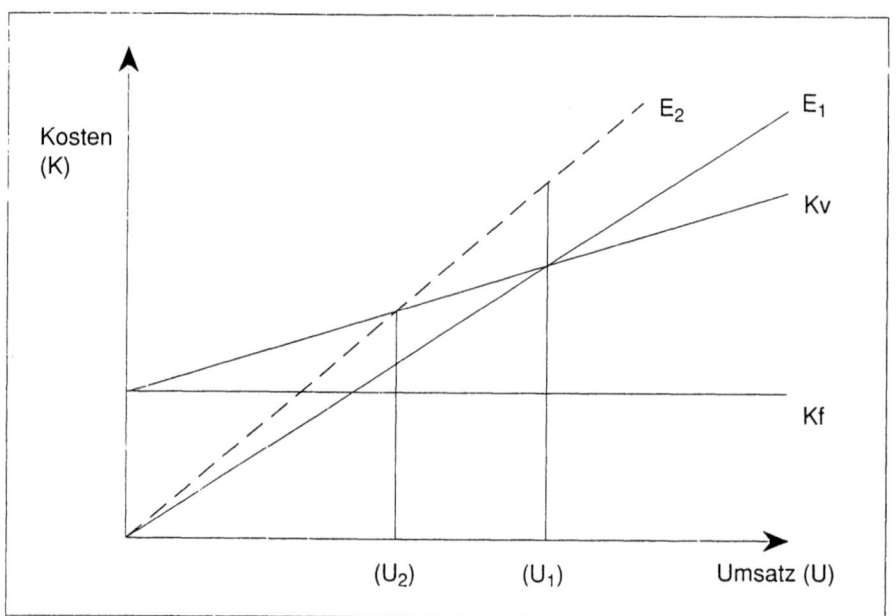

Abb. 1.61:
Verbesserung des
Ergebnisses durch
Erhöhung der Erlöse
von E1 nach E2

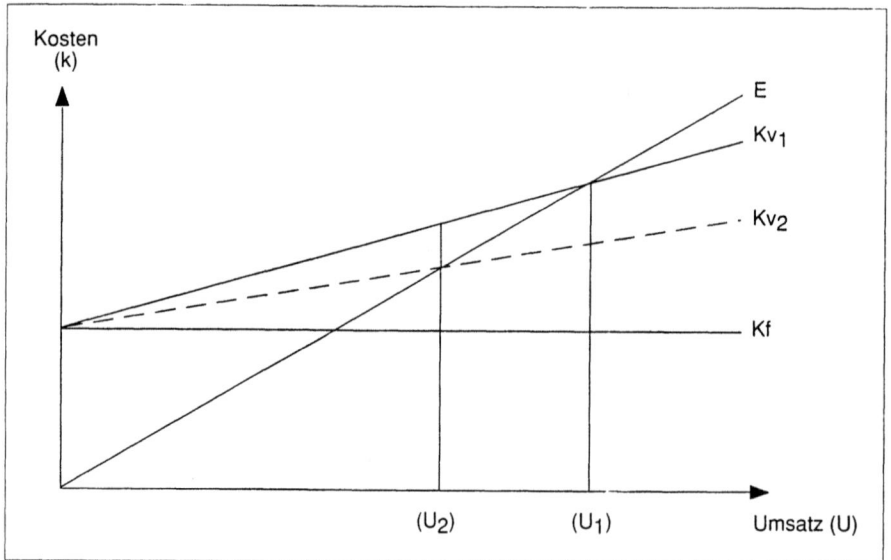

Abb. 1.62:
Verbesserung des
Ergebnisses durch
Senkung der varia-
blen Kosten von
Kv_1 nach KV_2

1.48 Verbundenheit der Haupt-Erfolgsdeterminanten

Der Ansatzpunkt für die Unternehmensführung liegt stets bei den primären Erfolgsdeterminanten, mit denen sie die derivativen entweder direkt oder indirekt beeinflußt. Es reicht als Ziel alleine nicht aus, wenn sie den Umsatz oder den Ertrag in einer bestimmten Zeit beispielsweise verdoppeln will. Solche derivativen Vorgaben machen nur Sinn,

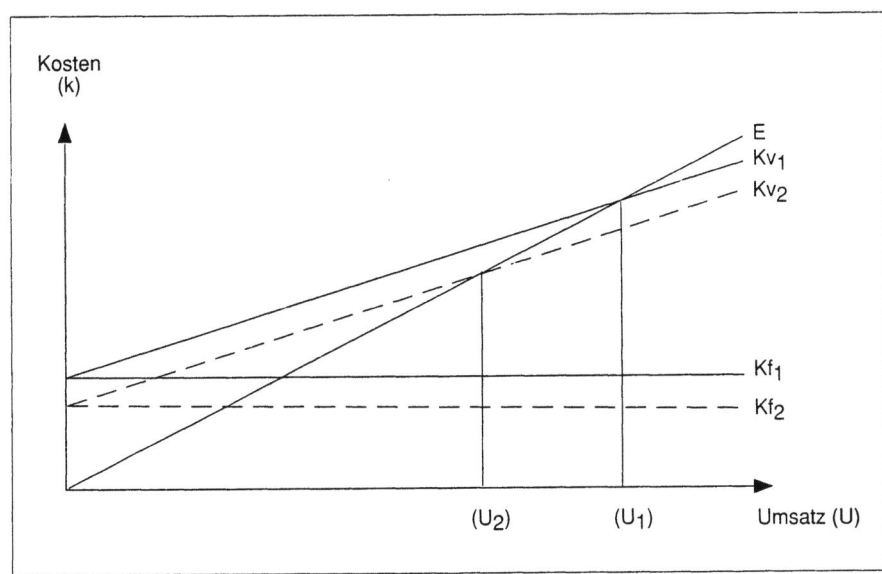

Abb. 1.63:
Verbesserung der
Ergebnisse durch
Senkung der fixen
Kosten von Kf_1
nach Kf_2

wenn sie auf entsprechenden direkten Maßnahmen, also primären oder sekundären Leistungsdeterminanten basieren. Ertrag, Absatz, Deckungsbeitrag, Erlös oder Kosten können sich also nur durch relative Leistungs- oder Positionsverbesserungen verändern.

Operative Wirkungen

Jede langfristig oder kurzfristig orientierte Maßnahme bei der eine strategische Orientierung fehlt, wie beispielsweise bei den früher erwähnten Fehlorientierungen, zielt bewußt oder unbewußt auf die operativen Wirkungen ab. Bei der direkten Beeinflussung der derivativen durch primäre Erfolgsdeterminanten, wie beispielsweise durch Preisaktionen oder besseren Ressourceneinsatz, verändern die Leistungen kurzfristig die Absatzmengen, Deckungsbeiträge, Kosten und Erlöse. Sie nehmen folglich operativen Einfluß. Solche Ergebnisse erreicht aber auch der Wettbewerb kurzfristig, soweit er auf Grund der gegebenen Transparenz die Auswirkungen erkennt. Er ist damit in der Lage

gegenzusteuern und die Effekte der Aktionen kurzfristig zu neutralisieren.[192]

> Den Erfolg operativer Maßnahmen im Markt bestimmt als entscheidendes Kriterium, inwieweit sie sich dem schnellen Durchblick des Wettbewerbs entziehen.

Diese Überlegungen führen u. a. zu dem Schluß, daß eine Unternehmenskrise, die in erster Linie auf zu schwachen Leistungsdeterminanten beruht, operative Ursachen hat und folglich auch kurzfristige Korrekturen ermöglicht. Dies gilt, solange die sekundären Erfolgsdeterminanten, wie Position und Markt, noch Stärken zeigen, also keine strategische Krise vorliegt.

Strategische Wirkungen

Anders liegt die Situation dagegen, wenn negative Leistungen bzw. Determinanten über lange Zeit die sekundären Erfolgsgrößen, Position und Markt, beeinflußt haben,[193] sei es, daß das Unternehmen

sein Image, seine Produktsstruktur wandelte, Patente erhielt, einen entscheidenden Wettbewerber aufkaufte, sich in Nischen oder auf andere Märkte zurückzog. Veränderungen der Position oder der Marktsituation erfordern normalerweise eine lange Vorarbeit mit hohen Anstrengungen, und die Ergebnisse sind vom Wettbewerb nur langfristig erkenn- und kompensierbar. Auch lassen sich die Auswirkungen solcher Maßnahmen viel weniger berechnen und erfordern deshalb weit mehr eine vertiefte Kenntnis der Zusammenhänge, unternehmerischen Weitblick und Mut. Die strategischen Maßnahmen bewirken folglich mehr Risiken, aber auch mehr Chancen.

Kurzfristig führen strategisch angelegte Leistungssteigerungen sogar normalerweise zu einer Verschlechterung der Relation zwischen Kosten, Erlös und Umsatz:[194] Marketingmaßnahmen, die beispielsweise auf eine Image-Korrektur abzielen, erhöhen zunächst die Kosten, ohne daß sie den Umsatz oder Erlös entsprechend verändern. Diese Auswirkungen verhindern in der Regel die rechtzeitige Reaktion der Wettbewerber, selbst wenn sie die Maßnahmen erkennen. Die kurzfristigen Kostensteigerungen lassen sich sofort berechnen, die langfristigen Verbesserungen der Image-Position und die gegebenenfalls vorgesehenen Maßnahmen der Wettbewerber sowie die davon abhängigen Mehrerlöse oder Zusatzumsätze jedoch schwer abschätzen.

> Die mangelnde Überschaubarkeit der Auswirkungen sowie die negativen Einflüsse auf das kurzfristige Ergebnis verhindern frühzeitige Wettbewerbsreaktionen auf strategische Maßnahmen.

Gelingt es, die sekundären Erfolgsdeterminanten unbemerkt vom Wettbewerb zu verbessern, so ergibt sich damit ein mehr oder weniger dauerhafter Einfluß auf die derivativen Größen. Der Wettbewerb besitzt keine Möglichkeit, mit kurzfristigen Aktionen die Wirkungen zu kompensieren. Diese Maßnahmen sind also typisch strategischer Art.

Die Kunststoffrohr-Industrie vereinheitlichte auf Grund der von ihr selbst gesetzten Ziele in der Normenpolitik sowie durch die Einflußnahme auf die Verbandsmitglieder ihre Produkte völlig, und zwischen den einzelnen Herstellern gibt es kaum Unterschiede in der Lieferbereitschaft oder im Service. Die einzelnen Unternehmen zielen nach außen auf die Konditionenpolitik und nach innen auf den Kostenabbau, obwohl handelsübliche Maschinen die Herstellungsverfahren weitgehend vorgeben. Alle Hersteller haben ihre Preise für die mehr als tausend Artikel vereinheitlicht, so daß jeder Käufer über den Rabattsatz sofort die Angebote vergleichen kann. Die Hersteller versuchen, neben dem Rabatt ihre Preispolitik durch Boni, Mengenstaffeln, Skonto, Gratislieferungen etc. für den Wettbewerb zu kaschieren. Da wenige Konzerne und Einkaufsringe die Einkaufsentscheidungen treffen, besitzt der Markt trotzdem eine hohe Transparenz, so daß auch diese Tricks schnell vom Kunden zum Wettbewerb gelangen. Die Gewinne der meisten Hersteller bleiben trotz eines mühsam laufenden Bereinigungsprozesses auf sehr stark gedrücktem Niveau. Abgesehen vom Kostenführer sitzen die anderen Unternehmen der Kunststoffrohr-Industrie folglich durch ihre jahrzehntelange operative Orientierung in einer strategischen Falle.

Optimierungsprobleme

In der Praxis kommt es darauf an, über die primären und sekundären Erfolgsdeterminanten eine möglichst günstige Relation der derivativen Werte, also der Deckungsbeitragsstruktur, der fixen Kosten und des Absatzes, zu erreichen. Es bleibt normalerweise keine der Größen konstant. Geänderte primäre und sekundäre Erfolgsdeterminanten führen stets zu ihrer relativen Verschiebung. Erreicht man beispielsweise eine Absatzsteigerung durch eine Ausweitung des Sortimentes, so verursacht dies gleichzeitig steigende fixe Kosten. Absatzveränderungen werden möglicherweise durch antagonistische Deckungsbeitragsverschlechterun-

Unsere Strategie betont beide Aussagen gleich stark

weniger stark stark weniger stark stark

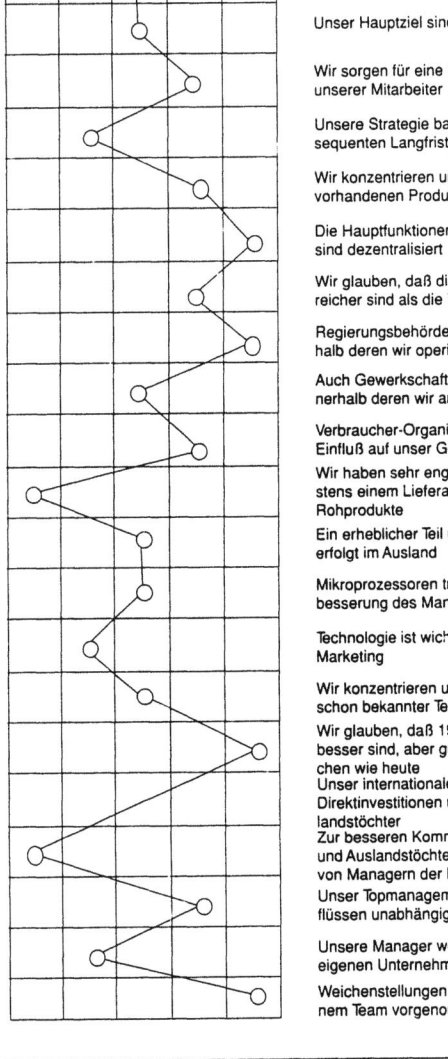

Linke Aussage	Rechte Aussage
Unser Umsatzwachstum basiert ausschließlich auf interner Expansion	Wir expandieren vor allem durch Fusionen und Übernahmen
Unser Hauptziel ist schnelles Umsatzwachstum	Unser Hauptziel sind Gewinne
Wir verbessern die Vielseitigkeit unserer Mitarbeiter	Wir sorgen für eine Spezialisierung unserer Mitarbeiter
Unsere Strategie basiert auf der schnellen Nutzung aller Chancen	Unsere Strategie basiert auf einer konsequenten Langfristplanung
Wir diversifizieren so viel wie möglich	Wir konzentrieren uns darauf, unsere vorhandenen Produkte weiterzuentwickeln
Die Hauptfunktionen unserer Gesellschaft sind in den Hauptverwaltungen konzentriert	Die Hauptfunktionen unserer Gesellschaft sind dezentralisiert
Wir haben das Gefühl, daß die 80er Jahre für unser Unternehmen gefährlich werden	Wir glauben, daß die 80er Jahre chancenreicher sind als die 70er
Wir halten Behörden für Partner, mit denen wir gemeinsam Interessen haben	Regierungsbehörden setzen Rahmen, innerhalb deren wir operieren müssen
Wir halten Gewerkschaften für Partner, mit denen wir gemeinsame Interessen haben	Auch Gewerkschaften sind nur Rahmen, innerhalb deren wir arbeiten müssen
Verbraucherorganisationen sind einflußreich in unserem Geschäft	Verbraucher-Organisationen haben keinen Einfluß auf unser Geschäft
Unser Rohmaterial kommt von möglichst vielen Lieferanten	Wir haben sehr enge Beziehungen mit wenigstens einem Lieferanten für jedes unserer Rohprodukte
Wir konzentrieren unsere Produktionsstätten im eigenen Land	Ein erheblicher Teil unserer Produktion erfolgt im Ausland
Mikroprozessoren werden ein bedeutendes Element in unseren Produktionsprozessen sein	Mikroprozessoren tragen erheblich zur Verbesserung des Management bei
Marketing ist wichtiger für uns als Technologie	Technologie ist wichtiger für uns als Marketing
Wir sind ständig auf der Suche nach völlig neuen technischen Lösungen	Wir konzentrieren uns auf eine Verbesserung schon bekannter Technologien
Wir glauben, daß unsere Produkte 1990 vollständig anders aussehen werden	Wir glauben, daß 1990 unsere Erzeugnisse besser sind, aber grundsätzlich die gleichen wie heute
Im internationalen Geschäft bauen wir auf Partnerschaften und Joint-Ventures	Unser internationales Geschäft basiert auf Direktinvestitionen unserer 100%igen Auslandstöchter
Die Unternehmensleiter unserer Auslandstöchter sind Einheimische	Zur besseren Kommunikation zwischen Zentrale und Auslandstöchtern werden die letzteren von Managern der Mutter geleitet
Unsere Aktionäre haben einen starken Einfluß auf die wichtigen Entscheidungen	Unser Topmanagement ist von Aktionärseinflüssen unabhängig
Unsere Manager werden vor allem aus dem Unternehmen selbst herangezogen	Unsere Manager werden vor allem außerhalb des eigenen Unternehmens engagiert
Weichenstellungen werden gewöhnlich von einem einzigen Mann durchgeführt	Weichenstellungen werden gewöhnlich von einem Team vorgenommen

Abb. 1.64: Untersuchung des European Management Forum (EMF), Genf, über die 100 innovativsten europäischen Firmen

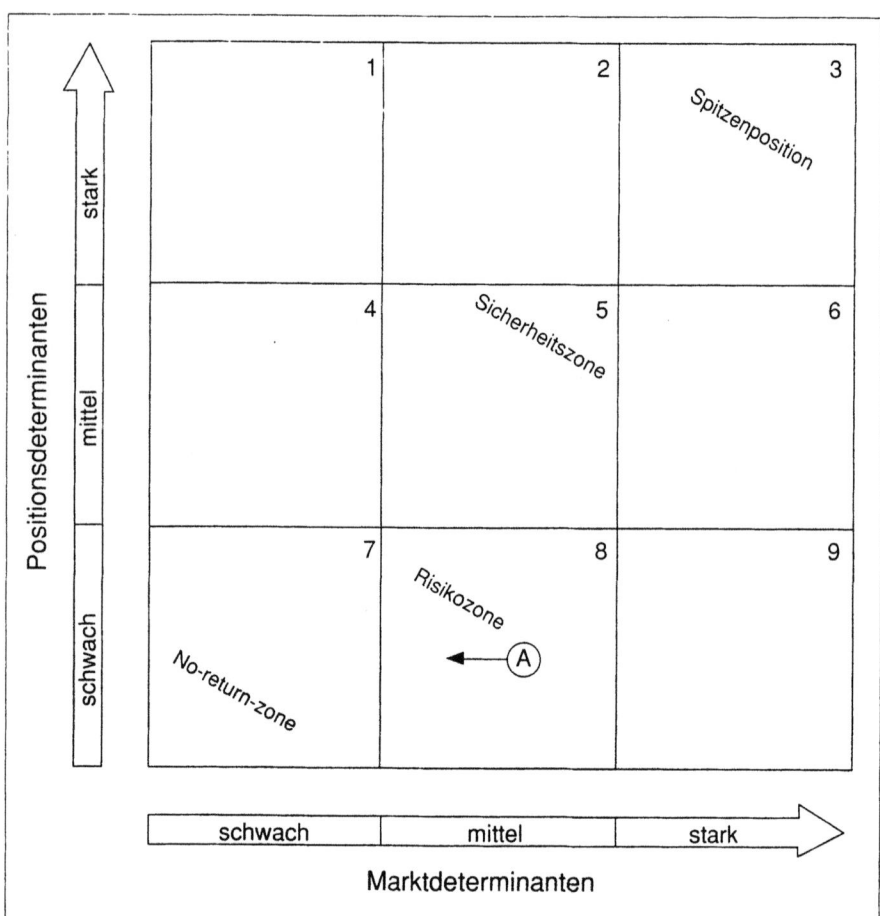

Abb. 1.65:
Strategische
Krisenzonen
(Näheres Reutner:
Turn around,
S. 275. Oder
Reutner: Krisen-
zonen und Krisen-
konzeptionen. In:
Siegwart u. a.,
S. 295.)

gen, zum Beispiel infolge von Preisnachlässen, er-kauft. Die sinkenden Erlöse oder steigenden Ko-sten können die positiven Erfolgswirkungen der Absatzsteigerung kompensieren oder gar über-kompensieren. Das Ganze überlagert schließlich das Beziehungsnetz der Menschen und ihrer Moti-vation. In der jeweiligen Situation hat die Führung die Leistungsdeterminanten so zu kombinieren, daß sie zu optimalen Ergebnissen führen. Die be-deutendste Unbekannte ist dabei stets die kompen-sierende Reaktion des Wettbewerbs. Wegen dieser Komplexität wird nur ein Management, das über ein vertieftes Wissen der Zusammenhänge und lange Erfahrung verfügt, ein großes Unternehmen mit hoher Wahrscheinlichkeit zum Erfolg führen.

Je nach Ausgangssituation besteht manchmal auch bei einer strategisch geführten Gesellschaft, die also ihre Leistungen schwergewichtig strate-gisch beziehungsweise auf die Verbesserung der sekundären Erfolgsdeterminanten konzentriert, die Notwendigkeit, daß sie den kurzfristigen Wirkun-gen der Leistungsdeterminanten für eine bestimm-te Zeit eine höhere Priorität einräumt. Dieser Zwang ergibt sich stets in akuten Gefahren, zum Beispiel bei der Abwehr eines neuen Wettbewer-bers. Danach sollte wieder eine langfristig opti-mierte Kombination der Leistungsdeterminanten mit direkten und indirekten Wirkungen gewählt werden, die auf Positions- und Marktdeterminan-ten abzielen. Die Ergebnisse zahlreicher Untersuchungen beweisen, daß ein Erfolgsmanagement fast ständig das Qualitätsniveau und dessen Konstanz als ein Ziel besonders hoher Priorität verfolgt.

Eine Untersuchung des European Management Forum[195] bestätigt die in der Praxis gewonnene Erkenntnis, daß Spitzenfirmen sich in fast allen Fällen nicht einseitig für eines der antagonistischen Ziele entscheiden (Abb. 1.64). So werden beispielsweise Gewinne und Umsatzwachstum als gleichwertige Orientierungen angesehen. Andere, wie beispielsweise die Konzentration auf vorhandene Produkte im Vergleich zur Diversifikation, zeigen ein Übergewicht, und nur ein geringer Teil der Ziele, wie etwa die Dezentralisation der Hauptfunktionen, der Bezug von vielen Lieferanten oder die Teamarbeit gelten absolut. Insofern lassen sich aus diesen Untersuchungsergebnissen grundsätzliche Erkenntnisse ableiten.

Das Risiko rein operativer Führung liegt darin, daß der strategisch orientierte Wettbewerber unbemerkt Positionen besetzt, so daß das eigene Unternehmen trotz guter Leistungen in einem zunehmend umkämpften Markt in Probleme, also in eine strategische Sackgasse kommt. Wenn beispielsweise ein Unternehmen in Punkt A (Abb. 1.65) positioniert ist, aber neueindringende Wettbewerber oder Substitution die Bedingungen zunehmend erschweren, so wandert die Position des Unternehmens im Laufe der Jahre möglicherweiser in die No-return-Zone.

Aber auch eine rein strategische Orientierung beinhaltet Gefahren, wenn das Unternehmen kurzfristig auf Angriffe im Tagesgeschäft reagieren muß oder die Liquidität in Gefahr gerät.

> Eine optimierte Unternehmenspolitik orientiert sich prinzipiell strategisch. Sie basiert auf Leistungsdeterminanten, die die Position verbessern und Marktsegmente sucht, die günstige Voraussetzungen für eine erfolgreiche Beeinflussung der derivativen Erfolgsdeterminanten schaffen. Andererseits darf sie jedoch die operativen Signale, die das Heute gefährden, nicht aus dem Auge verlieren.

1.49 Nutzen dieser theoretischen Überlegungen für die strategische Ausrichtung

Jede theoretische Überlegung wird aus der Sicht des Praktikers daran zu messen sein, welche Hilfestellung sie der Führung für die Ausrichtung des Unternehmens auf einen Erfolgskurs gibt. Die praktischen Erfahrungen über mehr als zehn Jahre mit diesem System in einer Gruppe von heute über 25 Gesellschaften und nahezu 50 Geschäftsfeldern mit unterschiedlichsten Anforderungen haben folgende Vorteile bewiesen:

1. Das System vereinfacht die komplexen praktischen Zusammenhänge, indem es die Gedanken immer wieder auf das Wesentliche zurückführt.
2. Es gestattet beliebige Analysen im Detail, um die im Einzelfall wichtigen Schwerpunkte ausreichend umfassend zu betrachten.
3. Die Unterscheidung von Leistungs-, Positions- und Marktdeterminanten erhöht die Sensibilität des Managements, strategisch zu denken und Solitärbarrieren aufzubauen. Damit erzwingt sie zu berücksichtigen, daß hohe Leistung alleine nicht ausreicht, um nachhaltige Erfolge zu erzielen, sondern daß darüber hinaus die Richtung beziehungsweise die Orientierung der Leistung ein Erfolgsfaktor ist. Das System arbeitet also der praktischen Versuchung, operativ zu denken, entgegen und fördert die Fähigkeit, strategische Überlegungen vom Tagesgeschäft zu trennen.
4. Die Frage nach den Leistungs-, Positions- und Marktpotentialen, also nach den Chancen, erhöht die Sensibilität, sich nicht mit dem Erreichten zu begnügen, sondern immer wieder die eigene Leistung und Position in Frage zu stellen und nach neuen Chancen im Markt zu suchen. Sie unterstützt damit die Fähigkeit einer Organisation, lernfähig zu bleiben.
5. Auch die Gegenüberstellung von Potentialen und Barrieren fördert die strategische Orientierung, weil sie veranlaßt, die Chancen zu einem frühestmöglichen Zeitpunkt unter dem Ge-

sichtspunkt der strategischen Nutzbarkeit und damit der Positionierung zu betrachten.

6. Die Rückführung aller unternehmenspolitischen Überlegungen auf die vereinfachende Basisformel dient vor allem der Schulung und gedanklichen Ausrichtung der Mitarbeiter, das Wesentliche bei der Konstruktion, der Entwicklung, im Marketing etc. nicht aus dem Auge zu verlieren.

Haben die Mitarbeiter die wenigen Grundgedanken einmal verstanden und machen sie sie zum integrierten Bestandteil des täglichen Denkens, so hilft dies, die Leistung durch Konzentration auf das Wesentliche zu steigern, strategisch auszurichten, wichtige Ziele, wie Orientierung zur Differenzierung und Wirtschaftlichkeit, umzusetzen und

die Lernfähigkeit zu erhalten. Eine Voraussetzung für die Übernahme der Denkungsweise durch die Mitarbeiter ist jedoch, daß die Führung die Zusammenhänge über mehrere Jahre immer wieder an praktischen Beispielen erläutert.

1.5 Basisformeln der Unternehmenspolitik

Entsprechend dem Grundsatz der Vereinfachung und der Konzentration auf das Wesentliche, dienten uns auf den Strategietagungen leicht merkfähige Formeln als ständiges Kontroll- und Arbeitsinstrument. Sie lenkten die Denkweise auf bedeutende Maßnahmen oder korrigierten die Richtung. In einem gegebenen Markt lassen sich die Erfolgsbe-

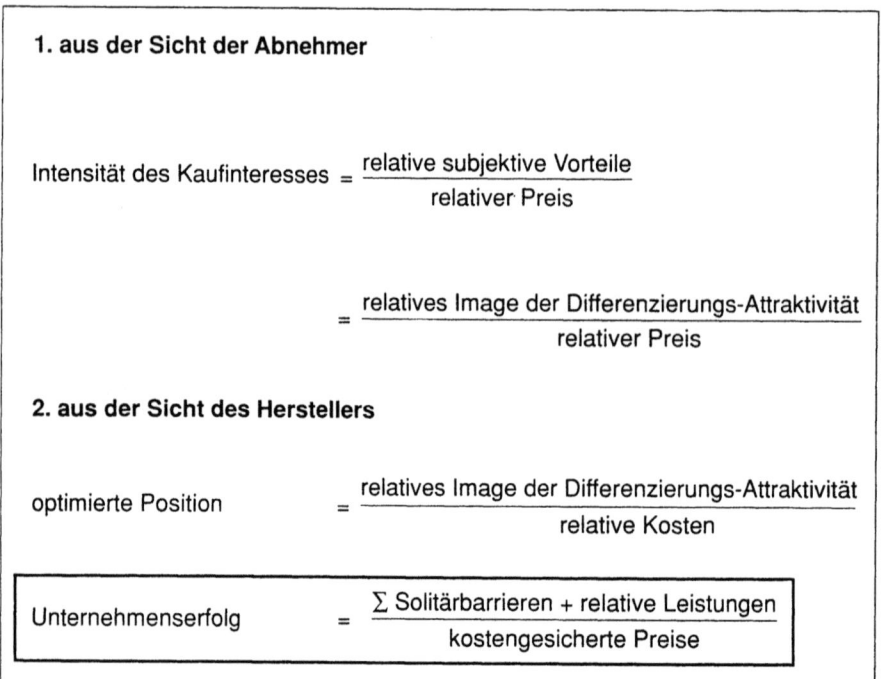

Abb. 1.66:
Die Basisformel der
Unternehmenspolitik

dingungen auf eine Formel reduzieren, die wir als Basisformeln unserer Unternehmenspolitik bezeichneten:

Das wesentliche Problem für das Management liegt darin, den Nutzen aus der Sicht der Kaufinteressenten richtig einzuschätzen.[196] Die relativen Kosten entfalten erst ihre Wirkung im Markt, wenn sie sich im Preis niederschlagen. Liegt der Nenner der Formel genau im Durchschnitt der Branche, so entspricht dies einem Wert von 100. Die Kosten müssen aber diesen Durchschnitt unterschreiten, wenn der Erfolg überdurchschnittlich sein soll.

Betrachten wir zunächst einmal die inhärenten Merkmale der Formel aus der Sicht der Hersteller:

Optimierte Position

Den relativen Erfolg bezieht man jeweils auf das Wettbewerbsumfeld, vor allem auf die Branche, in der das Unternehmen tätig ist. Innerhalb des Industriezweiges gilt es nun, Solitärbarrieren aufzubauen, also Barrieren, die das eigene Unternehmen von anderen unterscheiden und vor dem Eindringen fremder Firmen in die eigenen Aktivitäten schützen. Relativ wird der Erfolg deshalb gemessen, weil die Relation zum Wettbewerb entscheidet: Es gibt Branchen mit allgemein ungünstiger Gewinnsituation. Hier kann ein Hersteller nur das Ziel verfolgen, relativ besser als der Wettbewerb, durch höhere Leistungen, eine bessere Orientierung auf interessante strategische Positionen oder erfolgversprechendere Marktsegmente abzuschneiden. Fehlen diese Ansatzpunkte in einem Markt, so bleibt als Ultima ratio nur noch der Verkauf, eine Kooperation oder die risikoreiche Diversifikation. Es finden sich andererseits Industriezweige, in denen fast alle Unternehmen gute Ergebnisse vorweisen. Auch in dieser Situation gilt die Vorgabe, günstigere Werte als der Wettbewerb zu erzielen.

Albach[197] bestätigt die praktische Erfahrung, daß es auf nahezu allen Gebieten gute und schlechte Unternehmen gibt. Renditeprobleme sind also normalerweise kein unabwendbares Schicksal.

Diesem Gesichtspunkt haben wir insbesondere in der schwierigen Verlustphase große Bedeutung beigemessen, um die Resignation der Mitarbeiter zu beseitigen. Wer sich darüber Klarheit verschafft, daß er seine Chancen beziehungsweise Potentiale nicht nutzt, unternimmt weit größere Anstrengungen, die Situation zu verändern als jemand, der an eine unabänderliche Situation glaubt.

Differenzierung

Die Differenzierungsleistung basiert vor allem auf der Kreativität der Entwicklung und des Marketing im Vergleich zum Wettbewerb. Innovationen beeinflussen die Gebrauchstauglichkeit, die objektiv vorhandenen rationalen und emotionalen Merkmale sowie das Produktumfeld und damit letztlich das Qualitätsimage. Daß diese Leistungen nicht nur vom Kapitaleinsatz, sondern vor allem von den Rahmenbedingungen abhängen, zeigen die Erfolge vieler kleiner und mittlerer Unternehmen. Die Motivation der Mannschaft, der Wille, ein gemeinsames Ziel zu erreichen, Sympathien und Antipathien, ein wenig ausgeprägtes Hierarchiedenken sowie ein Klima der Offenheit, in dem die Mitarbeiter Vorschläge uneingenommen diskutieren, spielt für die Leistung oft eine größere Rolle als das Fachwissen. Damit erweisen sich die Menschen, die Unternehmenskultur und die organisatorischen Rahmenbedingungen als die entscheidenden Voraussetzungen für die Innovationsfähigkeit und den Erfolg der Forschung und Entwicklung.

Die Differenzierung vom Wettbewerb bietet die rationale Basis, den Preiskampf zu entschärfen,[198] sei es, daß man Produkte mit anderen Funktionseigenschaften, einer anderen Optik, anbietet, oder Service- und Marketingmaßnahmen kreiert, die es beim Wettbewerb nicht gibt. Die erfolgreichen Unternehmen gehen von der Einstellung aus, daß die Potentiale stets weitere Verbesserungsmöglichkeiten eröffnen. Letztlich erwächst ihnen aber aus dieser Einstellung ein revolvierender Vorsprung, das heißt das Unternehmen erneuert öfter und besser als der Wettbewerb sein Leistungsangebot. Eine Position geht durch Imitation im Laufe der Zeit verloren, aber auf Grund der Kreativitätsprozesse hat die Entwicklung bis dahin neue Vorteile erarbeitet.

Attraktivität: Differenzierung alleine bewirkt noch nicht die gewünschte Anziehungskraft des Angebotes. Sie muß auch für den Kaufinteressenten Attraktivität besitzen. Insofern spielt die Anpassung an die Verbraucherbedürfnisse eine entscheidende Rolle. Die laufende Untersuchung und Kenntnis der Abnehmerwünsche, das heißt die intensive Kundenorientierung, sind folglich die Basis.

Zwei deutsche Unternehmen entwickelten fast gleichzeitig als erste in der Welt schon in den 60er Jahren ein keramisches Hüftgelenk und erprobten es klinisch. Eines der Unternehmen war von den Vorzügen des Produktes, das dazu noch ein Patent absicherte, so überzeugt, daß es glaubte, die beste Endoprothese der Welt zu besitzen. Diese Einschätzung untermauerten die Mitarbeiter logisch durch den hohen Innovationsgrad und die Vorteile für bestimmte Indikationen. Entsprechend planten sie aufwendige Marketingmaßnahmen. Schon nach kurzer Zeit flachte jedoch der anfänglich steigende Umsatz wieder ab, und das Produkt blieb ein wirtschaftlicher Mißerfolg. Auf Grund der tiefen Überzeugung von der Leistungsfähigkeit des eigenen Angebotes versuchte das Management immer wieder, den Umsatz in eine Auftriebstendenz zu bringen. Symposien, Veröffentlichungen, Ausstellungen bewirkten jedoch über Jahre keine wesentliche Änderung der Situation.

Erst nach vielen Jahren und nach einer Veränderung der Unternehmenskultur sowie einer stärker marktorientierten Entwicklung fand sich die Erklärung: Die Firma hatte das Erzeugnis mit einer einzelnen Klinik auf der Basis guter theoretischer Überlegungen entwickelt. Die Anfangserfolge überzeugten, da der Operateur sehr viel Erfahrung mit der speziellen Operationstechnik besaß. Für die Masse der Orthopäden, die wegen der engen Indikationen nur relativ wenige solcher Operationen im Jahr durchführten und damit zu wenig Routine erreichten, war die Methode jedoch zu kompliziert. So bestand die Gefahr, daß ihnen Feh-

ler unterliefen, die die Erfolgsrate erheblich beeinträchtigten. Als das Unternehmen die Ursachen erkannte, hatten andere Hersteller den Markt bereits besetzt, und ein Neuanfang gestaltete sich ungleich schwieriger.

Image

Am Beginn aller Überlegungen steht stets ein Sample repräsentativer Kunden: Ohne die Bereitschaft der Abnehmer, für die Entwicklungen einen ausreichenden Preis zu zahlen, gerät das Unternehmen bald in eine Krise, so daß die eigentlichen Ziele der Unternehmenstätigkeit nicht mehr zu erfüllen sind. Er kauft, um seine eigenen Probleme zu lösen. Dabei wählt er normalerweise unter einer Vielzahl von Angeboten. Nur dasjenige, das die besseren Problemlösungen anbietet, positioniert sich vorteilhafter. Die Kunden zeigen unterschiedlichste Meinungen und Bedürfnisstrukturen. Deshalb legt das Unternehmen zunächst die Zielkunden bzw. die zu bearbeitenden Segmente fest, in denen seine Stärken voll zur Geltung kommen.

Die Differenzierungsattraktivität in der Meinung der Kunden bezüglich des Preis-Leistungsverhältnisses, der Qualität, des Prestiges etc. wird zum entscheidenden Faktor. Es überrascht selbst den langjährigen Praktiker immer wieder, wie sich technisch homogene Produkte unter bestimmten Voraussetzungen im Laufe der Jahre in der Meinung der Abnehmer emotional absetzen oder umgekehrt technisch differenzierte Erzeugnisse entweder keine Attraktivität besitzen beziehungsweise diese verlieren, so daß der Kunde sie als technisch homogen ansieht. Nur die Mitarbeiter des Anbieters selbst gehen dann oft noch bei ihren Überlegungen von einer vorhandenen Differenzierung aus, weil sie die objektiven Tatbestände subjektiv interpretieren, nicht aber das Meinungsbild ihrer Kunden sehen.

Ein tatsächlich vorhandenes rationales oder emotionales Differenzierungspotential bietet zwar eine gute Voraussetzung, aber die im Produkt realisierte Differenzierungsattraktivität reicht noch lange nicht aus, wenn diese nicht in die Köpfe der Kunden, also als Bestandteil in das Image eingeht. Ein Unternehmen unserer Gruppe brachte in den 60er Jahren ein Hausabflußrohr auf den Markt, das auf einer besonderen Rohstoffvariante aufbaute, und damit rational differenzierte Merkmale besaß. Zunächst schienen sich diese Eigenschaften auch im Image auf Grund von Schulungsmaßnahmen zu verankern. Ein ungünstiges Marketingverhalten und die Bedingungen des Marktes trieben die Hersteller dieses Produktes jedoch immer weiter dahin, es im wesentlichen über den Preis zu verkaufen. Marktuntersuchungen zeigten, daß schließlich nur noch sechs Prozent der Kunden einen Unterschied wahrnahmen, aber auch dann keine Einzelheiten kannten. Ein technisch differenziertes Erzeugnis wurde emotional homogenisiert und zum austauschbaren Massenangebot degradiert.

> Allein die Einstellung des Kunden, also das Image, bestimmt, wer tatsächlich größere Erfolge erzielt. Damit erweist sich die Meinung der Kunden für die gesamte Beurteilung der Ausgangssituation als der wesentliche Maßstab.

Eine technische Distanz durch rationale Differenzierung geht möglicherweise schnell verloren, weil der Wettbewerb sich bemüht, solche Vorteile nachzuahmen oder mindestens in der Argumentation sein weniger erfolgreiches Produkt als gleichwertig hinzustellen. Es ist deshalb wichtig, mit Zähigkeit und Kreativität einen revolvierenden Vorsprung zu erreichen und diesen dem Kunden mit den Mitteln des Marketing einzuprägen. Um ihn beizubehalten, muß das Unternehmen eine über lange Zeit gewachsene geeignete Unternehmenskultur besitzen, durch die sich ein natürlicher Drang zur Innovation ergibt. Dieser ständige technische Vorsprung führt zum Image hoher Leistungsfähigkeit und damit zum Aufbau emotionaler Solitärbarrieren.

Viele Produkte besitzen auf Grund ihrer Eigenschaftsstruktur und des Kaufverhaltens der Interessenten ein so hohes Emotionalisierungspotential, daß die rationalen Komponenten hinter den emotionalen Kaufentscheidungsgründen zurücktreten,[199] wie dies insbesondere bei Erzeugnissen mit hohem Prestige zutrifft. In diesen Fällen stellt das erarbeitete Qualitätsimage den wichtigsten Faktor für den langfristigen Erfolg dar. Dabei unterstützen die emotionalen Solitärbarrieren die rationalen mehr oder weniger.[200]

Es gibt große Unterschiede zwischen den Bedürfnisstrukturen einzelner Menschen, und die Intensität wandelt sich mit dem Sättigungsgrad[201] sowie darüber hinaus im Zeitablauf. Diese komplexen Zusammenhänge machen es dem Management schwer, die Solitärbarrieren und die relativen Leistungen genau zu ermitteln. Aus der Gesamtheit der Konsumenten wählt es deshalb Zielkundensegmente aus, auf die sich das Unternehmen besonders konzentriert: Nicht allen Kaufinteressenten etwas, sondern wenigen mehr bieten (Differenzierung durch Konzentration) heißt das Ziel. Die Auswahl der Abnehmergruppen setzt zunächst einmal die Erkenntnis voraus, welche Verbrauchertypen es gibt. Typologien bildet man nach unterschiedlichen Gesichtspunkten. Der kundenorientierte Anbieter versucht, für die Praxis relevante und möglichst effiziente Einteilungen zu finden, auf denen er sein marktwirksames Konzept aufbaut. Damit gelingt eine Anpassung an das Zielkundensegment.

Die Differenzierungsattraktivität entfaltet also stets erst ihre Wirkung, wenn sie in das Meinungsbild der Verbraucher einfließt. Insofern spielt die geschickte und kreative Kommunikation, die den Lernprozeß steuert, eine entscheidende Rolle dafür, daß der Verbraucher den von der Forschung und Entwicklung bereitgestellten Nutzen auch erkennt.[202]

Relation zum Wettbewerb: Der Kunde wählt das Angebot, das nach seiner Meinung seine Bedürfnisse am besten befriedigt. Deshalb entscheidet nicht das absolute Image, sondern die Relation zum Wettbewerb. Dabei ändern Marketing-, Entwicklungsaktivitäten sowie das Imitationsverhalten der Hersteller das Meinungsbild über die Produkte sowie deren relative Stellung im Laufe der Zeit.

Relation von Zähler und Nenner: Alle Komponenten oberhalb des Bruchstriches[203] lassen sich unter den Begriffen Solitärbarrieren und relative Leistungen zusammenfassen. Jede Aktivität zur Stärkung des Zählers erhöht normalerweise auch die Kosten, vergrößert also den Nenner der Formel. Eine solche Maßnahme lohnt folglich nur, wenn die dadurch möglichen Preiserhöhungen höher liegen als die Kostensteigerungen, die Relation von Zähler und Nenner also günstiger wird. Das Management muß bereits in der Planungsphase der Maßnahmen die Kosten zum Aufbau von Solitärbarrieren sowie die dadurch zu erwartenden höheren Preise einschätzen. Diese Aufgabe erfordert viel Erfahrung in den bearbeiteten Märkten, insbesondere die Bewertung von Angebotsmerkmalen durch die Kunden, vertiefte Kenntnis der theoretischen Zusammenhänge sowie eine Sensibilisierung für die Symptome. Umgekehrt baut eine zu starke Beachtung der Kostensenkungsmaßnahmen im Laufe der Zeit die Solitärbarrieren ab.

Die Basisformel der Unternehmenspolitik hilft bei preispolitischen Überlegungen: Gelingt es, die Summe der Solitärbarrieren und Leistungen im Vergleich zum stärksten Wettbewerber auf über 100 anzuheben, d. h. sich abzusetzen, so steigt damit das Erlöspotential, und die Gesellschaft verträgt überdurchschnittlich hohe Kosten. Es bleibt nun eine unternehmenspolitische Entscheidung, inwieweit das Management den gewonnenen Freiheitsraum, die Preise über die Konkurrenz mehr oder weniger anzuheben, ausschöpft und damit ein höheres Gewicht auf die Absatzveränderung durch eine günstigere Preis-Leistungs-Relation oder auf steigende Deckungsbeiträge auf Grund einer besseren Erlösstruktur legt.

Liegt im Vergleich zum Wettbewerb der Wert des Zählers bei 100, werden die Produkte also als homogen empfunden, so bleibt nur der Weg, sich über relativ niedrigere Kosten, im Markt zu profilieren. Muß man sogar von einem Wert von unter 100 ausgehen, so erschwert dies die Situation deshalb, weil das Unternehmen dann nur mit weit niedrigeren Kosten als der Wettbewerb verteidigungsfähig ist. Die Gefahr, zum Grenzbetrieb mit hohem Existenzrisiko abzurutschen, steigt also überproportional.

Im Hinblick auf den rechnerischen Optimierungspunkt für die Preispolitik geben vor allem die Ergebnisse der PIMS-Analyse wichtige Hinweise: Das wahrgenommene relative Preis-Leistungs-Verhältnis bestimmt den Wettbewerbserfolg (Abb. 1.58). Geschäftsfelder mit einer günstigen Relation gewinnen in der Regel Marktanteile und gleichen die Erlösminderungen durch geringere Kosten weitgehend wieder aus. Ein ungünstiges Verhältnis führt trotz hoher Marketingausgaben zu Marktanteilseinbußen und zu sinkender Rentabilität[204]. Allerdings gibt es wegen der Rückwirkungen des Preisniveaus auf das Image einen individuellen Optimierungspunkt.

Die Überlegungen führen zwangsläufig zu dem Ziel der Unternehmenspolitik, das mit hoher Leistung relative Image der Differenzierungsattraktivität beziehungsweise die Solitärbarriere anzuheben und die relativen Kosten so zu gestalten, daß der Divisor aus Solitärbarriere und relativen Kosten günstiger liegt als beim Wettbewerb. Das Management steht folglich bei jeder einzelnen Maßnahme vor einem Optimierungsproblem: Normalerweise steigen beim Anheben der Solitärbarriere auch die relativen Kosten. Solange dies den Faktor günstig beeinflußt, verbessert sich die Position.

Problem der Einschätzung: Die Umsetzung dieser theoretischen Überlegungen bereitet insofern in der Praxis Probleme, als das Maß der Solitärbarriere auch durch Marktforschungsuntersuchungen nur schwierig meßbar ist. Langjährige Erfahrung, gepaart mit einem hohen Maß an Fingerspitzengefühl und Kenntnis der Zusammenhänge, erhöhen die Wahrscheinlichkeit, daß das Management die Situation richtig einschätzt und die geeigneten Maßnahmen zur Verbesserung marktadäquat gewichtet. Schließlich hilft die Beachtung der Formel in der Unternehmenspraxis, weil sie bei allen grundsätzlichen Entscheidungen die Frage in den Mittelpunkt rückt, inwieweit die Relation von Solitärbarrieren und relativen Kosten bei jeder der Maßnahmen zu Vorteilen führt. Das Management sollte diesen zentralen Punkt nicht aus dem Auge verlieren.[205]

Zweites Kapitel

Analyse der Markt- und Positionssituation

Es gibt keine allgemein gültigen Patentlösungen für eine Unternehmensstrategie. Die Wettbewerbsleistungen steigen und die Anforderungen werden ständig komplexer, so daß intuitiv subjektive Führungssystematiken eine immer stärker sinkende Erfolgswahrscheinlichkeit zeigen. Die vielschichtig verzahnten Zusammenhänge und unterschiedlichen Schwerpunkte erfordern, für jeden Einzelfall speziell angepaßte Strategien zu entwickeln und in einem permanenten Prozeß zu optimieren. Als konstant erweist sich lediglich das Grundraster von Kernfragen:

1. Welche Positionen schützen die Geschäftsfelder im Vergleich zum Wettbewerb?
   – Welche Distanz und Stabilität besitzen die vorhandenen Positionen?
   – Welche Potentiale sind nicht ausgeschöpft?
2. Welchen Leistungsstand erreicht unsere Organisation im Vergleich zur Konkurrenz?
3. Welche Leistungs- und Positionsziele (Solitärbarrieren) streben wir unter Berücksichtigung der gegebenen Situation an?
   – Welche Chancen wurden nicht genutzt?
   – Welche Solitärbarrieren können wir folglich aufbauen?
   – Welche Distanz und Stabilität lassen sich erreichen?
4. Mit welchen Maßnahmen ist dies kostengünstig möglich?

Das Durchdenken so komplexer Probleme wie die Unternehmensstrategie erfordert Zeit, und nichts darf die Teilnehmer durch Ablenkung stören. Wenn die Führung bedenkt, daß der Orientierung der Leistungen eines Unternehmens, vergleichbar dem Kurs eines Schiffes, mindestens eine so große Bedeutung zukommt wie ihrer sonst über das ganze Jahr entfalteten Intensität täglicher Kleinarbeit, so versteht sie, daß sich eine optimierte Strategie normalerweise nicht während der Tagesarbeit entwickeln läßt. Die Führungskräfte sollten sich mindestens einmal im Jahr für einige Zeit von der Routine lösen und in abgeschiedener Ruhe den konzeptionellen Themen widmen.

Natürlich kann auch eine Strategietagung keine Wunder bewirken, obwohl die Erkenntnisse schon nach einigen Tagen manchmal erstaunlich waren. In jedem Falle erscheint wesentlich, daß das Management dadurch einen Lern- und Umdenkprozeß einleitet. Zusammenhänge, die man vorher nicht sah, werden deutlich und fließen in die späteren Entscheidungen ein, so daß die Fehlerwahrscheinlichkeit sinkt. So neigt jeder, insbesondere nach erfolgreichen Zeiten, zur Extrapolation von Erfolgshandlungen und verschließt sich damit der Reaktion auf Markt- und Situationsveränderungen. Das längere Arbeiten mit Lebenskurvenverläufen fördert die Erkenntnis, daß die Anforderungen einem laufenden Wandel unterliegen. Auch die Überprüfung der eigenen Konzeptionen an Normstrategien und ähnlichem erhöht die Sensibilität für Veränderungen und schult die Mitarbeiter im Hinblick auf die Lernfähigkeit.

Durch das Bemühen um Systematik entsteht eine strategische Erfolgsdeterminante, da ihr Aufbau und ihre Perfektionierung Zeit und Wiederholungen erfordern und man hierdurch im Laufe von Jahren ein wichtiges Element für die Unternehmenskultur erarbeitet. Auch wenn später niemand mehr genau weiß, warum die Mitarbeiter so denken und erfolgreich handeln, denn das vertiefte Wissen steuert unbewußt den Handlungsprozeß: die Strategietagung beeinflußt in komplexen Betrieben wie kaum ein anderes unternehmenspolitisches Instrument auf lange Sicht Erfolg oder Mißerfolg. Schließlich darf die Bedeutung für die Umsetzung in das Tagesgeschäft infolge der hohen Überzeugungs- und Motivierungskraft einer durch die Moderation erarbeiteten Strategie nicht übersehen werden: Alle Führungskräfte arbeiten an der Analyse mit. Das Team fällt die Entscheidungen. Wer könnte sich ohne Erklärungsprobleme gegen diese Ergebnisse stemmen und eine solche Strategie ohne Widerstand aus dem Kollegenkreis unterlaufen?

Man darf nicht erwarten, daß schon ein strategisches Training von wenigen Tagen ein über Jahre versäumtes Üben des analytischen Denkens grundlegend verändert. Umdenkprozesse erfordern Geduld: Nur steter Tropfen höhlt den Stein. Manchmal sind personelle Veränderungen nicht zu umgehen. Wichtig ist, daß das Team optimierte Ziele auf der Tagung erarbeitet, für das kommende Jahr vorgibt, und daß die Geschäftsführung beobachtet, wie die Mitarbeiter diese in monatlichen Gesprächen für die einzelnen Arbeitsgebiete laufend umsetzen. Die Überzeugung der Beteiligten sowie die ständigen Signale des Managements und sein hartnäckiges Nachfassen entscheiden über die zügige Durchsetzung des in der Strategietagung eingeleiteten Umdenkprozesses.

Als wichtige Voraussetzung für die erfolgreiche Arbeit erweist sich die Einstellung der Mitarbeiter zur Notwendigkeit und Höhe des Unternehmensgewinnes. Litt das Unternehmen seit vielen Jahren unter Ertragsschwäche, so stellt sich oft Resignation ein. Durch „Rationalisierung" der eigenen Meinung spielen die Mitarbeiter die Bedeutung des Gewinns für den Fortbestand des Unternehmens herunter: Kleine „Profite" erachten sie als ausreichend, mögliche höhere, wie sie bei gut geführten Unternehmen entstehen, sehen sie entweder als nicht erreichbar oder als ethisch nicht vertretbar an. Wer lange genug seine Gedankenwelt auf diese Weise „rationalisiert", zweifelt an der Notwendigkeit guter Ergebnisse. Bei dieser Einstellung entwickelt sich keine Strategie, die Erfolgspotentiale aufbaut und ausschöpft. Liegt eine solche selbstzerstörende Einstellung vor, so hat die Geschäftsleitung zunächst die Bedeutung des Ertrages für alle Mitarbeiter klarzumachen.

Gute Resultate müssen für alle Beschäftigten ein freudiges Ereignis und zur selbstverständlichen Voraussetzung für den Bestand des Unternehmens werden. Die Sicherung der Arbeitsplätze und ein angstfreies Klima stellen hohe soziale Leistungen dar, die aber nur bei nachhaltigen Gewinnen zu realisieren sind. Ein wachsendes Unternehmen schafft zusätzliche Arbeitsplätze und bietet den Mitarbeitern mehr Aufstiegschancen, was aber ebenfalls abgesicherte Ergebnisse voraussetzt. Mit ihrer Zunahme steigt das Sicherheits- und Qualitätspotential für die Arbeitsplätze. Sie bilden je-

doch nur ein Potential für die Sicherung des Unternehmens, weil ihre Verwendung darüber entscheidet, ob man es ausschöpft.

Das Gesamtprogramm einer solchen Strategietagung vermittelt eine umfassende Analyse der Ausgangsposition und Chancen. Es ist selten in der verfügbaren Zeit vollständig durchzuführen. Deshalb empfiehlt es sich, zunächst die Geschäftsfelder höherer Priorität sorgfältig zu analysieren, um dann auf Geschäftsfelder mit niedrigerer Dringlichkeit überzugehen. Im Idealfall erhält die Führung die Untersuchungsergebnisse für alle Geschäftsfelder in jeweils einem strategischen Übersichtsbogen, der die Solitärbarrieren, Potentiale sowie alle Maßnahmen, Verantwortlichen und Ausführungszeiten festlegt.

Wir begannen zunächst immer mit Grundsatzreferaten zum Thema Erfolgsstrategie. Diese verfolgten das Ziel, den neuesten Stand der Kenntnisse sowie die letzten wissenschaftlichen Untersuchungen zur Unternehmensführung zusammenfassend darzustellen. Dadurch ergänzten wir das Wissen, das die Führungsmannschaft in verschiedenen Vorträgen während der Jahre gesammelt hatte, um somit die Voraussetzungen für den koordinierten Denkprozeß zu verbessern. Diese Referate übernahm ich als Vorsitzender des Geschäftsführungskreises selbst, zumal das immer wieder erneute Durchdenken der unternehmenspolitischen Prozesse zu den Hauptaufgaben des ersten Mannes in einem Unternehmen zählt.

Bei Strategietagungen selbst gingen wir nach folgendem Programm vor:

1. Kurze Darstellung bisheriger Analysen (zur Erinnerung):
   Eine gute Vorbereitung verkürzt die Bearbeitungszeit erheblich. Fragen: Was muß überarbeitet werden? – Wo änderten sich die Prämissen? Jeder schreibt während der Diskussion Anmerkungen mit jeweils einem Stichwort auf Zettel, die das Team später anheftet und diskutiert.

2. Zu welchen weiteren Ergebnissen kamen wir im Laufe des Jahres?

3. Welche Maßnahmen initiierten wir auf Grund der Analysen?
   – Welche Ergebnisse liegen vor? – Inwieweit ist die Strategie zu ändern?
4. Welche weiteren Maßnahmen leiten wir noch ein?
5. Welche zusätzlichen Analysen sind zu erstellen? (Eventuell auch durch Vertreter- und Kundenbefragung?)
6. Was sollten wir im Hinblick auf die Strategie oder die Maßnahmen ändern insbesondere mit dem Ziel, weitere Solitärbarrieren aufzubauen?
7. Welche konkreten Aufgabenstellungen und Prioritätsthemen (Beschlußblatt) legen wir zur Umsetzung in den Bereichsgesprächen fest?

Die Prioritäten bestimmten die Reihenfolge einzelner Geschäftsfelder bei der Moderation.

> Die Kunst des Moderators besteht darin, aus der Vielzahl der theoretisch möglichen Untersuchungen mit Hilfe einer vorgeschalteten Grobanalyse jeweils das auszuwählen, was den höchsten Erkenntniswert im Vergleich zum Arbeitsaufwand zu bringen scheint.

Zusammenfassend ist zu sagen, daß eine systematisch geführte Strategietagung im Laufe von einigen Jahren eine Eigendynamik im Sinne einer erfolgsorientierten Denkweise einleitet und die Lernfähigkeit einer Organisation ständig trainiert. Dafür gibt es folgende Gründe:

1. Eine systematisch geführte Strategietagung erweist sich als eine Lerntagung von höchster Qualität und größter Übersichtlichkeit, die
   – neue Erkenntnisse bringt,
   – alte Erkenntnisse absichert,
   – die betriebswirtschaftlichen Zusammenhänge verständlich und übersichtlich darstellt,
   – die Notwendigkeit konkreter Marktanalysen im Einzelfall aufzeigt und
   – starre Verhaltensweisen aufbricht.
2. Sie führt zu einer Schulung im Hinblick auf eine klare Orientierung der Mitarbeiter und ver-

hindert damit Fehlentwicklungen normalerweise schon im Vorfeld.
3. Sie fördert wie kaum ein anderes Instrument die Umsetzung ins Tagesgeschäft, da die Ziele und Maßnahmen von den Mitarbeitern selbst erarbeitet werden.

2.1 Abgrenzung der Geschäftsfelder und Prioritäten

Als Ausgangsbasis muß die Unternehmensführung eine Struktur finden, mit deren Hilfe sie das Unternehmen transparenter machen, besser durchleuchten und steuern kann, das Unternehmertum fördert und trotzdem die vorhandenen Synergien so gut wie möglich nutzt. Zu diesem Zweck sind alle Arbeitsgebiete eines Unternehmens beziehungsweise Bereiches zunächst in die kleinsten operativen Einheiten beziehungsweise Monobetriebe, also in die strategischen Geschäftsfelder, aufzulösen.[1] Diese werden auf Grund folgender Kriterien gebildet:[2]

– Das Geschäftsfeld soll eine eigenständige, möglichst unabhängige Marktaufgabe haben (z. B. durch Befriedigung unterschiedlicher Kundenbedürfnisse, Bearbeitung einer anderen Absatzregion oder Kundengruppe).
– Es soll bezüglich Marketing und Vertrieb weitgehend von anderen Geschäftsfeldern unabhängig sein, um so die Erarbeitung einer spezifischen Strategie zu ermöglichen.

Geschäftsfelder erarbeitet das Team zweckmäßig und auf einfache Weise für die Praxis, wenn es von den Produkten ausgeht und diese nach ihren Synergien untersucht (Vordruck 1). Dabei kann es für die unterschiedlichen Merkmale Kurzzeichen festlegen und diese ggf. mit einer %-Zahl ergänzen, die den abgeschätzten Umfang der Synergie wiedergibt.

Die einzelnen Merkmale besitzen je nach der Art der untersuchten Geschäftsfelder eine unterschiedliche Bedeutung. Aus der Vielzahl sind folg-

Synergien als Basis zur Kennzeichnung von Geschäftsfeldern (Angaben in %)

Merkmal	Produkte							
	1	2	3	4	5	6	7	8
Basisstrategien[1]								
Werkstoffe								
Konstruktionsarten								
Technologien								
Fertigungstechnik								
Käufer- bzw. Verwendergruppen								
Beratungsintensität								
Kundenbedürfnisse								
Qualitäts- und Preissegmente								
Absatzwege								
Absatzorganisation								
Absatzregionen								

1 Differenzierung = D, Kostenführung = K

Geschäftsfeldbildung nach den Kriterien Produkt und Kunden

Umsatzpotential der Produkte nach Kunden					
	KUNDEN				
Produkt					

lich die wichtigsten auszuwählen. Das Auswahlverfahren beschreibt Neubauer.[3] Für ein kundenorientiertes Unternehmen erfolgt die Segmentierung vorwiegend nach marktorientierten Kriterien. Eine einfache praxisgerechte Methode geht von drei Merkmalen[4] aus:

– Produkt
– Abnehmergruppe und
– Region

Trägt der Arbeitskreis alle wesentlichen Produkte und Abnehmer in die Matrix (Vordruck 2) ein, so lassen sich leicht Geschäftsfelder bilden, die er unter Umständen noch nach Regionen unterteilt, falls die Größe ausreicht. Damit ist das erste Ziel erreicht: Das Team erarbeitete die organisatorische Basis für relativ kleine Profit-Center, für die die Unternehmensleitung einzelne Personen voll oder weitgehend verantwortlich einsetzen kann. Die

Zahl der Schnittstellen wurde folglich sehr klein gehalten. Die Leistungen der Geschäftsfelder sollten durch Ergebnisse und Kennzahlen als unternehmerische Einheiten eindeutig meßbar sein.

Um die möglichen Synergien zu nutzen, faßt die Führung Geschäftsfelder mit gleicher oder verwandter Fertigungstechnik, gleichem Absatzweg, ähnlichen Servicestrukturen etc. zu übergeordneten Abteilungen oder Bereichen zusammen. Schließlich muß sie den Profit-Centern zu Beginn dieser Untersuchungen eine erste grobe Priorität zuordnen, wobei ihr der Vordruck 3 hilft. Damit hat sie die Rangfolge für die weitere Bearbeitung festgelegt. Die Prioritäten verändern sich nicht selten auf Grund neuer Erkenntnisse im Laufe der Überlegungen und sichern das Wissen mit zunehmender Zahl der internen Analysen sowie ergänzenden Marktforschungsuntersuchungen immer besser ab.

						Vordruck: 3 Datum: Bearbeiter:	

Prioritäten nach Geschäftsfeldern

Geschäftsfeld	IST		in 5 Jahren		Solitärbarrieren[2]	Ergebnis in % v. U.		Priorität
	Umsatz	MA[1]	Umsatz	MA[1]		IST	in 5 Jahren	

1 MA = Marktanteil   2 Bewertung: 10 = Monopol, 0 = keine Barriere

2.2 Grobanalyse der Haupt-Erfolgsdeterminanten

Die langjährige Zugehörigkeit von Führungskräften zu einem Unternehmen beweist noch nicht ihren guten Informationsstand über dessen Stärken und Schwächen. Liegt die Kenntnis vor, so besagt dies noch nicht, daß sie daraus auch gezielte Handlungen ableiten. Es kann zur Betriebsblindheit kommen, insbesondere dann, wenn die Unternehmensleitung relativ autoritär führt: Mitarbeiter informieren sie nicht mehr über das, was sie denken. Die Moderationstechnik, bei der jeder anonym aufschreibt, was seinen Vorstellungen entspricht, fördert dagegen die offene Stellungnahme.

Es bringt Vorteile, vor der Detailanalyse eine Grobanalyse durchzuführen, in der der Arbeitskreis die Stärken und Schwächen in der Leistung, den Positionen, Kosten und Märkten (Vordruck 4) sowie bei der Führung, der Organisation, der Planung, der Information, des Produktes usw. (Vordruck 6) bewertet. Damit sind die Schwerpunkte für alle weiteren Analysen festgelegt, denn man sollte insbesondere auf den Gebieten die Analyse weiter vertiefen, auf denen das Team besondere Verbesserungsmöglichkeiten erkennt.

Bei der Grobanalyse des Bedrohungspotentials beurteilt die Gruppe pauschal die wesentlichen Faktoren, die unter Umständen den Bestand des Unternehmens von außen und innen gefährden (Vordruck 5). Dabei kennzeichnet ./. 10, daß es sehr große und 0, daß es keine Probleme gibt. Bezüglich der Branchen-, Segment- und Solitärbarrieren heißt + 10, daß ein höchstmöglicher Schutz die eigene Position absichert.

Mit Hilfe des Grobpotentials wollen wir die Bedeutung bzw. die Chancen der Determinanten für den Erfolg des Unternehmens abschätzen und dadurch die Schwerpunkte für die detaillierten weiteren Untersuchungen setzen. Dies erfolgt in einem iterativen Prozeß: Im Laufe der späteren Untersuchungen gelingt es zunehmend genauer, die

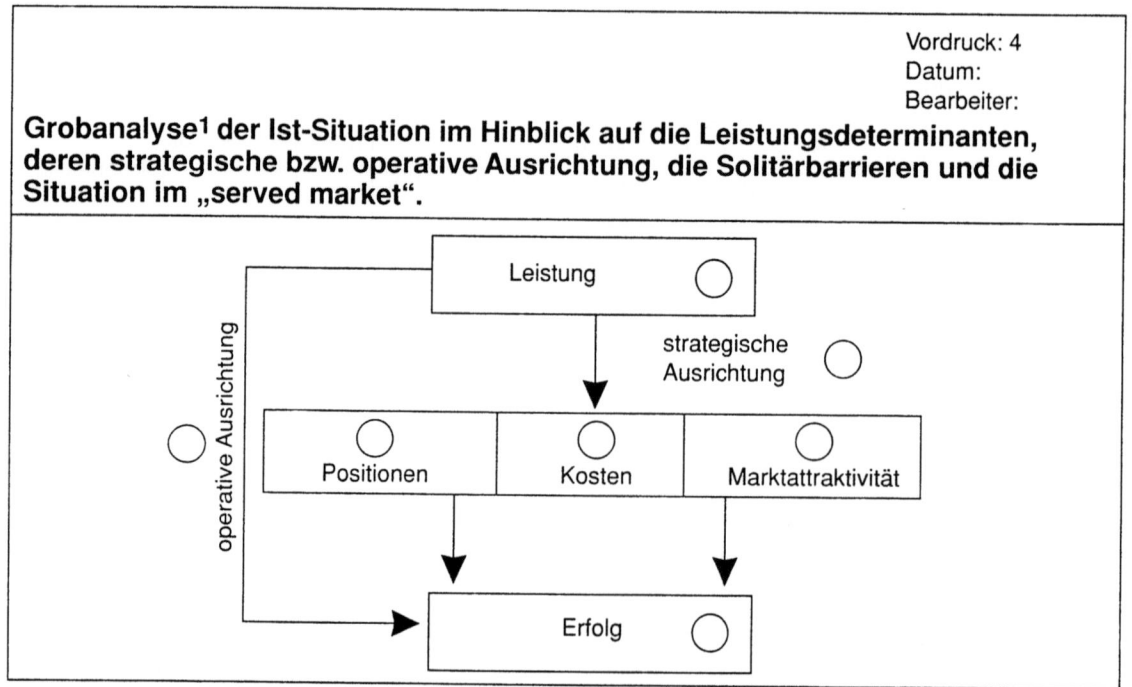

Vordruck: 4
Datum:
Bearbeiter:

Grobanalyse[1] der Ist-Situation im Hinblick auf die Leistungsdeterminanten, deren strategische bzw. operative Ausrichtung, die Solitärbarrieren und die Situation im „served market".

1 10 = sehr stark bzw. sehr hoch; 0 = kaum vorhanden, weit unterdurchschnittlich, ungünstig

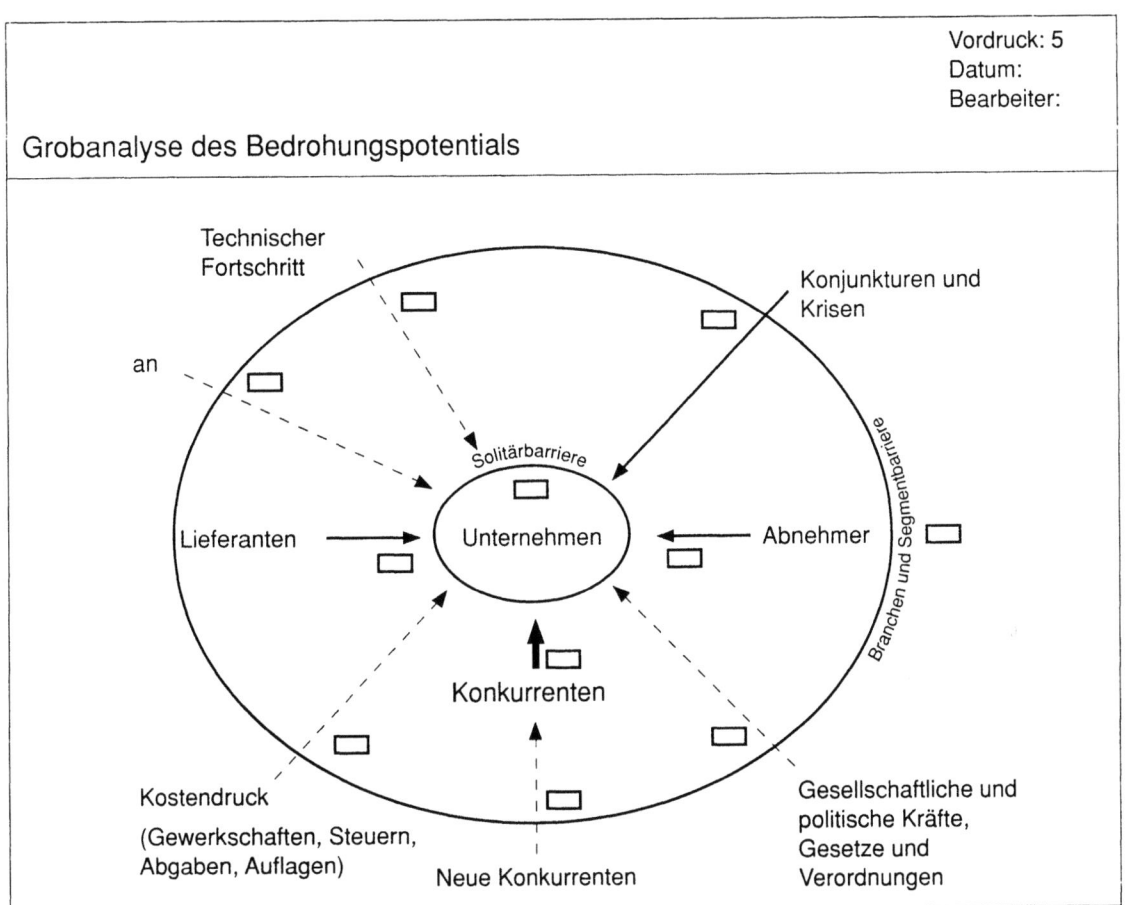

Grobanalyse des Bedrohungspotentials

Technischer
Fortschritt

Konjunkturen und
Krisen

an

Solitärbarriere

Lieferanten → Unternehmen ← Abnehmer

Branchen und Segmentbarriere

Konkurrenten

Kostendruck

(Gewerkschaften, Steuern,
Abgaben, Auflagen)

Neue Konkurrenten

Gesellschaftliche und
politische Kräfte,
Gesetze und
Verordnungen

Bewertung vorzunehmen. Die Überlegungen zum Grobpotential erscheinen jedoch wichtig, um sich von Anfang an auf die als chancenreich erwarteten Ansatzpunkte zu konzentrieren. Bei der Einschätzung der Determinanten geht man normalerweise, wenn keine anderslautende Bewertung vorgeschrieben wird, von der allgemeingültigen Überlegung aus, daß die Bewertungsziffer um so mehr ansteigt, je günstiger die Situation für das eigene Unternehmen bzw. je größer die Bedeutung für die Unternehmenspolitik ausfällt. Die Ziffer 10 kennzeichnet folglich die günstigste bzw. bedeutendste und je nach dem Einzelfall 0 oder ./. 10 die umgekehrte Situation.

Liegt ein klares Meinungsbild über die Stärken und Schwächen sowie das Potential für die jeweilige Situation vor, so sollte man die Gründe eruieren, auf denen die Positions- und Leistungsdeterminanten basieren. Durch solche Analysen überprüft das Team logisch, ob die Überlegungen schlüssig sind. Weiterhin verifiziert es sie dadurch, daß es die eingeschätzten Stärken und Schwächen aller Hersteller jeweils mit der Umsatz- und Ergebnisentwicklung vergleicht. Wer seine Stärken höher einschätzt als die der Wettbewerber, der muß auch logischerweise eine günstigere Unternehmensentwicklung nachweisen können. Die Ergebnisse der Grobanalyse vermitteln wichtige Hinweise darauf, wo es sich besonders zu lohnen scheint, weitere Untersuchungen mit Hilfe der

Grobanalyse der Stärken und Schwächen eines Geschäftsfeldes oder Unternehmens im Vergleich zum Marktpotential (Bedeutung) und zum stärksten Wettbewerber

Erfolgsdeterminanten	Grob-poten-tial[1]	Ausschöpfungsgrad[2]			Differenz[3] als			
		eigenes U.	Wettbew.1	Wettbew. 2	Stärke	Schwäche	Chance	Ein-sparung?
Marktpotential Lebenskurve (Wachstum/ Substitution) Differenzierungspotential Qualitätssensibilität Kontaktpotential Preisführungspotential Konkurrenz Kunden/Segmente Lieferantenstruktur Investitionsintensität Rahmenbedingungen								
differenzierende Position genutztes Differenzierungs- potential Qualitätsimage Bekanntheitsgrad Zeitposition Segmentposition objektive Differenzierung Differenzierungsposition aus Kundensicht internationale Organisations-/ Absatzwege Kontaktposition								
Kostenposition Marktanteil Synergieposition Kostenführung durch Konzen- tration (u. a. Sortiment, Standardisierung) Technologie Pro-Kopf-Leistung Kapitalbindungsposition sonstiges								
Position der Absicherung und Chancenwahrnehmung personelle Position Kulturposition Finanzposition rechtliche Position Entwicklungsposition								
Leistung Strategie Umsetzung Motivation Kundenorientierung Differenzierungsorientierung Wirtschaftlichkeitsorientierung								

1 Durch Abschätzung des Grobpotentials (Bedeutung) einzelner Determinanten für die Beeinflussung der Rentabilität lassen sich die Schwerpunkte für die weitere Untersuchung herausarbeiten. Dabei bedeuten 10 = höchste Bedeutung, 0 = bedeutungslos, ./. 10 = größtes Problem, größte negative Bedeutung.
2 Bewertung: gleichhohe Zahl wie Grobpotential = 100 % Ausschöpfungsgrad. Unternimmt ein Unternehmen mehr als dies der Markt erfordert, vergeudet es also Ressourcen, so liegt der Wert des Ausschöpfungsgrades über dem Grobpotential.
3 Liegt der eigene Wert über dem der Wettbewerber, so besteht eine Stärke, umgekehrt eine Schwäche. Ausschöpfungsgrade über 100 % könnten auf ein Einsparungspotential hindeuten. Wird das Marktpotential von keinem Hersteller ausgeschöpft, so ergibt sich eine Chance.

Moderationstechnik beziehungsweise durch Marktbefragungen[5] zu ergänzen.

Damit ist das Erfolgspotential, das in einzelnen Determinanten steckt, grob definiert. Jede dieser Haupteinflußgrößen basiert wiederum auf einer Vielzahl einzelner Merkmale, die mehr oder weniger ihre Ertragswirksamkeit bestimmen. Deren Potential ermittelt die Gruppe in den detaillierten anschließenden Untersuchungen. Sie klärt weiterhin, inwieweit die eigene Firma beziehungsweise der stärkste Wettbewerber dieses zur Zeit nutzt. Bei besserer Ausschöpfung entsteht eine Stärke, bei Nachhaltigkeit eine Solitärbarriere, bei schlechterer Nutzung eine Schwäche. Erreicht die Kennziffer für ein Geschäftsfeld 100 %, so wurden die Chancen, die die Situation bietet, nach Einschätzung des Teams voll genutzt. Übersteigt die Bewertung das Marktpotential, so deutet dies darauf hin, daß das Unternehmen zu viel Aufwand betreibt, den die Abnehmer nicht mehr honorieren. Hier prüft der Arbeitskreis, ob sich nicht Einsparungsmöglichkeiten eröffnen.

Hat die Gruppe die Bewertung der Grobanalyse abgeschlossen, so sollte sie die Positionseinschätzung noch einmal durch Kontrollfragen absichern:

– Wie groß ist die durchschnittliche Preisdifferenz unseres Unternehmens im Vergleich zum Branchendurchschnitt und zu den stärksten Konkurrenten?
– Welcher Wettbewerber erzielt die höchsten Erlöse? – Aus welchen Gründen?
– Welche Preistendenz erwarten wir im Markt und bei einzelnen Herstellern?
– Welchen Rang auf Grund der Umsatzwachstumsraten bzw. der Ergebnisse in % vom Umsatz für die letzten fünf Jahre nehmen wir unter den Konkurrenten ein?
– Was besagt deren Umsatzanteil neuer Produkte in Relation zu unserem?
– Wie verhält sich die Zahl der angemeldeten Patente im Vergleich?

Entsprechen die Ergebnisse der Kontrollfragen logisch nicht der ermittelten Position und gibt es dafür keine besonderen Gründe, so kam es mit hoher Wahrscheinlichkeit zu einer Fehleinschätzung. Die Ermittlung der Ursachen für solche Abweichungen ist für das gesamte Team sehr lehrreich.

2.3 Märkte und Segmente

Die erfolgreiche Unternehmensstrategie beginnt mit der Auswahl der „richtigen" Märkte.[6] Das Management muß deshalb über die Einflußdeterminanten der vom Unternehmen bearbeiteten Segmente informiert sein. Wie sollte ein Feldherr die Chancen für einen Sieg abwägen, eine Strategie gegen den Gegner entwickeln, wenn er nicht die Einzelheiten über die Topographie und Kampfstärke des Feindes kennt?

Bei oberflächlicher Betrachtung scheint die Frage nach den besseren Märkten nur in Ausnahmefällen relevant:

1. Jedes Geschäftsfeld arbeitet in einem bestimmten Umfeld, das selbst der Marktführer nur begrenzt beeinflussen kann.
2. Die Diversifikation beinhaltet große Risiken, da das eigene Unternehmen während einer längeren Zeit stets auf einer schlechteren Positionsbasis arbeitet als die etablierten Wettbewerber. Nicht ohne Grund bleiben gut geführte Unternehmen in der Regel in ihrem eigenen Knowhow-Kreis.

Tatsächlich besteht aber die Möglichkeit, günstigere Segmente zu besetzen. Weiterhin lassen sich Märkte – vor allem in der frühen Phase und bei ausreichender Konsequenz – beeinflussen. Nicht selten bestimmen Unternehmen in dieser Zeit die Bildung und die Art der Segmente mit. Von den Geschäftseinheiten muß folglich langfristig erwartet werden, daß sie in attraktive Segmente oder Märkte eindringen und hier eine führende Position erreichen. Bei einer Gegenüberstellung mit erfolgreichen Organisationen kommt regelmäßig der Standardeinwand: „Das ist nicht zu vergleichen". Deshalb beantwortet das Team einleitend zunächst die Frage: Was unterscheidet unsere Branche von allen anderen? Dadurch schafft es Klarheit, wo die Besonderheiten liegen und in welchen Punkten die eigene Organisation tatsächlich von anderen Wirtschaftszweigen lernen kann.

2.31 Kundenanalyse

Die Kundenorientierung ist bei differenzierten Produkten das wichtigste Instrument zur Anpassung von Produkten an die Bedürfnisse und deshalb auch Ausgangspunkt aller Überlegungen. Je mehr es sich allerdings um genormte Artikel beziehungsweise homogene Massengüter handelt, um so bedeutungsloser wird sie. Im letzteren Falle gehen normalerweise sogar negative Einflüsse auf Grund ihrer kostenerhöhenden Wirkungen von Anstrengungen zur Kundenorientierung aus.

Für die einzelnen Kundengruppen schätzt das Team nun das Erfolgspotential, das insbesondere deren Marktmacht beeinflußt. Vor Beginn muß der Moderator den Teilnehmern die Inhalte der einzelnen Merkmale, die zu beurteilen sind, erläutern, da die Stichworte alleine nicht immer ausreichen, um die betriebswirtschaftlichen Zusammenhänge zu erkennen.

Es empfiehlt sich folgende Vorgehensweise, auch für alle späteren Analysen:

1. Zunächst überprüft der Arbeitskreis, welche Kundensegmente bzw. Geschäftsfelder er in welcher Reihenfolge auf Grund der Prioritäten untersuchen will. Soweit unterschiedliche Geschäftsfelder gleiche Kunden beliefern, faßt er die Beurteilung unter Umständen zusammen.
2. Hat das Team mehrere Geschäftsfelder zu beurteilen, so spart es Zeit, indem verschiedene Gruppen parallel an den Themen arbeiten.
3. Die Vordrucke werden auf eine Leinwand projiziert und die Teilnehmer aufgefordert, jeweils für ein Merkmal den Wert bzw. das Stichwort auf ein Blatt zu schreiben. Dann läßt der Moderator die Karten einsammeln und anheften.

4. Im Anschluß überprüft das Team, inwieweit direkte Veränderungen der Produkte, Werbemaßnahmen etc. oder indirekte über den Verband, die Positionsdeterminanten so verschieben, daß das Unternehmen die Marktmacht der Kunden kompensiert beziehungsweise die eigene Position stärkt. Finden sich Ansatzpunkte, so ist es zweckmäßig, die Bewertungsziffer mit Querverweisen zu kennzeichnen und die Maßnahmen auf einem separaten Blatt festzuhalten.
5. Nicht beeinflußbare Merkmale sind dagegen zur Entlastung der Übersichten auszusortieren, da sie keinen Ansatzpunkt für die eigene Aktivität bilden.
6. Für die Maßnahmen bildet man eine Rangfolge, die die Bedeutung des Merkmals und die Höhe der Beeinflussungsmöglichkeiten berücksichtigt.

Immer wieder sollte der Moderator diskutieren, ob die eigene Organisation wirklich vertriebsorientiert arbeitet, ob also die Voraussetzungen vorliegen, die Kundenprobleme qualifiziert zu beurteilen: Fordern wir beispielsweise laufend die Geschäftsberichte wichtiger Kunden an? – Pflegen viele Mitarbeiter mit unterschiedlichen Funktionen enge Kundenkontakte? – Welche? – Gehen wir bei unserer Vertriebspolitik auf deren Strategie und absatzpolitische Überlegungen ein? – Denken wir also „mit dem Kopf unserer Kunden"?

Nach allen Analysen stellt sich immer wieder die Frage, welche Merkmale oder Beurteilungskriterien das Management zweckmäßigerweise durch Recherchen bei den Kunden ergänzt und absichert, da die Urteile möglicherweise auf unfundierten subjektiven Einschätzungen beruhen. Eigene Zweifel können die Teammitglieder mit Klammerwerten oder Fragezeichen dokumentieren. Starke Abweichungen zwischen den Einschätzungen deuten auf Unsicherheiten hin.

Durch die Antworten auf folgende zusätzliche Fragen erhält die Führung Klarheit:

Marktmacht der Kunden

Geschäftsbereich

Merkmale	Bewertungs-anleitung[1]	Poten-tial[1]	Geschäftsfeld/Produkt						
Austauschbarkeit Umstellungskosten	niedrig = 10 hoch = 10								
Risiko des Lieferanten-wechsels	hoch = ./. 10								
Markenbindung	hoch = 10								
persönliche Bindungen	hoch = 10								
sonstige Bindungen (gemeinsame Patente, Verträge)	hoch = 10								
Strategie der Kunden (Preis oder Qualität) Bedeutung unserer Liefe-rungen für die Strategie	hoch = 10								
Ergebnissituation der Kunden Transparenz Markttransparenz Kostentransparenz	gut = 10 niedrig = 10 niedrig = 10								
Konzentration	sehr hoch = ./. 10								
Anteil der ersten drei Ab-nehmer am Umsatz in %	%								
regionale Lücken Inland Ausland	keine = 10								
Zahl der Kunden (absolut)	sehr niedrig = ./. 10								
Wachstum des Kundenbedarfs in % Wachstum der Nachfrage im Segment Substitution	% sehr hoch = ./. 10								
Bedürfnisintensität zum Kauf des Produktes	hoch = 10								
Gefahr der Rückwärtsintegration	niedrig = 10								
Kontrolle: Ergebnisse in der Kundengruppe in % vom Umsatz									

1 Allgemeine Bewertung
  10 = Situation ist sehr gut/sehr günstig für uns/sehr wichtig
  ./. 10 = sehr schlecht/sehr ungünstig für uns/ohne Bedeutung

1. Welche Anforderungen werden an Lieferanten gestellt?
   – Gibt es kundenspezifische Anforderungen?
   – Führen diese zu Umstellungsbarrieren?
2. Fallen beim Kunden hohe Einkaufs- bzw. Verhandlungskosten an?
3. Wo liegen die geographischen Schwerpunkte unserer Kundschaft und welche Veränderungen gibt es?
4. Welche Bedeutung hat unser Angebot für die Bedürfnisbefriedigung beziehungsweise für das Endprodukt des Käufers?
5. Bestehen Machtzusammenballungen? – Welche sind zu erwarten?
6. Mit welchen Maßnahmen baut man in dem Segment generell Differenzierungen auf?
7. Welchen Differenzierungsbemühungen setzt der Kunde Widerstände entgegen?
8. Welche Bedeutung besitzen Zähler und Nenner nach der Basisformel der Unternehmenspolitik für das Geschäftsfeld?

Um die Chancen zu erkennen, analysiert das Team das Potential nach Kundengruppen und Regionen. Zunächst sammelt es alle Merkmale durch Aufschreibung. Dann schätzen die Mitarbeiter in der Zentrale das gesamte Einkaufsvolumen und den Marktanteil für den Gesamtmarkt und die regionalen Organisationen ermitteln diese Werte für ihre Gebiete oder Länder. Für wichtige Gruppen und Regionen untersuchen sie noch die Marktmacht der Kunden.

Will ein Unternehmen seine Geschäftstätigkeit durch Sortimentsausweitung oder Akquisition auf andere Gebiete ausdehnen, so ist das Risiko am geringsten, wenn es auf möglichst starke Synergien zurückgreift. Im Vertrieb ergeben sie sich beispielsweise, wenn die Gesellschaft bereits mit anderen Produkten die gleichen Abnehmer bearbeitet. Die eigenen Mitarbeiter kennen die Einkäufer und andere entscheidende Personen. Die Vertriebsorganisation, Kontakte und Kundenkenntnisse stellen bereits eine Position dar. In diesem Falle sollte der Moderator prüfen, welches Volumen auf die bearbeiteten Gruppen entfällt. Eine gezielte

Abnehmerbefragung beziehungsweise Beschaffung von anderen Unterlagen kann die Erkenntnisse ergänzen. Zum Abschluß entsteht eine Übersicht mit Artikelgruppen und Einkaufsvolumen als Basis für weitere Überlegungen.

Letztlich geht es darum, auf zwei *Kernfragen* klare Antworten zu finden (Vordruck 8):

1. Welche Probleme empfinden die Händler oder Endabnehmer bei der Kaufentscheidung, Installation, Verwendung, Reparatur, Wartung, Ersatzbeschaffung etc.?
2. Welche latenten Bedürfnisse sind vorhanden?

Die Klärung dieser Fragen bildet eine sehr wichtige Basis für die Verbesserung von Produkten, Service etc. und damit für die erfolgreiche Marktbearbeitung. Dabei interessieren alle verkaufsrelevanten Merkmale, seien sie qualitätsorientiert, prestige- oder meinungsorientiert, innovationsorientiert, kostenorientiert etc. Vor allem die Aufdeckung und Befriedigung latenter Bedürfnisse führt zu erfolgversprechenden Innovationen und damit zu attraktiven Differenzierungen. In der Praxis erweist es sich aber als sehr schwierig, die Probleme und insbesondere die latenten Bedürfnisse aufzudecken. Die Antworten setzen eine genaue Kenntnis der Kunden, eine entsprechende Orientierung und Sensibilität der eigenen Mitarbeiter voraus. Nur eine stark kundenorientierte Organisation findet brauchbare Antworten.

Im Anschluß an diese Analyse prüft das Team, ob es bei bestimmten Käufergruppen andersartige Probleme bzw. Anforderungen und latente Bedürfnisse erkennt. Dies dient als Grundlage für ihre Einteilung in Typen oder die Bildung von Segmenten, für die jeweils andersartige Eigenschaftskombinationen der Produkte und Strategien zum Einsatz kommen.

Die Untersuchung der vorhandenen und potentiellen Kundenarten mit unterschiedlichen Bedarfsstrukturen, auf der die Marktsegmente basieren, stellt normalerweise den wirtschaftlichsten Ansatzpunkt zur Ermittlung des Differenzierungspotentials dar. In älteren Märkten ist das vielfälti-

Vordruck: 8
Datum:
Bearbeiter:

Kernfragen der Kundenanalyse

Welche Probleme oder Mangelgefühle empfindet der Käufer bzw. welche Fehler unterlaufen dem Händler oder Endabnehmer im Zusammenhang mit dem Sammeln von Kaufinformationen, bei der Kaufentscheidung, Installation, Verwendung, Reparatur, Wartung oder Ersatzbeschaffung und welche latenten Bedürfnisse sind vorhanden?

Problem, Unsicherheit etc./latente Bedürfnisse	Bewertung[1]

1 10 = besonders wichtig, 0 = nicht relevant

ge Angebot mit unterschiedlichen Produkten, z. B. Maschinen nach verschiedenen Konstruktionen, Baureihen, Werkstoffen etc., der Ausdruck des genutzten Differenzierungspotentials. Eine vom Abnehmer als angenehm empfundene Anpassung an seine Bedürfnisse muß nicht zu einer Kostensteigerung führen, sie verbilligt sogar nicht selten die Produkte,[7] erhöht aber in jedem Falle die Attraktivität für den Kaufinteressenten.

Ein sehr einfacher, aber meistens nicht ausreichender Ausgangspunkt für die Bildung von Kundentypen kann zum Beispiel in einer so unterschiedlichen Einstellung wie der Qualitäts- und der Preisorientierung liegen, die sich schon auf Grund der Einkommens- und Vermögensverhältnisse erklärt. Er bildet die Grundlage vieler Prestigeerzeugnisse.[8] Um das Differenzierungspotential besser abzuschätzen und nähere Ansatzpunkte für eine Differenzierungsstrategie zu erhalten, sollte das Team die Gründe für eine Qualitätsorientierung (z. B. große Bedeutung für die Strategie, Si-

cherheit, Prestige, Hobby) oder Preisorientierung der Abnehmer (z. B. niedriges Einkommen, Rentabilitätsdruck) ermitteln (Vordruck 9). – Zeigen sie eine hohe oder niedrige Qualitätssensibilität? – Auf den unterschiedlichen Voraussetzungen bei den Kunden basieren Differenzierungspotentiale für die Produkte und das Marketing. Besitzen kleinere Händler oder Industriekunden beispielsweise keine Organisation zur Schulung ihrer Mitarbeiter, so kann der Lieferant diese Schulung anbieten.

Das Team sammelt zunächst alle denkbaren Unterscheidungskriterien beziehungsweise Einstellungen und Voraussetzungen bei den Kunden in einem Moderationsprozeß, bringt die kaufrelevanten Kriterien in eine Hierarchie und beurteilt den Erfüllungsgrad des eigenen Unternehmens sowie der Wettbewerber. Im Anschluß daran bildet es aus diesen Merkmalskombinationen Kundentypen und schätzt ab, welche Bedeutung den einzelnen Kategorien zukommt (Vordruck 10). Dabei ist zu beachten, daß das Marktvolumen, das auf das

Kundensegment entfällt, eine optimierte Größe für das eigene Unternehmen und eine günstige Wachstumsrate besitzt. Da die Kundentypen – wie bereits erwähnt – eine der wichtigsten Grundlagen für die strategische Orientierung darstellen und mit Fehleinschätzungen des Teams gerechnet werden muß, empfiehlt es sich, ergänzende Marktfor-

schungsanalysen vorzunehmen, wobei die Moderationsergebnisse als Basis dienen können. Gibt der Auftraggeber dem Marktforschungsunternehmen genau vor, welche Auswertungsergebnisse er erwartet, zum Beispiel durch Vorgabe der intern verwendeten neutralen Vordrucke, so erleichtert dies die Vergleichbarkeit.

Geschäftsfeld/Segment/Typ: Produkt: Grobpotential[4]:	Vordruck: 9 Datum: Bearbeiter:
Verkaufsrelevante Verhaltensweisen und Einstellungen bzw. Orientierungen[1] der Kunden	
Merkmale[2]	Erfolgspotential[3]

1 Vgl. Vordruck 6 „Kunden"
2 Aus unterschiedlichen Orientierungen und Erfüllungen leiten sich Typologien für eine Ausrichtung auf Segmente ab.
3 Merkmale zuerst durch Moderation ermitteln.
4 Allgemeine Bedeutung des Merkmals für den Erfolg im Markt:
   10 = sehr wichtig, 0 = ohne Bedeutung, ./. 10 = stark kaufbehindernd

Potentielle Kundengruppen und Regionen

Abnehmerarten/Regionen	Marktvolumen		Erfolgs-poten-tial[1]
	absolut	%	
Abnehmertypen			
Regionen			

1 siehe Vordruck 6 „Kunden"
2 Erfolgspotential: Allgemeine Bedeutung der Abnehmerart/Region für den Erfolg im Geschäftsfeld: 10 = Voraussetzung für beste Ergebnisse, ./. 10 = schwierigste Voraussetzungen

Nach Abschluß der Kundenanalyse sollte dem Management eine Übersicht vorliegen, in welche Segmente sich die Märkte aufspalten oder aufspalten lassen, welche ungefähre Größenordnung die Segmente besitzen und welchen Solitärbarrieren welche Bedeutung zukommt (Vordruck 11).

2.32 Konkurrenzanalyse

Normalerweise ist die Konkurrenzsituation im Markt der wichtigste marktbestimmende Faktor für ein Unternehmen. Alle Leistungen sind in Relation zur Konkurrenz zu messen. Solitärbarrieren beziehungsweise Positionsdeterminanten entstehen durch die Solitärdistanz und die Stabilität der

Position gegenüber den Wettbewerbern. Solche Solitärdistanzen bzw. Stärken-Differenzen ergeben sich u. a. durch die

– Strategischen Differenzen,
– Know-how-Differenzen,
– Image-Differenzen und
– Finanzkraft-Differenzen.

Eindringende Wettbewerber können über eine lange Zeit die Gleichgewichte in einem Markt erheblich stören und die Wettbewerbssituation erschweren, da sie im allgemeinen bereit sind, Opfer zu bringen, um sich einen Marktanteil zu erkämpfen.

Bereich/Geschäftsfeld:				Vordruck: 11
Produkt:				Datum:
Grobpotential[1]:				Bearbeiter:

Welche Marktsegmente/Typologien gibt es?

Marktsegmente/ Typologien	Marktvolumen		Erfolgs- poten- tial[2]	optimierte Basisstra- tegie[1]	wichtigste Solitär- barriere
	absolut	%			
Gesamtmarkt		100			

1 Vordruck 6 „Differenzierungspotential"
2 D = Differenzierung, P = Preisführung
3 Erfolgspotential: Allgemeine Bedeutung des Segmentes bzw. des Kundentypos für den Erfolg des Geschäftsfeldes: Günstigste Wettbewerbssituation = 10, ungünstigste Wettbewerbssituation = ./. 10

Analyse der gegebenen Wettbewerbssituation

Für die Konkurrenzanalyse empfiehlt sich folgende Vorgehensweise.

1. Das Team hat zu klären, welche Wettbewerber sich im relevanten Markt betätigen.[9] Weiterhin sollte es festlegen, welche Informationen in der jeweiligen Situation wichtig oder unwichtig sind.
2. Welches Geschäftsfeld wollen wir betrachten? – Falls in mehreren identische Konkurrenten auftreten, genügt unter Umständen eine zusammenfassende Beurteilung.

3. Für jedes Geschäftsfeld bilden wir eine Arbeitsgruppe, die die Vordrucke zur Konkurrenzsituation soweit wie möglich ausfüllt (Vordruck 12). Zur Unterscheidung relativ abgesicherter Zahlen von groben Schätzungen geben die Teammitglieder letztere als eingeklammerte Werte oder durch Kennzeichnung mit einem Fragezeichen an. Normalerweise besitzen die Mitarbeiter in einer Reihe von Punkten nur sehr vage Vorstellungen. Weichen die Schätzungen verschiedener Teammitglieder zu stark von einander ab, so zeigt dies schon, wie dringend der Sachverhalt eine weitere Marktuntersuchung erfordert.

4. Der Moderator legt zur Absicherung der Informationsbasis Aufgaben fest:
   - Welche Geschäftsberichte fordern wir automatisch jährlich von unseren Banken an? (Liste erstellen!)
   - Welche Zahlen lassen sich über unseren Außendienst, die Banken bzw. Auskunfteien etc. ermitteln?
   - Welche Fragen lassen sich durch Marktforschungsuntersuchungen ergänzend klären?
   - Wie hoch liegt die Pro-Kopf-Wertschöpfung bzw. Pro-Kopf-Leistung der Wettbewerber?

   - Welche Stärken, Schwächen und Solitärbarrieren besitzen sie?
   - Wie verlief ihr Wachstum?
   - Welche Umsatzrendite erzielten Spitzenfirmen der Branche?

Die Grundsatzfrage, die man nach Abschluß der Analyse dem Team stellen sollte, lautet: Kennen wir unsere Wettbewerber auf den wichtigsten Geschäftsfeldern gut genug? – Niemand kann seinen Gegner gezielt angreifen, wenn er seine Stärken und Schwächen nicht kennt. Diese hat das Team zunächst herauszuarbeiten, mit Stichworten

Bereich/Geschäftsfeld: Produkt: Grobpotential[1]:	Vordruck:12 Datum: Bearbeiter:			
Konkurrenzsituation				
Einflußgrößen	Erfolgspotentiale nach Geschäftsfeld[1]			
Zahl der Wettbewerber absolut Kräfteverhältnis				
neue Wettbewerber in den letzten 5 Jahren absolut durchschnittl. Fixkostenanteil in % vom Umsatz				
Marktwachstum der Branche Substitution in % p.a.				
Eintrittsbarrieren Austrittsbarrieren				
Saisonverlauf sonstiges[2]				

1 Vordruck 6 „Konkurrenz"
2 Erfolgspotential: Soweit keine anderen Einheiten vorgegeben sind, wird die allgemeine Bedeutung der Einflußgröße für den Erfolg durch Kennziffern gemessen. 10 = hohe Bedeutung bzw. günstige Voraussetzungen für den Erfolg; 0 = sehr ungünstig
3 Stichworte vorher durch Moderation ermitteln

zu kennzeichnen und dann gemäß ihrem Wettbewerbseinfluß zu bewerten. Eine Einschätzung
- der Solitärdistanz,
- der Imitationszeit,
- des Imitationsaufwandes,
- des relativen Imitationstempos und
- des Penetrationsanreizes

hilft, die Ausgangssituation relativ sicher zu beurteilen.

> Nicht selten zeigt sich bei genauerer Betrachtung und nach sorgfältiger Analyse, daß auch starke Wettbewerber verwundbar sind. Man muß nur die wichtigen Ansatzpunkte finden.

Die Stärken-Schwächen-Analyse wird noch ergänzt, wenn die Gruppe später die Produkte bewertet. Es empfiehlt sich deshalb, die Ergebnisse dann zu vergleichen, um noch einmal Unsicherheiten bei der Bewertung aufzuzeigen. Aus den erkannten Unsicherheiten leitet sich als Konsequenz ab, daß das Unternehmen die offenen Fragen durch Marktuntersuchungen klären muß.

> Nach Abschluß der Konkurrenzanalyse sollte dem Management eine Übersicht über die derzeitigen Stärken und Schwächen des Wettbewerbs, d. h. über die Positionen mit ihrer Distanz, der Imitationszeit, dem geschätzten Imitationsaufwand, dem relativen Imitationstempo und dem Penetrationsanreiz vorliegen (Vordruck 13).

Veränderungen in der derzeitigen Wettbewerbssituation

Neue Wettbewerber verschärfen die Marktsituation, weil sie gezwungen sind, Marktanteile auf Kosten der etablierten Hersteller zu gewinnen. Je mehr dies bei den anderen Produzenten, vor allem in stagnierenden oder schrumpfenden Märkten, spürbar wird, um so energischer verteidigen sich diese normalerweise. Ist eine solche Kampfsituation zu erwarten, so kann es sinnvoll sein, die Risiken und die Abwehrchancen zu untersuchen.

Insbesondere in der frühen Phase der Lebenskurve einer Branche ist die Wahrscheinlichkeit hoch, daß neue Unternehmen das zukunftsträchtige Arbeitsgebiet aufnehmen. Um den Aufwand sowie die notwendige Zeit für das Eindringen der externen Unternehmen abzuschätzen, sind deren Synergieeffekte, zum Beispiel deren Nähe zum Know-how, zu bewerten. Das Team hat weiterhin deren wesentliche Solitärbarrieren zu beurteilen. In vielen Fällen dürfte dies die Nähe zum Kunden oder zur Technologie sein. Schreibt es die Branchen beziehungsweise Unternehmen in einer Matrix mit diesen Kriterien ein (Vordruck 14), so zeigt sich, wer die größten Synergieeffekte besitzt und damit die geringsten Barrieren zu überwinden hat. Dadurch erhält man die erste Orientierung für alle weiteren gegebenenfalls noch durchzuführenden Analysen.

Wächst der Penetrationsanreiz aus irgendwelchen Gründen, so dürften die neuen Wettbewerber vor allem aus den segmentnächsten Gebieten kommen. Mit Hilfe einer solchen Matrix sind die Mitarbeiter stärker sensibilisiert, auf Penetrationstendenzen beim Wettbewerb zu achten, und die Führung erhält dadurch eher die Möglichkeit, noch rechtzeitig Gegenstrategien zu entwickeln.

Die Wahrscheinlichkeit, daß neue Wettbewerber erfolgreich in eine Branche eindringen, läßt sich durch eine Formel vereinfachend kennzeichnen:

$$\text{Markteindringungswahrscheinlichkeit} = \frac{\text{Penetrationsanreiz}}{\text{Eindringungswiderstände} + \text{Eindringungsaufwand} + \text{Innovationstempo der Branche}}$$

Die Widerstände und der Aufwand setzen sich aus folgenden Komponenten zusammen:

- Distanz zum zur Zeit verfügbaren Know-how
- Aufwand, um das Know-how zu erreichen
- notwendige Zeit für den Know-how-Ausgleich
- Aufwand, um die notwendigen Sachinvestitionen durchzuführen

Bereich/Geschäftsfeld: Produkt: Grobpotential[1]:	**Merkmale im Wettbewerbsvergleich**		Vordruck: 13 Datum: Bearbeiter:		

Wettbewerbsmerkmale einzelner Hersteller	eigenes Unter- nehmen	gefährlichste Wettbewerber			
		1	2	3	4
Umsatz in Mio. DM Beschäftigte Pro-Kopf-Leistung					
Wachstum über 5 Jahre in % Ergebnis über 5 Jahre in % v. Umsatz					
EK in % der Bilanzsumme Marktanteile in % Synergie in %[2] Kräfteverhältnis[2]					
Strategie[3] Klarheit der Signale Aggressivität[4]					

Positionen
  Produkt ....
  ....
 	
  Marketing ....
 					

Technologie					

Organisation ....
  ....
 	
  Kostenposition .
 					

Schwächen					

1 Vordruck 6 „Konkurrenz"
2 10 = stärkste Position, ./. 10 = schwächste Position
3 Differenzierungs- (D), Preisführungs- (P), Mischstrategie (D/P)
4 10 = beruhigt die Wettbewerbssituation sehr; 10 = steigert die Wettbewerbssituation sehr, 0 = kein Einfluß

– notwendige Zeit für die Investitionsdurchführung

Das Innovationstempo der Branche kann die Aufholjagd erschweren oder erleichtern. Es beantwortet die Frage: Wieweit ist die Branche bereits wieder fortgeschritten, wenn der neue Wettbewerber den jetzigen Stand erreicht hat?

Gegen diese Hindernisse stehen die Umsatz- und Renditeerwartungen, die sich mit dem Eindringen in eine Branche verbinden. Je höher solche Erwartungen und je weiter sie verbreitet sind, gleichgültig, ob sie zu Recht bestehen oder nicht, um so stärker besteht die Bereitschaft bzw. der Penetrationsanreiz, in der Hoffnung auf eine hohe Rendite große Vorleistungen zu erbringen (Vordruck 15).

Dringen neue Wettbewerber in einen Markt ein, so erweisen sie sich dann als besonders gefährlich, wenn das eigene Unternehmen nur über relativ geringe Solitärbarrieren verfügt. Fehlen solche Solitärbarrieren ganz, so befinden sich die Etablierten mit jedem eindringenden Konkurrenten sofort in einem totalen Preiswettbewerb. Da die Existenz des Angreifers in dieser Situation davon abhängt, Marktanteile über den Preis zu gewinnen, führt dies generell zu schwerwiegenden Folgen für die Branche sowohl auf der Erlös- als auch der Kostenseite, wenn dadurch die Produktionsmengen der bisherigen Hersteller sinken.

Anders liegt die Situation dagegen, wenn Solitärbarrien die eigene Position schützen: Preisdifferenzen geben dann nicht den entscheidenden Anreiz zum Lieferantenwechsel. Ein Preiskampf verbietet sich meistens deshalb, weil der Abstand zum eingeführten Anbieter so groß sein müßte, daß er die Losgrößeneinsparungen weit übertrifft. Der neue Hersteller muß seine technische Qualifikation, seinen Service und seine Marketingleistung erst über längere Zeit nachweisen, bis sich möglicherweise ein gleichwertiges Image bilden könnte. Der Wettbewerb verlagert sich folglich von der Preis- auf die Leistungs- und Positionsebene. Auch wenn der Angreifer selbst mit einem stark verbesserten Produkt oder einer Marketinginnovation in die Branche eindringt, ist die Preispolitik von untergeordneter Bedeutung. Gewinnen die Neulinge Marktanteile, so bleibt aber stets die kostentreibende Wirkung, falls es zu einer Unterauslastung der Kapazitäten kommt.

Weitere Veränderungen der Wettbewerbssituation ergeben sich dadurch, daß schwächere Unternehmen ausscheiden oder aufgekauft werden. Durch Firmenübernahmen dringen Außenseiter relativ schnell in etablierte Märkte ein. Nach der Anbindung durch größere Unternehmen besteht die Möglichkeit, daß sich dadurch die schwächeren Konkurrenten in ihrer Wettbewerbsfähigkeit auf Grund von Synergieeffekten, Stärkung des Kapitals und neuen Strategien wesentlich verbessern. Solche Entwicklungen lassen sich nur schwer voraussagen, obwohl längere Verlustsituationen stets eine hohe Änderungswahrscheinlichkeit signalisieren. Es empfiehlt sich deshalb, laufend zu beobachten, welche Wettbewerber mit Renditeproble-

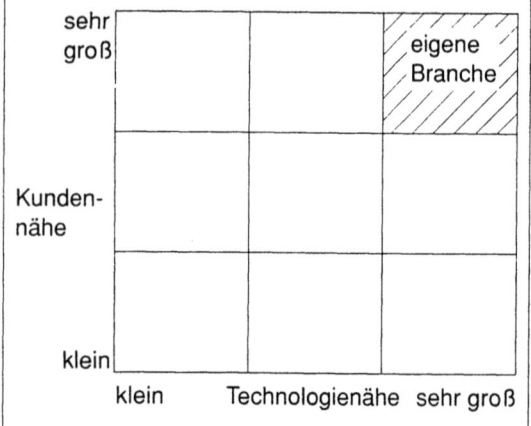

Geschäftsfeld: Vordruck: 14
Grobpotential: Datum:
                     Bearbeiter:

Aus welchen Branchen kommen am ehesten neue Wettbewerber? (Name in entsprechende Felder eintragen)

1   siehe Vordruck 6 „Konkurrenz"

Geschäftsfeld:		Vordruck: 15 Datum: Bearbeiter:					

Markteindringungswahrscheinlichkeit und Abwehrchancen gegen neue Wettbewerber

	Einheit	potentielle Wettbewerber					
Eindringungswiderstand							
Zeit für Image-Ausgleich	Monate						
Zeit für Know-how-Ausgleich	Mann-Monate						
Zeit für Investitions-durchführung	Monate						
Eindringungsaufwand							
Kosten für Image	Mio. DM						
Kosten für Know-how	Mio. DM						
Investitionen Maschinen	Mio. DM						
Organisation	Mio. DM						
Penetrationsanreiz	**in 10 J.**						
Gewinnerwartungen	Mio. DM						
Umsatzerwartungen	Mio. DM						
Synergieerwartungen	%						
Stärke des New Comers							
Finanzstärke[1]	Faktor						
strategisches Geschäfts-feld	ja/nein						
nutzbare Absatzorganisa-tion	%						
sonstiges							

1 Relation zum eigenen Unternehmen

men kämpfen. Erfährt man von einer solchen Akquisition, so kann das Team über die Kenntnis der Stärken und Schwächen der übernehmenden Gesellschaft auf zukünftige Veränderungen in der Wettbewerbssituation schließen.

2.33 Produktanalyse für den relevanten Markt

Nach der Analyse der Kunden und Konkurrenten sind als nächstes die Produkte im Markt mit ihren Stärken und Schwächen, Vorzügen und Mängeln zu betrachten. Sie stellen als zentraler Punkt der Bedürfnisbefriedigung gewissermaßen die Brücke dar, mit deren Hilfe man den Kunden erreicht.

Marktdaten wichtiger Produkte

Für die jeweilige eigene Unternehmensgröße eignen sich nicht alle Produkte und Segmente: Sie müssen zur Größe des eigenen Unternehmens passen. Liegen zu große Marktvolumina vor, so ist zu erwarten, daß das Unternehmen immer nur in einer Position mit einem sehr geringen Marktanteil verharrt, mit allen damit verbundenen Problemen. Sind sie zu klein, so besteht die Gefahr, daß es zu viele Produkte benötigt, um einen angemessenen Umsatz zu erreichen. Durch zahlreiche kleine Segmente bauen sich in einem Großunternehmen nämlich Komplexitätsbarrieren auf, die die Kosten und Reibungsverluste steigern. Schließlich müssen die Produkte zur generellen Strategie des Unternehmens oder mindestens der Sparte passen. Lassen sich beispielsweise Erzeugnisse auf Grund einer detaillierten Normung, in Werkstoff, Form, Farbe und sonstigen Merkmalen nicht mehr individuell gestalten, so passen sie nur zu einer Strategie der Kostenführung, nicht aber zu einer Strategie der Differenzierung.

Es empfiehlt sich deshalb, jeweils die wichtigsten Marktdaten zu jedem Produkt zusammenzutragen (Vordruck 16). Das erleichtert die Entscheidung über Programmstreichungen oder -erweiterungen.

Lebenskurvenanalyse

Die Lebenskurvenanalyse gibt wichtige Hinweise auf die Zukunft (Vordruck 17). Wachstum erleichtert die Umlagen steigender Kosten im Unternehmen, entschärft die Wettbewerbssituation und erleichtert den Marktzugang. Produkte in der Einführungsphase eröffnen mehr Chancen als z. B. Produkte in der Sättigungs- oder gar Niedergangsphase. Die Lebenskurve gibt aber zu wenig Informationen über das Rentabilitätspotential einer Branche, auch wenn dies in der Wachstumsphase generell günstiger verläuft als in der Sättigungs- oder gar in der Degenerationsphase, in denen es normalerweise zu einer Marktbereinigung kommt. Wer neu in einen Markt eintritt, muß die Höhe der Eintrittsbarrieren beachten, die generell im Verlauf der Lebenskurve ansteigen. Diese können dann leichter überwunden werden, wenn der Außenseiter ein etabliertes Unternehmen aufkauft. Bei sehr großen Hindernissen lohnt ein Markteintritt nur, falls dieser auf einer neuen Erfahrungskurve aufbaut.

Für die Lebenskurvenanalyse hat sich folgende Vorgehensweise bewährt:

1. Jedes Mitglied des Teams erhält eine Folie des Vordrucks. Ein weiteres Exemplar projiziert der Moderator auf die Leinwand.
   Welche Substitutionsgefahren drohen? – Welche neue Technologie kommt?
2. Jeder Teilnehmer kennzeichnet die Position der Produkte in seinem Vordruck mit einem Pfeil und Kurzzeichen (Vordruck 18). Zur besseren Unterscheidung lassen sich unterschiedliche Erzeugnisse mit anderen Farben versehen.
3. Bei einem kleineren Arbeitskreis kann man alle Folien einsammeln und auf dem Projektor übereinanderlegen, so daß sich die Abweichungen auf der Leinwand zeigen. Bei einem größeren überträgt ein Mitarbeiter zunächst alle Pfeile für ein Produkt auf eine Folie, um die Abweichungen deutlich zu machen und schließlich in gemeinsamer Abstimmung die endgültige Position festzulegen.

130

Wichtige Produktdaten	Markt- volumen	Wachs- tum[1]	Erfolgs- potential[2]	optimierte Basisstrategie[3]
Wichtige Produktdaten				
Produkt				

1   erwartetes durchschnittliches Wachstum für die nächsten 5 Jahre
2   Erfolgspotential: Bedeutung des Produktes für den Erfolg im Geschäftsfeld; 10 = sehr groß, ./. 10 = schwierigste wirtschaftliche
    Situation
3   D = Differenzierung, P = Preisführung

4. Es empfiehlt sich, noch mit wenigen Stichworten anzumerken, wo die derzeitigen Schwerpunkte der Strategie liegen, wie beispielsweise

– Produktentwicklung
– Markterschließung/Marketing
– Verfahrensentwicklung
– Organisationsentwicklung
– Sortimentsveränderung

– Marktanteilsausweitung/
  Marktdurchdringung
– Differenzierung
– Kostenführung

Das jeweilige Schwergewicht des Potentials und damit der Innovation wandert im Laufe der Lebenskurve von der Produkt- über die Verfahrens- zur Organisations- und Marketinginnova-

131

Geschäftsfeld/Produkt:
Kundengruppe:

Vordruck: 17
Datum:
Grobpotential:
Bearbeiter:

Normalverlauf der Umsatz- und Ertragskurven im Lebenszyklus einer Branche bezogen auf ein Produkt

	Einführung	Wachstum	Eingeführt	Reife	Sättigung	Degeneration	Relaunch oder Ende
		Wendepunkt					

*) Suche und Auswahl   **) Entwicklung   ***) Fertigungs- und Absatzvorbereitung

	Einführung	Wachstum	Eingeführt	Reife	Sättigung	Degeneration	Relaunch oder Ende
Kapitalbedarf	hoch	hoch	mittel	niedrig		Freisetzung	
Know-how	diffus/differenziert	differenziert	erste Lieferanten	größtenteils allgemein verfügbar	allgemein verfügbar	allgemein verfügbar	
Veränderung des Produktes	sehr groß/Konzept?	groß	mäßig[1] Standards	schwach	schwach	schwach	schwach
				gleiche Rationalqualität sehr starke Standardisierung			
Veränderung des Verfahrens	schwach	groß/Konzept?	sehr groß/Rationalisierung	groß/sehr groß	schwächer	schwach	schwach
				standardisiert/rationalisiert			
Marktanteile	sehr instabil		instabil neue Wettbewerber	relativ stabil	Änderung nur durch außergewöhnliche Ergebnisse; Konzentration		
Eintrittsbarrieren	sehr gering		gering bis steigend/neue Wettbewerber	Eintritt nur durch Marktnischen	Eintritt führt zu Marktkämpfen und ist allgemein nicht mehr lohnend/Grenzanbieter geben auf		

1 Obwohl das Produkt technisch ausgereift ist, erhöht sich während dieser Phasen der Entwicklung die Möglichkeit der Differenzierung durch das Design wesentlich.

Normalverlauf der Umsatz- und Ertragskurven im Lebenszyklus einer Branche bezogen auf ein Produkt

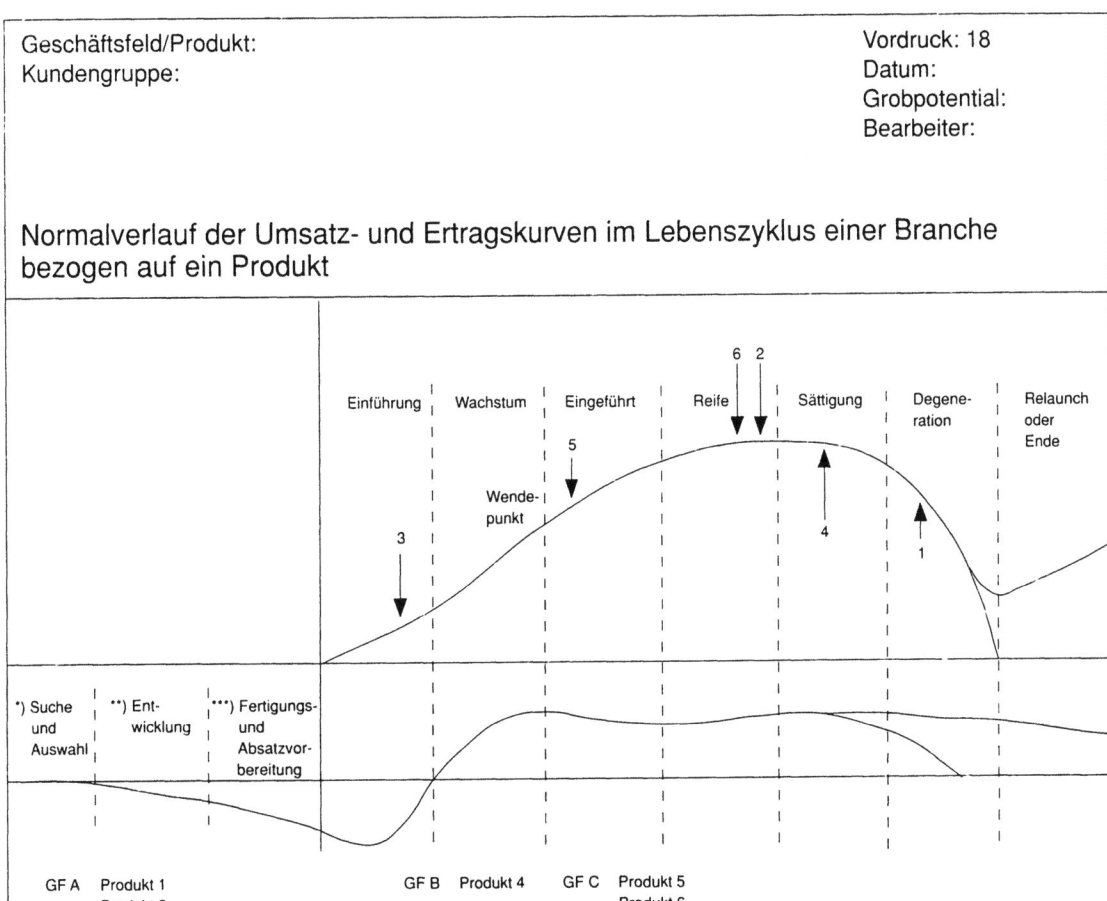

tion und wird in allen Phasen von der Strategie-innovation überlagert. Zu einem späteren Zeitpunkt stellt das Team die konzeptionellen Schwerpunkte den Normstrategien für jedes Erzeugnis gegenüber. Die Normstrategien versprechen unter normalen Umständen den höchsten Erfolg. Deshalb ist im Falle von Abweichungen zu begründen, warum das Management eine erfolgversprechendere andere Konzeption wählte.

Auf Grund der Lebenskurvenanalysen wird schon für alle Mitarbeiter deutlich, ob der Geschäftsbereich ein ausgewogenes Sortiment von

jungen, cash-verzehrenden, jedoch das Wachstum absichernden Produkten sowie alten, cash-bringenden, aber im Umsatz stagnierenden oder rückläufigen Produkten besitzt. Weiterhin kann das Team die Frage diskutieren, wo das Geschäftsfeld in fünf oder zehn Jahren steht. Bei einem überalterten Programm sind schon heute Umsatzschrumpfungen, möglicherweise aber auch ein Ertragsverfall vorauszusagen. Auch wird deutlich, auf welche Normstrategien man sich in Zukunft einzustellen hat. Schließlich ist von Interesse, wie sich negative Entwicklungen im Lebenskurvenverlauf verhindern, ein Relaunch herbeiführen, also Positionen langfristig verbessern lassen.

Produktart:			Vordruck: 19
Segment/Käufergruppe:			Datum:
Grobpotential[1]:			Bearbeiter:

Erfolgsrelevante Merkmale wichtiger Produktarten

Merkmal	Erfolgspotential[2]	Erfüllungsgrad[3]	Latenzgrad[4]

1 Vordruck 6 „differenzierende Position"
2 Erfolgspotential: Allgemeine Bedeutung der Merkmale für den Erfolg des Produktes im Markt.
   10 = sehr hoher Einfluß; 0 = kein Einfluß auf die Kundenentscheidung; ./. 10 = sehr negativer Einfluß
3 Das Maß, in dem Produkte die Bedürfnisse befriedigen: 10 = 100 %, 0 = 0 %
4 hohe Evidenz, sofort erkennbar = 10, hohe Latenz = ./. 10

Die herausgearbeiteten Stärken, Schwächen, Risiken, Ziele und Maßnahmen hält das Team mit besonders gekennzeichneten Blättern auf einer separaten Pinnwand fest, so daß sie auch bei späteren Analysen stets im Zusammenhang gesehen werden.

Solche Lebenskurvenanalysen bringen auch bei der Beurteilung von Werkstoffen oder Technologien interessante Erkenntnisse.[10] Untersuchungen empfehlen sich insbesondere dann, wenn diese einen wesentlichen Bestandteil der Positionen darstellen.

Erfolgsrelevante Merkmale der Produktarten

Jedes Produkt besitzt eine Fülle von Merkmalen, die aber nur verkaufsrelevant sind, wenn sie für den Verbraucher Nutzen stiften. Nicht selten befassen sich Mitarbeiter mit großer Intensität mit der Verbesserung bestimmter Produkteigenschaften, ohne dabei zu beachten, daß sie gar keine Bedeutung für den Abnehmer besitzen. Das Management sollte deshalb darauf achten, daß die Mitarbeiter stets zwischen Produkteigenschaften und Nutzen unterscheiden.

134

Merkmale erweisen sich nur als erfolgswirksam, wenn sie Nutzen stiften und der Kaufinteressent den Nutzen erkennt. Dies ermöglichen vielfach erst kommunikationspolitische Maßnahmen.

Das Team sammelt nun für jede wichtige Produktart je Segment alle Merkmale durch Aufschreibung und schätzt ihre Erfolgsrelevanz aus der spezifischen Sicht jedes Kundensegments als

Potential (Vordruck 19). Es sucht folglich die Fragen zu klären,

– inwieweit Wettbewerber Produkte im Markt mit den entsprechenden Merkmalen bereits anbieten,
– ob diese Merkmale latent oder evident für die Kunden bzw. Kaufinteressenten sind,

d. h. inwieweit die Bedürfnisse mit den eingeführten Erzeugnissen bereits Befriedigung finden. Wegen der Gefahr von Fehleinschätzungen empfiehlt

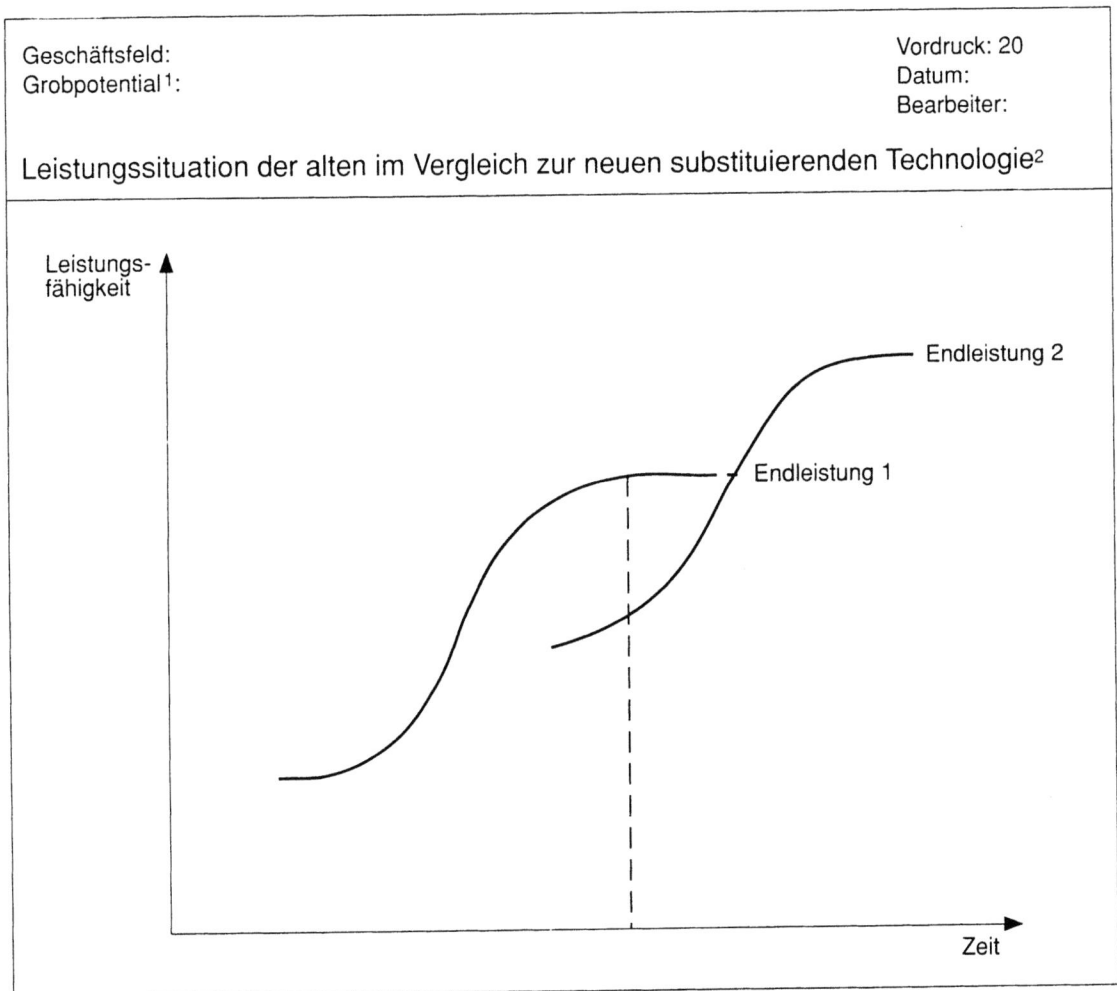

Geschäftsfeld:
Grobpotential[1]:

Vordruck: 20
Datum:
Bearbeiter:

Leistungssituation der alten im Vergleich zur neuen substituierenden Technologie[2]

Leistungsfähigkeit

Endleistung 2

Endleistung 1

Zeit

1 Vordruck 6 „Lebenskurve (Wachstum/Substitution)"
2 Vgl. Pfeiffer u.a.: Technologie-Portfolio zum Management strategischer Zukunftsgeschäftsfelder, S. 51: Strategie des „Überholens ohne einzuholen".

es sich, die Antworten durch Befragungen von Kunden abzusichern.

Nachdem das Team die wichtigen Merkmale durch Aufschreibung gesammelt hat, kann der Moderator nochmals an einer allgemeingültigen Checkliste überprüfen lassen, ob wichtige Gesichtspunkte übersehen wurden.

2.34 Substitutionsanalyse

Die Substitution von Produkten verändert die Märkte entscheidend. Sie bietet für Branchenneulinge die Chance, die Stärken etablierter Anbieter außer Kraft zu setzen und selbst eine starke Position zu erobern. Sie gefährdet somit die Solitärbarrieren der etablierten Firmen. Neben sinkenden Umsätzen und einem starken Kostendruck durch zu geringe Kapazitätsauslastung, belastet sie vor allem Branchen mit homogenen Produkten durch einen dramatischen Preisverfall.[11]

Folglich ist es für einen Hersteller von alten Produkten besonders wichtig, schon im frühen Ansatzpunkt eines Substitutionsprozesses die Gefahren abzuschätzen. Er kann dann noch leichter gegensteuern oder sich selbst im Beginn der neuen Lebenskurve, in der noch schwache Eintrittsbarrieren vorliegen, auf die substituierenden Geschäftsaktivitäten einstellen, also eine Diversifikation einleiten. In dieser Zeit verfügt das etablierte Unternehmen normalerweise noch über relativ größere Synergieeffekte, zum Beispiel im Vertrieb.

In der beginnenden Substitution besteht für Branchenfremde stets die größte Chance, in diese Märkte einzudringen. Firmen, die auf Grund eigener schrumpfender Segmente oder anderer strategischer Überlegungen diversifizieren wollen, haben zu dieser Zeit die günstigsten Möglichkeiten. Das praktische Problem liegt darin, die anfangs noch sehr kleinen Arbeitsgebiete als Außenseiter zu entdecken und richtig einzuschätzen.

Die Analyse der Substitutionssituation und der -potentiale sollte im wesentlichen folgende Überlegungen beinhalten (Vordruck 21):

I. Markt
– Welches Marktpotential gibt es bei heutigen Lösungen (Substitutionsvolumen)?
– Welche Stärken und Schwächen zeigt die Substitutionslösung?
– Wie verändert sich nach aller Voraussicht die technische Leistungsfähigkeit? (Dabei kann man vom Vordruck 20 mit typischen Verläufen von Technologien ausgehen. Das Team hat die Frage zu beantworten: Wo stehen wir?)

Durch Überlegungen mit Hilfe einer Formel läßt sich der Substitutionsverlauf grob abschätzen:

$$\text{Substitutionsleistung} = \frac{\text{Stärken des Produktes ./. Schwächen des Produktes}}{\text{Kosten}}$$

Hierzu ein Beispiel: Siliziumnitrit-Pulver sah man als das Ausgangsmaterial für eine Reihe von zukunftsträchtigen keramischen Produkten an. Im Jahre 1988 forderten die Lieferanten für solche Pulver je nach Herstellungsverfahren zwischen DM 100,– und DM 300,– je kg. Der Einsatz von Siliziumnitrit-Bauteilen im großtechnischen Maßstab setzt allerdings einen Kilogrammpreis von etwa DM 30,– voraus. Damit muß sich die Analyse des Substitutionspotentials im hohen Maße mit den Chancen einer zukünftigen Senkung der Rohstoffpreise auseinandersetzen.

Nachdem die Gruppe die Substitutionsleistung durch Abwägung der Stärken und Schwächen sowie der Kosten ermittelt hat, schätzt sie auf dieser Basis den Substitutionsgrad bzw. das Marktvolumen in 5 Jahren ab.

II. Position
– Welche Positionen bzw. Stärken und Schwächen besitzt der maßgebende Wettbewerb? Das Team sammelt alle Eigenschaften des alten Produktes und des Substitutes sowie der Marketingpositionen in der Moderationssitzung und stuft sie nach ihrem Nutzen aus der Sicht des Kunden von ./. 10 bis + 10 Punkten ein.
– Über welche Positionen bzw. Stärken und Schwächen verfügt das eigene Unternehmen?

Vordruck: 21
Datum:
Bearbeiter:

Analyse der zu erwartenden Substitutionstendenz

Bewertungsmerkmale	heute	in 5 Jahren	bei der Endlösung
Stärken des Produktes[1]			
Schwächen des Produktes[1]			

Gesamtbewertung der Stärken[2]
    alte Lösung
    neue Lösung			

erwartete Stückkosten in DM
    alte Lösung
    neue Lösung			

Marktvolumen in Mio. DM
    alte Lösung
    neue Lösung			

eigene Stärken/Schwächen[2]
im Vergleich zum stärksten Wettbewerber
    Strategie
    U-Kultur
    F&E
    Fertigung
    Marketing			

realistischer eigener Marktanteil
    alte Lösung
    neue Lösung			

realistischer DB in % v. Umsatz
    alte Lösung
    neue Lösung			

1   immer bezogen auf die Substitution (neue Lösung)
2   10 = sehr große Stärke, ./. 10 = sehr große Schwäche

137

Markt- und Umfelddeterminante

Determinante	Erfolgs-potential[1]	Umsatzbedeutung[2]		Priorität[3]
		Branche	Unter-nehmen	

1 Erfolgspotential: Allgemeine Bedeutung der Determinante für den Erfolg im Markt.
 10 = sehr positiv, O = neutral, ./. 10 = sehr negativ
2 Wieviel % vom Gesamtumsatz der Branche bzw. des eigenen Unternehmens sind durch die Markt- oder Umfelddeterminanten betroffen?
3 Welche Priorität haben die betroffenen Geschäftsfelder im eigenen Unternehmen?

Die Gruppe bewertet alle Determinanten im Vergleich zu maßgebenden Wettbewerbern aus der Nutzen-Sicht der Kunden. Auf Grund der Zahlen ergibt sich eine Vorstellung über die Ausgangsposition.
- Welche Innovationsfähigkeit für einen revolvierenden Vorsprung besitzt das Unternehmen auf Grund seiner Unternehmenskultur und personellen Ressourcen? – Reichen die finanziellen Ressourcen aus?
- Wie liegen Stärken und Schwächen in Relation zum Wettbewerb?

Die Position läßt sich abschließend zusammenfassend nach der Basisformel beurteilen.

III. Leistung
Auf mittlere oder längere Sicht verbessert ein Unternehmen seine Position dadurch, daß es höhere Leistungen als der Wettbewerber bringt, diese also zu Solitärbarrieren ausbaut. Die entscheidenden Fragen lauten also:
- Welche Maßnahmen zur Verbesserung, d. h. zum Aufbau von Solitärbarrieren, gibt es?
- Welche Positionen bzw. Solitärbarrieren können wir uns dadurch in fünf Jahren erarbeiten?
- Wie verändert sich die Struktur der Attraktivität unserer bearbeiteten Märkte in dieser Zeit?

IV. derivative Erfolgsdeterminanten
Die Maßnahmen zur Leistungserhöhung, Anhebung der relativen Position und die Verlagerung

der Tätigkeit in attraktivere Segmente verbessern automatisch die derivativen Determinanten:
- Welche Erlösstruktur wird erreicht?
- Welche fixen und variablen Kosten sind zu erwarten?
- Welcher Deckungsbeitrag bzw. welche Ergebnisse errechnen sich?

Da engagierte Mitarbeiter bei der Einschätzung von Stärken und Schwächen sehr subjektiv urteilen, empfiehlt es sich, alle Überlegungen durch Experten- und Kundengespräche abzusichern.

2.35 Sonstige Markt- und Umfelddeterminanten

Im Einzelfall können weitere Einflußgrößen des Marktes bzw. Umfeldes eine größere Rolle spielen. Beispiele hierfür sind eine hohe Kapitalbindung, die die Reaktion auf Unterauslastungen besonders erhöht, eine hohe Labilität der Nachfrage, die sich in starken saisonalen oder konjunkturellen Bewegungen äußert, oder der Mangel an Rohstoffen.

Die Einflüsse aus dem Umfeld besitzen nur in Ausnahmefällen eine besonders hohe Bedeutung. Sie treffen darüber hinaus normalerweise alle nationalen Unternehmen in gleicher Weise und wirken sich daher eher im internationalen Wettbewerb aus. Solche Einflußgrößen liegen beispielsweise in hemmenden oder kostentreibenden Gesetzen, Vorschriften oder Normen, im Kostendruck durch Gewerkschaften etc. Je mehr die Geschäfte international getätigt werden, um so deutlicher muß sich folglich der Einfluß des nationalen Umfeldes auf die Konkurrenzfähigkeit bemerkbar machen.

2.36 Differenzierungspotential

Märkte weisen sehr unterschiedliche Voraussetzungen auf, sich zu differenzieren. Erfüllen Produkte in sehr ähnlicher Weise ihren Verwendungszweck und empfinden die Verbraucher alle Angebote als gleichwertig, so ist das Differenzierungspotential gering. Gibt es dagegen unterschiedlich-

ste Gestaltungen, Zusammensetzungen, Konstruktionen, Aufmachungen und Marketinginstrumente, so bestehen eine Vielfalt von Differenzierungsmöglichkeiten. Es liegt dann am Geschick der einzelnen Hersteller, solche auszuwählen, die beim Abnehmer die höchste Akzeptanz beziehungsweise Effizienz besitzen und damit zur Steigerung des Kaufwunsches führen. Vor allem junge Märkte bieten mehr oder weniger hohe Potentiale, die es auszuschöpfen gilt.

Ein Beispiel für einen alten Markt mit hohem technischen Differenzierungspotential stellt der Markt für Pumpen und Kompressoren dar. Der Gesamtmarkt beträgt in Europa etwa 14 Milliarden D-Mark. Allein bei der Gruppe der Flüssigkeitspumpen unterscheidet man mehr als 90 verschiedene Arten, die auf Grund der verschiedenen Anwendungsgebiete unterschiedliche Konstruktionsmerkmale aufweisen. Da noch direkte und indirekte Absatzkanäle existieren, und die verschiedenen Kunden oft ein andersartiges Einkaufsverhalten zeigen, verfügt ein solches Arbeitsgebiet über ein hohes rationales Differenzierungspotential, auch wenn die Hersteller dies heute auf Grund des fortgeschrittenen Standes in der Lebenskurve schon weitgehend ausgeschöpft haben.

In der frühen Phase einer Marktentwicklung liegen normalerweise die höchsten technischen Differenzierungen vor. Trotzdem sind die Potentiale auch in dieser Phase nur selten voll ausgeschöpft. Weiterhin kann ein starkes Unternehmen zu dieser Zeit noch einen relativ großen Einfluß auf die Homogenisierungstendenz nehmen. Die Schwierigkeit liegt darin, daß es viel Erfahrung sowie eine hohe Sensibilität und Kreativität erfordert, die strategischen Potentiale zu erkennen, zumal sich mit den entsprechenden Maßnahmen anfänglich stets Nachteile verbinden. Oft sehen die Hersteller zum Beispiel einseitig die Tatsache, daß die neuen Produkte die bereits etablierten schneller verdrängen, wenn sie die Normung vorantreiben. Die spätere Konsequenz wird dabei nicht beachtet.

Ein typisches Beispiel hierfür ist der deutsche Kunststoffrohrmarkt. Zwar besitzen die Produkte selbst kein hohes Differenzierungspotential, die relativ geringen vorhandenen beachtete aber keiner der Produzenten. Die Hersteller der Branche bemühten sich von Anfang an, Werkstoffe, Form, Farbe und Dichtsystem verbindlich zu vereinheitlichen. Auf Grund zufälliger Voraussetzungen legten sich zwei Hersteller auf einen Rohstoff mit merklich abweichenden Eigenschaften fest. Durch das Ziel der größeren Gruppe von Wettbewerbern, die beiden Außenseiter zu zwingen, auf den eigenen Rohstoff umzustellen, und um eine Eskalation der Auseinandersetzung zu vermeiden, einigten sich die Hersteller schließlich, die Differenzierungsargumente nicht mehr herauszustellen. Gleiche Preislisten und gleiche Rabatte prägten das Marktgeschehen seit Einführung der Produkte.

Marktbefragungen ergaben, daß die Anwender die unterschiedlichen Werkstoffe nach einigen Jahren kaum noch kannten oder beachteten. Die Produkte im Markt hatten sich nahezu unbemerkt emotional homogenisiert, der Einkaufspreis entwickelte sich zum dominanten Faktor der Kaufentscheidung. Damit wurden durch die anderen Eigenschaften der Rohstoffe objektiv technisch differenzierte Produkte auf Grund des Marktverhaltens vereinheitlicht und eine Nischenbildung unterbunden. Die Unterdrückung differenzierender Argumente führte künstlich eine Homogenität der Produkte in der Verbrauchermeinung herbei, d. h. die Differenzierungsbedingungen verschlechterten sich und die Preiselastizität der Nachfrage stieg infolge der Branchenpolitik. Die einzelnen Unternehmen und die Branche schöpften also das Differenzierungspotential der Produkte nicht aus.

Jeder Markt zeigt auf Grund der Bemühungen der Wettbewerber, erfolgreiche Produkte nachzuahmen, eine Angleichungstendenz. Homogenität entwickelt sich verstärkt, wenn alle Marktteilnehmer von Anfang an auf ein gleichförmiges Verhalten drängen. Veränderungen von Märkten sind dann normalerweise nicht ohne den Wettbewerb möglich, und die Chance, sie durchzusetzen, ist höher, wenn das eigene Unternehmen eine starke Position besitzt. In diesem Zusammenhang spielt das Verbandsleben eine große Rolle: Gelingt es, den Wettbewerbern schon in der frühen Phase – in

der sich die späteren Probleme nicht einmal andeuten – klarzumachen, daß eine Homogenität der Angebote die Branche über den Preiswettbewerb in Schwierigkeiten bringt, so werden die entsprechenden Weichen für die Zukunft, beispielsweise auch für den Einfluß des Verbandes auf die Normung, gestellt. Mindestens wächst die Bereitschaft, dem einzelnen Hersteller den notwendigen Gestaltungsfreiraum einzuräumen.

In einem Marktsegment, das von vier Herstellern bearbeitet wurde, waren die Produktkonzeptionen auf Grund der unterschiedlichen Philosophien und Herstellungsverfahren anders. Da die Produkte sich auch nur unter Benutzung von herstellerspezifischen Maschinen und Instrumenten verarbeiten ließen, gab es keine Austauschbarkeit. Den Versuch von Außenseitern, Universalmaschinen und -instrumente anzubieten, konnten die etablierten Hersteller mit vereinten Kräften erfolgreich abwehren. Das Differenzierungspotential des Marktes blieb erhalten. Der Wettbewerb konzentrierte sich weiterhin vor allem auf der Ebene der Qualität, Produktverbesserung und des Marketings.

In manchen Situation ist das Differenzierungsbemühen dadurch zum Scheitern verurteilt, weil die Anbieter bestimmte Eigenschaften von Anfang an homogen zum Wettbewerb gestalten müssen, wenn sie das neue Produkt durchsetzen wollen, da der Verbraucher es andernfalls nicht akzeptiert. Kunststoffrohre konnten sich weitaus schneller unter der Voraussetzung gegenüber Rohren aus anderen Werkstoffen durchsetzen, daß alle Hersteller dieselben Muffengrößen besaßen, also auch mit anderen zusammensteckbar waren. Immer dann, wenn die Differenzierung für den Verbraucher eine nachteilige Umstellung, eine Investitionsvernichtung oder ein sonstiges großes Hindernis bedeutet, das die Vorteile des neuen Produktes aufhebt, erweist sich eine Ausschöpfung des Differenzierungspotentials um so mehr als Hindernis, je stärker die Position der Abnehmer ist. Zeigen die Kunden ein großes Interesse an der Homogenisierung und sind sie entschlossen, ihr Ziel gegenüber den Lieferanten durchzusetzen, so entscheiden die Machtverhältnisse zwischen ihnen, wie sich der

Markt endgültig entwickelt. In dieser Situation sollte ein Hersteller sorgfältig prüfen, welche Merkmale er auf Grund der Widerstände homogen entwickeln muß und welche sich weiterhin differenziert durchsetzen lassen.

Die rationalen Ansatzpunkte zur Differenzierung in einem Markt zeigen sich, wenn man die bei der Kundenanalyse gestellten Fragen nach seinen Problemen sorgfältig untersucht hat. Alle entdeckten Ansatzpunkte zur Differenzierung beinhalten jedoch eine unterschiedliche Fähigkeit, daraus nachhaltige Wettbewerbsvorteile zu entwickeln. Ihre potentielle Differenzierungskraft wird einmal durch die Eigenschaft bestimmt, sich mehr oder weniger vom allgemeinen Niveau der Anbieter attraktiv für den Kunden abzusetzen (hier als Distanzpotential bezeichnet) und zum anderen durch die Möglichkeit, diese Distanz zu stabilisieren.

Die Hauptgeschäftstypen

Untersucht ein Team die Arbeitsgebiete danach, welche Voraussetzungen sie zur Differenzierung besitzen, so kann eine Übersicht, die die Geschäftsarten nach den Kriterien des Differenzierungspotentials gliedert (Vordruck 23), auf einfache Weise erste wichtige Anhaltspunkte geben. Es ordnet lediglich jedes Geschäftsfeld einem Hauptgeschäftstyp zu und ist dadurch schon in der Lage, Rückschlüsse auf den Umfang des Potentials zu ziehen, sich vom Wettbewerb abzusetzen. Damit gewinnt es bereits eine erste wichtige Erkenntnis zur Entscheidung über die Basisstrategie. Die nähere Betrachtung, wo konkret die Ansatzpunkte zur Differenzierung liegen, erfordert dann jedoch noch weitere Analysen.

Geschäftsfelder vom Typ I besitzen kein oder kaum Differenzierungspotential. Ein Differenzierungsversuch steigert normalerweise nur die Kosten über einen hohen Marketingaufwand, ohne daß sich dadurch der derivative Faktor Erlös nachhaltig verbessert. Alle Geschäftsfelder vom Typ I eignen sich deshalb fast ausschließlich zur Strategie der Kostenführung.

Bei den Geschäftsfeldern zum Typ II kann die Differenzierung entweder auf einem begrenzten Know-how-Vorsprung im Hinblick auf die Verfahren oder Produkte beziehungsweise auf besondere Leistungen der Schulungs-, Service- und Reparaturorganisation basieren. Bei Massenprodukten ist dann normalerweise das Marketing, das das Produkt durch emotionale Differenzierung vom Wettbewerb absetzt, der entscheidende Ansatzpunkt. Die Bedeutung des Marketings wächst im allgemeinen von den Hauptgeschäftstypen a in Richtung auf c.

Die Geschäftsfelder vom Typ III bieten viele Ansatzpunkte der Differenzierung durch eine Kombination von Technologien, Produktgestaltung, Schulung, Service, Reparaturdienst etc. Alle Möglichkeiten der Differenzierung zeigen noch ein großes Potential, das bei Ausschöpfung zu einem prägnanten Image und hohen Solitärbarrieren führt. Das Gewicht des Einflußfaktors „revolvierender technischer Vorsprung" nimmt von c nach a zu.

Je nach dem konkreten Standort in der Matrix sollte die Geschäftsführung eine stärkere Beachtung der Unternehmenspolitik auf die Kosten oder auf die Differenzierung legen. Ein Unternehmen, das seinen Umsatz fast ausschließlich mit Geschäftsfeldern vom Typ I erwirtschaftet, läuft eher Gefahr,[12] durch preispolitischen Druck seine Rendite zu verlieren.

Die Vielfalt der Ansatzpunkte

Komplizierte Produkte weisen generell ein höheres Differenzierungspotential auf als einfache, aber die damit verbundene geringe Transparenz für den Kunden erschwert es diesem auch oft, die Unterschiede zu erkennen,[13] insbesondere wenn sich diese Vorteile erst nach längerem Gebrauch zeigen. Die Latenz oder Evidenz von wichtigen Eigenschaften für den Abnehmer ist also für die Unternehmenspolitik von großer Bedeutung. Um nämlich latente Merkmale in sichtbare Vorteile umzusetzen, sind alle Merkmale der Kommunikation – und bei nicht so schnell lernbaren Zusammenhängen – insbesondere die Instrumente der Schulung durch Seminare einzusetzen.

Zwischen den neun Hauptgeschäftstypen gibt es in der Praxis alle Übergänge. Als Ergänzung zu den Untersuchungen über die erfolgsrelevanten Merkmale wichtiger Konkurrenzprodukte lassen sich durch die Beantwortung nachfolgender Fragen Anregungen für Differenzierungsmöglichkeiten erarbeiten:

– Existieren Ansatzpunkte, die Produkte technisch zu differenzieren?
   Welches sind die Argumente in welcher Reihenfolge?

– Liegen evidente oder latente Produktunterschiede vor?
– Ist die Erklärung einfach oder kompliziert?
   Reicht die Argumentation in Werbeanzeigen oder Mailings aus?
   Sind ausführliche Prospekte oder technische Unterlagen erforderlich?
   Benötigt der Hersteller Schulungsaktivitäten, um dem Kunden die Vorteile klarzumachen?
   Braucht er eine Anwendungstechnik bzw. ein Technikum?
   Hilft dem Kunden eine Projektausarbeitung oder eine Bemusterung?

Unternehmen/Sparten[1]:

Vordruck: 23
Datum:
Bearbeiter :

Die Hauptgeschäftstypen der systemimmanenten Kundenanbindung mit Hilfe des Differenzierungspotentials als Basis der strategischen Orientierung

Einzel-fertigung	Ia Einzelanfertigung mit niedrigster Kundenbindung	IIa Einzelfertigung mit mittlerer Kundenbindung	III a Einzelfertigung mit hoher Kundenbindung
	Der Kunde entwickelt und konstruiert. Der Lieferant fertigt für den Kunden ein Produkt nach dessen Zeichnung, nach einem bekannten Know-how ohne eine nennenswerte Qualitätsdifferenz. Der Kunde kann bei einer Preisdifferenz beliebig den Lieferanten wechseln.	Der Lieferant entwickelt gemeinsam mit dem Kunden eine spezielle Problemlösung. Der Kunde kann auf Grund seiner Kenntnisse unter erschwerten Bedingunen und nach längerer Vorbereitungszeit auf andere Hersteller übergeben.	Der Lieferant entwickelt und fertigt nach der Problemanalyse bei dem Kunden. Nur der Lieferant übernimmt die Fortbildung, liefert die Ersatzteile und führt Reparaturen durch. Sehr hohe Solitärbarrieren.
	Ib Mittelserie mit niedrigster Kundenanbindung	IIb Mittelserie mit mittlerer Kundenanbindung	III b Mittelserie mit hoher Kundenanbindung
	Komponentenhersteller, die im Wettbewerb zu anderen Herstellern kundenspezifische Einzelteile nach am Markt kaufbarer Verfahrenstechnik herstellen.	Der Lieferant stellt Anlagen für bestimmte Kundengruppen bzw. Segmente mit eigenem Know-how Verfahrens-Know-how her. Die Produkte sind erklärungsbedürftig. Das Problem läßt sich aber auch mit anderen Verfahren oder technischen Angeboten lösen.	Lieferant fertigt spezielle Kleinserien für Problemlösung einzelner Kundengruppen (kleiner Produkt- und Verfahrens-Know-hows. Er schult die Kunden, sorgt ggf. für Ersatzteile, stellt Service bereit und führt Reparaturen durch.
Massen-fertigung	Ic Massenmarkt mit niedrigster Kundenanbindung	IIc Massenmarkt mit mittlerer Kundenanbindung	III c Massenmarkt mit hoher Kundenanbindung
	Die Lieferanten fertigen z. B. auf Grund einer Norm nach Farbe, Form, Rohstoff etc. Vereinheitlichte Massenprodukte, bei denen die Abnehmer keine Qualitätsdifferenz erkennen können. Die Produkte sind markenlos oder der Verbraucher verwendet fast ausschließlich Gattungsbegriffe.	Markenware oder Markenartikel mit mittlerer Differenzierungskraft durch Unterscheidung von Produktgestaltung, Verpackung, Absatzweg etc. bei sonst ähnlicher Funktionserfüllung. (Differenzierung vorwiegend über emotionale Merkmale.)	Prägnanter Markenartikel mit hohem Qualitätsimage und starker Differenzierung (z. B. durch hohes Prestige) oder auf der Basis eines speziellen technischen Know-hows, starken besetzten Absatzwegen und einem effizienten Marketing. Sehr starke Solitärbarrieren. (Differenzierung rationale und emotionale Merkmale.)
	homogenes Angebot		stark differenzierungsfähiges Angebot

1 Vordruck 6 Grobanalyse

142

- Wünschen die Abnehmer einen speziellen Service, wie zum Beispiel
  Installation,
  Einweisung,
  Wartung,
  Reparaturen und Ersatzteilservice,
  Änderungsservice?
- Lassen sich die Produkte emotional differenzieren, zum Beispiel durch Form, Farbe, Zeichen, Beschriftung, Marke oder Verpackung?
- Gibt es Möglichkeiten der Sortimentsdifferenzierung?
- Welche zusätzlichen Marketingprogramme können die Differenzierung stützen, wie zum Beispiel Absatzweg, Distributionsgrad, Lieferfristen und Liefersicherheit, Lieferung zur Probe, Kommunikation, Werbung, Verkaufsförderung, Garantie, Finanzierung, Umtauschrecht, Leihpersonal?

Das Differenzierungspotential erweist sich generell um so höher und nachhaltiger je mehr Instrumente einsetzbar sind. Für eine detaillierte Analyse des Potentials dient der Vordruck 24. Zu einem späteren Zeitpunkt hat das Team noch die eigene Position, die der maßgebenden Wettbewerber und die sich daraus ergebenden Chancen ergänzend zu analysieren.

Geschäftsfeld: Produkt: Grobpotential[1]:		Vordruck: 24 Datum: Bearbeiter:					
Bewertung des Differenzierungspotentials eines Marktes							
Merkmale	Distanz-poten-tial	Stabilitätspotential[2]					Erfolgs-poten-tial[3]
		Imita-tions-Zeit	Imita-tions-Aufwand	mögliche Unter-schiede im Innovations-	Penetra-tions-anreiz		

Produkte
Qualitätsimage
  rational
  emotional
 	
Eigenschaften
  Konstruktion
  Werkstoff
  Form
  Farben
 	
Zeichen
Beschriftung
Marke
  Markenprägnanz
  Markenbekanntheit
Verpackung
 	
Innovation (neue Produkte)
Patente, Lizenzen
Produktkosten
Technologie
....
....							

(Fortsetzung n. S.)

Fortsetzung Vordruck 24

Merkmale	Distanz-poten-tial	Stabilitätspotential[2]					Erfolgs-poten-tial[3]
		Imita-tions-Zeit	Imita-tions-Aufwand	mögliche Unter-schiede im Inno-vations-	Penetra-tions-anreiz		

Merkmale	Distanz-poten-tial	Imita-tions-Zeit	Imita-tions-Aufwand	mögliche Unter-schiede im Inno-vations-	Penetra-tions-anreiz	Erfolgs-poten-tial[3]
Sortiment Wachstumspotential akquisitorisches Potential Synergien Standardisierung Sortimentskosten (Breite)						
Service Beratung und Kundendienst Projektausarbeitung und Problem- lösungsvorschläge						
Distribution/Absatzweg Lagernetz Lieferbereitschaft Lieferschnelligkeit Liefersicherheit Image des Absatzkanals Distributionsgrad (Kundennähe) Distributionskosten						
Absatzorganisation Ziele Kontrolle Entlohnung Wettbewerbe Fachliche Ausbildung Konzentration auf Wichtiges Marktausschöpfung Tourenplanung						
Kommunikation Wird Qualität sichtbar? Bedeutungsrangfolge der Argumente .... Werbebotschaft Werbegestaltung Werbemittel Werbezyklus (Wiederholung)						
persönliche Anbindung Beiräte/gemeinsame Gremien Geburtstagskartei Einladungen gemeinsame Veranstaltungen freie Mitarbeiter						

1 siehe Vordruck 6 „Differenzierungspotential"
2 sehr hoch bzw. sehr stabil = +10, sehr niedrig bzw. sofort kompensierbar = ./.10
3 Durchschnittswert aus Distanz und Stabilität

2.37 Zusammenfassende Beurteilung der Marktattraktivität

Der Vordruck 25 faßt alle Merkmale zusammen, die normalerweise die Marktattraktivität bestimmen. Die Bedeutung der Segmentierung, der Konkurrenzstruktur etc. müssen natürlich jedem Teammitglied vertraut sein, um richtig urteilen zu können. In einem ersten Schritt sollte das Team, bevor es das Thema abschließend bearbeitet, die Merkmale sammeln um festzustellen, ob es im speziellen Fall weitere wichtige Einflußgrößen gibt. In einem zweiten Schritt gewichtet es die Merkmale nach ihrer Bedeutung. Bei höchstem positiven Rentabilitätseinfluß vergibt es 10 Punkte, das heißt, in diesem Falle gehen vom Markt besonders günstige Renditevoraussetzungen aus.

Auf diese Weise lassen sich im Vordruck mehrere Geschäftsfelder bewerten und gegenüberstellen. Zur Kontrolle ihrer Beurteilungen stellen die Mitarbeiter abschließend die berechneten Gesamtpunktzahlen der Durchschnittsrendite der Geschäftsfelder in den Branchen gegenüber und prüfen, ob die Rangreihe logisch zur durchschnittlichen Marktrendite paßt und warum gegebenenfalls Abweichungen vorliegen.

Durch Addition der gewichteten Schätzungen je Geschäftsfeld kann der Moderator einen Gesamtwert für die Marktattraktivität ermitteln. Dieser dient als Basis für die Einordnung der Geschäftsfelder in die später noch zu betrachtende Portfolio-Matrix (Vordruck 55) und für die Überprüfung der Prioritäten. Beim Aufbau einer Informationspyramide hilft dieser Vordruck, weil er der obersten Führungsebene leicht verständlich einen zusammenfassenden Überblick über die Aktivitäten aller bearbeiteten Märkte gibt.

2.4 Positionsdeterminanten mit differenzierendem Schwerpunkt

Der ungeschulte neutrale Beobachter, der den Tagesverlauf in mehreren Unternehmen beobachtet, sieht normalerweise überall einsatzbereite Führungskräfte, die zum Wohl des Unternehmens sehr viel Freizeit opfern. Trotzdem gibt es bei gleichem Einsatz in derselben Branche große Unterschiede im langfristigen Verlauf. Untersuchungen beweisen, daß die Erfolgreichen neben der Einsatzbereitschaft mit einem klaren Kurs und hoher Leistung vor allem Positionen aufbauen. Nicht Einzelereignissen im Tagesgeschäft geben sie die höchste Priorität – sie sind nur kurzfristig von Bedeutung und Mittel zum Zweck –, sondern es steht immer ein klares Ziel im Vordergrund. Die Ausschöpfung des Potentials und die Erarbeitung einer relativ höheren Differenzierungsattraktivität im Vergleich zum Wettbewerb sowie ihre Absicherung wählen sie als strategische Ziele. Manche Positionsdeterminanten helfen sowohl bei der Differenzierung, der Absicherung, der Chancenwahrnehmung und der Kostenführung. Sie werden in dieser Arbeit entsprechend ihrer überwiegenden Wirkung zugeordnet.

Ein einfaches Beispiel soll den Inhalt des Wortes Differenzierungsposition erläutern: Zwei wissenschaftlich geschulte Mitarbeiter bewerben sich um die Position des Forschungsleiters in einem Unternehmen. Beide arbeiten in etwa auf gleichem Niveau mit gleichem Einkommen. Von einem weiß man, daß er bereits eine Fülle von Produkten entwickelte, bei denen er zum Teil über Patente verfügt, die sein Unternehmen erfolgreich in den Markt einführte. Welcher der beiden dürfte wohl sein Ziel erreichen? – Der Bewerber mit konkreten Erfolgsnachweisen setzt sich also von seinem Konkurrenten attraktiv ab.

Die Voraussetzung einer erfolgreichen Produktentwicklung und attraktiven Differenzierung ist stets die Kenntnis der Kundenwünsche. Fällt es den Teammitgliedern schwer, eine konkrete Meinung zu bilden oder zeigen die Bewertungsziffern große Abweichungen, so weist dies darauf hin, daß keine klare Vorstellung von den Kundenwünschen besteht. Deshalb sollte der Moderator den Teammitgliedern folgende Fragen stellen: Sprechen Sie laufend mit den Kunden? – Nutzen wir die Kundenwünsche zur systematischen Befragung? – Können wir schon „mit dem Kopf des Kunden

Geschäftsfeld:
Produkt:
Kundengruppe/Segment:

Vordruck: 25
Datum:
Bearbeiter:

Marktattraktivität

Merkmale	Bewertung	Ge-wichtungs-multipli-kator	Bewertung[1] der Geschäftsfelder/Chancen							
			Chance		Chance		Chance		Chance	
Marktvolumen (in Mio. DM) unausgeschöpfte Gebiete	je nach Unterneh-mensgröße	Konditio								
Segment/Differenzierungspotential Differenzierung durch Produkt, Sortiment, Service, Technologie, Kosten etc.	hoch = 10									
Kapitalbindungsintensität/ Investitionsintensität	niedrig = 10									
Patent- und Lizenz-Situation Schutzfähigkeit des Know-how	am Anfang bzw. viele Patente mög-lich = 10									
Konkurrenzstruktur Wettbewerber mit großen Stärken Aggressivität Wettbewerber mit hohem Know-how Wettbewerber mit hohem Image Wettbewerber mit hoher Finanzkraft Vorteile ausländischer Wettbewerber	hoch = 0 gering = 10 groß = 0 groß = 0 groß = 0 niedrig = 10									
Bedrohung durch neue Wettbewerber in 5 J. (Eintrittsbarrieren)	nein = 10 verdoppeln = 0									
objektive und subjektive Nutzen für Endkunden	niedrig = 10 hoch = 10									
Lebenskurven Wachstumsrate der nächsten Jahre Gefahr der Substitution Segmente mit abweichendem Wachstum	jung = 10 nein = 10									
Abnehmerstärke Konzentration/Abhängigkeit Markttransparenz	niedrig = 10									
Lieferantenstärke/monopolist. Spielraum Störanfälligkeit der Lieferanten Preisanfälligkeit	niedrig = 10									
Technologische Entwicklungen Innovationspotential	groß = 10									
Stabilität der Nachfrage saisonale Schwankungen konjunkturelle Schwankungen	hoch = 10 nein = 10 gering = 10									
externe Einflüsse (hoch, mittel, gering) Normen (hoch, mittel, gering) gesetzliche Bestimmungen Gewerkschaftsdruck Konjunkturabhängigkeit Inflationsabhängigkeit Wechselkurse sonstiges[2]	gering = 10 gering = 10 gering = 10 gering = 10									

1 Bewertung: Allgemeine Bedeutung des Merkmals für den Erfolg im Markt des Geschäftsfeldes.
10 = sehr attraktiv, .l. 10 = sehr ungünstig. Klammerwerte deuten eine besonders hohe Beurteilungsunsicherheit an.
2 Stichworte vorher durch Moderation erarbeiten.

denken"? – Zur Absicherung empfiehlt es sich, die einzelnen wichtigen Produktmerkmale auch durch die Kunden, beispielsweise auf Kundentagungen, in eine Rangreihe bringen zu lassen, um so die von eigenen Mitarbeitern eingeschätzten Werte abzusichern.

Soweit der jeweilige Markt überhaupt eine Chance durch ein geeignetes Differenzierungspotential bietet, muß es das oberste Ziel der Unternehmenspolitik sein, Positionsdeterminanten der Differenzierung durch besondere Leistungen aufzubauen.

2.41 Segmentpositionierung des Unternehmens

Nachdem das Team die vorhandenen und möglichen Segmente herausarbeitete (Vordruck 26),[14] überprüft es, ob das Unternehmen in den wirtschaftlich interessanten Märkten arbeitet oder gegebenenfalls mittel- und langfristig neue Positionen suchen sollte. Die Mitarbeiter haben zu beachten, daß sie die objektiven Produktmerkmale und ihre Fähigkeit der Bedürfnisbefriedigung deutlich unterscheiden. Nicht jedes Merkmal befriedigt Bedürfnisse. Die anderen erfüllen sie mehr oder weniger gut. Schließlich zeigen sie unterschiedliche Intensität, und die Eigenschaften erhalten unter-

---

Geschäftsfeld/Segment:
Produkt:
Grobpotential[1]:

Vordruck: 26
Datum:
Bearbeiter:

Positionierung des eigenen Unternehmens nach Segmenten
Ergänzung zu Vordruck 11

Segmente/Typologien	Marktvolumen in Mio. DM	eigener Marktanteil in %	wichtigste Produkte der Segmente		optimale Basis-strategie[2]
			Namen	Marktanteil	

1 Vgl. Vordruck 6 „Differenzierungspotential"
2 D = Differenzierung. P = Preisführung

schiedliche Bedeutung, je nach dem Verwendungszweck. Deshalb geht die Analyse stets von der konkreten Situation aus.

Es gibt um so mehr Ansatzpunkte zur Differenzierung in Segmente, je unterschiedlichere Bedürfnisse bzw. Einstellungen verschiedene Verwendergruppen zeigen. Deshalb untersucht die Gruppe zunächst die Art der Verwendergruppen und ihre typischen Unterscheidungsmerkmale, soweit dies nicht bereits früher festgelegt wurde. Auch die Frage nach dem Potential ist unter Berücksichtigung der Größe und Ressourcen des eigenen Unternehmens zu beachten.

Die ersten Einschätzungen zeigen schon, ob wir geeignete Segmente bearbeiten. Zunächst untersucht der Arbeitskreis die vom eigenen Unternehmen besetzten Segmente. Strebt die Gesellschaft wegen einer ungünstigen Positionierung die Eroberung neuer Märkte an – und dies scheint insbesondere sinnvoll, wenn es geeignete Segmente noch nicht oder nur sehr unvollständig abdeckt, dafür aber Stärken besitzt – so hilft die Analyse, die Orientierungsschwerpunkte der Entwicklung und Marktbearbeitung richtig zu setzen.

Konkrete wichtige Informationen über die Leistungsfähigkeit einzelner Produkte im Segment

Segment:						Vorduck: 27		
Produkt:						Datum:		
Grobpotential[1]:						Bearbeiter:		

Erfolgspotential von Bedürfnissen, Positionierung wichtiger Wettbewerber durch Erfüllungsgrad bzw. Abweichung

Bedürfnisse	Erfolgs-potential[2]	Erfüllungsgrad			Differenz[3] als			
		eigenes Untern.	Wettbew.	Wettbew.	Stärke	Schwäche	Chance	Einsparung

1 Vgl. Vordruck 6 „Kunden".
2 Allgemeine Bedeutung des Bedürfnisses für die erfolgreiche Orientierung im Markt:
   10 = sehr groß, O = unbedeutend
3 Ergibt sich für das eigene Unternehmen ein Wert über dem geforderten Marktwert, so deutet dies auf eine Einsparungsmöglichkeit hin. Liegt der Wert über dem Wettbewerb, ohne daß eine Übererfüllung besteht, so existiert eine Stärke. (Umgekehrt eine Schwäche). Erfüllt keiner der Hersteller das Bedürfnis voll, ergibt sich eine Chance.

bilden die Grundlage für die dortige Positionierung: Inwieweit sind die Produktmerkmale an die Bedürfnisstruktur der speziellen Käufertype angepaßt? – Wurde das Potential ausgeschöpft? – Deshalb sollte das Team die früher schon ermittelten verkaufsrelevanten Merkmale auf den Erfüllungsgrad in bezug auf die Kundenanforderungen im Vergleich zu den stärksten Wettbewerbsprodukten überprüfen und mögliche Differenzen bzw. Reserven aufdecken (Vordruck 27).

2.42 Strategische Harmonie

Strategische Harmonie der Arbeitsgebiete erleichtert die erfolgreiche Ausrichtung des Unternehmens. Deshalb empfiehlt es sich, alle Arbeitsgebiete danach zu beurteilen, ob sie einen hohen strategischen Verwandtschaftsgrad aufweisen. Untersucht der Arbeitskreis neue Produkte vor ihrer Einführung, so hat er auch abzuschätzen, inwieweit eine strategische Harmonie förderlich beziehungsweise Disharmonie hinderlich sein dürfte. Die Einordnung aller alten und zukünftigen Geschäftsfelder in die Übersicht der Hauptgeschäftstypen[15] zeigt die Verteilung der strategischen Schwerpunkte und ihrer Abweichungen (Vordruck 28).

Darüber hinaus helfen eine Reihe weiterer Kriterien bei der Beurteilung der strategischen Harmonie insbesondere von neuen Geschäftsfeldern, wie beispielsweise die Innovationshöhe, die zu erwartenden Marktpotentiale und das Wachstum im Vergleich zur Ausgangssituation des eigenen Unternehmens. Weiterhin wäre zu prüfen, inwieweit bereits Synergien im Vertrieb, in der Fertigung und in der Entwicklung vorliegen. Damit gewinnt die Arbeitsgruppe gleichzeitig Erkenntnisse im Hinblick auf Risiken und Erfolgswahrscheinlichkeiten, denn je höher die strategische Harmonie, um so geringer liegt das Risiko. In diesem Zusammenhang sind folgende Fragen von Bedeutung:

1. Innovationshöhe (Neuigkeitsgrad für den Markt)

Eine große Innovationshöhe bedeutet lange Anlaufzeiten auf Grund möglicher psychologischer Barrieren. Andererseits akzeptiert der Verbraucher Erzeugnisse eher, wenn dem Hersteller der Nachweis gelingt, daß sie durch Innovationen Vorzüge gegenüber Wettbewerbsangeboten besitzen, also sich attraktiv differenzieren. Das Unternehmen muß folglich auch über die Ressourcen verfügen, solche Innovation im Markt durchzusetzen.

Unabhängig von der Marktsituation kann also dieselbe Innovation zu einzelnen Unternehmen unterschiedlich passen, je nachdem, welche Voraussetzungen vorliegen.

2. Unternehmenssynergien

Zu welchem Hauptgeschäftstyp gehört das neue Arbeitsgebiet? – Erfordert es gleiche Grundeinstellungen der Mitarbeiter und gleiche Führungstechniken? Gibt es darüber hinaus eine Verwendung für das vorhandene technische Know-how, die maschinelle Einrichtung oder lassen sich die bisherigen Absatzwege und Kundenkontakte verwenden? – Im Falle einer günstigen Positionierung liegen die Geschäftsfelder in einem oder mindestens in benachbarten Hauptgeschäftstypen.

3. Marktpotentiale des Segments

Die Größe der Marktpotentiale muß der Größe des Unternehmens entsprechen und damit die Voraussetzung gegeben sein, daß es bei den vorhandenen Ressourcen einen ausreichend hohen Marktanteil im Gesamtmarkt oder einem bestimmten Segment erwirtschaftet.

4. Wachstumsgeschwindigkeit

Je schneller das Wachstum verläuft, um so höhere Anforderungen stellt dies an die finanziellen und personellen Ressourcen. – Reichen sie also aus, das Wachstum zu verkraften?

2.43 Die objektiven bzw. rationalen Tatbestände der Differenzierung

Ein Angebot kann einem Abnehmer objektiv Vorteile gewähren, obwohl dieser sie gar nicht honoriert, weil sie für ihn latent sind. Objektiv meßbare Vorteile spiegeln sich keineswegs immer im Produktimage der Verbraucher wider, auch wenn sie normalerweise die Grundlage dafür bilden. Sie stellen lediglich ein Potential dar, das mit den Mitteln des Marketings beim Kaufinteressenten auszuschöpfen ist.

Ermittlung der objektiven eigenen Produktposition

Erfolgsorientierte Überlegungen über die unternehmenspolitischen Chancen sowie alle Untersuchungen zur Differenzierung gehen stets von der Kernleistung des Unternehmens aus. Für einen Hersteller stellen die Produkte, für einen Servicebetrieb die Dienstleistung das Wesentliche dar. Vergleicht das Team die objektiv meßbaren vorhandenen Stärken und Schwächen in einem Erzeugnis oder einer Dienstleistung, die man losgelöst vom Image auffindet (Vordruck 29), mit den tatsächlich erreichten Erträgen oder Deckungs-

beiträgen, so ergeben sich Anhaltspunkte dafür, ob nach aller Wahrscheinlichkeit ungenutzte Potentiale vorliegen (Vordruck 30). Folgende Vorgehensweise bewährte sich:

1. Welche Verwendergruppen bzw. Segmente und Typologien gibt es? – Welches Segment bzw. Geschäftsfeld und welche darin eingesetzten Produkte untersuchen wir? – (Auswahlkriterien: Umsatzhöhe, Zukunftserwartung). Im Falle der Substitution kann auch ein Systemvergleich vorteilhaft sein.

2. Die Untersuchung beginnt zweckmäßigerweise damit, daß die Arbeitsgruppe alle Merkmale für einzelne Angebote durch Aufschreibungen sammelt und ihnen in einem zweiten Arbeitsschritt, zum Beispiel durch Klebepunkte, eine Bedeutung aus der Sicht der Abnehmer des speziell untersuchten Segmentes zuordnet. Gegebenenfalls nutzt sie die Ergebnisse früherer Vorarbeiten.[16]

3. Die Mitarbeiter sollten die Merkmale so konkret wie möglich aufzeigen (z. B. nicht „hohe Gebrauchstauglichkeit", sondern es ist spezifi-

Geschäftsfeld:
Produkt/Segment:
Grobpotential[1]:

Objektiv vorhandene Produktposition

Merkmale	Erfolgs-potential[2]	Latenz grad	Erfüllungsgrad[3]			eigene Position[4]			
			eigenes Untern.	Wettbew.	Wettbew.	Stär-ke	Schwä-che	Chan-ce	Einspa-rung?[5]
Produktposition insgeamt									

1 siehe Vordruck 6 „differenzierende Position"
2 Wert gemäß Vordruck 19
3 Der Erfüllungsgrad wird in % vom Erfolgspotential ausgedrückt, d h. 80 % bedeutet, daß das Erfolgspotential mit dem konkreten Merkmal zu 80 % ausgeschöpft wurde.
4 als Differenzierung zwischen dem Erfüllungsgrad des Wettbewerbs und der eigenen Position
5 Die Einsparungsmöglichkeiten lassen sich wertanalytisch untersuchen.

ziert anzugeben, wodurch die hohe Gebrauchstauglichkeit entsteht). Da sie oft zu einseitig auf die Werkstoff- und Funktionseigenschaften achten, hilft eine Checkliste, daß andere Merkmale gebührend Berücksichtigung finden. Falls eine Eigenschaft später noch näher zu überprüfen ist, bringt der Moderator hinter dem betreffenden Stichwort ein Fragezeichen an. Dann heftet er die Karten auf der Pinnwand – nach Gruppen geordnet – und stellt sie zu Klustern als Checkliste zusammen.

4. Zu allgemein gehaltene Merkmalsangaben werden aussortiert.

5. Die gesammelten Merkmale bringt das Team in eine Rangreihe, die die Bedeutung für den Verbraucher (Erfolgspotential) widerspiegelt, und die in die Tabelle zu übernehmen sind. Schließlich bewertet es diese je nach der Bedeutung mit ./. 10 bis + 10 Punkten.

Das Team muß deutlich zwischen der allgemeinen Bedürfnisintensität der Verbraucher eines Segmentes und dem Erfüllungsgrad unterscheiden. Dabei hat es zu berücksichtigen, daß ein Verbraucher nur bewerten kann, was er erkennt. Die Evidenz bzw. Latenz der Merkmale entscheidet. Schon bei der Konstruktions- und Entwicklungsarbeit ist dies zu berücksichtigen. In manchen Fällen erreicht das Unternehmen bereits Verbesserungen, wenn es

151

Sparte/Geschäftsfeld:
Grobpotential[1]:

Vordruck: 30
Datum:
Bearbeiter:

Marktsituation und eigene Position bei wichtigen Produkten

Produkte	Markt			eigene Position					
	Volumen[2]	Wachstum[3]	Rentabilität[4]	relativer Marktanteil[5]	Wachstum[3]	Rentabilität[4]	Stärke	Schwäche	Chance	Einsparung[6]

1 siehe Vordruck 6 „objektive Differenzierung"
2 in Mio DM
3 erwartetes durchschnittliches Wachstum für die nächsten 5 Jahre oder in den letzten Jahren
4 erwartete Rentabilität von vergleichbaren Spitzenprodukten des Wettbewerbs bzw. von eigenen Produkten in den nächsten 5 Jahren oder in den letzten 3 Jahren
5 Anteil in % vom stärksten Wettbewerbsprodukt, d. h. bei Marktführung des eigenen Produktes > 100 %
6 z. B. auch durch Aufgabe eines Produktes

152

vorhandene gute Eigenschaften für den Kaufinteressenten sichtbar herausstellt. Treten Substitutionstendenzen auf, so empfiehlt sich ein Systemvergleich nach der gleichen Vorgehensweise. Die bewerteten Merkmalsstrukturen lassen die Attraktivität der substituierenden Systeme erkennen.

Die erarbeiteten Merkmale sollten dokumentiert werden und bei den folgenden Strategietagungen als Checkliste für die weiteren Untersuchungen dienen. Trotzdem empfiehlt es sich, daß der Arbeitskreis auch später noch weitere Merkmale sammelt und ergänzt, damit alle bedeutenden Gesichtspunkte Beachtung finden.

Zur Kontrolle der Analyseergebnisse ist es sinnvoll, die Markt- und Produktdaten, wie Marktanteile, Wachstum oder Rentabilität, sowie die Analyseergebnisse der Produktposition zu ergänzen (Vordruck 30). Stimmen die Erkenntnisse in ihrer Logik nicht überein, so empfiehlt es sich, diese Abweichungen durch Marktuntersuchungen aufzuklären.

Komplexitätsposition

Hervorragende Unternehmer bauen oft ihre Gesellschaften aus kleinsten Anfängen bis zu einer bestimmten Größe auf, aber dann scheitern sie nicht selten an den Wachstumsschwellen. Die zunehmende Komplexität aufgrund der Größe erfordert andere Organisationen und Arbeitsweisen mit stärkerer Delegation. Die Komplexität eines Unternehmens kann sich somit als starke Wachstums- und Erfolgsbremse erweisen.

Nun läßt sich aber die Komplexität durch eine entsprechende Unternehmenspolitik entscheidend verringern, wodurch sich die Leistungsfähigkeit erheblich verbessert. Als konkrete Stellhebel dafür haben sich vor allem die Organisation, die Sortiments- und Kundenstruktur, die Fertigungstiefe, die Standortstruktur und die Technologie erwiesen (Näheres: Mc. Kinsey & Comp.; Rommel, Günter u. a.: Einfach überlegen ..., S. 9). Durch Konzentration auf die wirklich wichtigen Aufgaben und durch einfache, kundenorientierte Ziele, die für al-

le verständlich sind, steigen Effizienz und Kompetenz des Unternehmens. Dezentrale Einheiten mit kurzem Feedback, die sich selbst steuern, steigern die Flexibilität und Schnelligkeit.

Oft sieht man beispielsweise nur die akquisitorischen Vorteile eines breiten und tiefen Programms, da die Kostenrechnung die dadurch verursachten Belastungen nicht aufdeckt (Warnecke, Hans-Jürgen: Die Fraktale Fabrik ..., S. 103). Mit einem ausgeklügelten Baukastensystem und einem Sortiment, das unnötige Belastungen vermeidet, begleitet von Informationen, die die Komplexitätskosten aufdecken, läßt sich die Komplexität erheblich reduzieren. Dadurch wird nicht nur der Fertigungs- und Lagerprozeß wesentlich vereinfacht, sondern es werden auch die Konstruktion, der Verkauf und der Service effizienter; die Lieferzeiten und die Zeit für die Produktentwicklung verkürzen sich, die Anpassungsfähigkeit und die Flexibilität nehmen zu, und die Zahl der Schnittstellen wird reduziert.

Sortimentsposition

Die Sortimentsgestaltung verläuft optimal zwischen zwei antagonistischen unternehmenspolitischen Zielen:

1. Das akquisitorische Potential steigt mit einer kundenorientierten Sortimentstiefe, -breite und -qualität (Wachstumswirkungen).
2. Die Kosten sinken durch Sortimentsstraffung und innere Standardisierung auf Grund der höheren Serien (Kostenwirkungen). Diese Folgen der Sortimentspolitik handelt der Verfasser unter den Positionsdeterminanten der Kostenführung ab.

Die Struktur und die generelle Unternehmensstrategie entscheiden, welchem der beiden Ziele man den Vorrang einräumt, d. h. wo im Einzelfall das Optimum liegt. Setzt das Management eindeutig auf Differenzierung und hohe Qualität und verfügt der Hersteller hier über besondere Stärken, so ist dem akquisitorischen Potential der Vorrang vor der Kostensenkung einzuräumen. Es ist jedoch zu beachten, daß für Unternehmen mit komplexen Produkten, die aus vielen Teilen bestehen, ein ausuferndes Sortiment ohne ein straffes Baukastensystem lebensbedrohende Auswirkungen besitzen kann.

> Je vielteiliger die Produkte sind, um so wichtiger werden die innere Standardisierung (Baukasten) und das straffe Sortiment.

Gerade kundenorientierte Firmen sind nach der praktischen Erfahrung dadurch gefährdet, daß sie ihr Sortiment durch Sonderanfertigungen zu sehr ausweiten. Wenn sie dann noch durch unkritische Beachtung von Wünschen einzelner Abnehmer die Standardisierung opfern und dadurch die Zahl der Einzelteile extrem ausweiten, kommt es nicht nur zu einer starken Kostensteigerung, die die Wettbewerbsfähigkeit gefährdet, sondern die Vielfalt führt auch durch die überproportional gestiegene Komplexität zu Fehlern und Lieferproblemen.

Zur Analyse des akquisitorischen Potentials beantwortet das Moderationsteam folgende Fragen:[32]

- Welche Produkte könnte der Hersteller zusätzlich ins Sortiment aufnehmen? – Welche Ergänzungen bieten z. B. andere Lieferanten an?
- Welche Vorteile bietet die Sortimentserweiterung für den Kunden? – Stützt sie unsere Hauptkompetenzen?
- Führt sie im eigenen Unternehmen zu Fertigungssynergien, Vertriebssynergien oder sonstigen Synergien?
- Welche Erzeugnisse erstellen unsere vorhandenen Anlagen mit welchen Sach- und Know-how-Ergänzungen? – Welche kauft man besser zu?
- Welche Serviceleistungen benötigt der Verwender noch zu seiner Problemlösung bei unserem derzeitigen oder zukünftigen Angebot?
- Besteht die Möglichkeit, die entsprechenden Serviceleistungen zu berechnen?

- Welche Voraussetzungen muß die Firma schaffen, um diese Serviceleistungen anzubieten und welche Umsatzerfolge dürfte sie damit erzielen?
- Mit welchen Renditemöglichkeiten für ergänzende Produkte und Serviceleistungen rechnet der Arbeitskreis?

Revolvierender Vorsprung

Das Produkt kann durch sein Qualitätsniveau oder durch innovative Merkmale von Konkurrenzangeboten abweichen. Je schneller die Entwicklungsschritte aufeinander folgen, je kürzer also die Lebenszyklen werden, um so mehr steigt die Bedeutung neuer Produkte auf Grund eines revolvierenden innovativen Vorsprungs als Basis für ein dynamisches Wachstum, einen hohen Marktanteil und ein gutes Image. Die gewachsenen Voraussetzungen für ein hohes Innovationstempo sind eine wichtige Positionsdeterminante.

Auf dieser überdurchschnittlichen Entwicklungsgeschwindigkeit baut das erfolgreiche Eindringen japanischer Firmen in eine Vielzahl von Märkten[17] in aller Welt auf: Sie beginnen mit relativ einfachen kopierten Produkten, die sie gemäß der Basisformel billiger verkaufen als etablierte Erzeugnisse mit besserem Image. Mit Hilfe des höheren Innovationstempos verbessern sie diese Erzeugnisse intelligent und kundenorientiert, was langsam zu einem Vorsprung in der rationalen Substanz (Gebrauchstauglichkeit) führt. Durch Kombination mit einem geschickten Marketing erhöhen sie schließlich das Qualitätsimage und schaffen damit beste Voraussetzungen für gute Positionen.

Innovationen zeigen die typischen Kosten-Erlösverläufe aller strategischen Maßnahmen. In der ersten Zeit, oft über mehrere Jahre, wird das Ergebnis belastet. Die Entwicklung neuer Produkte erfordert viel Arbeit und hohe Einführungskosten. Erst weit später verbessert sich dieses Verhältnis wesentlich, selbst wenn es an der notwendigen Kreativität für die Zukunft fehlt. Bleibt die Innovation dann wiederum zu lange aus, kommt es zu einer Überalterung der Produkte, und das Unternehmen läuft über eine strategische Krise[18] in eine existenzbedrohende Gefahrenzone (Abb. 2.1). Das Versäumte auf Grund einer unkreativen Phase holt es kaum noch auf.

Im Verlauf der Lebenskurve beginnt die Differenzierung meist bei den technischen Eigenschaften des Produktes. Nimmt das Innovationspotential im Laufe der Zeit ab und stimmen die Produkte nicht mehr überein, so erhält das Marketing als Differenzierungsinstrument eine zunehmende Bedeutung.[19]

Neue Produkte auf Grund eines revolvierenden Vorsprungs bedeuten schnelles Wachstum, steigende Marktanteile und ein sich verbesserndes Image. Ein Unternehmen expandiert um so stärker, je schneller und exakter es sich an die laufend verändernde Umwelt anpaßt, und je mehr es durch Kreativität selbst Impulse zur Erneuerung gibt. Eine innovative Entwicklung von Produkten ist also eine der wichtigsten Voraussetzungen für eine Fir-

menkonjunktur, die durch revolvierenden Vorsprung die Potentiale für hohe Gewinne nutzt. Dabei sind nicht die operativen „Frühkartoffelpreise" gemeint, sondern vielmehr die langfristigen Voraussetzungen, die durch Positionsdeterminanten die Erlös- und Gewinnsituation der Gesellschaft verbessern. Ein revolvierender Vorsprung setzt voraus, daß die Unternehmenskultur, das Entlohnungssystem und die Leistungsdeterminanten die Innovationsbereitschaft der Mitarbeiter fördern.[20]

Die Innovationsgeschwindigkeit[21] wird grundsätzlich bestimmt durch

– Innovationspotential (je nach Stand der Lebenskurven der Produkte, Werkstoffe und Technologien ergeben sich mehr oder weniger gute Chancen)
– Innovationsprämissen (Organisation, Entlohnungssystem, Führungsmethode, Unternehmenskultur)

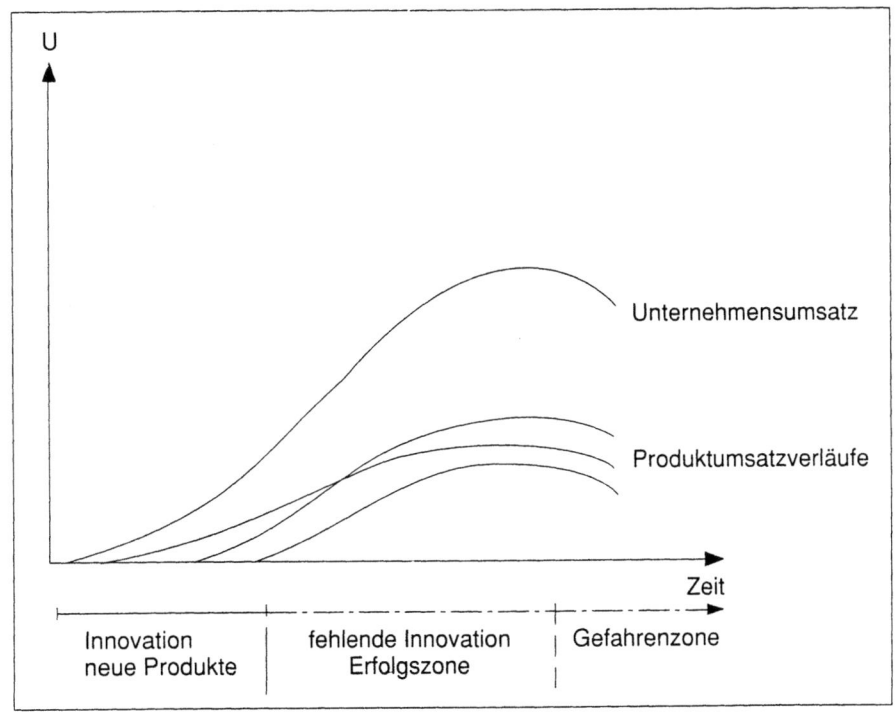

Abb. 2.1:
Bedeutung der Innovation durch Einführung neuer Produkte für die Unternehmensentwicklung

155

- Innovationsinstrumentarium (Kreativitätstechniken und Systematik,[22] Arbeitsmethoden)
- Innovationsbereitschaft (Selbstmotivation, Innovationsbewußtsein)[23]
- Innovationsfähigkeit (kreative Veranlagung der Mitarbeiter)

Der revolvierende Vorsprung, der durch eine höhere Innovationsgeschwindigkeit des eigenen Unternehmens im Vergleich zum Wettbewerb entsteht, setzt also zahlreiche bessere Innovationsmerkmale als bei der Konkurrenz voraus.

Das Team sollte folgende Fragen von allgemeiner Bedeutung beantworten und bewerten:

- Welcher Stellenwert kommt der Innovation im untersuchten Geschäftsfeld im Rahmen der Gesamtpolitik zu? (Vgl. Bewertung in Vordruck 6 „Differenzierungspotential".)
- Wie groß schätzt die Gruppe das Innovationspotential im Geschäftsfeld ein?
- Inwieweit wurde es ausgeschöpft?
- Wie beurteilt sie die Innovationsvoraussetzungen, das Instrumentarium, die Bereitschaft und Fähigkeit der eigenen Firma im Vergleich zum Wettbewerb?

Technologie- und Werkstoffposition

Technologie- und Werkstoffstärken stellen eine der wichtigsten Grundlagen für den Aufbau von Positionen dar.[24] Jedes Unternehmen setzt eine Fülle unterschiedlichster Fertigungsverfahren und Ausgangsmaterialien ein, die jeweils mehr oder weniger dazu beitragen. Die Führung sollte deshalb wissen, auf welchen Technologien bzw. Werkstoffen die Stärken oder Schwächen im Vergleich zum Wettbewerb beruhen, und bei welchen sich keine Stärken aufbauen lassen. Die Analyseergebnisse beantworten somit auch indirekt die Frage nach dem „make or buy". Zur Systematisierung unterscheidet das Moderationsteam:[25]

1. Neue Technologien oder Werkstoffe, die wirtschaftlich noch keine große Bedeutung besitzen und deren Zukunft noch unklar erscheint.
2. Zukunftstechnologien oder -werkstoffe, deren wirtschaftliche Bedeutung sich schon erkennen läßt. Sie bilden die Grundlage einer längerfristig orientierten Entwicklungsarbeit.
3. Differenzierungstechnologien oder -werkstoffe, die besonders bei der Bildung von Stärken dienen.
4. Standardisierte Technologien oder Werkstoffe, die mehrere Maschinenbauer oder Rohstofflieferanten im Markt anbieten.
5. Sterbende Technologien oder Werkstoffe, die man durch andere ersetzt.

Die Grundsatzfragen zur Beurteilung der Position lauten:

1. Welche Technologien und Werkstoffe verwendet das Unternehmen?
2. Welche besitzen heute oder in Zukunft das größte Potential zur Differenzierung? – Sie erhalten die höchste Priorität bei der eigenen Entwicklungsarbeit.
3. Welche Maßnahmen zur Festigung der Position und Nutzung des Potentials sind zu ergreifen, insbesondere durch eindeutige Entwicklungsprioritäten?

Bei der Beurteilung hilft sehr, wenn entsprechende Experten von außerhalb die Teamarbeit unterstützen.

Bezüglich der Bewertung sollte die Arbeitsgruppe stets die Frage beantworten, wie sich die Situation in absehbarer Zeit verändert. Die zukünftige Position wird bestimmt durch

1. die zu erwartende Solitärdistanz auf Grund des wirtschaftlichen bzw. technischen Weiterentwicklungspotentials, des zeitlichen Verlaufs und des revolvierenden Vorsprungs;
2. die zu erwartende Stabilität (Risiko), d. h. durch
   - das Potential der nachdringenden Technologien bzw. Werkstoffe,
   - die Synergien zu eigenen und fremden Technologien,

– die entstehenden Kosten, um den Vorsprung einzuholen,
– den Penetrationsanreiz, solche Entwicklungen nachzuvollziehen (optimistische Darstellungen in der Presse, Gewinnerwartungen der potentiellen Nutzer),
– den Ressourceneinsatz der nachrückenden Firmen,
– den zeitlichen Vorlauf,
– den möglichen Patentschutz,
– das eigene Innovationstempo,
3. die Bedeutung der Technologien und Werkstoffe für unser Unternehmen.

Die Bewertung der Technologien und Werkstoffe beeinflussen also im wesentlichen fünf Dimensionen:

– die Solitärdistanz,
– den zeitlichen Verlauf,
– die Kosten,
– die Stabilität der Distanz und
– die Umsatzbedeutung

Für die Beurteilung im Team hilft die S-Kurve,[26] wenn die Mitglieder für die zu vergleichenden Technologien und Werkstoffe ihren Verlauf bis

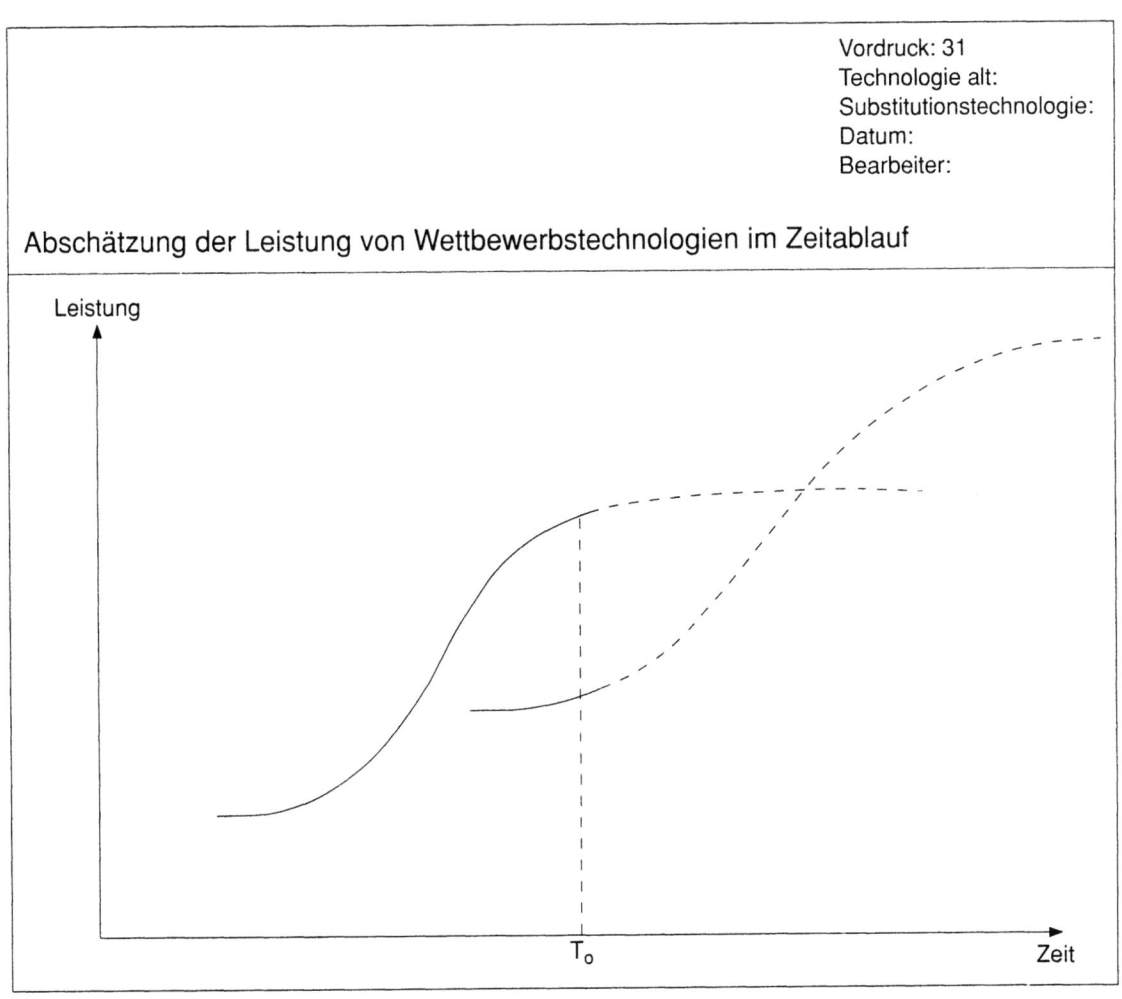

Vordruck: 31
Technologie alt:
Substitutionstechnologie:
Datum:
Bearbeiter:

Abschätzung der Leistung von Wettbewerbstechnologien im Zeitablauf

Leistung

T_0

Zeit

157

zur Gegenwart (T_0) und das Weiterentwicklungspotential durch Verlängerung der Kurven abzuschätzen versuchen (Vordruck 31). Im folgenden beschränken sich die Darlegungen und Vordrucke auf die Analyse der Technologien. Die Werkstoffbeurteilungen führt man in gleicher Weise aus.

Die Moderationssitzung läuft wie folgt ab:

1. Wir sammeln alle Technologien durch Aufschreibung auf Karten.
2. Diese heftet der Moderator zu Klustern auf der Pinnwand zusammen, je nachdem, ob es sich um neue, Zukunfts-, Differenzierungs-, Standard- oder sterbende Technologien handelt.
3. Für neue Technologien ist eine Bewertung des Erfolgspotentials noch nicht möglich, für Standardtechnologien liegt es bei 0 und bei sterbenden Technologien im negativen Bereich, wenn die jüngeren ihre Vorteile bereits bewiesen haben. Deshalb betrachten wir nur die Zukunfts- und Differenzierungstechnologien und bilden durch Umgruppierung eine Rangfolge je nach der Zahl der Nennungen.
4. Die Technologien werden anschließend in der gebildeten Reihenfolge auf den Vordruck 32 übertragen und mit Kennziffern von 0 bis 10 entsprechend der heutigen Umsatzbedeutung und dem Differenzierungspotential bewertet (10 = größte Bedeutung und größtes Potential, 0 = keine Bedeutung und kein Potential, negative Kennziffern dürfen normalerweise nicht anfallen, da sterbende Technologien unbeachtet bleiben).

	Geschäftsfeld: Produkt: Grobpotential[1]:							Vordruck: 32 Datum: Bearbeiter:	
		Technologien							
Prio- rität		Umsatzbedeutung in %		Kosten- senkung	Erfolgs- potential[2]	Synergie in %[3]	Entwicklung		
		heute	in 5 Jahren				Zeit	Aufwand[4]	
	Zukunftstechnologien								
	Differenzierungstechnologie								

1   Vgl. Vordruck 6 „Technologie"
2   Allgemeine Bedeutung der Technologie für den Erfolg im Markt: ./. 10 = sehr nachteilige Technologie im Vergleich zum Wettbewerb, O = nicht vorhanden, identisch mit der Wettbewerbstechnologie; 10 = monopolistisch bzw. sehr hoch
3   Synergie in % zu den bereits vorhandenen Technologien abschätzen
4   K = Kosten, I = Investition

5. In einem weiteren Schritt beurteilt die Gruppe die Umsatz- und Differenzierungsbedeutung (Solitärdistanz), die sie in den nächsten 5 Jahren erwartet.

6. Zur besseren Übersicht übernimmt das Team die interessanten Technologien in das Technologieportfolio gemäß Vordruck 33, aus dem es später unter Beachtung der Normstrategien und der möglichen Maßnahmen das Zielportfolio entwickelt.

7. Der Moderator hält schließlich die Ziele, Synergien sowie Stärken und Schwächen, Maßnahmen und den Ressourcenbedarf (insbesondere Finanzen und Personal) sowie die Aufgaben

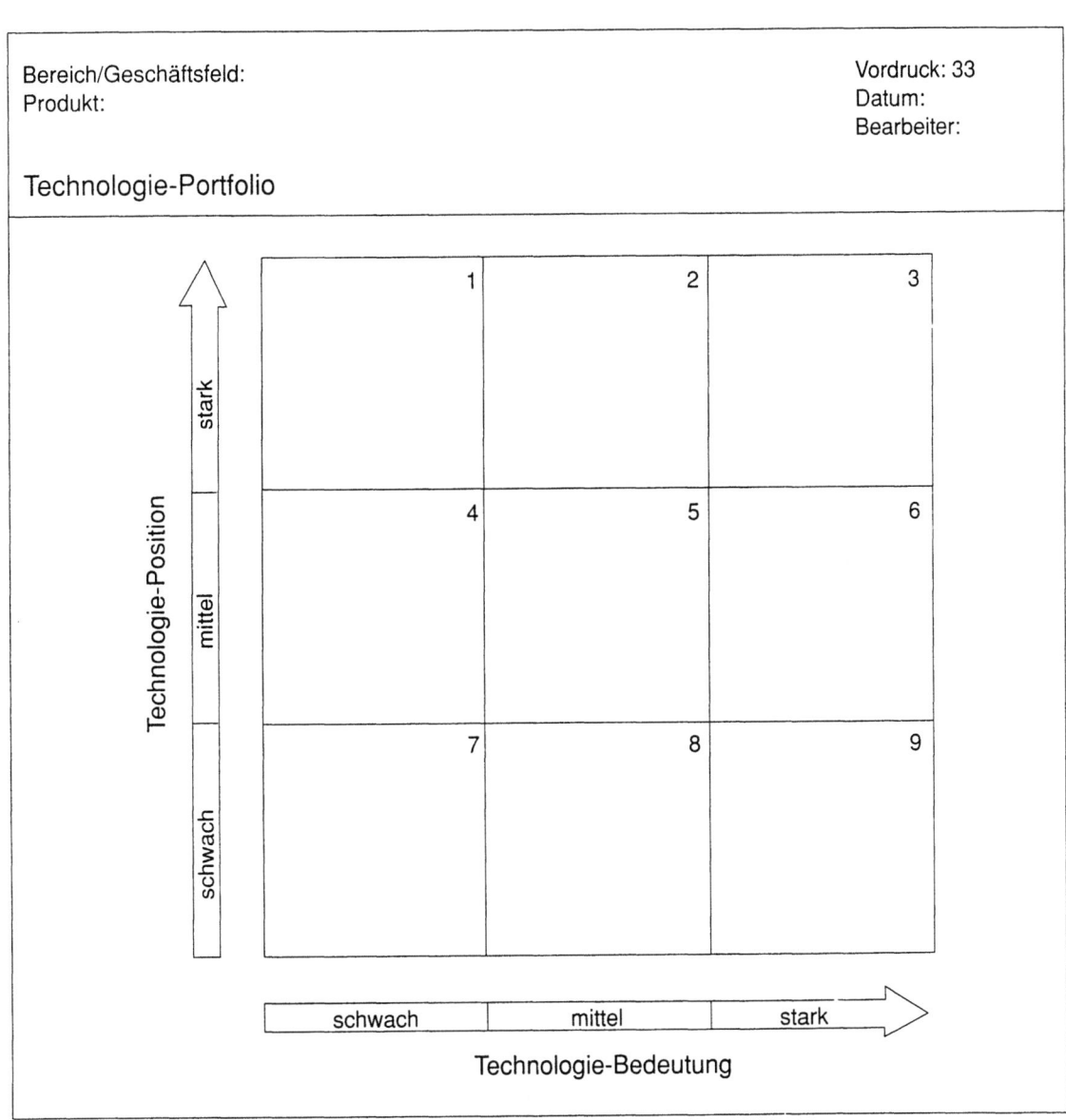

Bereich/Geschäftsfeld:
Produkt:

Vordruck: 33
Datum:
Bearbeiter:

Technologie-Portfolio

Technologie-Position

stark

mittel

schwach

1	2	3
4	5	6
7	8	9

schwach · mittel · stark

Technologie-Bedeutung

und Termine für die Teammitglieder auf der Pinnwand fest und definiert damit die Technologiestrategien.

Für eine Maschinenfabrik, die eine Technologie vermarkten will, stellt sich darüber hinaus noch die Frage der Akzeptanz. Diese entscheidet über die Schnelligkeit und den Aufwand, um eine Technologie im Markt zu verbreiten.[27]

Rationale Marketingposition

Neben den objektiv vorhandenen Stärken und Schwächen der Produkte entscheiden noch die der Marketingposition. Ihre Bedeutung steigt im Verlauf der Lebenskurve normalerweise an, weil die Differenzierungsmöglichkeiten des Produktes sinken. In der Praxis bieten sich zahlreiche Chancen zur Ausschöpfung objektiv gegebener Marketingmerkmale. Hier werden nur einige wesentliche betrachtet.

Geschäftsfeld:
Produkt:

Vordruck: 34
Datum:
Bearbeiter:

Bewertung der Absatzwegposition

Merkmale	Erfolgs-potential[1]	Ausschöpfungsgrad nach Absatzwegen		eigene Position			
				Stärke	Schwä-che	Chan-ce	Einspa-rung?
Kundenkontakt/Absatzorganisation quantitativ quantitativ							
strategische Harmonie/Image							
Beratungsleistung							
sonstiger Service							
Werbeleistung							
Standortvorteile							
Lieferschnelligkeit und -sicherheit							
Sortimentssynergie							
Spannenpolitik/Preise							
sonstiges[2]							

1 Allgemeine Bedeutung der Merkmale für den Erfolg im Markt:10 = sehr hoch, 0 = keine Bedeutung
2 Stichworte durch Moderation ergänzen.

160

Absatzwegposition

Soweit das Unternehmen den Kunden nicht – wie normalerweise im Industriegeschäft – direkt bearbeitet, sind die Leistungskriterien der eventuell vorzuschaltenden Handelsorganisationen im Vergleich zu untersuchen und zu bewerten (Vordruck 34). Neben den Absatzwegen über Fachgeschäfte, Filialisten, Verbrauchermärkte, Versandhandlungen, Großhandlungen oder über ein eigenes Franchising-System bleiben als Alternative der Direktvertrieb, über eigene Läger, eine eigene Ladenkette, freie Handelsvertreter oder Reisende oder ohne eine Außenorganisation mit Telefonverkauf. Der letztgenannte Absatzweg erweist sich insbesondere als interessant, wenn es bei nicht erklärungsbedürftigen homogenen Produkten um die Strategie der Kostenführung geht.

Selektionsposition bei den Abnehmern

Wenn Marktführer keine besonders guten Ergebnisse ausweisen, so liegt dies möglicherweise daran, daß sie sich auf besonders große Kunden konzentrieren, bei denen sie nur ein sehr ungünstiges Preis-Leistungs-Verhältnis erreichen, das sie nicht durch die Kostendegressionsvorteile kompensieren.[28]

Bei der Abnehmerstruktur kommt es darauf an, daß die Gesellschaft ihre Kunden so auswählt, daß sie zu ihren Stärken passen (Vordruck 35). Liegt diese Voraussetzung vor, so hat sie sich über die Abnehmerselektion auf eine bestimmte Nische beziehungsweise Typen von Kunden konzentriert. Wer ein Sortiment hochpreisiger Kosmetik produziert und vertreibt, sollte seine gesamte Unternehmenspolitik darauf ausrichten. Er muß nicht nur die entsprechenden Entwicklungsziele setzen, die Werbegestaltung und Werbemedien entsprechend auswählen, sondern auch über Handelsgruppen vertreiben, die dem hochgesetzten qualitativen Image entsprechen. So beeinflußt beispielsweise der Vertrieb über Cash- & Carry-Märkte das Image von Hochpreisprodukten negativ, während

Fachbetriebe mit anspruchsvollem Erscheinungsbild als Vertriebsweg das Erscheinungsbild harmonisch ergänzen. Das Qualitätsimage durch konsequente Preispolitik zu unterstützen, bedeutet auch, darauf zu achten, daß Geschäfte, die stark über Preisaktionen verkaufen, nicht zum Kundenkreis gehören.

Bei der Selektion ist zu beachten, daß bestimmte Abnehmergruppen sich in der Regel unterschiedlich entwickeln. So bearbeiteten beispielsweise einige kleinere Hersteller im Sanitärmarkt mehr den mittelständischen Handel. Hier erzielten sie bessere Preise, wodurch sie einen Teil ihrer Kostennachteile auf Grund des kleineren Volumens kompensieren konnten. Die großen besonders leistungsstarken Hersteller umwarben dagegen mehr die preisumkämpften Handelskonzerne. Im Laufe von etwa einem Jahrzehnt wandelten sich jedoch die Voraussetzungen grundlegend: Die Großen kauften viele Mittelständler auf, die anderen kooperierten mit wenigen Einkaufsgemeinschaften. Daraus folgte, daß an alle Lieferanten nahezu die gleichen preislichen Anforderungen gestellt wurden.

Kontaktposition

Enge Kundenkontakte haben in zweierlei Hinsicht große Bedeutung:

1. Nur mit den Kunden zusammen entwickelte Problemlösungen stimmen normalerweise optimal mit den Bedürfnissen überein: Nicht Eigenschaften, sondern Nutzen und Problemlösungen stehen bei der Entwicklung im Vordergrund. Engste Kundenkontakte sind der wesentlichste Bestandteil der Orientierung des gesamten Kreativitätsprozesses bei der Entwicklung neuer Produkte und neuer Serviceleistungen auf die Abnehmerwünsche.
2. Persönliches Wohlwollen – und dies spielt nicht selten eine ausschlaggebende Rolle – kann nur vorliegen, wenn Sympathie den persönlichen Kontakt prägt.

161

Beurteilung von Kundengruppen nach Regionen

Ergänzung zu Vordruck 11

Kundengruppe/Region	Markt			eigene Position						
	Volumen[2]	Wachs-tum[3]	Rentabili-tät[4]	relativer Markt-anteil[5]	Wachs-tum[3]	Rentabili-tät[4]	Stärke	Schwäche	Chance	Einspa-rung[6]

1 siehe Vordruck 6 „Kunde"
2 in Mio DM
3 erwartetes durchschnittliches Wachstum für die nächsten 5 Jahre oder Wachstum der letzten 3 Jahre
4 erwartete Rentabilität der Spitzenfirmen der Branche durch die Kundengruppe bzw. eigene Rentabilität in den nächsten 5 Jahren oder in den letzten 3 Jahren
5 Anteil in % vom stärksten Wettbewerb, d. h. bei Marktführung > 100 %
6 z. B. auch durch Rückzug von einer Kundengruppe oder aus einer Region

Kontaktpotential erweist sich also als ein strategisches Element, mit dem die Gesellschaft einen monopolistischen Preisspielraum erzeugt oder mindestens auf Grund eines Informationsvorsprungs die Position absichert.

In vielen Fällen besitzen Interessenten und Verwender keine allumfassende Vorstellung darüber, wie ein bestmögliches Erzeugnis gestaltet sein muß. Meist existiert nur der Wunsch nach einer Problemlösung oder nach einzelnen konkreten Eigenschaften. Deshalb sollten die Mitarbeiter im engen Kundenkontakt Prototypen entwickeln und mit dem Kunden ausprobieren, denn erst dabei konkretisiert er seine Wünsche. Das ständige unmittelbare Gespräch und die permanente Weiterentwicklung mit maßgebenden Abnehmern dient folglich als Grundlage für eine bedürfniskonforme Produktkonzeption. So tastet sich der kundenorientierte Hersteller iterativ an die bestmögliche Lösung heran. Die Praxisnähe und optimale Anpassung der erfolgreichen Unternehmen an die Bedürfnisstruktur ihrer Zielkundensegmente gelingt in erster Linie durch die dominante Stellung ihrer Abnehmer für alle Mitarbeiter im Verkauf, in der Entwicklung, in der Fertigung und selbst im Rechnungswesen.[29]

Eine besonders enge Verbindung erlaubt ein Direktvertriebssystem. Der Verkauf kennt in idealer Weise die Wünsche der Verbraucher, berät direkt, korrigiert Fehlentscheidungen schneller und braucht nicht die oft anders gelagerten Interessen des Handels zu berücksichtigen. Wenn jedoch der Handel durch sein breites Sortiment weit wirtschaftlicher arbeitet, eine starke Stellung im Kontakt mit den Abnehmern besitzt, über ein breites Netz mit vielen Lägern einen wichtigen Service bietet, so reicht dieser Vorteil alleine nicht aus.

Der Großhandel vertreibt normalerweise ein so breites Programm, daß es den Mitarbeitern nicht gelingt, ein wirklich tiefes Fachwissen über die Stärken und Schwächen einzelner Artikel zu erarbeiten. Es besteht auch im allgemeinen kein Interesse, sich mit den Problemen eines Zulieferanten besonders auseinanderzusetzen. Deshalb sollte dieser auf die Kunden des Großhandels mit Hilfe der Verkaufsförderung und Schulung durchgreifen. Bezieht man in diese Schulungen die Großhandelsvertreter mit ein und liefert ihnen Hilfsmittel zur Verkaufsförderung, so erhöht dies deren Wissen über die eigenen Produkte im Vergleich zu den Wettbewerbslieferanten.

Die Effizienz eines Großhändlers für das eigene Unternehmen korreliert deutlich mit der Unterstützung, die ihm der Hersteller gewährt.[30] Hierzu eignen sich die Werbung und Verkaufsförderung, ein anwendungstechnischer Dienst, ein Reparaturdienst, Seminare und Schulungen beim Hersteller. Letztere liefern vor allem auch permanent wichtige Informationen für die Analyse der eigenen Position, wenn der Hersteller die Veranstaltungen gezielt nutzt. Bei einer sehr großen Zahl der Endabnehmern, wie beispielsweise im Markenartikelgeschäft, ergänzt der Anbieter diese Kontaktinformationen durch systematische Marktforschungsuntersuchungen.

Je kleiner der Kreis der Nachfragenden für ein bestimmtes Produkt wird, um so bessere Möglichkeiten existieren für den Kaufinteressenten, seine Wünsche vorzutragen und auf die Produktkonzeption Einfluß zu nehmen. So konzipieren die Anbieter im Industriegeschäft in vielen Fällen die Produktlösung gemeinsam mit den Kunden.

Die enge Zusammenarbeit führt noch zu einem weiteren wichtigen Ergebnis. Ein Netz von Beziehungen und mehr oder weniger engen Kontakten zwischen Kunden und Lieferanten, Banken, Behörden, Mitarbeitern und Gewerkschaften prägt das Geschäftsleben. Vieles läßt sich nur durchsetzen und erreichen, weil dieses Beziehungsnetz besteht, weil das Unternehmen schon früh Kontakte aufbaute und pflegte. Dabei erhält die Kontaktpolitik je nach der Art des Geschäftes unterschiedliche Bedeutung im unternehmenspolitischen Konzept. Viele erfahrene Praktiker wissen aus eigener Erfahrung, welche entscheidende und erfolgsbestimmende Größe persönliche Bindungen, zum Beispiel auch durch gemeinsame Entwicklungen, darstellen.[31] Trotz der Bedeutung der Kontaktleistung als unternehmenspolitisches Instrument räumte die wissenschaftlichen Literatur diesem Thema bisher wenig Platz ein. Dies hängt vermutlich damit zusammen, daß sich der Wert solcher Kontakte der wissenschaftlichen Analyse weitgehend entzieht.

Besonderes Gewicht erhalten gute Kontakte zum Beispiel im Industriemarketing für Großanlagen. Dieses wächst im Verhältnis zu anderen unternehmenspolitischen Instrumenten, je kleiner die Kundenzahl und je größer das Auftragsvolumen einzelner Kunden ist. Bei homogenen Produkten, Service- und Kommunikationsleistungen bleiben oft die Kontakt- und Preispolitik als einziges Instrument. So baut insbesondere das industrielle Bankgeschäft in hohem Maße auf persönlichen Kontakten auf, die maßgebende Gesellschaften mit großem Einsatz pflegen, zum Beispiel durch Aufnahme in Beiräte, Einladungen zu Vorträgen, Konzerten, Mittag- beziehungsweise Abendessen in der Bank oder im privaten Bereich. Auch in der Gastronomie besuchen viele Stammkunden ihr Hotel oder ihre Stammkneipe nicht zuletzt wegen der persönlichen Beziehungen beziehungsweise des freundlichen Empfangs und weniger wegen des differenzierten Angebotes.

Am geringsten erweist sich die Bedeutung dort, wo persönliche Kontakte zwischen dem Mitarbeiter des Herstellers und den Abnehmern aus wirtschaftlichen Gründen gar nicht mehr zustande kommen können. Eine breite Kundschaft ermöglicht den persönlichen Kontakt nur noch in einzelnen Fällen. Das Unternehmen spricht den Kaufinteressenten wirtschaftlicher über die anderen Wege der Kommunikationspolitik an. Diese Situation liegt bei allen Markenartikeln vor. Die Gestaltung des Produktes und die werbliche Information – also die Markenpersönlichkeit – verschaffen den Herstellern einen Ersatz für die mangelnden persönlichen Kontakte.

Je mehr ein Unternehmen Produkte mit besonderen Eigenschaften, also Spezialitäten, vertreibt, um so mehr lebt es von seiner Fähigkeit, sich an die Bedürfnisse anzupassen. Deshalb lautete unser erster und vielleicht wichtigster Grundsatz: Friedrichsfeld arbeitet kundenorientiert. Wir stellten uns die Aufgabe, die Wünsche der Abnehmer möglichst sorgfältig und schnell zu ermitteln und zu erfüllen. Die Mitarbeiter sollten ständig im gemeinsamen Gespräch mit ihnen nach Möglichkeiten suchen, deren Gewinne und Umsätze zu erhöhen oder deren Kosten zu senken. Alle hatten primär von ihrer Interessenlage auszugehen.

Die Kontaktposition beurteilt man im wesentlichen mit Hilfe von zwei Fragen:

1. Quantitative Kontaktposition (Vordruck 37): Zu wieviel Prozent der gesamten Abnehmer besteht persönlicher Kontakt?
2. Qualitative Kontaktposition (Vordruck 38): Wie intensiv bzw. eng besteht die Verbindung im Vergleich zum Wettbewerb?

Die Antworten hält das Team mit einem Schaubild übersichtlich fest. Ermittelt es noch solche Einschätzungen nach Absatzregionen in zeitlichen Abständen, so zeigt sich deutlich, wo Handlungsbedarf besteht bzw. was die Führung auf Grund der Maßnahmen erreichte.

Im Idealfall notieren alle Außendienstmitarbeiter nach jedem Besuch den Umsatz, Anteil am Gesamtbedarf, die Besuchslänge etc. für den jeweiligen Kunden. Gibt er direkt die Werte in einen Personalcomputer ein, so bewertet er die Kontaktposition damit laufend (Vordruck 36). Da der Außendienst normalerweise in dieser Hinsicht sicherlich nicht objektiv urteilt, weil er zum Beispiel seine Intensität überbewertet, erfordert die Einschätzung eine Überprüfung durch die regionalen Verkaufsleiter.

Zur Verbesserung der Übersicht lassen sich mit den Merkmalen des Vordruckes 37 Kennziffern bilden, z. B.

$$\text{bearbeitetes Kundenpotential in \%} = \frac{\text{Merkmal 4 x 100}}{\text{Merkmal 6}}$$

$$\text{kaufende Kunden in \% vom Potential} = \frac{\text{Merkmal 3 x 100}}{\text{Merkmal 6}}$$

$$\text{durchschnittliche jährliche Kundenkontakte pro Mitarbeiter} = \frac{\text{Merkmal 1}}{\text{Merkmal 2}}$$

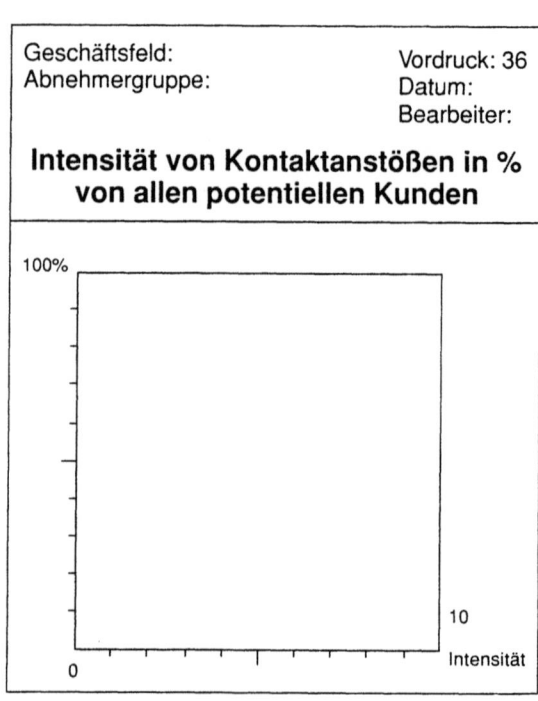

Geschäftsfeld:
Abnehmergruppe:

Vordruck: 36
Datum:
Bearbeiter:

Intensität von Kontaktanstößen in % von allen potentiellen Kunden

100%

10

0   Intensität

Merkmal	eigenes Unternehmen	Wettbewerber		eigene Position			
				Stärke	Schwäche	Chance	Einsparung?
1. Mitarbeiter für Kundenbesuche							
2. Zahl der jährlichen Kundenkontakte							
3. Zahl der kaufenden Kunden							
4. Zahl der kontaktierten Kunden							
5. durchschnittliche Kontaktzeit je Besuch							
6. Gesamtzahl potentieller Kunden in der Abnehmergruppe:							

Geschäftsfeld:
Abnehmergruppe:
Grobpotential[1]:

Quantitative Kontaktposition

Vordruck: 37
Datum:
Bearbeiter:

1 Vgl. Vordruck 6 „Kontaktpotential"

Die quantitativen Größen zur Kontaktposition des eigenen Unternehmens (Vordruck 37) ermittelt die Führung durch Aufschreibungen oder anhand der Reisepläne. Die für den Wettbewerb sind nur zum Teil mit begrenzter Sicherheit abzuschätzen. Sie bilden die Voraussetzung für eine starke Kontaktposition, aber die Qualität der persönlichen Beziehungen entscheidet letztlich über den Erfolg. Hier bleibt allerdings die Einschätzung besonders ungenau, und sie ist deshalb durch gezielte Marktuntersuchungen abzusichern.

Qualitative Gesichtspunkte beginnen bei der Frage, ob die Mitarbeiter alle Entscheidungsträger innerhalb einer Organisation (Kontaktbreite) und deren Einfluß auf die Kaufentscheidung (Schwerpunktqualität) entsprechend berücksichtigten.

Kontakte werden normalerweise im Laufe der Zeit enger (Kontakttiefe). Insofern könnte die Kontaktdauer ein Beurteilungselement für die Intensität von Verbindungen sein. Sie bauen aber teils auf echten Sympathien und starken persönlichen Anbindungen, teils auf unverbindlichen Zweckgemeinschaften auf, die bei allen möglichen Gelegenheiten Gefahr laufen, sofort zur Trennung zu führen. Am ehesten lassen sich Sympathiewerte mit ausreichender Genauigkeit durch eigene neutrale Kundenbefragungen oder durch Marktforschungsunternehmen im Vergleich der Anbieter messen. Das Unternehmen gewinnt normalerweise interessante Erkenntnisse, wenn es die im Markt ermittelten Werte den vorherigen Einschätzungen eigener Mitarbeiter gegenüberstellt.

Geschäftsfeld:
Abnehmergruppe:
Grobpotential[1]:

Vordruck: 38
Datum:
Bearbeiter:

Qualitative Kontaktposition

Merkmal	Erfolgs-poten-tial[2]	Wettbewerber[3]		eigene Position				
				Wert[3]	Stärke[4]	Schwä-che[4]	Chance	Kosten-einspa-rung?
Kontakttiefe								
Schwerpunktqualität								
Kontaktdauer								
Sympathiewerte								
des Unternehmens								
des Vertriebs								
der Serviceorganisation								
sonstige Abteilungen								
....								
....								
....								
....								

1 Vgl. Vordruck 6 „Kontaktpotential"
2 Allgemeine Bedeutung des Merkmals für den Erfolg im Markt:
   10 = sehr große Bedeutung, 0 = keine Bedeutung
3 Bewertung der Position: 10 = voll ausgeschöpft, O = nicht genutzt
4 Stärken und Schwächen ergeben sich als Differenz zum Wettbewerb. Dabei werden Übererfüllungen nicht berücksichtigt. Chancen ergeben sich, wenn keiner der Anbieter die Möglichkeiten bzw. das Erfolgspotential voll ausschöpft. Auf Einsparungsmöglichkeiten deuten Übererfüllungen hin.

Differenzierung durch Konzentration

Die Definition der Segmente gibt bereits wichtige Anhaltspunkte für typische Merkmale beziehungsweise Bedürfnisstrukturen verschiedener Kundengruppen. Gelingt es, das Angebot einschließlich der Serviceleistung noch besser anzupassen, so entsteht dadurch möglicherweise eine nachhaltige Differenzierung gegenüber Wettbewerbsanbietern. Allerdings ist noch zu klären, ob die Segmente eine ausreichende Größe besitzen, um eine genügende Umsatzbasis für das eigene Unternehmen darzustellen. Natürlich besteht die Möglichkeit, auch verschiedene Segmente in einem Unternehmen mit verschiedenen Organisationen zu bearbeiten,[33] aber bei zu kleinen Einheiten führt dies zu einer Verzettelung für das Gesamtunternehmen und einer abnehmenden Schlagkraft der einzelnen Organisationen. Um den jeweiligen Optimierungspunkt zu finden, sind alle Vor- und Nachteile entsprechend dem Zähler und dem Nenner der Basisformel sorgfältig abzuwägen.

Mit folgenden Fragen kann das Team in der Moderationssitzung das Thema Differenzierung durch Konzentration untersuchen:

1. Welche Segmente passen zu unserem Unternehmen auf Grund ihrer Größe und auf Grund ihrer strategischen Harmonie?
2. Durch welche Änderungen lassen sich Produkte genau an die Bedürfnisstrukturen möglicher Zielsegmente anpassen?

3. Durch welche Modifikationen optimiert das Unternehmen das Marketing im Hinblick auf die Bedürfnisstrukturen möglicher Zielsegmente?
4. Welche Marketingleistungen bezahlt der Abnehmer unmittelbar?
5. Welchen Aufwand erfordern die Änderungen?
6. Verlieren wir dadurch Kunden bzw. Absatz- und Deckungsbeiträge?
7. Verfügen wir über die notwendigen finanziellen Ressourcen und das Know-how?
8. Bietet das Segment Schutz auf Grund entstehender Positionen (Nischen) oder handelt es sich nur um eine Kleine-Serien-Konzeption, so daß die Großserienhersteller in Zeiten der Unterauslastung leicht in ein solches Segment eindringen können?

2.44 Die Differenzierung aus Kundensicht

Die Ausführungen zur Qualität zeigen, daß die objektiven Tatbestände der Unternehmenspolitik zwar die Grundlage darstellen, aber über den Erfolg entscheidet die Umsetzung in das Meinungsbild der Kunden, also das Image. Erst wenn es gelingt, die objektiven bzw. rationalen Tatbestände der Differenzierung in der Meinung der Verbraucher als Vorteil zu verankern, erst dann werden diese honoriert und zur Erfolgskomponente. Deshalb besitzt vor allem die Kommunikationspolitik im weitesten Sinne bei der Imagebildung eine besondere Bedeutung. Erschwerend führt die unterschiedliche Einstellung der Verbraucher zu individuellen Bewertungen. In diesem Zusammenhang interessiert nicht ein einzelnes subjektives Meinungsbild, sondern das objektivierte, das das Segment prägt.

Der Käufer kann der Qualität einen unterschiedlich hohen Stellenwert beimessen. Wegen der möglicherweise zentralen Bedeutung dieses Punktes für alle weiteren Überlegungen zur Optimierung der Unternehmenspolitik, lautet die Grundsatzfrage:

> Reagieren die Käufer des Geschäftsfeldes qualitätssensibel oder qualitätstolerant?

Je höher die Sensibilität der Kaufinteressenten, um so wichtiger wird die vorher beschriebene Absicherung der objektiven bzw. rationalen Merkmale des Produkts, ihre richtige Betonung entsprechend den Prioritäten der Abnehmer und die Einprägung dieser Vorteile in der Verbrauchermeinung. Zur optischen Verdeutlichung läßt sich die Beurteilung des Teams in einem Polaritätsprofil darstellen (Vordruck 39).
Weitere strategisch wichtige Fragen lauten:

1. Wie verankerten sich die objektiv vorhandenen Stärken und Schwächen der Produkte und der Marketingaktivitäten im Vergleich zum Wettbewerb im repräsentativen Meinungsbild unserer Kundengruppen?
2. Wo erweisen sich die objektiven Produktmerkmale und das Marketing besser als das Image? – Daraus besteht die Chance, sein Angebot dem Kunden besser zu erklären.
3. Wo zeigen die objektiven Werte eine schlechtere Leistung als das Image? – Hierin liegen Gefahren für die Zukunft, da solche Mängel vor allem vom Wettbewerb aufgedeckt werden und damit nicht auf Dauer dem Verbraucher verborgen bleiben.

Viele Beispiele beweisen, wie falsch Verkäufer oft ihren Markt beurteilen, obwohl sie fest glauben, alle Einzelheiten genau zu kennen. Es gehört deshalb zu den wichtigen Aufgaben des Teamleiters, solche Fehleinschätzungen herauszufinden: Ergänzend quantifizieren die Kunden selbst ihr Meinungsbild bei Veranstaltungen, wobei jedoch zu berücksichtigen ist, daß diese, soweit das Unternehmen selbst recherchiert, oft „Gefälligkeitsantworten" geben. Eine Befragung durch ein neutrales Institut sagt in der Regel mehr aus.

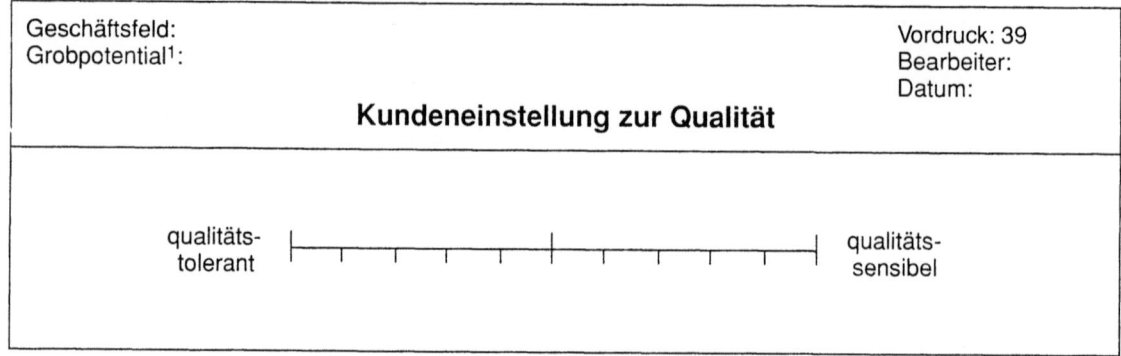

Geschäftsfeld:	Vordruck: 39
Grobpotential[1]:	Bearbeiter:
	Datum:

Kundeneinstellung zur Qualität

qualitäts-
tolerant

qualitäts-
sensibel

1   Vordruck 6 „Qualitätssensibilität"

Produkt-Stärken und -Schwächen aus Kundensicht

Die tatsächlich vorhandenen Produktmerkmale bewertet das Team grundsätzlich primär aus Herstellersicht und die Priorität wird je nach der Kultur des Unternehmens nicht selten durch die Technik geprägt. Die Verbraucher gewichten die Eigenschaften normalerweise anders und sie können weiteren Produktmerkmalen, die die Mitarbeiter nicht sofort als wichtig erkennen, eine mehr oder weniger große Bedeutung beimessen. Sie sollten deshalb die bereits ermittelten objektiven Merkmale um die subjektiven Merkmale, wie zum Beispiel das Prestige einer Marke, ergänzen und aus eigener Sicht gewichten. Dazu empfiehlt sich folgende Vorgehensweise:

1. Das Team überlegt, welche weiteren konkreten Eigenschaften neben den objektiven für den Verbraucher Bedeutung besitzen.
2. Es bewertet die objektiven und subjektiven Merkmale aus der Sicht des Kunden. Dabei geben nur Mitarbeiter ihr Urteil ab, die auf Grund ihrer Erfahrung die Bedürfnisse genau kennen. Normalerweise nehmen mehrere Entscheidungsträger Einfluß auf das Kaufverhalten. Dazu gehören beispielsweise Familienmitglieder, Händler oder Opinion-leader. Alle beurteilen das Produkt nach unterschiedlichen Gesichts-

punkten. Es empfiehlt sich deshalb, die Situation für wichtige Entscheidungsträger einzeln zu analysieren und bei der Endbeurteilung das Ergebnis für jede Gruppe gemäß ihrer Bedeutung zu berücksichtigen.

3. Die Merkmale sind so konkret wie möglich zu definieren. Zu allgemein gehaltene Hinweise sowie Doppelnennungen sortiert die Gruppe aus.
4. Dann verteilt jeder Teilnehmer soviel Punkte wie Pinkarten (jedes Produkt eine andere Farbe) auf die einzelnen Merkmale je nach seiner Einschätzung der Bedeutung im Markt. Dadurch ergibt sich eine Vorsortierung.
5. Zur Absicherung der Prioritäten werden die Merkmale in der erarbeiteten Rangfolge auf den Vordruck (Vordruck 40) übertragen und entsprechend den Anforderungen des Marktes mit mit ./. 10 bis + 10 Punkten bewertet. Jedes Merkmal markiert das Team darüber hinaus mit einem einfachen Kennzeichen je nachdem, ob seine Bedeutung in Zukunft steigt (↑), stagniert (→) oder fällt (↓). Dabei bindet die Rangfolge der Vorsortierung nicht.
6. Dann beurteilt man die Merkmale für die eigene Position und für den stärksten Wettbewerber (Namen darüber schreiben). Liegt die eingeschätzte Bedürfnisintensität des Marktes unter dem eigenen Beitrag, so deckt er die Forderung auch voll ab, wenn ein Wettbewerber einen

168

Geschäftsfeld:					Vordruck: 40	
Grobpotential[1]:					Datum:	
Entscheidungsträger:					Bearbeiter:	
Entscheidungs-gewicht[2]:						

Produktstärken und -schwächen aus Kundensicht

Produktmerkmal	Erfolgs-poten-tial[3]	stärkster Wettbe-werber[4]	eigene Position				
			Wert	Stärke	Schwä-che	Chance	Ein-spa-rung?

1 Vordruck 6 „Differenzierungspotential"
2 Bei mehreren Entscheidungsträgern läßt sich der Einfluß abschätzen, z.B. alleinige Entscheidung: 100%, kein Einfluß: 0%
3 Allgemeine Bedeutung des Merkmals für den Erfolg im Markt: 10 = sehr große Bedeutung, 0 = ohne Bedeutung
4 Namen angeben

höheren Wert erhält. Eine Übererfüllung ist nämlich nicht relevant, weil sie keinem Bedarf entspricht und somit vom Kunden nicht honoriert wird. Weichen mehrere Einzelbewertungen voneinander ab, so deutet dies auf eine große Unsicherheit hin, die der Moderator dadurch kennzeichnet, daß er den errechneten Durchschnittswert mit einem Fragezeichen versieht. Solche ungewissen Einschätzungen überprüft das Management durch Kundenbefragungen.

7. Die Ergebnisse kopieren wir auf eine Folie und analysieren sie nach Stärken, Schwächen, Chancen und Kostensenkungsmöglichkeiten.

– Stärken sind gegeben, wenn das eigene Unternehmen einen günstigeren Wert als die untersuchten Wettbewerber erhält.
– Im umgekehrten Fall liegen Schwächen vor.
– Chancen besitzt das Unternehmen, wenn keiner der Hersteller die Bedürfnisse des Marktes voll erfüllt.
– Bei einer Übererfüllung kann diese einen Ansatzpunkt zur Kosteneinsparung aufzeigen, die wir besonders kennzeichnen.

8. Schließlich beurteilt die Gruppe den Einfluß des Entscheidungsträgers für den Erfolg eines Produktes, also das Entscheidungsgewicht.

Die Ergebnisse im Vordruck 40 geben eine Übersicht über die wichtigsten Ansatzpunkte für die Forschung und Entwicklung. Sie koordinieren damit die gemeinsame Ausrichtung. Weiterhin bewerten sie die Merkmale, die zu einem monopolistischen Spielraum führen und zeigen dadurch indirekt die Möglichkeiten und Grenzen für die Preispolitik auf.

Marketingposition aus Kundensicht

Die Erfüllung der Kundenwünsche durch die Produktmerkmale bildet das Fundament für die Unternehmenspolitik. Nun beginnt aber die über Erfolg oder Mißerfolg normalerweise entscheidende Marketingarbeit, mit deren Hilfe Angebote ergänzt, die positiven Merkmale im Qualitätsimage verankert und endgültige Positionierungen erarbeitet werden.

Solange objektiv vorhandene Vorteile nicht allgemein bekannt sind, haben sie keine Auswirkungen auf das Image. Wenn sich zwei technisch etwa gleichstarke Unternehmen in einem Markt betätigen, so besteht die Möglichkeit, daß eines sein Angebot wesentlich geschickter über die Werbung und Verkaufsförderung im Markt publiziert, sein Image vom anderen Unternehmen abhebt und so zu einer Solitärbarriere kommt.

Auch die Marketingleistung beziehungsweise ein Marketingkonzept kann aus der Sicht der Hersteller und seiner Mitarbeiter andere Schwerpunkte besitzen, als dies aus Kundensicht der Fall sein sollte. Es muß allen Beteiligten klar sein, daß allein das Image entscheidet. Die objektiv vorhandenen Merkmale bilden das Fundament, die das Image formen, sobald sie für den Kaufinteressenten evident werden. Ein Produkt mit bester Gebrauchstauglichkeit reicht also bei weitem nicht aus. Erst wenn diese sich im Meinungsbild der Interessenten verankert, erreicht das Unternehmen sein Ziel. Auf dieser grundlegenden Erkenntnis basiert jede Marketingarbeit: Über Kommunikation, Werbung, Service, Schulung, prägt sie systematisch dem Kunden ein, welche Vorteile das Produkt besitzt. Diese übernimmt folgende wichtigen Aufgaben:

1. Sie macht die bedeutenden Erzeugniseigenschaften bzw. -vorteile dem Kaufinteressenten evident,
2. sie baut mit Serviceleistungen die Produkt-Schwächen ab und unterstützt die -Stärken,
3. sie deckt Hemmschwellen der Kaufinteressenten auf und beseitigt sie,
4. sie schafft ein kaufanreizendes Umfeld und
5. sorgt für die psychische Bereitstellung entsprechend den Verbraucherwünschen.

Die Vordrucke 41 und 42 helfen dem Team bei der Bearbeitung der Themen. Der erste dient ihm für die Moderationssitzung und als ergänzende Checkliste bei der Analyse, während es in das zweite, neutrale Formular nur diejenigen Merkmale des Marketings einträgt, die zur Differenzierung des Angebotes beitragen. Diese Konzentration auf die entscheidenden Faktoren erleichtert dem Management die Übersicht.

Qualitätsimage

Alle unternehmenspolitischen Aktivitäten fließen in das Meinungsbild über das Angebot eines Unternehmens, also in das Qualitätsimage, ein. Dieses und nicht die objektiv vorhandene Gebrauchstauglichkeit entscheidet letztlich.[34] Fast alle Maßnahmen der Unternehmenspolitik beeinflussen es im Laufe der Zeit und zeigen vor allem dann eine besonders günstige Wirkung, wenn sie über viele Jahre harmonisch auf das Ziel „Qualität" ausgerichtet waren. Die zentrale Stellung in diesem Konzept besitzt das Produkt mit seinen Funktionseigenschaften. Qualitätsprogramme beginnen bei der Definition der Verbraucherbedürfnisse, also bei der Frage, ob die Kunden in dem Geschäftsfeld qualitätssensibel oder -tolerant[35] reagieren. Voraussetzungen schafft die Konstruktion und Entwicklung, indem sie preiswert und fehlerfrei zu produzierende Erzeugnisse bereitstellt. Weitere qualitätssteigernde Aktivitäten betreffen die sichere reproduzierbare Leistung der Verfahrenstechnik, die Methoden der Gütebeurteilung und -stati-

Geschäftsfeld: Grobpotential[1]:		Vordruck: 41 Datum: Bearbeiter:					

Marketingposition

Merkmale	Erfolgs- poten- tial[2]	stärkster Wettbe- werber[3]	eigene Position				
			Wert	Stärke	Schwä- che	Chance	Ein- spa- rung?
Markttransparenz							
Produkte							
Qualitätsimage							
rational							
emotional							
Eigenschaften							
Konstruktion							
Werkstoff							
Form							
Farben							
Zeichen							
Beschriftung							
Marke							
Markenprägnanz							
Markenprägnanz							
Verpackung							
Innovation (neue Produkte)							
Patente, Lizenzen							
Produktkosten							
Technologie							
Schnelligkeit der Entwicklung							
sonstiges[3]							
....							
Sortiment							
Wachstumspotential							
akquisitorisches Potential							
Synergien							
Standardisierung (Baukasten)							
Sortimentskosten (Breite)							
....							
Service							
Schnelligkeit des Service							
Qualität der Beratung und des Kundendienstes							
Projektausarbeitung und							
Problemlösungsvorschläge							
Musterfertigung							
Lieferung zur Probe							
Einweisung und Schulung							
technische Unterlagen							
kaufmännische Unterlagen							
Anwendungstechnik							
Montage							
Wartung							
Reparaturdienst							
Änderungsservice							
Umtauschrecht							
Ersatzteilversorgung							
Garantie							
Finanzierung							
Servicekosten							
sonstiges[3]							
....							
Verkaufsförderung							
Unterstützung der Abnehmerwerbung							
Produktvorführungen							
Überlassung von Fachpersonal							
Überlassung durch Sachleistungen							
(Fortsetzung)							

171

Fortsetzung von Vordruck 4 [1]			eigene Position				
Merkmale	Erfolgs-poten-tial[2]	stärkster Wettbe-werber[3]	Wert	Stärke	Schwä-che	Chance	Ein-spa-rung?
persönliche Unterstützung des Verkäufers Verkaufswettbewerbe							
Distribution/Absatzweg Lagernetz Lieferbereitschaft Lieferschnelligkeit Liefersicherheit Image des Absatzkanals Distributionsgrad (Kundennähe) Distributionskosten sonstiges[4]							
Absatzorganisation Ziele Kontrolle Entlohnung Wettbewerbe fachliche Ausbildung Konzentration auf Wichtiges Marktausschöpfung Tourenplanung sonstiges[4]							
Kommunikation Wird Qualität sichtbar? Bedeutungsrangfolge der Argumente .... Schulung der Kundenmitarbeiter Kauferlebnis Werbebotschaft Werbegestaltung Werbemittel Werbezyklus (Wiederholung)							
persönliche Anbindung Beiräte/gemeinsame Gremien Geburtstagskartei Einladungen gemeinsame Veranstaltungen freie Mitarbeiter sonstiges[4]							
selektierte Abnehmer							

1 Vordruck 6 „Differenzierungspotential"
2 Allgemeine Bedeutung des Marketinginstrumentes für die Erfolgspositionierung im Markt. 10 = sehr wichtig, 0 = unbedeutend
3 Namen angeben
4 Stichworte vorher durch Moderation ergänzen

stik, die darauf orientierte Organisation und Ausbildung der Mitarbeiter, die Honorierung und Anerkennung von Leistungen im Sinne der Strategie bis zum qualitätsvermittelnden Marketing.

Geschäftsfeld Grobpotential[1]: Entscheidungs- gewicht[2]:					Vordruck: 42 Datum: Bearbeiter:		
Beurteilung der Marketingposition aus Kundensicht							
			eigene Position				
Marketingmerkmal	Erfolgs- poten- tial[3]	stärkster Wettbe- werber[4]	Wert	Stärke	Schwä- che	Chance	Ein- spa- rung?

1 Vordruck 6 „Differenzierungspotential"
2 Bei mehreren Entscheidungsträgern läßt sich der Einfluß abschätzen. z.B. alleinige Entscheidung: 100%, kein Einfluß: 0%
3 Allgemeine Bedeutung des Merkmals für den Erfolg im Markt: 10 = sehr große Bedeutung. 0 = ohne Bedeutung
4 Namen angeben.

Eine über viele Jahre praktizierte ganzheitliche Qualitätspolitik durch eine segmentspezifische Anpassung der Eigenschaften, ein hohes Niveau der Gebrauchstauglichkeit (rationale Substanz) und der emotionalen Substanz sowie eine verläßliche Merkmalkonstanz (Reproduzierbarkeit) ist insbesondere bei qualitätssensiblen Produkten das wichtigste Instrument zum Aufbau von Solitärbarrieren.

Die Qualität als sehr vielschichtige und durch unterschiedliche subjektive Merkmale bestimmte Größe, läßt sich nur relativ schwierig messen. Der amerikanische Großkonzern General Electric arbeitete mit einer sehr vereinfachenden Methode, die den Komplex auf das Wesentliche zurückführt. Diese Vorgehensweise übernahm das Strategic Planning Institute für die PIMS-Untersuchung.[36] Dabei überprüfte es jedes Geschäftsfeld danach, welcher Prozentsatz seines gesamten Umsatzes auf die drei Kategorien entfällt, die die relative Eignung messen (Abb. 2.2):

– Produkte oder Dienstleistungen, die von den Kunden als überlegen gegenüber den maßgebenden Wettbewerbern,
– als minderwertiger und
– als gleichwertig festgelegt wurden.

Manager und Planspezialisten, die diese Schätzung lieferten, mußten alle verfügbaren Daten nutzbar machen, wie Kundenumfragen, Labortests

Kaufkriterien	Gewichtung in %	Relation zum Wettbewerb		
		besser	gleich	schlechter
I. Produktbezogen	60			
1. Image	20			20
2. Störanfälligkeit	20		20	
3. Gestaltung	15	15		
4. Sortimentsbreite	5	5		
II. servicebezogen	40			
1. Liefersicherheit u. -schnelligkeit	10	10		
2. Reparaturdienst	10			10
3. Reklamationsbearbeitung	10		10	
4. Werbung	5			5
5. Beratung	5			5
	100	30	30	40

Abb. 2.2:
Gewichtung und pauschale Bewertung der Kaufkriterien in Relation zum Wettbewerb

etc. Sie beachteten nicht nur die Merkmale des Produktes, sondern auch die des gebotenen Service, wie schnelle Belieferung, Anwendungstechnik und Verschiedenheit im Sortiment etc. Wenn diese verbundenen Service-Leistungen für den Kunden wichtig waren, sollten sie die Führungskräfte bei der Qualitätsfestlegung berücksichtigen.

Der spezifische Index der Qualität geht theoretisch von −100 bis +100. Die praktischen Werte in der PIMS-Analyse lagen zwischen −25 und +85. Dazu ein Beispiel: Wenn sich 50 % der Befragten für besser, 20 % für schlechter entscheiden, so berechnet sich die Kennziffer wie folgt: 50 − 20 = +30.

Für die Beurteilung hilft eine Darstellung in Anlehnung an das Verfahren von General Electric, in der die Mitarbeiter zunächst die produkt- und dienstleistungsbezogenen Kaufkriterien gewichten und anschließend in Relation zum Wettbewerb pauschal ermitteln (Vordruck 43).[37] Lediglich der Preis bleibt zunächst ausgeschlossen, um die Diskussion nicht unnütz zu komplizieren. Ihn bezieht man erst später in die Betrachtung ein.

Sicherlich befriedigen diese Methoden nicht, weil sie nur auf Schätzungen der Linien- und der Stabsabteilungen der Gesellschaft beruhen. Hier fehlt die tatsächliche Meinung von Kunden. Solche Befragungen lehnen die eigenen Mitarbeiter aber nicht selten mit dem Argument ab, daß sie ihren Markt genau kennen und jeder zusätzliche Aufwand unnütz sei.

In diesem Zusammenhang erläutern Luchs und Neubauer eine wirksame Methode, die den Widerstand überwindet.[38] In mehreren Arbeitsgruppen mit jeweils Mitarbeitern aus der Anwendungstechnik, dem Vertrieb, der Produktion und der Entwicklung, erarbeiten die Teammitglieder die Kaufkriterien, gewichten und bewerten sie pauschal im Vergleich zum Wettbewerb. Dabei treten normalerweise schon erhebliche Auffassungsunterschiede auf, deren Klärung eine Kundenbefragung für jeden überzeugend erforderlich macht.

Zur Bestimmung der wesentlichen Merkmale kann der Arbeitskreis in einer Moderationssitzung auch wie folgt vorgehen:

1. Das Team sammelt alle Kaufkriterien, die für den Abnehmer zur Qualitätsbestimmung bedeutend erscheinen.

Geschäftsfeld: Produkt: Grobpotential[1]: Entscheidungsträger: Entscheidungs- gewicht:			Vordruck: 43 Datum: Bearbeiter:				
Qualitätsimage							

Merkmale	Erfolgs- poten- tial[2]	stärkster Wettbe- werber[3]	eigene Qualitätsposition				
			Wert	Stärke	Schwä- che	Chance	Ein- spa- rung?
Qualitätssensibilität des Marktes							
Rationale Substanz Auswahl des Zielkundensegments Bedürfnisorientierte Konstruktion und Entwicklung Innovationsgrad Funktionssicherheit Qualität der eingekauften Rohstoffe und Halbfabrikate Qualitätsorientierung der Entwicklung und Konstruktion Qualitätsorientierung der Fertigung Evidenz der rationalen Substanz sonstiges[4]							
Emotionalqualität Form Farbe Oberfläche Marke Markenprägnanz Markenbekanntheit Beschriftung Verpackung sonstiges[4]							
emotionale und rationale Unterstützung durch Marketing Absatzweg Distributionsgrad Service Argumentation Werbung Verkaufsförderung Lieferschnelligkeit Liefersicherheit sonstiges[4]							
Unternehmenspolitik umfassendes Qualitätskonzept Schulung des Verständnisses für die Bedeutung der Qualität Aufbau von statistischen Methoden Anerkennung und Honorierung sonstiges[4]							

1 Vordruck 6 „Qualitätssensibilität"
2 Bei mehreren Entscheidungsträgern läßt sich der Einfluß abschätzen,
   z. B. alleinige Entscheidung: 100%, kein Einfluß: 0%

3 Namen angeben
4 Merkmale durch Moderation ermitteln

175

2. Es sortiert alle Merkmale aus, die alle Wettbewerber bei dem augenblicklichen technischen Stand in gleicher Weise erfüllen und deren Vorhandensein der Verbraucher als Selbstverständlichkeit erwartet. Ohne diese garantierten Eigenschaften läßt sich ein Produkt nicht vertreiben. Sie sind deshalb im Vordruck besonders zu kennzeichnen, aber nicht zu bewerten.
3. Es bleiben die Eigenschaften übrig, die die Unterschiede der einzelnen Produkte verschiedener Wettbewerber ausmachen. Sie bestimmen in der Praxis die relative Eignung. Die Arbeitsgruppe ordnet sie in einer Rangfolge nach ihrer Bedeutung.
4. Für wichtige Produkte sollte das Management zur Absicherung Verwender und Nichtverwender separat befragen, wie hoch sie diese Eigenschaften beim eigenen Produkt, beim stärksten und beim unmittelbaren Konkurrenten, der also ein verwandtes Segment zu unserem Abnehmerkreis beliefert, bewerten. Hierzu eignet sich beispielsweise eine Skala mit polaren Begriffen für jede Eigenschaft. Aus dem Durchschnitt dieser Bewertungen für alle entscheidenden Merkmale entsteht ein Polaritätsprofil für das eigene Produkt und für die beiden beobachteten Wettbewerbsprodukte.

Solche Untersuchungen sind in periodischen Abständen zu wiederholen, da sich die Bedürfnisstrukturen, wie bereits an anderer Stelle erwähnt, im Laufe der Zeit durch neue Produkte, neue Gewohnheiten, neue Informationen und Erfahrungen verschieben. Insofern ist der laufende direkte Kontakt der Mitarbeiter mit dem Kunden und ihr Bemühen, ständig deren Wünsche zu erkennen, die beste Sicherungsmaßnahme zur Frühdiagnose aller Veränderungen. Ein Unternehmen, das in seiner Unternehmenskultur die Begierde wachgerufen hat, Kundenwünsche zu erforschen und zu befriedigen, erfaßt mit guter Genauigkeit alle Bewegungen im Markt, optimiert dadurch die Qualität und erkennt Veränderungen rechtzeitig. Inwieweit Enqueten die eigenen Recherchen sinnvollerweise ergänzen, hängt vom Einzelfall ab.

Weicht die Einschätzung der Abnehmer, also das Image, stark von einer objektiven Bewertung auf Grund mehr oder weniger meßbarer Merkmale ab, das heißt steht unser Erzeugnis in der Image-Hierarchie schlechter da, als es auf Grund seiner objektiven Eigenschaften stehen müßte, so deutet dies auf ein noch nicht ausgereiztes Marketingkonzept hin beziehungsweise auf eine zu schlechte Position im Vergleich zur Produktleistung. Dadurch erkennen alle Beteiligten die Ansatzpunkte für die ergänzenden Marketingmaßnahmen. Dies führt zu einer besseren Koordination aller Aktivitäten.

2.45 Distanz und Nachhaltigkeit der Solitärbarrieren

Die differenzierenden Merkmale und ihre Distanz untersuchte das Team bereits ausführlich bei den verschiedenen Analysen der Positionsdeterminanten mit differenzierendem Schwerpunkt. Von diesen geht es nun bei den weiteren Bewertungen aus, wobei die Bearbeitungsreihenfolge nach einer Rangreihe auf Grund der Höhe der Solitärdistanz erfolgt. Die Determinante, auf die die derzeitigen Stärken in erster Linie aufbauen, werden also zuerst analysiert (Vordruck 44).

Eine hohe Distanz nutzt jedoch sehr wenig, wenn sie nach kurzer Zeit verlorengeht. Die große wirtschaftliche Bedeutung der Solitärbarrieren basiert gerade auf ihrer Nachhaltigkeit. Deshalb muß sich die Gruppe eine Vorstellung über ihre Stabilität erarbeiten. – Welche Aktivitäten verschieben das Image der Differenzierungsattraktivität im Laufe der Zeit? – Hinweise auf mögliche Änderungen gibt es insbesondere, wenn das Image der Differenzierungsattraktivität des Wettbewerbers vom tatsächlichen Nutzen abweicht, oder es im Markt bessere, zur Zeit aber noch ganz oder weitgehend unbekannte Produkte gibt. Das Team sollte deshalb versuchen, die wichtigsten Positionen des Unternehmens, z. B. das Qualitätsimage oder die Technologien, im Hinblick auf ihre Distanz und Stabilität abzuschätzen.

Geschäftsfeld/Produkt:							

Geschäftsfeld/Produkt:
Solitärbarriere/Merkmal:
Grobpotential[1]:

Bedeutung wesentlicher Solitärbarrieren für die Wettbewerbersituation

Determinante	Erfolgs-potential[2]	stärkster Wettbe-werber[3]	eigene Solitärbarrieren				
			Wert	Stärke	Schwä-che	Chance	Ein-spa-rung?
Solitärdistanz							
Preiswirksamkeit/ Differenz in DM							
Stabilität der Position							
Imitationszeit in Jahren							
Imitationsaufwand in Mio. DM							
Innovationstempo							
Penetrationsanreiz							
Solitärbarriere insg.							

1   Vordruck 6 „Differenzierungspotential"
2   Erfolgspotential: Allgemeine Bedeutung der Determinante für den Erfolg des Geschäftsfeldes 0 = sehr gering, sehr instabil 10 = sehr hoch, sehr stabil. ./. 10 = sehr negativ
3   Namen angeben

2.46 Kontrolle der Positionseinschätzung

Eine Möglichkeit, die Ergebnisse der eigenen Untersuchungen auf ihre Schlüssigkeit zu testen, besteht darin, daß man anhand der Basisformel die Wirkung von Preisänderungen überprüft. Das Maß an attraktiver Differenzierung für den Kunden bzw. an Solitärbarrieren für den Hersteller kennzeichnet der Preisunterschied, den ein Käufer im Vergleich zu Wettbewerbsprodukten zu zahlen bereit ist. Damit besteht grundsätzlich folgende Relation:

$$\text{Menge} = \frac{\text{Nutzen}}{\text{Preis}} = \frac{\text{Image der Differenzierungsattraktivität}}{\text{relativer Preis}}$$

$$= \frac{\Sigma \text{ Solitärbarrieren}}{\text{relativer Preis}}$$

Das Moderationsteam beantwortet zur Klärung folgende Fragen:

1. Bei welcher Preisdifferenzierung zum Wettbewerb verbleibt die Menge weitgehend konstant (Grenzpreis des monopolistischen Spielraums)?
2. Wie verändert sie sich, wenn der Preis um 5, 10, 15, 20 % etc. abweicht?
3. Gilt die Erwartung auch längerfristig oder kommen Änderungen mit einer Zeitverzögerung zustande, z. B. auf Grund geänderter Transparenz?

– Wie sieht die Situation nach 2 oder 3 Jahren aus?

4. Trägt der Moderator einerseits den kurzfristigen und zum anderen den mittelfristigen Grenzpreis in die Formel ein, so ergibt sich eine Relation, die mit der Logik der ermittelten Stärken und Schwächen im Produkt und im Marketing übereinstimmen muß. Liegt beispielsweise der eingeschätzte Grenzpreis bei 120 %, so lautet die Gleichung:

$$\text{Preis } 120 = \frac{\text{Nutzen } 120}{\text{konstante Menge}}$$

Der eingeschätzte Nutzen dürfte also für den untersuchten Entscheidungsträger im Vergleich zum Wettbewerb ca. 120 % bezogen auf das eigene Kundensegment betragen. Dieser Wert stellt zwar nur einen sehr groben Anhaltspunkt dar, hilft aber in der Praxis sehr, das Verständnis der Mitarbeiter für die Zusammenhänge zu steigern.

2.47 Zusammenfassende Beurteilung der Differenzierungsposition

Nachdem die Moderationsgruppe die differenzierenden Merkmale herausgearbeitet und bewertet hat, sollte sie alle Determinanten, auf die sich die differenzierende Position eines Geschäftsfeldes stützt, in dem Vordruck 45 zusammenfassen. Die

Geschäftsfeld: Grobpotential[1]:			Vordruck: 45 Datum: Bearbeiter:	
Zusammenfassende Beurteilung der Differenzierungsposition				
Merkmal	Solitär-distanz[2]	Stabilität[2]	Differenzierungs-position[2] [3]	Chance[4]
Geschäftsfeld insgesamt				

1 Vgl. Vordruck 6 „differenzierende Position"
2 10 = höchster Wert
3 Differenzierungsposition ist unter Berücksichtigung der Distanz und Stabilität zu ermitteln.
4 Differenz zwischen Potential und eigener Position, als weiteren möglichen Ausschöpfungsgrad

Übersicht erleichtert nicht nur die weitere Konzentration der Ergebnisse auf das Wesentliche für die Unternehmensführung, sondern richtet auch die Aktivität aller Mitarbeiter auf die strategisch entscheidenden Punkte aus.

2.5 Positionsdeterminanten der Kostenführung

Entsprechend der Basisformel der Unternehmenspolitik kennzeichnet die Kostenführung die zweite Haupt-Positionsdeterminante und die nächste wesentliche Voraussetzung für den erfolgreichen Verlauf der Geschäfte. Je weniger ein Anbieter höhere Preise auf Grund von Solitärbarrieren erzielt, um so mehr hängt sein Ergebnis und seine Entwicklung von den Kosten ab. Oder anders ausgedrückt: Das Maß an attraktiver Differenzierung begrenzt die maximalen Kosten, die der Erlös erlaubt. Niedrige Kosten ermöglichen den notwendigen Spielraum und schaffen Reserven für Preiskämpfe. Da das Differenzierungspotential im Verlauf der Lebenskurve normalerweise sinkt, wächst die Bedeutung der Kosteneinflußgrößen. Wie schon bei der Differenzierung ist neben der Distanz zum Wettbewerb auch die Stabilität des Vorsprungs zu beachten.

Die generelle Unternehmensstrategie bestimmt im hohen Maße die Bedeutung der Kosteneinflußgrößen und damit der Kostenführung. Zunächst sollte eine erfolgsorientierte Unternehmensführung überprüfen, welche der beiden Haupteinflußgrößen in der gegebenen Situation dem Unternehmen bei der Optimierung der Basisformel mehr Chancen einräumt. Dabei empfiehlt es sich, das Differenzierungspotential zunächst auszuschöpfen, d. h. die Mitarbeiter wägen den Wert jeder Differenzierung für den Abnehmer gegen die Kostenerhöhung ab. Aber auch wenn die Gesellschaft mit einem geschickten Marketing und einer zielgerichteten Entwicklung versucht, das Image der Differenzierungsattraktivität anzuheben, so darf das Unternehmen die Kosten nicht aus den Augen verlieren. Die Differenzierungsattraktivität

gestattet nur begrenzte Preisanhebungen; sie führt zum monopolistischen Spielraum, den jedes Produkt oder eine Dienstleistung im Verlauf einer Lebenskurve normalerweise verliert und nur durch einen revolvierenden Vorsprung hält.

Bereiche mit mehr homogenen Massengütern stehen unter dem Zwang, alle Maßnahmen zur Wirtschaftlichkeit, wie höchste Produktivität, günstigen Materialfluß, niedrigsten Ausschuß, optimale Bestellmengen, hohe Auslastung, niedrigste Administration und Personalkosten, wirtschaftlichster Absatzweg und wirtschaftlichste Absatzorganisation sowie Marketing mit niedrigen Kosten etc. in den Vordergrund zu stellen. Auf eine optimale Investitionsintensität, Nutzung der Synergien, abgespeckte Sortimentstiefe und -breite, reduzierte Fertigungs- und Entwicklungskosten, angepaßte Fertigungsverfahren und Betriebsausstattung und eine harte Kostenkontrolle ist zu achten. Der Schwerpunkt liegt eher in der Verfahrens- als in der Produktentwicklung.

Zu hohe Kosten nehmen auf die Unternehmensentwicklung in allen Funktionen einen nachhaltigen Einfluß:

- Sie erzwingen eine Hochpreispolitik, wenn der Anbieter überleben will.
- Soweit sie nicht auf einem relativ starken Image der Differenzierungsattraktivität basieren, verlangsamen sie das Wachstum oder führen zu Schrumpfungen.
- Langsames Wachstum oder Schrumpfung erzwingen aus Wirtschaftlichkeitsgründen, die alten Anlagen so gut wie möglich zu nutzen. Es kommt zu keiner Kapazitätsausweitung und zu keiner Erprobung neuer Anlagen.
- Die fehlende Erfahrung mit neuen Anlagen und Verfahren verhindert steigende Produktivität.
- Das fehlende Produktivitätswachstum erhöht den Kostendruck.
- Der Kostendruck verursacht wiederum steigende Preise.

Somit entsteht ein Teufelskreis (Abb. 2.3), den es in der Unternehmenspolitik zu durchbrechen gilt.

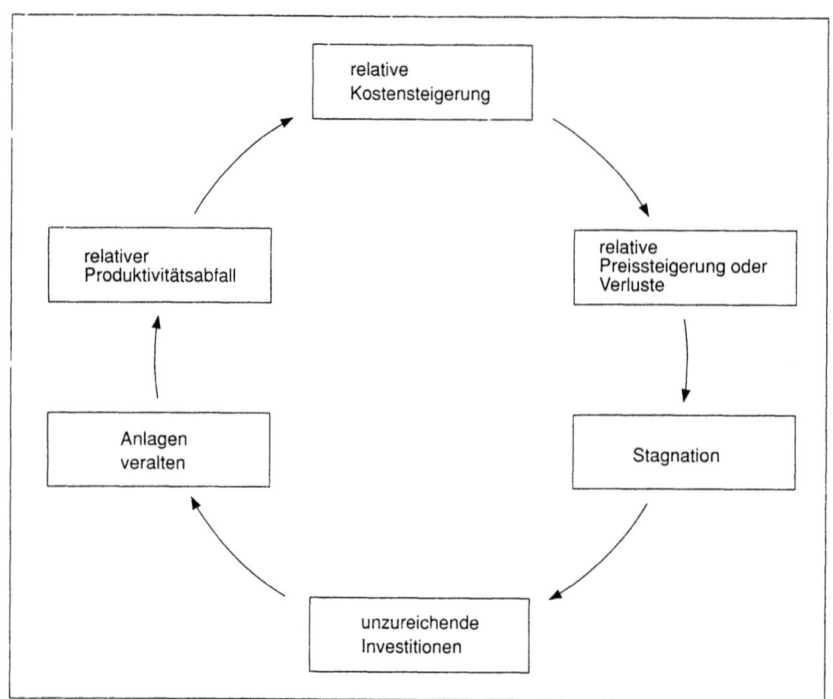

Abb. 2.3:
Strategieauswirkungen von
Kostensteigerungen auf die
Positionsdeterminanten der
Kostenführung

Über die Kostensituation eines Unternehmens entscheiden eine Vielzahl von strategischen und operativen Einflußgrößen. Die strategischen Faktoren schaffen nur ein Potential, das erst dann ergebnisrelevant wird, wenn das Management es mit Hilfe von operativen Maßnahmen ausschöpft.

2.51 Wettbewerbsgrade und Marktanteilsposition

Erbringt ein Marktführer mit hoher Solitärdistanz auch hohe Leistungen, so finden sich nur selten Angriffspunkte über einen besseren Nenner der Basisformel. Vergleichbare Kostenvorteile erreichen in diesem Fall nur größere Unternehmen bei Vorliegen hoher Synergien.

In den einzelnen Branchen kann der Marktanteil jedoch sehr unterschiedlichen Einfluß nehmen. Deshalb sollte das Team genauer untersuchen, welche Vorteile durch größere Serien auf Grund

von Rüstzeiten, höherer Automatisierungsmöglichkeit bei steigender Betriebsgröße, besserer Umlage betriebsfixer Kosten etc. entstehen. Daß es eine Vielzahl von weiteren Kostendeterminanten, wie beispielsweise die Verfahrenstechnik, das Lohnniveau, die Lernkurve, Einkaufsvorteile oder Standort gibt, bedarf keiner weiteren Erläuterungen.[39]

Der Marktanteil scheint sehr leicht zu definieren zu sein. Bei genauerer Betrachtung ergeben sich jedoch in der Praxis erhebliche Abgrenzungsschwierigkeiten. Grundsätzlich ist davon auszugehen, daß der relevante Markt bzw. der „served market" entscheidet, in dem der Wettbewerb stattfindet. Dennoch treten auch bei dieser Definition, selbst bezogen auf ein bestimmtes Produkt, alle Übergänge von der völligen Homogenität und Austauschbarkeit, die die gleiche Preisbasis erzwingt, bis zum teilweise bzw. stark differenzierten Wettbewerb mit hohem monopolistischen Spielraum auf. Besonders stark grenzen solche Solitärbarrieren stets die Substitutionsbeziehungen ab. – Sollte man solche Substitutionsprodukte noch in die Marktanteilsbetrachtung einbeziehen oder nicht?

Auf dem Pumpenmarkt gibt es eine Fülle von Segmenten, die nicht miteinander im Wettbewerb stehen. Eine Chemiepumpe wird normalerweise von ganz anderen Eigenschaften gekennzeichnet als eine Schiffspumpe. Über die Abgrenzung entscheidet also, welche Produkte sich zur Befriedigung eines bestimmten Bedürfnisses eignen bzw. welche Erzeugnisse der Kaufinteressent bei seinen Überlegungen mit in seine Betrachtungen einbezieht. Aber auch diese Definition beantwortet die Frage noch nicht voll befriedigend.

Wettbewerbsbeziehungen zwischen einzelnen Produkten sind deshalb unterschiedlich hoch, weil sie in der Regel verschiedene Grade der Austauschbarkeit besitzen. Die Höhe der Abgrenzungsbarrieren fließt folglich in die Betrachtung mit ein. Kunststoffpumpen mit gleichen Konstruktionsprinzipien und aus denselben Werkstoffen stehen normalerweise in einem homogenen Wettbewerb. Schon eine andersartige Konstruktion kann für den Endverbraucher den Nutzen erhöhen und durch die entstandenen Solitärbarrieren die Austauschbarkeit senken. Noch mehr verwaschen die Grenzen des served-market, wenn man den Kunststoffpumpen eine keramische Pumpe gegenüberstellt. Mit zunehmender Leistungsanforderung des Kunden kommen Kunststoffpumpen mit den keramischen Pumpen in den Wettbewerb. Mit sinkenden Ansprüchen stehen sie dagegen mit Edelstahl oder einfachem Gußeisen in Konkurrenz. Die Grenzen zwischen den served-markets fließen folglich, und die Barrieren begrenzen sie in ihrer Stärke eventuell auf bestimmte Anwendungsfälle.

Grundsätzlich steht also jedes Produkt zu anderen Erzeugnissen in unterschiedlichen Wettbewerbssituationen, deren Intensität zwischen 0 und 100 % liegen kann. Bei homogenen Angeboten und völliger Markttransparenz liegt der Wert nahe bei 100. Produkte, die sich nicht substituieren, also lediglich Kaufkraft von anderen abziehen, liegen bei 0. Alle anderen Angebote mit einer mehr oder weniger großen Austauschbarkeit siedeln sich zwischen diesen beiden Polen an. Die Intensität der Wettbewerbssituation ist jedoch entscheidend für den Aufwand, den man betreiben muß, um seine Position gegenüber den Ersatzprodukten zu behaupten. Entsprechend muß man auch mehr oder weniger Zeit in die Marktbeobachtung investieren. Die jeweilige Ausgangslage läßt sich für alle deutlich darstellen, wenn man auf einer Geraden mit den beiden Polen 0 und 100 % alle Wettbewerbserzeugnisse je nach der Intensität der Rivalität einträgt (Vordruck 46).

Für eine strategische Beurteilung reicht in der Praxis normalerweise die ungewichtete Anteilsberechnung am „served-market" aus, soweit homogene Produkte vorliegen bzw. eine relativ hohe Wettbewerbsbeziehung zwischen den Erzeugnissen besteht, der monopolistische Spielraum also nur begrenzte Preisabweichungen zuläßt. Im Falle geringerer Austauschbarkeit empfiehlt es sich, einen aussagefähigeren Wert durch Einschätzung der Wettbewerbsgrade zu ermitteln. Der daraus errechnete strategische Marktanteil (Vordruck 47) besitzt in diesen Fällen eine wesentlich höhere Aussage für das Erfolgspotential der Position. Bei homogenen Erzeugnissen sind beide Werte identisch. Die Berechnung schließt also alle Produkte ein, zu denen es eine Wettbewerbsbeziehung gibt. Man muß sich jedoch davor hüten, bis in die Details der kleinsten Wettbewerbsbeziehungen zu gehen, da dies die Beurteilung sehr kompliziert.

Die Wettbewerbsgrade kennzeichnen die Preisabhängigkeit, die die mehr oder weniger starken Abgrenzungsbarrieren zulassen. So besitzt z. B. ein Porsche-Sportwagen einen höheren Wettbewerb zu einem Jaguar oder BMW als zu einer mit anderen Eigenschaftsschwerpunkten ausgestatteten Rolls-Royce- oder Mercedes-Benz-Limousine. In der Praxis liegen alle Übergänge vor.

Ein strategischer Marktanteil ist aufwendiger zu ermitteln, darüber hinaus stärker abhängig von subjektiven Schätzungen und komplizierter definiert als die in der Praxis übliche Berechnung des Marktanteils. Wegen seiner besseren Aussagekraft über die strategische Position und das damit ver-

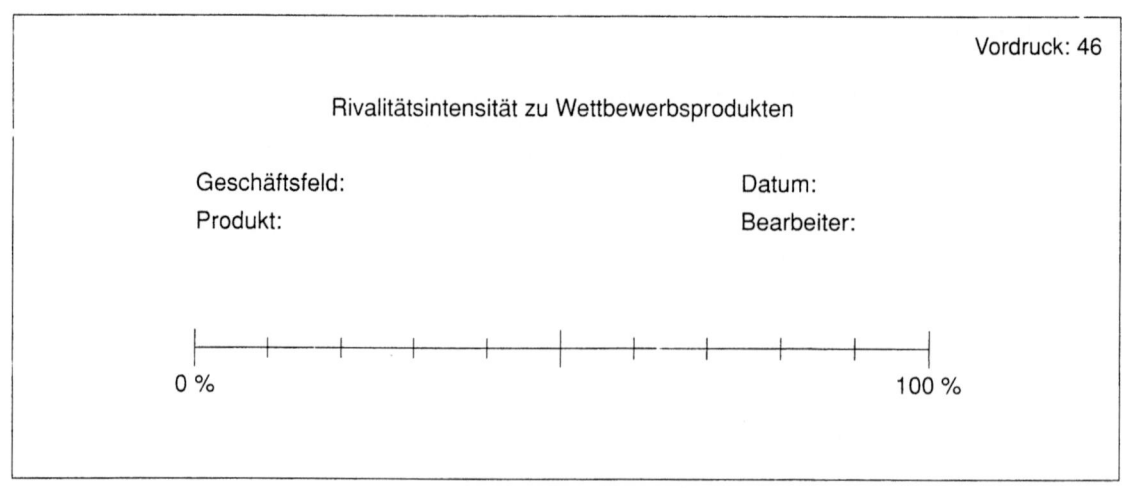

Vordruck: 46

Rivalitätsintensität zu Wettbewerbsprodukten

Geschäftsfeld: Datum:
Produkt: Bearbeiter:

0 %   100 %

Geschäftsfeld: Vordruck: 47
Produkt: Datum:
Grobpotential[1]:   Bearbeiter:

Strategischer Marktanteil

relevanter Markt	Volumen absolut	Marktanteil in %	Wettbewerbsgrad in %	strategischer Marktanteil[2]
				strategischer Marktanteil

1   Vgl. Vordruck 6 „Preisführungspotential"

2   strategischer Marktanteil $= \dfrac{\text{Marktanteil}}{\text{Wettbewerbsgrad} \times 100}$

182

bundene Potential lohnt sich jedoch der Mehraufwand, vor allem für die sehr bedeutenden Geschäftsfelder.

2.52 Synergieposition und allgemeine Betriebsgröße

Synergien können alle Funktionen eines Unternehmens stärken. Sie begründen eine ähnliche kostensenkende und die Schlagkraft erhöhende Wirkung wie der Marktanteil. Sie wachsen tendenziell mit zunehmender strategischer Harmonie eines Unternehmens und mit steigender Betriebsgröße. Insbesondere bei neuen Produkten oder Firmenakquisitionen entscheidet der Synergiegrad, d. h. seine Intensität und sein Umfang, über das Risiko. Seine Bedeutung für eine erfolgreiche Unternehmenspolitik macht auch verständlich, warum in der Praxis so häufig Versuche der Diversifikation scheitern

Geschäftsfeld (GF): Grobpotential[1]:		Vordruck: 48 Datum: Bearbeiter:				
	Synergieposition (zum o. g. GF)					
Synergetische Funktionen	Bedeutung der Funktion[2]	synergetische Geschäftsfelder + Bewertung[3]				
		Synergiegebiet	GF1	GF2	GF3	GF4
Strategie Produktion Entwicklung						
Einkauf Lagerwirtschaft Transport						
kundenbezogene Synergien Absatzweg Service						
Werbung Image Sortiment Sonstiges						
Gesamtsynergie[4]						
Umsätze Geschäftsfeld insges. Synergiegebiete						
Prioritäten Geschäftsfeld insges. Synergiegebiete						

1 Vgl. Vordruck 6 „Preisführungspotential"
2 Sehr bedeutende Funktionen im GF werden mit 10, unbedeutende mit 0 bewertet
3 Geschäftsfelder bezeichnen. Bewertung kennzeichnet den Synergiegrad, den andere Geschäftsfelder in das untersuchte Synergiegebiet einbringen.
4 Aus den Einzelergebnissen ist ein Gesamtwert abzuschätzen

und welche Anforderungen solche Schritte an die konzeptionelle Leistung und Kreativität des Managements stellen. Unternehmenspolitisch ist also bei der Erarbeitung von Maßnahmen die Überlegung von Bedeutung: Lassen sich durch Nutzung von Synergien die Geschäftsaktivitäten sinnvoll erweitern?

Bei der Beurteilung der Synergien (Vordruck 48) fragt die Gruppe zunächst, in welchen Arbeitsgebieten und welchen Funktionen sie auftreten. Weiterhin schätzt sie, welcher Umsatzanteil berührt wird, welche Bedeutung den Funktionen zukommt und welche Intensität die Synergien auf dem Gebiet besitzen. Daraus ermittelt sich der Synergiegrad bzw. die Bedeutung für den Erfolg des betreffenden Gebietes.

Schließlich klärt das Team, welche Synergien bei den wichtigsten Wettbewerbern vorliegen: Besitzen diese überhaupt synergetische Arbeitsgebiete? – Über welche verfügt unser Unternehmen? – Begünstigen zusätzliche Stärken dieser Art die Konkurrenz? – Die Untersuchungen zur externen und internen Synergieposition lassen sich nach der gleichen Methode durchführen.

Durch diese Untersuchungen gewinnt man auch weitere Anregungen für die sinnvolle Erweiterung der eigenen Arbeitsgebiete bzw. für die Diversifikationsüberlegungen des Unternehmens, denn das Risiko einer Aufnahme neuer Arbeitsgebiete sinkt, je höhere Synergien vorliegen.

2.53 Kostenführung durch Konzentration

Sortimentsposition

Wie bereits unter den Positionsdeterminanten der Differenzierung erwähnt, ist die Leistungsfähigkeit des Sortimentes durch die akquisitorischen Wirkungen und andererseits durch die Kostenwirkungen gekennzeichnet. Sortimente besitzen stets eine Tendenz zu expandieren, dann kompensiert aber die Breite zunehmend die Kostenvorteile der Serie. Auf die Gefahr, daß gerade kundenorientierte Unternehmen die akquisitorische Wirkung eines breiten Programmes leicht überschätzen und zu einer übermäßigen Ausweitung neigen, wurde bereits hingewiesen.

Die Kostenwirkungen sind aber immer dann besonders positiv, wenn man mit einem kleinen Sortiment einen möglichst hohen Umsatz erreicht. Das setzt Mindestumsätze je Artikel und Sortiment sowie die Konsequenz voraus, bei Unterschreitung der Grenzen, die Produkte aus dem Angebot herauszunehmen. Als besonders elegant erweist sich die Lösung der inneren Standardisierung: Dabei schöpft das Unternehmen zunächst das Potential aus, mit wenigen Einzelteilen eine höchstmögliche Zahl von Fertigvarianten zu erstellen (Einzelfertigung in Serie), so daß fast kein Kundenwunsch unberücksichtigt bleibt. Eine solche Handlungsweise führt zu steigenden Losgrößen und schafft gute Voraussetzungen, die Vorteile hoher Marktanteile durch stärker mechanisierte oder automatisierte Fertigungsprozesse auszuschöpfen. Die Mitarbeiter sollten deshalb laufend an Hand von Degressionslisten, die die Einzelteile und Produkte nach ihrem Verbrauch bzw. ihren Umsätzen in eine Rangfolge bringt, die sinnvolle Begrenzung überprüfen und Mindestumsätze für bestimmte Produkte, Produktarten etc. je nach synergetischen Zusammenhängen festlegen.

Aber auch die Etablierung in Wachstumsmärkten, das heißt ein hoher Anteil von Zukunftsprodukten oder in stärker expandierenden Vertriebskanälen, schafft bessere Voraussetzungen, eine günstigere Kostenposition in Zukunft einzunehmen, vor allem wenn es gelingt, den Zuwachs schneller als der Wettbewerb zu erreichen. Ordnet man von Zeit zu Zeit die Erzeugnisse oder Artikelgruppen nach Wachstumschancen (Vordruck 49), so zeigt dies weitere Schwerpunkte, um den Sortimentsumfang laufend zu korrigieren.

Während dieser Analysearbeit unterscheidet die Arbeitsgruppe vor allem bei umfangreichen Sortimenten zweckmäßigerweise zwischen den Produktarten bzw. -gattungen und den Artikeln. Die Zahl der Produktarten bleibt in der Regel in jedem Geschäftsfeld gering und überschaubar, die der Artikel wird meistens sehr groß, so daß besser

Geschäftsfeld: Grobpotential[1]:							

Wachstumspotential nach Produktarten

Produktart	Umsatz		durchschnittliches jährliches Wachstum in %				
					Branche		
	eigenes Unternehmen	Branche	eigenes Unternehmen	stärkster Wettbewerb	stärkster Vertriebskanal	stärkstes Segment	stärkstes Land

l   Vgl. Vordruck 6 „Lebenskurve/Wachstum"

auch andere Untersuchungsmethoden zum Einsatz kommen. Bei den ersteren lassen sich normalerweise durch Einschätzungen des Teams die Bewertungen im einzelnen vornehmen (Vordruck 50). Im Hinblick auf die Artikel untersucht es wegen ihrer großen Zahl und meist lückenhafter Informationen nur wenige interne Angaben, die trotzdem oft nur noch durch die EDV wirtschaftlich darzustellen sind.

Will das Unternehmen für die einzelnen Produktarten hohe Losgrößen erreichen, so muß es alle Chancen erkennen und ausschöpfen. Das setzt voraus, daß das Management zunächst einmal klärt, wo die höheren Potentiale liegen, z. B. nach Segmenten, Vertriebskanälen und Regionen.

Unter den Artikeln gibt es stets einige, die den Umsatz im wesentlichen erbringen. Eine Vielzahl kommen nicht selten aufgrund von Sonderwünschen einzelner Kunden oder durch Fehleinschätzungen von Mitarbeitern etc. ins Sortiment und tragen nur geringfügig zum Geschäft bei. Nur eine konsequente, laufende Überwachung und Bereini-

gung verhindert ein Ausufern der Artikelzahl. Zu diesem Zweck wendet das Management häufig die ABC-Analyse an. Wir bevorzugten eine halbjährlich von der EDV ausgedruckte Degressionsliste, die alle Artikel nach ihren Umsätzen degressiv sortierte. Bei der Streichaktion konnten wir uns auf das Ende der Liste konzentrieren.

Probleme bereiten in der Praxis vor allem Artikel, die auf Grund einer vielstufigen Fertigung oder durch ihre Vielteiligkeit das Unternehmen sehr unterschiedlich produktspezifisch belasten. So werden manche Erzeugnisse mit vielen spezifischen Teilfabrikaten von Grund auf anders hergestellt, während andere auf standardisierten Teilen basieren und nur durch kleinste Abwandlungen entstehen. Streicht das Team erstere aus dem Sortiment, so kommt es zu einer großen, bei letzteren zu keiner nennenswerten Arbeits- und Kostenentlastung. Deshalb hat der Arbeitskreis je nach dem Grad der produktspezifischen Belastung in der Fertigung, Entwicklung, Materialwirtschaft etc. Kategorien zu bilden und klare Anforderungen für

Produktspezifische Belastung durch Artikel innerhalb der Produktfamilie

Produktfamilie, Reihe bzw. Artikel	Teilezahl	individuelle Arbeitsgänge	Belastungs- kategorie	Umsatz	Ertrag	Zukunfts- chancen

1 Vgl. Vordruck 6 „Preisführungspotential"

ihre Endprodukte zu definieren, um eine Sortimentszugehörigkeit noch zu rechtfertigen. Je größer der individuelle Belastungsgrad, um so höhere Voraussetzungen müssen gegeben sein, wenn der Artikel im Sortiment bleiben soll.

Zweckmäßigerweise geht das Team von den Produktfamilien aus, beurteilt deren Umsatz, Ertrag und Zukunftschancen (Vordruck 50). Dann analysiert es deren Varianten mit denselben Maßstäben und zusätzlich nach ihrer Zugehörigkeit zu den Kategorien auf Grund ihres individuellen Belastungsgrades. Läßt das Management schließlich noch Degressionslisten für jede Kategorie erstellen, so rundet es die Entscheidungsgrundlagen ab.

Nach den Analysen empfiehlt es sich zu klären, ob der Anteil an Produkten mit Wachstumspotential ausreicht, um entsprechende Zuwachsraten für das Unternehmen zu sichern und wo die Ansatzpunkte für das Wachstum liegen (Vordruck 49).

Produktarten, deren Umsätze für die Unternehmensgröße zu klein bleiben, muß das Management eliminieren oder über Akquisitionen, Innovationen etc. auf eine adäquate Größenordnung bringen. Weiterhin verhindern die laufenden Kontrollen, daß nicht innerhalb der Produktarten die Zahl der Artikel zu einer starken wirtschaftlichen Belastung ausufert.

Standardisierungsposition

Je breiter sich ein Programm komplex aufgebauter Erzeugnisse fächert, und je höher die Zahl ihrer Teilfabrikate wird, um so mehr wächst normalerweise die Bedeutung des Baukastensystems. Durch innere Standardisierung senkt der Hersteller die Zahl der Teile insgesamt und den individuellen Belastungsgrad, ohne dabei die Angebotsvielfalt für den Kunden, also das akquisitorische Potential, zu reduzieren. Fertigerzeugnisse aus standardisierten Einzelstücken gehören bei den Überlegungen zur Sortimentsstraffung in eine günstigere Kategorie, weil sie das Unternehmen weniger belasten. Für die Konstruktion und Entwicklung grenzt die Standardisierung allerdings den Freiheitsraum ein. Sie verfolgt weitgehend andere Ziele als die Normung, die das Programm einer ganzen Branche vereinheitlicht und damit das Differenzierungspotential senkt.

Verwendet ein Unternehmen bei der Herstellung eines Sortimentes aus komplexen Produkten zu viele Einzelteile im Vergleich zum Wettbewerb, so wirkt dies auf die gesamte Leistungsfähigkeit des Unternehmens negativ. Nicht nur, daß die Lagerbestände wachsen, die Komplexität im Einkauf, in der Fertigung, im Vertrieb und in der Verwaltung steigt, die internen Schwierigkeiten belasten auch die Lieferschnelligkeit und Liefersicherheit. Die Zahl der Teilfabrikate erhöht die Fehlerwahrscheinlichkeit, das Interesse der Lieferanten sinkt auf Grund kleinerer Mengen, und der Bedarf ist schwieriger zu berechnen.

Im Falle hoher Priorität sollte das Management Arbeitskreise definieren und Kennziffern für die Standardisierungsziele festlegen, wie zum Beispiel:

1. Kurz- und mittelfristige Reduzierung der Fertigartikel,
2. kurz- und mittelfristige Teilereduzierung,
3. Ziele für die Zahl der Teile im Verhältnis zu den Fertigartikeln.

Weiterhin sind Richtlinien für die Konstruktion und den Einkauf zu schaffen, die bereits in der Entstehungsphase der Erzeugnisse jede unnötige Aufblähung der Sortimente eindämmen, wie beispielsweise:

1. Teile außerhalb der festgelegten Standards erfordern eine Sondergenehmigung des Managements.
2. Die Führung beauftragt einen Standardisierungsverantwortlichen, nach überflüssigen Tei-

len zu suchen und vierteljährlich über die Ergebnisse seiner Arbeit zu berichten.
3. Zur Kontrolle erhält die Abteilungsleitung laufend die Zahl der gelisteten, gelagerten, eingebauten und als Ersatzteile gelieferten Teile.

In diesem Zusammenhang kann die Datenverarbeitung durch entsprechende Berücksichtigung dieses Problems bei den Programmgestaltungen, insbesondere für die Konstruktion, helfen, den Zwang zu einer Beschränkung zu erhöhen.

2.54 Relative Produktivitätsposition

Die Produktivität nennen Unternehmer und Fachpresse immer wieder als Maßstab für den Erfolg einer Gesellschaft und heben sie bei vergleichenden Analysen zwischen Wettbewerbern als wichtiges Kriterium hervor. Hierzu zwei Beispiele: „Viele von Sonys Produktionsstätten sind noch heute allzu arbeitsintensiv. Das Unternehmen kam 1982 gerade auf 104.571 Dollar Verkaufserlös pro Beschäftigtem gegenüber 122.574 Dollar bei Matsushita, 143.650 Dollar bei Sharp und 187.303 Dollar beim hochautomatisierten Sanyo.“[40] „Warsteiner produziert heute mit 520 Mitarbeitern knapp 2 Mio Hektoliter, 3.676 Hektoliter pro Kopf der Belegschaft. König braut mit 1.307 Mitarbeitern, von denen 431 Mann in der Brauerei und 416 im Vertrieb arbeiten, lediglich 2,4 Mio Hektoliter oder 1.840 Hektoliter pro Mitarbeiter“.[41]

Neben dem Leistungsniveau nehmen auch der Mechanisierungs- und Veredlungsgrad der Branchen und innerhalb dieser die Fertigung einen entscheidenden Einfluß auf die Pro-Kopf-Leistung. Dadurch lassen sie sich nur unter ganz bestimmten Bedingungen gegenüberstellen. Dagegen erlaubt eine Pro-Kopf-Wertschöpfung weitaus bessere Quervergleiche. Diese Zahlen sind jedoch normalerweise nur zu beschaffen, wenn eine Gewinn- und Verlustrechnung für das betrachtete Gebiet vorliegt. In der Regel arbeiten Unternehmen jedoch auf vielen Gebieten, so daß ihre Veröffentlichungen wenig helfen.

An Hand unterschiedlicher Informationen kann man jedoch auch für die Pro-Kopf-Leistung bei der gegebenen Unternehmenssituation realistische Ziele ermitteln. Dabei interessieren insbesondere die Daten von Spitzenfirmen, die als Vorbild dienen. Solche Anhaltspunkte helfen als Diskussionsbasis für die Erarbeitung der eigenen Vorgaben nach Geschäftsfeldern oder Bereichen. Dabei darf das Ziel eines Preisführers nur lauten, den Spitzenwert zu erreichen.

Die Umsetzung erweist sich als besonderes Problem. Deshalb muß die Führung das Verständnis bei allen Mitarbeitern an Hand deutlicher Beispiele wecken. Eine einfache Rechnung, die keinen Anspruch auf Genauigkeit erhebt, kann wegen seiner Überzeugungskraft besonders gut den Umdenkprozeß unterstützen bzw. die Mannschaft „wachrütteln" und damit ein verkrustetes Denken aufbrechen. Wir demonstrierten dem Geschäftsbereich anhand eines Beispiels, wie sich die Ergebnischancen mit der Pro-Kopf-Leistung verändern.

Umsatz	40 Mio DM	
Pro-Kopf-Leistung	Mitarbeiter	Differenz
150 TDM	267	–
220 TDM	186	85

Bei durchschnittlichen Kosten von beispielsweise 60 000 DM je Mitarbeiter einschließlich der Sozialkosten ergibt sich alleine eine Ergebnisverbesserung von 5,1 Millionen DM oder 10 Prozent vom Umsatz. Selbst wenn der Bereich einen Teil der höheren Pro-Kopf-Leistung durch steigende Fremdlieferungen erkauft, so zeigt sich doch eine vielversprechende Tendenz.

2.55 Kapitalbindungsposition

Unabhängig von der wissenschaftlichen Diskussion darüber, ob die PIMS-Ergebnisse über die Wirkungen der Investitionsintensität richtig liegen oder nicht, kann es nur das Ziel der Unternehmensführung sein, das knappe Kapital langfristig so wirtschaftlich wie möglich einzusetzen,[42]

d. h. eine möglichst gute Rendite zu erzielen. Dafür sind vom Management Leitlinien und Zielsetzungen zu erarbeiten, die die Handlungsweise der Mitarbeiter auf das wirtschaftliche Ziel niedriger Kapitalbindung einheitlich ausrichten.

Es empfiehlt sich, der Leitung des Finanz- und Rechnungswesens die Aufgabe zu übertragen, Vorschläge für geeignete Kennziffern, Vergleichszahlen von Wettbewerbern und ähnlich gelagerten Firmen und Richtlinien für Investitionen zu erarbeiten. Diese verabschieden die Führungskräfte für das Gesamtunternehmen und die einzelnen Gruppen für die Sparten bzw. Geschäftsfelder. Damit liegen Maßstäbe für die Kapitalbindungsposition im Vergleich zum Wettbewerb bzw. für die Zielposition fest. Sie drücken aus, wie intelligent es dem Unternehmen bzw. den einzelnen Geschäftsfeldern bisher gelungen ist, die eingesetzten Mittel so wirtschaftlich wie möglich zu verwenden.

Folgende Kennziffern sollten möglichst für die Geschäftsfelder, mindestens aber für die Sparten, vorliegen und laufend Gegenstand der Diskussion sein:

– Umlaufvermögen
– Anlagevermögen
– Gesamtvermögen
– Kapitalumschlag
– Kapitaleinsatz in % vom Umsatz
– Return on Investment

2.56 Zusammenfassende Analyse und Kontrolle der Positionseinschätzung

Der Vordruck 51 faßt die wesentlichen Ansatzpunkte zur Kostensenkung übersichtlich zusammen. Nur die wichtigsten Merkmale wurden im einzelnen besprochen. Weitere lassen sich ergänzen und je nach Bedeutung für das Unternehmen ausführlich analysieren. So wäre z. B. als Diskussionsgegenstand interessant, inwieweit es dem Unternehmen gelang, mit durchschnittlichem Aufwand im Vergleich zur Branche überdurchschnitt-

Geschäftsfeld:
Produkt:
Grobpotential[1]:
Wettbewerber:

Erlös- und Kostenposition

Merkmale	Erfolgs-poten-tial[2]	eigene Position	stärkster Wettbe-werber	Stärke	eigene Position		
					Schwä-che	Chance	Ein-spa-rung?
Erlöse							
Administration							
Komplexität							
gestrafftes Programm							
Standardisierung + Typenreduzierung Lagerabbau							
Marktanteil/größere Serie							
wirtschaftlichere Verfahren							
Modernität der Anlagen verfahrenstechnische Adäquanz							
Ausschuß							
bessere Kostenanpassung bei Schwankungen (Saison)							
Durchlaufzeit							
Synergie							
Kapazitätsauslastung/Leer-kapazität							
Personalkosten							
Lohnkostenvorteile							
Motivation							
geringerer Krankenstand							
sparsame Grundeinstellung							
Materialwirtschaft							
Einkauf							
Lagerung							
Transport							
Lieferbereitschaft							
Lieferschnelligkeit							
kostengünstigster Absatzweg							
Standort							
Kapitalbindung							
Bestandsüberwachung Verkauf nicht genutzter Anlagen							
Forschung und Entwicklung							
Kapitalausstattung							
sonstiges[3]							

1   Vordruck 6 „Kostenposition"
2   Bewertung: : 10 = sehr wichtiger Ansatzpunkt, 0 = völlig unwichtig, nicht relevant
3   Stichworte durch Moderation ermitteln: Welche anderen Instrumente zur Kostensenkung gibt es?

liche Entwicklungsergebnisse zu erzielen? Das Team bewertet abschließend die einzelnen Kostendeterminanten:

1. Welche Ansatzpunkte für eine Kostensenkung sind generell in unserer Branche von Bedeutung?
2. Welche Veränderungen in der Kostenstruktur sind zu erkennen?
3. In welchem Maße schöpfte unser eigenes Unternehmen bisher unter Berücksichtigung der Basisformel das Kostensenkungspotential aus?
4. Wie nutzte der stärkste Wettbewerber oder der Kostenführer sein Potential?
5. Welche Chancen ergeben sich daraus für unser Unternehmen?

Das Team sollte wie folgt vorgehen:

1. Es sammelt die Merkmale der Kostensenkung auf Karten und ergänzt eventuell den zusammenfassenden Vordruck.
2. Die wichtigsten sieben Merkmale kreuzt der Moderator auf dem Vordruck an.
   Beispiele für Fragen:
   Inwieweit spielt das gestraffte Sortiment für die Kostensenkung eine Rolle? – Wo liegen die wichtigsten Ansatzpunkte zur Kostensenkung?
3. Einzelne Gruppen bewerten für jedes Geschäftsfeld und jedes Merkmal in der Checkliste das Potential im Markt, die Ausschöpfung der eigenen Position sowie durch den stärksten Wettbewerber.
4. Aus der Differenz zwischen Marktwerten und der Ziffer für die eigene Position ergeben sich die Chancen.
5. Auf Karten werden die Maßnahmen gesammelt und festgelegt.

Zur Kontrolle, ob unsere Mitarbeiter die Einschätzung zur Kostenposition richtig vornahmen, dienen ermittelte Kennziffern zur Pro-Kopf-Leistung und -Wertschöpfung der Branche, von Spitzenunternehmen der Branche und solche von verwandten Industriezweigen.

Nach Abschluß der Analyse zeigt sich, wo weitere Ansatzpunkte für eine tiefergehende Analyse über mögliche Kosteneinsparungen durch interne oder externe Kräfte sinnvoll anzusetzen sind.

2.6 Positionsdeterminanten der Absicherung und Chancenwahrnehmung

Unterschiedlichste Einflußgrößen verbessern die Voraussetzungen, Chancen wahrzunehmen, und sichern dadurch die Zukunft des Unternehmens besser ab. Ein optimiertes Diversifikationsmaß ermöglicht es dem Unternehmen, leichter auszuweichen, wenn einer der Märkte in eine schwierige Situation gerät. Die geeignete Unternehmenskultur gibt ständig Impulse für eine starke Anpassung der Produkte und Serviceleistungen an die Bedürfnisse der Verbraucher. Ein hoher Ausbildungsstand trägt dazu bei, daß die Mitarbeiter auf Grund ihres Wissens besser Markttendenzen, Schwierigkeiten und Lösungen zu erkennen vermögen. Eine optimierte Altersstruktur führt zur Ausgewogenheit von Entscheidungen, ausreichender Dynamik und verhindert eine zeitliche Zusammenballung von altersbedingtem Wechsel. Besetzte Vertriebswege, enge Kontakte mit Kunden und Verträge schotten vor eindringendem Wettbewerb ab, Finanzkraft und Liquidität schaffen Sicherheit und bessere Voraussetzungen, Chancen wahrzunehmen usw.

Auf Grund eigener Erfahrungen, die durch Praxisuntersuchungen bestätigt wurden, scheint jedoch das wichtigste Erfolgselement darin zu liegen, daß sich in einem Unternehmen oder in einer Gruppe eine Leistungskultur entwickelt. Sie fördert nicht nur die Freude an der Arbeit, und enthält damit eine wünschenswerte sozialpolitische Komponente, sondern sie erhöht generell die allgemeine Leistungsfähigkeit der einzelnen Mitarbeiter.

Da die Positionsdeterminanten der Chancenwahrnehmung und -absicherung letztlich das Ergebnis einer über lange Zeit wirkenden strategisch orientierten und optimierten Unternehmensleitung darstellen, entspricht ihre Distanz und Stabilität der Konsequenz, mit der die Führung die Leistun-

		Geschäftsfeld:				Vordruck: 52

Geschäftsfeld:
Produkt:
Grobpotential[1]:

Vordruck: 52
Datum:
Bearbeiter:

Personelle Position

Instrumente	Erfolgspotential[2]	Erfüllung[3]			Stärke	Schwäche	Chance	Einsparung?
		eigenes Unternehmen	Wettbewerb[4]	Wettbewerb[4]				
Belastungsfähigkeit								
Altersstruktur								
Ausbildungsstand								
Marketing								
Technik								
....								
....								
....								
Finanzen								
Steuern								
Revision								
....								
....								
konsequente Selektion								
Selbstmotivation (Engagement)								
Kulturmotivation								
Beförderung								
Anerkennung								
Prämien								
Auszeichnung								
....								
....								
Voraussetzungen für effizientes Arbeiten								
Kontakt zu repräsentativen Kunden								
systematische Auswertung								
Erprobung von Prototypen beim Kunden								
Strategieorientierung								
Strategische Vorgaben								
Geisteshaltung								
Kundenorientierung								
Differenzierungsorientierung								
Innovationsbereitschaft								
Innovationsfähigkeit								
Kostenorientierung								
Innovations- und Lernorientierung								
Kommunikationsorientierung								
Risikoabwägung								

1 Vordruck 6 „personelle Position".
2 Erfolgspotential: 10 = besonders hoch, 0 = unbedeutend
3 10 = wesentlich besser bzw. ./.10 = weit schlechter als der Wettbewerb
4 Namen nennen

gen ausrichtete und über längere Zeit zur Entfaltung brachte. Alle Positionsdeterminanten sind stets „geronnene Leistungsdeterminanten".

2.61 Beurteilung der personellen Position

Die personelle Qualifikation muß die Geschäftsführung mit dem zuständigen Management und dem Personalleiter beurteilen. Als Basis dienen Beurteilungsbögen, die jeder Vorgesetzte halbjährlich oder jährlich, in der ersten Zeit nach der Einstellung häufiger, von seinen Mitarbeitern abzugeben hat. Da diese jedoch unterschiedliche Maßstäbe anlegen, erfordert ihre Stellungnahme eine kritische Überprüfung durch die Personalleitung. Die Qualitätseinstufungen aus zentraler Sicht werden gemeinsam diskutiert und Konsequenzen beschlossen. Dabei zeigt sich, daß ein guter Manager auch leistungsfähiges Personal nachzieht. In einem freiheitlich geführten Unternehmen trägt langfristig immer der Vorgesetzte die Verantwortung für die Qualität seiner Mannschaft.

Das Moderationsteam unterstützt die Führung nur indirekt, die Probleme zu lösen, indem es Schwächen im Vertrieb, in der Produktion etc. analysiert und aufzeigt, daß noch ein mehr oder weniger großer Ausbildungsbedarf oder mangelnde Einsatzbereitschaft besteht. Solche kritischen Urteile aus der Mannschaft (Vordruck 52) besitzen eine besondere Überzeugungskraft und helfen damit, die Umdenkprozesse in einzelnen Abteilungen einzuleiten.

2.62 Stärken und Schwächen der Kulturposition

Nachdem das Unternehmen und die Sparte die Ziele festgelegt haben, untersucht das Team in der Moderationssitzung folgende Fragen:

1. Zeigt die Strategie einen Weg in eine bessere Zukunft?
2. Was bemängeln die Mitarbeiter am Führungsstil?

3. Was hindert sie an der Entfaltung ihrer Selbständigkeit?
4. Sind sie mit der Anerkennung ihrer Leistung zufrieden?
5. Können sie eigene Ideen realisieren?
6. Wie beurteilt das Team das Betriebsklima?
7. Reagiert das Unternehmen flexibel auf geänderte Marktanforderungen oder „ideologisch"?
8. Bildet es zeitlich begrenzte Projektgruppen, um Probleme schnell zu lösen?
9. Fördern die räumlichen und instrumentalen Voraussetzungen die Arbeit im Sinne der strategischen Ausrichtung?
10. Was möchte die Arbeitsgruppe verbessern?

Die Ergebnisse der Moderationssitzung lassen sich übersichtlich im Vordruck 53 darstellen. Die erste Bewertung kann für den Bereich bzw. eine Sparte, die zweite aus der Sicht des gesamten Unternehmens erfolgen. Diese beiden Darstellungen zeigen, inwieweit eine strategische Harmonie der Unternehmenskulturen zwischen Gesamtunternehmen und Bereich besteht.

2.63 Analyse der Finanzposition

Die Finanzposition und den Finanzbedarf zu ermitteln,[43] liegt primär in der Verantwortung des Finanz- und Rechnungswesens. Für die Geschäftsbereiche oder Sparten muß aber von Interesse sein, welche finanziellen Folgen ihre geplanten Investitionen nach sich ziehen und welche Grenzen ihnen die Finanzposition bei der Zukunftsplanung auferlegt, weil dadurch unter Umständen die Mittelbindung die Möglichkeiten der Bereitstellung übersteigt. Dem Finanzmanagement obliegt insofern die permanente Aufgabe, den Bereichen laufend die finanziellen Konsequenzen ihrer Maßnahmen sowie die zu erwartende finanzielle Situation darzustellen.

Geschäftsfeld:					Vordruck: 53		
Wettbewerber:					Datum:		
Grobpotential[1]:					Bearbeiter:		

Kulturposition

Verhaltenszwang im Unternehmen auf Grund der Firmenkultur

Merkmale	Erfolgs- poten- tial[1]	eigene Unter- nehmen[2]	stärkster Wettbe- werber[3]	Stärke	Erfüllung		
					Schwä- che	Chance	Ein- spa- rung?
räumliche Prämissen							
instrumentelle Prämissen							
organisatorische Prämissen							
Struktur							
Abläufe							
Delegation							
Verantwortung							
Mitsprache							
Entfaltungsmöglichkeit							
vertrieblich							
Innovation							
Klarheit der Ziele							
Erfolgsorientierung							
Leistungsanerkennung							
Bezahlung							
Incentives							
Heraustellung							
Status							
Aufstiegschancen							
Fortbildung							
Vertrieb							
Produktion							
Produkte							
Entwicklung							
Strategie							
Voraussetzungen für Effizienz							
Kontaktstreben zum Kunden							
systematische Auswertung							
Erprobung von Prototypen beim Kunden							
Streben nach Differenzierung							
Innovationsbereitschaft							
Innovationsfähigkeit							
Reaktionsfähigkeit							
Flexibilität bei Marktänderungen							
Projektgruppen zur Problemlösung							
Kontrolle							
Konsequenz strategischer Durch- setzung							

1 Vordruck 6 „Kulturposition"
2 Erfolgspotential :10 = höchste Bedeutung, 0 = unbedeutend
3 10 = wesentlich besser bzw. ./. 10 = wesentlich schlechter als die Konkurrenz
4 Namen nennen

193

2.64 Darstellung der rechtlichen Position

Die Bedeutung von Verträgen schwankt je nach der Art der geschäftlichen Beziehungen unter Umständen von Geschäftsfeld zu Geschäftsfeld. In manchen Fällen lassen sich wichtige Positionen mit ihnen absichern. Sie erlauben oder verbieten es dem Vertriebspartner, unsere starke Stellung langsam aufzuweichen, mit Wettbewerbsprodukten bei unseren Kunden einzudringen und Absatzwege zu unterlaufen. Verträge stabilisieren eine Zusammenarbeit, was nicht selten langfristig für beide Seiten Nutzen bringt.

Grundsätzlich legen die Rechtsabteilungen und nicht die Arbeitsgruppe die Einzelheiten der rechtlichen Absicherung fest. Nicht selten erleben Mitarbeiter bei ihrer Tätigkeit im Außendienst oder in der Entwicklung, daß es Mängel im Vertragswerk gibt, ohne daß sie ihre Erkenntnisse der zuständigen Stelle mitteilen oder sonstige Konsequenzen zur Verbesserung einleiten. Kommt der Vertragsgestaltung in einem Geschäftsfeld große Bedeutung zu, so empfiehlt sich die Moderation dieses Themas, da sie alle beteiligten Mitarbeiter für die darin steckenden Chancen und Risiken sensibilisiert.

Das Team kann eine Stellungnahme dazu abgeben, ob die bisherigen Verträge ihren Zweck erfüllten und inwieweit es beim Wettbewerb bessere Regelungen kennt. Dadurch zeigt es der Fachabteilung erkannte Lücken bzw. Verbesserungswünsche auf und erarbeitet Zielsetzungen, die diese bei der Aufstellung von Verträgen zu berücksichtigen hat.

Folgende Fragen interessieren in diesem Zusammenhang:

1. Zeigten unsere Verträge bisher Mängel? – Welche waren dies?
2. Welcher Umsatz- bzw. Ertragsanteil hängt von den einzelnen Vereinbarungen ab und welche Prioritäten ergeben sich daraus?
3. Kennt das Team konkrete Verbesserungsmöglichkeiten für unsere Kontrakte?

4. Welche Richtlinien gibt es der zentralen Rechtsabteilung für die wichtigsten Vertragsgruppen vor, zum Beispiel Vertriebsverträge, Geschäftsordnungen für Tochtergesellschaften etc.?

Als Zielsetzungen wären beispielsweise denkbar:

1. Verträge sollten nur so lang wie unbedingt notwendig sein, z.B. keine wirtschaftlich unbedeutenden Tatbestände enthalten.
2. Jeder Vertrag mit ausschließlichen Vertriebspartnern enthält ein Wettbewerbsverbot.
3. Der Vertriebspartner muß unsere Marke im Briefkopf und in allen Werbemitteln aufführen, verliert aber dieses Recht mit Beendigung des Vertrages.
4. Für die wichtigsten Vertragstypen sind Karteien anzulegen und mit zunehmender Erfahrung zu erweitern.

2.65 Beurteilung der Entwicklungs- und Kreativitätsposition

Nicht selten besteht in Firmen Unklarheit über die Entwicklungs- und Kreativitätsposition. Obwohl das Unternehmen beispielsweise seit vielen Jahren keine echten Innovationen oder neue Produkte auf den Markt brachte, und nur mehr oder weniger gut das vorhandene Geschäft abwickelte, empfindet das Management keinen Mangel, solange es insbesondere die Rentabilitätssituation als ausreichend ansieht. Wenn aber die Ergebnisse mit Verzögerung einbrechen, folgt schnell die gefährdende strategische Krise.[44] Es fehlt dann normalerweise an der wirtschaftlichen Kraft und Innovationsfähigkeit, das folgende lange Tief bis zur Gesundung durchzustehen.

Diese Erkenntnisse machen deutlich, wie wichtig es ist, sich frühzeitig über die Entwicklungs- und Kreativitätsposition Klarheit zu verschaffen. Mit der Beantwortung weniger Fragen durch das Moderationsteam wird sehr schnell für alle die Situation des Geschäftsfeldes deutlich:

1. Welche neuen Produkte entwickelte der Bereich in den letzten fünf Jahren und welche führte er in den Markt ein?
2. Wieviel Umsatz entfällt auf die Neuentwicklungen?
3. Gab es Fälle, in denen das eigene Unternehmen die Rolle des Innovators übernahm?
4. Welche Ideen für neue Produkte bearbeitet die Entwicklung zur Zeit?
5. Besteht irgendwo die Chance, dabei der Erste im Markt zu werden?
6. Welche neuen Angebote brachte der innovativste Wettbewerber in den letzten fünf Jahren hervor?
7. Welche Entwicklungen machten den Wettbewerb zum Marktinnovator?
8. Welche innovativen unternehmenspolitischen Maßnahmen, z. B. im Marketing, führte unser Bereich in den letzten fünf Jahren in den Markt ein?
9. Wie sieht die Situation beim innovativsten Wettbewerber aus?
10. An welcher Stelle liegen wir mit unserer Entwicklungs- bzw. Kreativitätsleistung in der Branche, und besitzen wir damit gute Voraussetzungen für die Sicherung der Zukunft?

Nicht selten kommt die Arbeitsgruppe mit der Beantwortung dieser wenigen Fragen zu überraschenden Erkenntnissen, die den notwendigen Umdenkprozeß in der Organisation einzuleiten vermögen.

Geschäftsfeld: Grobpotential[1]:							Vordruck: 54 Datum: Bearbeiter:
Positionen der Absicherung und Chancenwahrnehmung							
Merkmal	Erfolgs-poten-tial[2]	Erfüllung[3]		Stärke	Schwä-che	Chance	Ein-spa-rung?
		eigenes Unter-nehmen	Wettbe-werb				

1 Vordruck 6 „Position der Absicherung und Chancenwahrnehmung"
2 Erfolgspotential: 10 = höchste Bedeutung, 0 = unbedeutend
3 10 = wesentlich besser als Wettbewerb, ./. 10 = weitaus schlechter

2.66 Zusammenfassende Beurteilung der Positionsdeterminanten der Absicherung und Chancenwahrnehmung

Zur Vereinfachung und besseren Übersicht lassen sich die wichtigsten Werte wieder in einer Darstellung auf das Wesentliche konzentrieren (Vordruck 54).

2.7 Risikoposition

Sowohl die Kostenführungs- als auch die Differenzierungsstrategie unterliegen allgemeinen Risiken,[45] die die Unternehmensführung kennen und sorgfältig analysieren sollte. Generell dürften sie beim Kostenführer höher liegen als bei Firmen, die auf Differenzierung setzen, weil viele der Kostenführungsdeterminanten, mit Ausnahme insbesondere des Marktanteils und der Synergien, transparenter und mehr operativer Art sind, damit also weniger Stabilität aufweisen. So kann der Wettbewerb durch ein konsequentes Kostenmanagement aufholen, durch neue Verfahrenstechniken billiger produzieren etc. Weiterhin ist ein Kostenführer leicht anzugreifen, falls ein Wettbewerber das Geschäftsfeld über längere Zeit subventioniert. Insbesondere wenn mehrere Konkurrenten einer Branche diese Strategie verfolgen, besteht die Gefahr ruinöser Auseinandersetzungen. Zur Gefahrenminimierung müssen möglichst viele Faktoren die Kostenführung sichern. Um die Risiken dieser Strategie genau kennenzulernen, klärt das Team u. a. folgende Fragen:

- Auf welchen Einflußgrößen beruht unsere Kostenführung und welches Gewicht besitzen sie?
- Beachten wir die Möglichkeiten der Differenzierung wegen zu starker Konzentration auf Kosteneinsparungsmaßnahmen zu wenig?
- Verfügen wir über ausreichend viele, sich ergänzende Determinanten?
- Wie nachhaltig schätzen wir die einzelnen Faktoren ein, und wie wird der Abstand zum Wettbewerb sowie die Stabilität insgesamt beurteilt?

Natürlich beinhaltet auch die Differenzierungsstrategie Risiken, insbesondere durch Nachahmung oder dadurch, daß der Preisabstand der differenzierten Produkte zu groß, folglich der Divisor von Zähler und Nenner in der Basisformel eine ungünstige Relation erhält. Solche Gefahren entstehen vor allem, wenn die Lernbereitschaft sinkt und dadurch die Mitarbeiter im eigenen Haus die Wirkung der Differenzierungsaktivität auf den Kunden unterschätzen oder nicht genügend evident machen. Grundsätzlich erreicht die Sicherheit ihren Höhepunkt, wenn das Unternehmen auf Grund möglichst vieler der untersuchten Determinanten das Potential der Basisformel ausschöpft und damit den Divisor maximiert.

Mit Hilfe der Portfolio-Darstellung läßt sich schon früh abschätzen, ob sich ein Geschäftsfeld in der Sicherheits-, der Risiko- oder der No-return-Zone bewegt. Existieren günstige Marktverhältnisse, aber schwache Positionsdeterminanten, so glaubt das Management oft noch an eine Sicherheit, die tatsächlich nicht mehr besteht (A im Vordruck 55). Schwächt sich der Markt ab, gelangt das Geschäftsfeld zunächst in die Risiko-, möglicherweise dann in die No-return-Zone. Dies gefährdet, falls es eine große Bedeutung besitzt, möglicherweise die ganze Gesellschaft in ihrem Bestand. Bei schwachen Positionsdeterminanten empfiehlt es sich also stets, die Marktentwicklung besonders zu beachten. In einer frühen Phase der Lebenskurve, in der generell gute Marktvoraussetzungen vorliegen, bestehen normalerweise auch Chancen, die Risikozone durch eine geschickte Politik zu verlassen. Die besetzte Position erstarrt jedoch im Verlauf der Lebenskurve und die wirtschaftlich vertretbaren Möglichkeiten, sie entscheidend zu verbessern, nehmen ab.

Das Moderationsteam sollte folgende Fragen für jedes Geschäftsfeld beantworten (Vordruck 56):

1. Wie schätzen wir die Marktdeterminanten heute und für die Zukunft ein?
2. Ist das Geschäftsfeld einem hohen Wettbewerbskampf ausgesetzt? – Spielt sich dieser in erster Linie auf der Preisebene oder mehr auf der Dif-

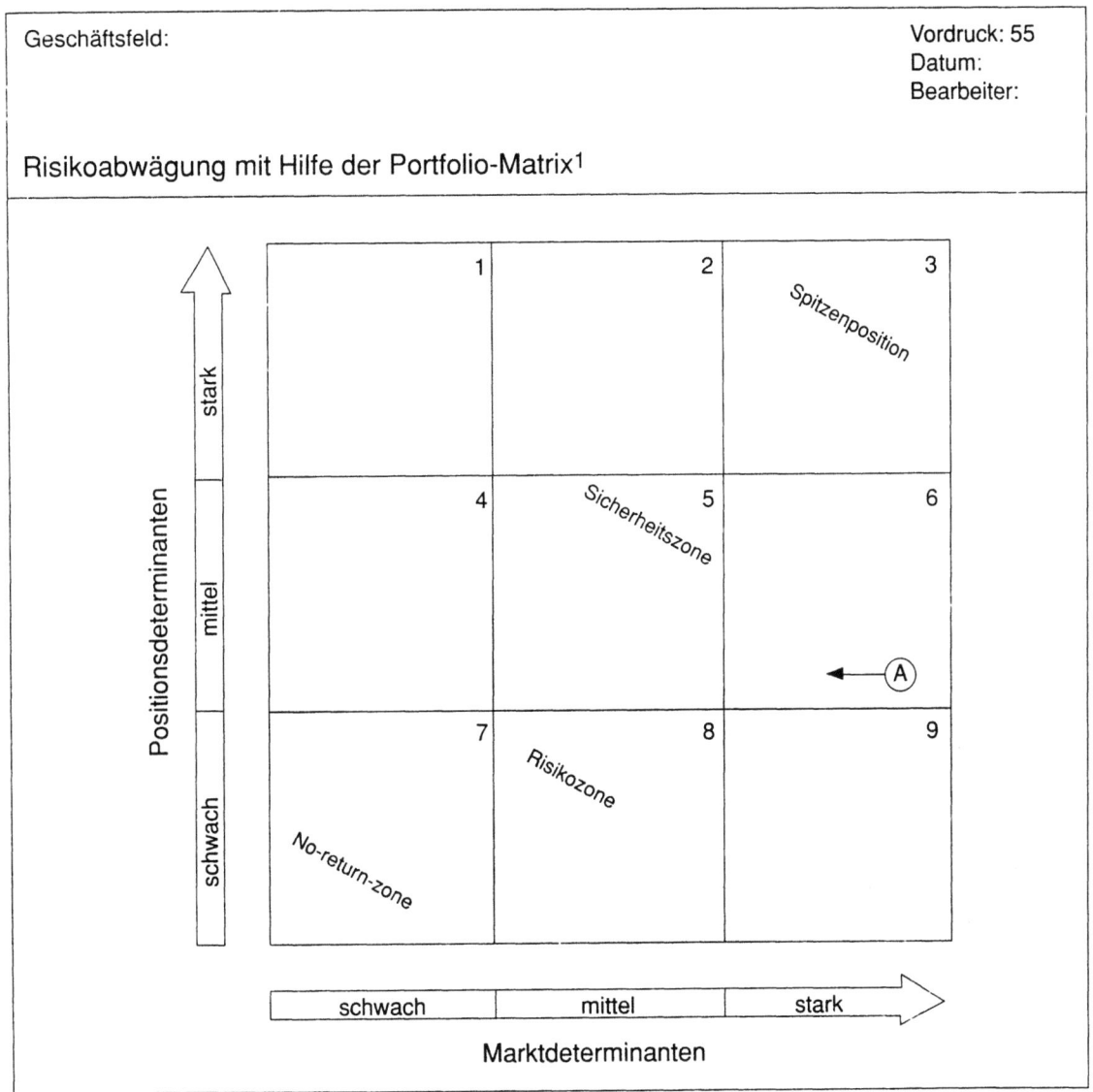

Geschäftsfeld:

Vordruck: 55
Datum:
Bearbeiter:

Risikoabwägung mit Hilfe der Portfolio-Matrix[1]

Positionsdeterminanten

stark — mittel — schwach

1	2	3 Spitzenposition
4	5 Sicherheitszone	6
7	8 Risikozone	9

No-return-zone

schwach — mittel — stark

Marktdeterminanten

1   Reutner: Turn around, S. 275, oder Krisenzonen. In: Meilensteine, S. 295

ferenzierungsebene ab?
3. Welche Solitärdistanz besitzen unsere Barrieren?
4. Wie sicher sind die Solitärpositionen?
   a) Welchen zeitlichen Vorsprung gibt es?
   b) Besteht eine Tempodifferenz der Innovation zum Wettbewerb? (relatives Innovationstempo)
   c) Liegt der Innovationsaufwand im Verhältnis zum Ertrag günstig oder ungünstig? – Lohnt die Investition für einen Nachfolger?
   d) Gibt es einen hohen Penetrationsanreiz?

Geschäftsfeld:	Vordruck: 56
Grobpotential[1]:	Datum:
	Bearbeiter:

Risikoposition

Merkmale	Risiko-potential[2]	eigenes Unter-nehmen	stärkster Wettbe-werber	Stärke	Schwäche	Chance
gegebene Solitärdistanz auf Grund der						
Kostenposition						
Produktdifferenzierung						
rational						
emotional						
Servicedifferenzierung						
Vertriebsorganisation						
Kommunikation						
Stabilität der Solitärbarriere durch						
Imitationszeit						
eigenes relatives Innovationstempo						
Imitationsaufwand						
Penetrationsanreiz						
Abhängigkeiten von						
Kunden						
Lieferanten						
Personal						
Solitärbarrieren verändern sich durch						
neue Produkte						
Substitution/Lebenskurve						
neue Technologien						
neue Vertriebswege und -methoden						
veränderte Kostensituation						
eigene Diversifikation						
veränderte Konkurrenzsituation						
neue Konkurrenten						
Übernahmen und Zusammenschlüsse						
veränderte Kundensituation						
Bedürfnisintensität in bezug auf						
das Produkt						
Kenntnis von Produkt und Anwendung						
Ergebnissituation des Kunden						
Wachstum des Kunden						
Kosten beim Wechsel des Lieferanten						
Risiko beim Wechsel des Lieferanten						
veränderte Lieferantensituation						
Versorgungsprobleme						
Positionsveränderung						
Übernehmen und Zusammenschlüsse						
externe Faktoren						
Konjunkturen und Krisen						
Import- und Exportrestriktionen						
Währungsrelationen						
Umweltschutz						
sozio-ökonomische Strömungen						
Gewerkschaften						
Steuern						
Sabotage						
Katastrophen						
Zusammenfassung						
Umsatzrisiko						
Ergenisrisiko						

1   siehe Vordruck 6 „Position der Absicherung und Chancenwahrnehmung"
2   10 = keine Gefahr, höchste Stabilität; ./. 10 = höchste Gefahr, keine Stabilität; 0 = nicht relevant, im Gleichgewicht

5. Inwieweit erweist sich die Situation als veränderbar bzw. zementiert?

6. Welche branchenfremden Einflüsse könnten in Zukunft das Geschäft beeinträchtigen?

   a) Sehen wir eine Veränderungstendenz bei den Verbrauchergewohnheiten? – Mit welchen Auswirkungen ist zu rechnen?

   b) Neutralisieren Innovationen unseren Know-how-Vorsprung?

   c) Substituieren neue Technologien unser Know-how und mindern den Wert unserer Investitionen?

   d) Entstehen Substitutionsgefahren für die Produkte?

   e) Wachsen konkurrierende Absatzkanäle heran?

   f) Zeigen sich in den Beobachtungs- und Suchpositionen denkbare Gefahren?

7. Gibt es vorbeugende Maßnahmen und Konzepte, das Geschäftsfeld so weit in die Sicherheitszone zu führen, daß es bei abgeschwächtem Markt nicht in die Gefahrenzone gelangt?

8. Falls das nicht möglich erscheint: Sollte das Management schon jetzt eine Rückführungsstrategie vorbereiten?

Drittes Kapitel

Zielentwicklung

Den richtigen Kurs für ein Unternehmen zu finden, stellt die erste große Anforderung an eine Unternehmensführung. Ohne die optimierten Ziele erübrigen sich nicht selten alle hohen Anstrengungen. Ihr Einfluß auf den Erfolg wird um so stärker, je harmonischer die strategisch und operativ orientierten Leistungen darauf abgestimmt sind.

> Ziele, die von allen Beteiligten konsequent verfolgt werden, stellen eine wichtige Basis für die Motivation dar. Sie führen zu einer gleichgerichteten Kräfteorientierung, die Effizienzverluste stark mindert.

Trotzdem widmet die Führung diesen Grundfragen in den meisten Fällen zu wenig Zeit, weil sie die Notwendigkeit auf Grund mangelnden Verständnisses oft nicht sieht. Dabei erleichtern für alle erkennbare Ziele die Zusammenarbeit, macht viele Einzelentscheidungen überflüssig und richtet die Kräfte auf Erfolg aus. Deshalb sollte sich die Unternehmensleitung von Anfang an die notwendige Zeit nehmen, den strategischen Denkprozeß in regelmäßigen Abständen zu wiederholen.

Da das Überleben eines Unternehmens in der Wettbewerbssituation Gewinne voraussetzt, werden sie oft als Ziel vorgegeben. Eine Verbesserung der Ergebnisse erreicht die Organisation durch

– Umsatzsteigerungen,
– bessere Erlöse und
– niedrigere Kosten.

Deshalb legen die Unternehmen normalerweise zwei dieser Größen ihrer Planung als Bestandteil zugrunde. Nach dem System der Haupterfolgsdeterminanten sind solche Vorgaben jedoch derivativer Art, das heißt, sie setzen voraus, daß das Management neben dem hohen Arbeitseinsatz durch kreative Prozesse Leistungen auf Positionen orientiert sowie Marktsegmente findet und ansteuert, mit denen es solche derivativen Ziele überhaupt realisieren kann. So setzt eine Umsatzsteigerung um einen bestimmten Prozentsatz über dem Durchschnitt des Marktwachstums voraus, daß ein

Geschäftsfeld beispielsweise

– das Kundenpotential in den bearbeiteten Märkten besser ausschöpft
– in neue Märkte eindringt
– neue Anwendungen für vorhandene Produkte findet
– neue Produkte einführt etc.
und dies besser und schneller als der Wettbewerb.

Für die unternehmenspolitische Ausrichtung sollte unter Berücksichtigung der bestehenden Marktbedingungen und erreichten Positionen eine klare Zielhierarchie mit Vorgaben zu allen Haupterfolgsdeterminanten vorliegen, die folgende Fragen beantwortet:

1. Mit welchen primären Zielen für kreative und besser als beim Wettbewerb ausgerichtete strategische Leistungen wollen wir in die Schwerpunktmärkte eindringen bzw. die geplanten Positionen erreichen? – Welche Leistungspotentiale gibt es?
2. Welche qualitativen (Segmente) und quantitativen (z. B. Länder) Märkte bearbeiten wir und wie unterstützt das Management die Bildung von Markt- und Segmentbarrieren? – Besetzt und formt es die richtigen Märkte und schöpft es die Marktpotentiale aus?
3. Welche Positionen als sekundäre Ziele steuern die Mitarbeiter an, mit denen sich die Erfolge nachhaltig absichern lassen, und wie bauen sie dadurch die Solitärbarrieren aus? – Welche Chancen zeigen die Positionsanalysen auf? – Schöpfen wir die Erfolgspotentiale aus?
4. Welche derivativen Ziele in Form von Umsatzsteigerungen, Erlösverbesserungen und Kostensenkungen leiten sich folglich in den bearbeiteten Märkten bei den geplanten Leistungen und Positionen ab, und wie beeinflußt dies die Gewinne?

Bevor also die Unternehmensführung an die Entwicklung und Umsetzung der Leistungsdeterminanten geht, analysiert die Arbeitsgruppe, welche Positionen in welchen Märkten das Unternehmen ansteuern will. Findet sie jedoch keine Kombination von Leistungen, mit denen das Geschäftsfeld das gesteckte Ziel erreichen kann, so korrigiert das Management die Ziele auf erreichbare Größen.

> Es gilt grundsätzlich: Wenn ein Geschäftsfeld keine Marktsegmente aufspürt, die eine Differenzierung ermöglichen, so bleibt nur die Kostenführung als wichtigste Erfolgsvoraussetzung. Findet es auch hierfür keine wirtschaftliche Lösung, muß es über die vorhandenen Synergien nach Diversifikationsmöglichkeiten suchen.

3.1 Orientierungshilfen bei der Zielentwicklung

Jedes Arbeitsgebiet besitzt in Abhängigkeit von der Zeit normalerweise eine andere Ausgangssituation, die folglich auch unterschiedliche, mit viel Kreativität zu entwickelnde Aktivitäten erfordert. Konkrete erfolgversprechende Strategien bzw. Visionen und die dahin führenden Maßnahmen zu finden, kennzeichnet die erfolgreichen Strategietagungen.

Am Beginn aller Überlegungen stehen stets die Kunden: Ohne die Bereitschaft der Kunden, für die eigenen Produkte einen ausreichenden Preis zu zahlen, befindet sich das Unternehmen bald in einer Krise. Er kauft Erzeugnisse, um seine eigenen Probleme besser oder zu einem niedrigeren Preis zu lösen. Dabei hat er normalerweise die Wahl unter einer Vielfalt von Angeboten. Nur denjenigen Unternehmen gelingt es, eine bessere Position zu finden, die nach seiner Meinung die günstigeren Problemlösungen anbieten. Erfolgreiche Unternehmen warten deshalb auch nicht auf zufällige Ideen, sondern suchen unentwegt nach neuen Möglichkeiten, einen Bedarf besser oder billiger zu befriedigen. Es gilt also, das Angebot entsprechend der Basisformel zu optimieren. Die Führung

darf dabei nicht nur die augenblickliche Situation sehen, sondern muß sich schon frühzeitig auf zukünftige Entwicklungen vorbereiten, d. h. strategisch denken, wenn sie die Marktposition der Gesellschaft behalten oder besser ausbauen will.

Oft übersieht selbst der langjährig erfahrene Manager, daß nicht der objektive Tatbestand entscheidet, wenn das Unternehmen etwas Besseres anbietet. Allein die Meinung des Abnehmers, also dessen Einstellung bzw. Image, bestimmt darüber, wer tatsächlich größere Erfolge erzielt. Die Differenzierungsattraktivität in der Meinung der Kunden im Hinblick auf das Preis-Leistungsverhältnis, die Qualität, das Prestige etc. entscheidet. Es überrascht selbst den langjährigen Praktiker immer wieder, wie sich technisch homogene Produkte unter bestimmten Voraussetzungen im Laufe der Jahre voneinander absetzen oder umgekehrt sogar technisch differenzierte Erzeugnisse im Laufe der Zeit ihr Image angleichen, so daß der Interessent sie als technisch homogen ansieht.

> Die Meinung der Kunden und nicht der objektive Tatbestand erweist sich für die gesamte Beurteilung bei der Kaufentscheidung als der wesentliche Maßstab.

Die grundlegenden unternehmenspolitischen Maßnahmen zum Aufbau einer starken Kundenorientierung der Organisation liegen in einer hohen Zahl von Kundenkontakten, also der höchstmöglichen Nutzung dieses Potentials. So basiert beispielsweise das Industriegeschäft der Banken, das große Objektgeschäft oder das Geschäft von Gasthäusern in vielen Fällen in erster Linie auf persönlichen Verbindungen. Auch die Kontaktposition entlastet die Preispolitik und schafft damit monopolistischen Spielraum. Gäste besuchen viele Restaurants nicht wegen der niedrigeren Preise, oder wegen besonders differenzierter Angebote, sondern primär wegen einer guten persönlichen Atmosphäre.

Aus den Kontakten erwächst aber vor allem eine hervorragende und ständige Information über Kundenwünsche.[1] Diese bietet damit die Chance, sich besser an die Kundenbedürfnisse anzupassen. Man erhält mehr Ideen für neue Produkte, findet schneller die kundenadäquate Kommunikation beziehungsweise einen kundenadäquaten Service.

Die konkreten Leistungsvorgaben versprechen langfristig um so mehr Erfolg bei hoher Absicherung

– je besser es gelingt, ertragbringende Zielgruppen zu definieren und zu bearbeiten,
– je enger sich Angebot und Marketing auf deren Bedürfnisstruktur anpassen und
– je genauer die Leistungen auf Solitärbarrieren zielen.

3.11 Ziele erfolgreicher Unternehmen

Wer sein Umfeld analysiert und Positionsziele ableitet, sollte die wesentlichen Gesichtspunkte kennen, auf die erfolgreiche Unternehmen ihr Ergebnis zurückführen. Dabei helfen theoretische Überlegungen[2] und vor allem Praxisuntersuchungen, wie beispielsweise von Albach,[3] Pümpin,[4] Peters und Waterman,[5] Clutterbuck und Goldsmith,[6] PIMS[7] und andere.[8]

Auf Grund der empirisch ermittelten Ergebnisse finden sich erfolgreiche Unternehmen in allen Gewerbezweigen.[9] Ihre Umsatzerwartungen und Planungen liegen als Basis für die optimistische Grundeinstellung jeweils über der Branche. Trotzdem gibt es günstigere und ungünstigere Marktdeterminanten, die das Ergebnis bestimmen, wie

– das Wachstum des bearbeiteten Marktes
– die Differenzierungsbedingungen
– die Qualitätssensibilität
– das Kontaktpotential
– das Preisführungspotential
– die Konkurrenzstruktur
– die Abnehmerstruktur
– die Lieferantenstruktur
– die Investitionsintensität
– das Verhältnis zu Arbeitnehmern und Gewerkschaften
– das sozialpolitische Umfeld.

Auch Positionsdeterminanten bestimmen die mehr oder weniger guten Voraussetzungen für den Erfolg einer Gesellschaft:

– der Marktanteil
– die Synergieposition
– die Differenzierungsposition
– das Qualitätsimage
– das Know-how-Niveau
– die Unternehmenskultur
– der Bekanntheitsgrad
– die schlagkräftige internationale Organisation und Absatzwege
– die Kapitalbindungsposition
– die Finanzkraft und Liquidität.

Nach Kirsch, Esser u. a.[10] setzen deutsche Inhaber und Unternehmer auf folgende Ziele:

a) positives Image im Markt	87 %
b) hoher Bekanntheitsgrad bei der Käuferzielgruppe	77 %
c) Ertragswachstum vor Umsatzwachstum	73 %
d) sich vom Wettbewerb differenzieren	69 %
e) zum Unternehmen passende Märkte bearbeiten	68 %
f) hohe Bonität gegenüber Kreditgebern	68 %
g) eindeutige Positionierung im Markt	57 %
h) vorhandene Kapazitäten auslasten	56 %

Vergleichsweise untergeordnete Bedeutung zeigen nach dieser Enquete die Risikostreuung und die Umsatzexpansion.

Nach einer Untersuchung des European Management Forum, Genf, über die 100 innovativsten europäischen Unternehmen[11] orientieren sich auch die erfolgreichen Firmen meistens nicht einseitig. Sie verfolgen beispielsweise gleichberechtigt Wachstum durch interne Expansion bzw. durch Übernahmen, Umsatzzuwachs oder Gewinne, den Aufbau von Produktionsstätten im Inland und im Ausland oder die Suche nach völlig neuen technischen beziehungsweise nach Verbesserungen von alten Lösungen. Andere Gesichtspunkte erhalten dagegen eine eindeutige Zielsetzung. So arbeiten diese Gesellschaften ausschließlich dezentral und stets mit möglichst vielen Lieferanten. Sie sind stets optimistisch im Hinblick auf die Verbesserung der eigenen Positionen, bevorzugen Teams und einheimische Unternehmensleiter in den Auslandstöchtern.

3.12 Normstrategien

So wie die Menschen im Verlauf der Lebenskurve typische Altersmerkmale kennzeichnen, so zeigen auch Produkte, Werkstoffe oder Technologien in einzelnen Phasenabschnitten typische Merkmale.[12] Auf Grund dieser Merkmale ist es auch verständlich, daß bestimmte Strategien die Situation in den jeweiligen Phasen am besten berücksichtigen. Beachtet die Führung solche Normstrategien – auch wenn sie aus wohlerwogenen Gründen anders entscheidet – so erhöht sie die Erfolgswahrscheinlichkeit.

Mit der zunehmenden Reife einer Industrie nimmt die Zahl der Wettbewerber zu, und das Produkt-Know-how paßt sich an. Auf Grund der sinkenden Solitärbarrieren und steigenden Überkapazitäten muß eine stärkere Kostenorientierung die Unternehmenspolitik bestimmen. In der Phase der Entstehung neuer Erzeugnisse liegen die Schwerpunkte oft erst bei der Beschaffung von Rohstoffen und der Absicherung der Belieferung, dann bei der Entwicklung von Produkten mit einer guten Funktionsfähigkeit und einer reproduzierbaren Qualität. Die steigende Serie verlagert das Gewicht der unternehmerischen Tätigkeit auf die Erstellung einer wirtschaftlichen Produktion und zum Marketing. Entsprechend sind die erfolgversprechenden Schwerpunkte in jeder Stufe andere (Vordruck 57).

Auch Normstrategien bieten keine Patentlösung. In jedem Einzelfall ist sorgfältig zu analysieren, vor welcher Ausgangssituation das Team steht, um daraus die jeweils bestmöglich angepaßte Strategie zu entwickeln. Trotzdem gibt die Normstrategie in der jeweiligen Situation wichtige Anhaltspunkte. Zur eigenen Kontrolle sollten die Gründe klar sein, warum im Einzelfall eine andere Situation vorliegt bzw. die Mitarbeiter von der Normstrategie abweichen.

Bei Innovationen, insbesondere wenn sie zu neuen Wirtschaftszweigen führen, lassen sich die Erzeugnisse den Lebenskurvenphasen mit einer für praktische Zwecke ausreichenden Genauigkeit zuordnen. Nun verbessern aber einzelne Hersteller oder aber gesamte Branchen die Produkte im Laufe der Zeit mehrmals unterschiedlich stark. Solche Änderungen können die Nachfolgeerzeugnisse so deutlich unterscheiden, daß sie überwiegend die Merkmale eines neuen Angebotes tragen. Damit sind die Übergänge zwischen neuen und verbesserten Produkten fließend. Dies wirft für das Team die Frage auf, ob und inwieweit ihre Überarbeitung die Position in eine frühere Lebenskurvenphase verlagert. Dies wirkt sich wieder auf die empfohlene Normstrategie aus. Nach welchen Kriterien hat das Team nun die jeweilige Situation zu beurteilen?

Entscheidend ist grundsätzlich das Ausmaß der Angebotsveränderungen und der Einfluß auf die notwendigen Herstellungsverfahren sowie das Marketing. Erfordert die Situation, z. B. durch eine Umstellung von mechanischen auf elektronische Teile, keinen Service mehr, so zwingt dies das Management, die gesamte Marketingpolitik neu zu überdenken. Also auch im Hinblick auf die Verfahrenstechnik und das Marketing gibt es alle Übergänge.

Die Abgrenzung erfolgt so, daß die Gruppe von einem Relaunch ausgeht, wenn das Geschäftsfeld voll auf das gewachsene Produkt-, Fertigungs- und Marketing-Know-how zurückgreift. In den anderen Fällen positioniert sie das Angebot neu in der Lebenskurve. Je höhere Ähnlichkeiten und je größere Synergien sich jedoch zu den erarbeiteten Methoden ergeben, um so schneller durchläuft das geänderte Erzeugnis die vor ihm liegenden Phasen.

Das Moderationsteam kann nun

a) mit Hilfe der heutigen und zu erwartenden Positionen in der Lebenskurve des Produk-

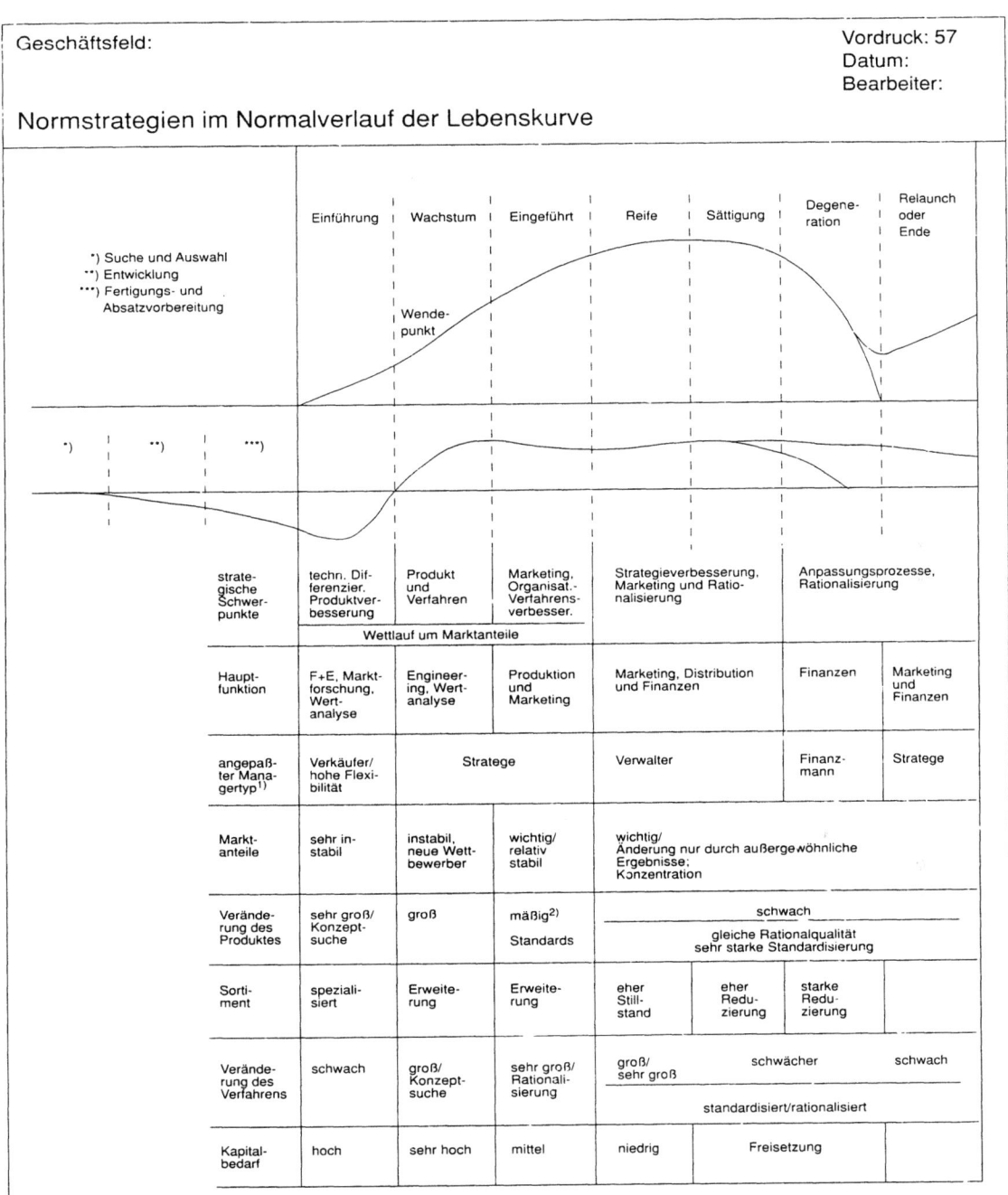

Welche Situationsgefahren drohen? – Welche neue Technologie kommt?

tes (Vordruck 57), Werkstoffes, der Technologie (Vordruck 58) sowie in der Portfolio-Matrix die Normstrategien (Vordrucke 59, 60 und 61) ablesen,

b) diese mit der heute praktizierten Vorgehensweise vergleichen und

c) die Soll-Grundsätze für die Strategie des Geschäftsfeldes festlegen.

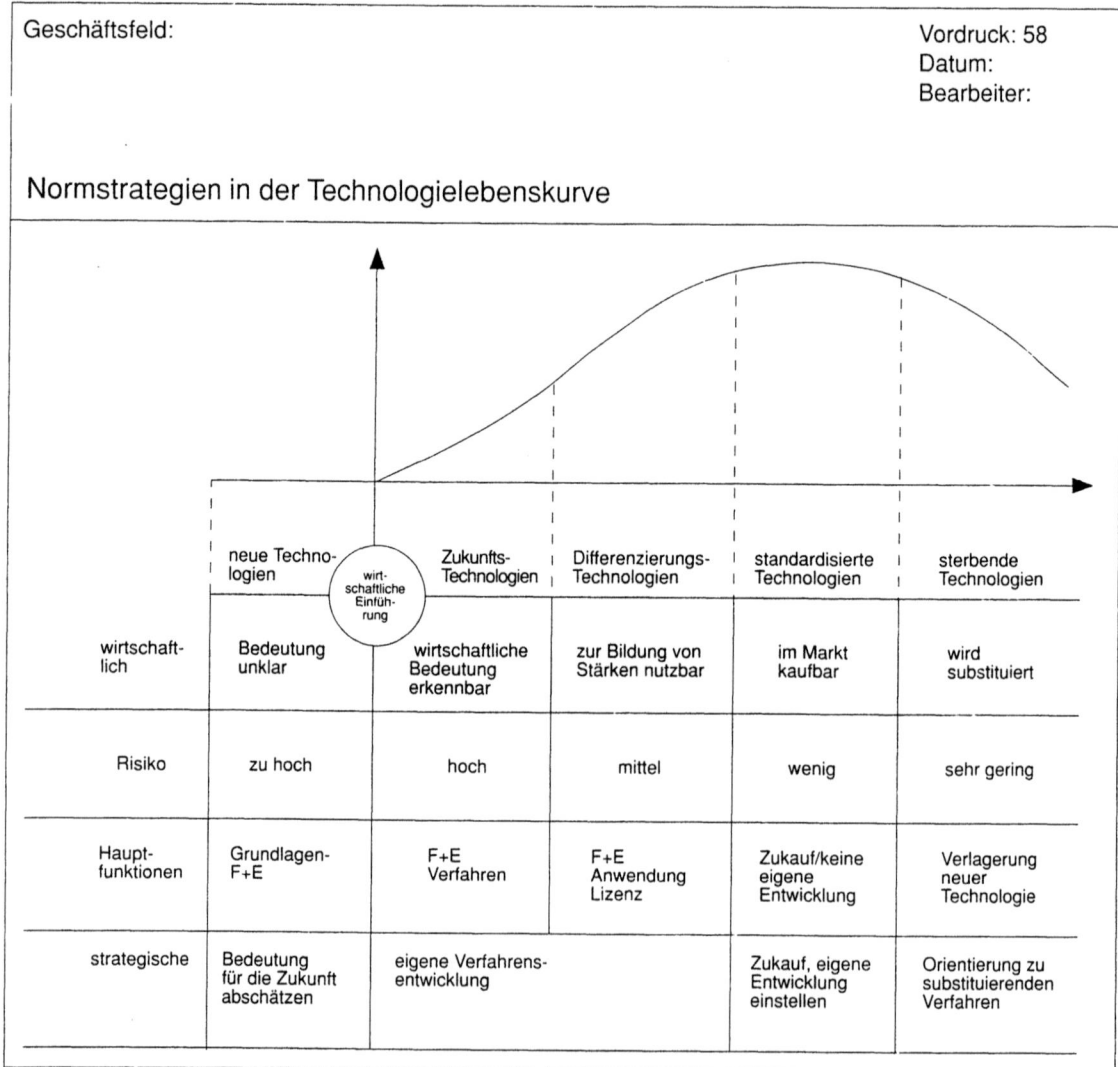

Geschäftsfeld:					Vordruck: 58 Datum: Bearbeiter:

Normstrategien in der Technologielebenskurve

	neue Technologien	wirtschaftliche Einführung / Zukunfts-Technologien	Differenzierungs-Technologien	standardisierte Technologien	sterbende Technologien
wirtschaftlich	Bedeutung unklar	wirtschaftliche Bedeutung erkennbar	zur Bildung von Stärken nutzbar	im Markt kaufbar	wird substituiert
Risiko	zu hoch	hoch	mittel	wenig	sehr gering
Hauptfunktionen	Grundlagen-F+E	F+E Verfahren	F+E Anwendung Lizenz	Zukauf/keine eigene Entwicklung	Verlagerung neuer Technologie
strategische	Bedeutung für die Zukunft abschätzen	eigene Verfahrensentwicklung		Zukauf, eigene Entwicklung einstellen	Orientierung zu substituierenden Verfahren

Anmerkungen

1. Wichtiges Beurteilungskriterium: Preis-Leistungs-Relation
2. In kleinen Segmenten mit spezifischen Technologien wird die Differenzierungs-Technologie nicht zur Standard-Technologie.
3. Wachstumsindustrien bauen sich auf Zukunfts-Technologien auf.

208

Nicht selten wächst dabei die Erkenntnis, daß bei einem alten Produkt zu lange und zu viel in die Entwicklung des Erzeugnisses, dagegen zu spät und zu wenig in die Verfahren investiert wurde. Durch diesen Fehler verspielten viele Pioniere die Chance, die Marktführung zu übernehmen. Liegen trotzdem noch günstige Voraussetzungen vor, so ist schnellstens der jeweilige Stand und die Notwendigkeit, die Schritte nachzuholen, zu überprüfen.

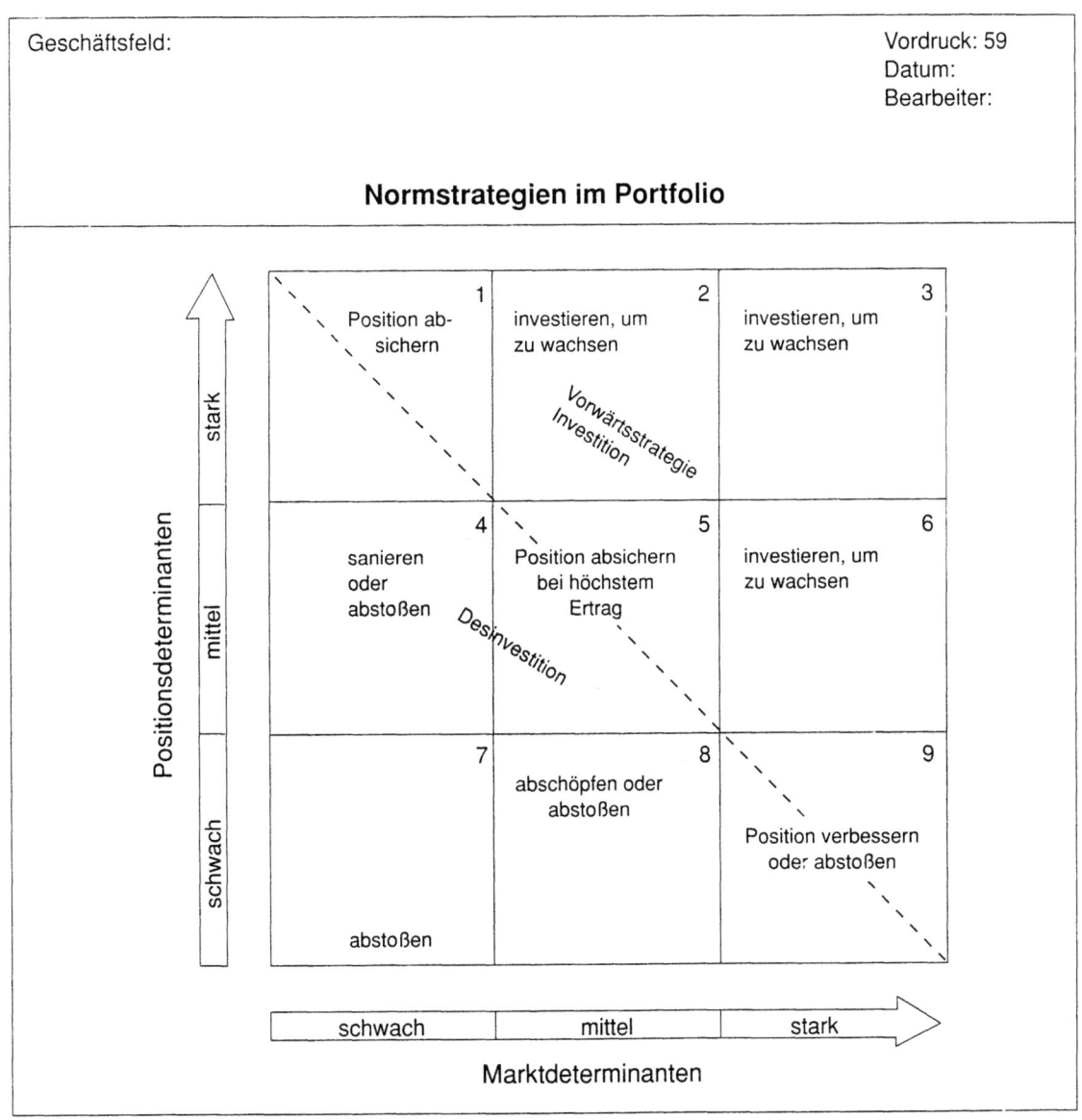

Technologie-Grundstrategien in Entstehungs- und früher Wachstumskurve[1]

	schwach	mittel	stark
stark	Fokussie-rung (selektiver F+E-Einsatz)	Führer-schaft (aggressiver F+E-Einsatz)	Führer-schaft (aggressiver F+E-Einsatz)
mittel	Kooperation	Präsenz Fokussie-rung (selektiver F+E-Einsatz)	Führer-schaft (aggressiver F+E-Einsatz)
schwach	Rationa-lisierung	Akquisition (Know-how-Zukauf)	Präsenz

Technologieposition

Marktposition

1   Vgl. Servatius: Methodik des strategischen Technologie-Managements, S. 127

210

Geschäftsfeld:	Vordruck: 61
	Datum:
	Bearbeiter:

Technologie-Grundstrategien im Portofolio in später Wachstums- und früher Reifephase[1]

	Marktposition		
stark	Kooperation	Nischen-strategie (selektiver F+E-Einsatz)	Führer-schaft (aggressiver F+E-Einsatz)
mittel	Rationa-lisierung		Präsenz
schwach	Rückzug	Rationa-lisierung	Akquisition (Know-how-Zukauf)

Technologieposition →

Marktposition: schwach — mittel — stark

1 Vgl. Servatius: Methodik des strategischen Technologie-Managements, S. 128

211

3.2 Zielhierarchie

Ziele erweisen sich nur dann als realistisch, wenn sie die Ausgangssituation berücksichtigen und entsprechende Voraussetzungen durch Maßnahmen geschaffen werden. Es gelingt nicht, ein untrainiertes Pferd, selbst wenn es noch so gute Anlagen besitzt, ohne vorbereitende Arbeiten erfolgversprechend in ein großes Rennen zu schicken um zu gewinnen. Bevor die Führung Aktivitäten entfaltet, sollten erreichbare Etappenziele und Maßnahmen vorliegen, die die Organisation Schritt für Schritt auf das Endziel vorbereiten. Das bedeutet also, daß sich bei einem strategisch ausgerichteten Unternehmen die Vorgaben im Zeitablauf verändern. Das Endziel bleibt dagegen erhalten, falls das Umfeld keine neuen Prämissen vorgibt.

Ziele lassen sich für praktische Zwecke nicht ausreichend mit sehr wenigen Worten sinnvoll definieren. Derivative Ziele, wie Umsatz, Absatz, Deckungsbeiträge oder fixe Kosten geben den Mitarbeitern keinerlei Hinweise auf die notwendige gemeinsame Orientierung und auf das von ihnen erwartete Verhalten. Ohne weitere Angaben fehlt ihnen also die entscheidende Grundlage, auf der ein widerspruchsloses Maßnahmenpaket aufbaut. Deshalb sind zunächst einmal Ziele im Hinblick auf die primären und sekundären Erfolgsdeterminanten, also auf die Leistungen, Zielmärkte und Zielpositionen, zu entwickeln. Die derivaten Größen leiten sich aus den gefundenen primären und sekundären ab, konkretisieren also deren erwartete Erfolgswirksamkeit. Je größer die Erfolgspotentiale der zu besetzenden Märkte und Segmente, je mehr und je stärkere Solitärbarrieren die Positionen aufweisen und je höhere Leistungen das Unternehmen entfaltet, die diese Positionen ausbauen und absichern, um so herausragender dürften die derivativen quantitativen Ziele sein.

Die Basisformel bzw. die darauf aufbauende Basisanalyse bildet wiederum den Ausgangspunkt aller Überlegungen zur Zielentwicklung. Sie gibt Auskunft darüber, wie ausgeprägt die Differenzierungs- oder Homogenitätsbedingungen im Markt bzw. im Unternehmen sind. Sie trifft jedoch noch keine Aussage darüber, ob das Differenzierungs- bzw. das Kostensenkungspotential bereits ausgeschöpft wurde. Die Kreativität des Teams ist besonders gefordert, wenn es darum geht, realistische Differenzierungs- oder Kostensenkungsziele zu entwickeln, die über die bessere Ausschöpfung der Potentiale den Divisor aus Zähler und Nenner der Basisformel verbessern und damit einen Weg aufzeigen, stärkere Solitärbarrieren aufzubauen.

Diese Überlegungen zeigen die Notwendigkeit der Zielhierarchie, um den Kurs des Unternehmens unverwechselbar zu definieren und Mißverständnisse im Management auszuschalten. Nur dann lassen sich die Kräfte bündeln, und die Durchschlagskraft verabschiedeter Maßnahmen erhält die Chance des bestmöglichen Erfolges.

Eine Zielhierarchie sollte also folgende Unterpunkte enthalten:

1. Basis-Zielposition mit Etappen,
2. primäre und sekundäre Positionen im einzelnen mit End- und Etappenzielen und
3. die daraus abgeleiteten derivativen End- und Etappenziele.

3.21 Basis-Zielposition

Die Beurteilung der Hauptgeschäftstypen und die Analyse der Segmente befähigt das Team, darüber eine Aussage zu treffen, inwieweit in jedem Geschäftsfeld dem Zähler oder dem Nenner der Basisformel eine größere Bedeutung zukommt. Diese Frage entscheidet zwar primär das oberste Management, aber das Team kann deren Unterlagen vorbereiten, die Begründung liefern und durch die Mitwirkung einer breiten Schicht die Umsetzung erleichtern.

In der Führung muß Klarheit bestehen, daß die Grundsatzentscheidung der neuen Zielrichtung erst nach längerer Zeit zu einer Orientierung der Unternehmenskultur mit Folgen für die gesamte Kostenstruktur führt. Dabei verläuft der Kurswechsel um so arbeitsintensiver und länger, je mehr antagonistisch und festgefahren sich die derzeitigen Einstellungen zeigen. Setzte sie das Ziel durch, so stößt eine erneute Richtungsänderung wiederum auf ähnliche Probleme. Eine häufigere Kursänderung auf Grund von Führungswechseln führt zu diffusen Kulturen. Insofern kommt der Kontinuität in der Basiskonzeption eine entscheidende Bedeutung zu.

Die Ausgangsfragen zur Basisanalyse lauten:

Wie groß ist das jeweilige Potential zur Differenzierung in dem bearbeiteten Markt beziehungsweise Segment, d. h. die Chance zum Aufbau von Solitärbarrieren oder das Kostensenkungspotential? – Die durchgeführten Markt- und Positionsanalysen sollten die Frage bereits ausreichend klar beantworten. Hier existieren alle Übergänge zwischen den stark auf Kostensenkung beziehungsweise stark auf Differenzierung ausgerichteten Potentialen.

Wird der eventuell notwendige Mehraufwand für die Differenzierung vom Kunden bezahlt?

Die Antwort vergleicht die Gruppe mit den vorliegenden Moderationsergebnissen früherer Analysen. Um das Basisziel für alle besser deutlich zu machen, stellt sie dieses im Vergleich zur Ist-Position in einem Polaritätsprofil dar.

Jeder Mitarbeiter beurteilt beispielsweise auf dem Vordruck 62 die Ist-Position, die Wettbewerbsposition, das Potential als optimierte Position sowie das daraus abzuleitende politische Ziel. Die Einschätzungen läßt der Teamleiter auf eine Folie übertragen, projizieren und besonders starke Abweichungen unter den Einschätzungen diskutieren.

Die Arbeitsgruppe hat die festgelegte Lage im Laufe der Zeit zu verändern.

– Die Zielposition wandert mit der besseren Umsetzung in Richtung auf die optimierte Position, solange der Planungshorizont noch nicht das Endziel erfaßt.
– Die Erfahrung der Mitarbeiter wächst mit zunehmender Übung, Positionen und Potentiale besser zu erkennen und zu beurteilen.
– Die Ausgangssituation und die Chancen ändern sich im Laufe der Lebenskurven bzw. durch ein geändertes Umfeld.

Das Team sollte deshalb jährlich einmal feststellen, wo das Geschäftsfeld steht und wie sich die Position im Laufe der nächsten fünf bis zehn Jahre voraussichtlich verschiebt, auch wenn die Grundsatzentscheidung Kontinuität zeigen muß. Dadurch erhält es Hinweise auf die Notwendigkeit, frühzeitig die notwendigen Maßnahmen zu erarbeiten. Das langfristig zu erwartende Schwerge-

wicht der Differenzierung oder Kostenführung legen die Mitarbeiter eindeutig fest. Heißt es Kostenführung, so bedeutet dies keinen Verzicht auf Maßnahmen zur Differenzierung und umgekehrt.[13] Es geht stets darum, die Leistung gemäß der Basisformel über den Zähler und Nenner zu verbessern, insbesondere jede kostenneutrale Verbesserung der Differenzierung beziehungsweise jede Kostensenkungsmöglichkeit ohne Schaden für diese auszuschöpfen.

Die Position liegt um so eindeutiger und günstiger, je klarer die Lage sich im gegebenen Fall zu den Polen des Polaritätsprofils orientiert. Aber welche Schwerpunkte der Orientierung gibt die Unternehmensführung den Mitarbeitern zur klaren Ausrichtung vor? – Neben der Betrachtung der Ist-Position erhält sie vor allem durch die Abschätzung des Potentials sehr wichtige Hinweise. Bei den Überlegungen hilft es auch, die Chancen und Gefahren der Differenzierungs- und Kostenführungsstrategien zu betrachten. Das zentrale praktische Problem jeder Differenzierungsstrategie besteht in der Einschätzung des Wertes für den Kunden, zumal bei einer breiten Kundschaft sehr unterschiedliche Bedürfnisstrukturen vorliegen.

Die Gefahren und Absicherungsmaßnahmen einer Differenzierungsstrategie[14] sollte das Management sich vor Augen führen, um die Ziele sicherer setzen zu können:

1. Oft werden die Wirkungen von Differenzierungsmaßnahmen auf die Bewertung durch den Abnehmer falsch eingeschätzt, weil sich das Management nicht nach den Bedürfnissen richtet, oder die Struktur eines einzelnen Kunden als repräsentativ für ein Zielsegment ansieht. Es kommt zu einer Überbetonung von differenzierenden Eigenschaften, die das Angebot verteuern. Die Differenzierung erweist sich für den Kunden mehr oder weniger als wertlos. Die Kostenerhöhungen, sei es über das Produkt oder über Marketingaktionen, verschlechtern den Divisor aus Zähler und Nenner der Basisformel.

2. Jede Differenzierungsstrategie erfordert eine sorgfältige Unterscheidung der Segmente, je nach den Bedürfnisstrukturen. Je marktnäher eine Organisation arbeitet, je enger und häufiger der Kontakt zu den direkten und indirekten Kunden besteht, und je mehr eine Organisation für die Ausrichtung auf Kundenbedürfnisse sensibilisiert ist, um so wahrscheinlicher ergibt sich auch eine richtige Einschätzung der Differenzierungswirkung und Akzeptanz.

3. Die Außenorganisation kundenorientierter Firmen neigt dazu, den Abnehmern ihre Sonderwünsche zu erfüllen, zumal der Kunde dies zu honorieren scheint. Durch eine ständige Ausweitung des Sortiments und der Anforderungen entstehen neben Kostenerhöhungen organisatorische Probleme, die zu Lieferverzögerungen und Schwerfälligkeit führen, die der Abnehmer dann nicht mehr akzeptiert. Damit verbundene starke Kostenerhöhungen sowie Mängel schwächen die Position bis zur Existenzkrise.

4. Viele Vorteile im Produkt, Service und in sonstigen Marketingleistungen werden insbesondere für den potentiellen Abnehmer, aber auch oft für den kaufenden Kunden nicht evident. Dadurch honoriert er sie nicht. Das Unternehmen muß erkennen, welche Vorteile für den Interessenten latent sind, und durch welche Maßnahmen der Kommunikationspolitik sie wirtschaftliche Bedeutung erlangen. Auch in diesem Punkt erhöht sich die Wahrscheinlichkeit, über eine kundenorientierte Organisation die Lücken zu erkennen und das Potential besser auszuschöpfen.

5. Die Kosten der Differenzierung lassen sich nicht immer leicht übersehen und im Entscheidungsprozeß oft nicht genügend berücksichtigen. Durch eine konsequente Beachtung der Wirkungen aller Maßnahmen auf den Zähler und Nenner der Basisformel und mit Hilfe einer Organisation, die die notwendigen Kostenanalysen bereitstellt, erhält das Unternehmen größere Chancen, die Auswirkungen der Differenzierungsmaßnahmen ausreichend zu erkennen.

Die sehr starke Festlegung auf Kostenführerschaft setzt normalerweise starke Positionsdeterminanten mit kostensenkendem Schwerpunkt voraus, wie einen hohen relativen Marktanteil oder eine günstige Synergieposition. Weiterhin muß das Geschäftsfeld konsequent das Sortiment gestrafft halten und gegebenenfalls die Standardisierung erschöpfend einsetzen. Produkte sind laufend wert-analytisch zu überprüfen und die Kapitalbindungen niedrig zu halten.

Nur wenn ein Unternehmen solche günstigen Voraussetzungen besitzt, darf das Basisziel auf Kostenführung ausgerichtet sein. Um eine solche Solitärbarriere zu erhalten, ist mit hoher Konsequenz und Disziplin auf eine Entfaltung der Leistungsdeterminanten und laufende Verbesserung der Kostenpositionen zu achten. Verfolgen mehrere starke Firmen in derselben Branche dieses Ziel, so folgt daraus generell ein erbarmungsloser Wettbewerb, bis sich entscheidet, wer als Sieger aus diesem Kampf hervorgeht. Schließlich besteht die Notwendigkeit, alle Gefahren, die auf Grund von Kostenveränderungstendenzen und neuen Technologien zu einer Verschlechterung der Struktur führen, in regelmäßigen Abständen zu überdenken, um vorzeitig Korrekturmaßnahmen einzuleiten. Jede Unachtsamkeit und Inkonsequenz in bezug auf die Beachtung von Einsparungsmöglichkeiten wird weit eher als bei der Differenzierungsstrategie zu einem Risiko für die Unternehmensentwicklung.

Zur Festlegung der Basis-Zielposition geht das Team auf folgende Fragen ein:

1. Wie stellt sich die derzeitige Basisposition im Vergleich zum Wettbewerb auf Grund der Basisanalyse dar?
2. Welche Differenzierungschancen (Potentiale) erkennt man und welche günstigere Positionierung gegenüber dem Wettbewerb ist dadurch denkbar?
3. Welche Veränderungen bewirken die Differenzierungschancen bzw. die einerseits dadurch erwarteten Mehrerlöse und die andererseits da-

mit verbundenen Kosten im Divisor der Basisformel?
4. Welche Wettbewerber verfolgen das Ziel der Preisführung?
5. Welche kostensenkenden Positionsvorteile erkennt das Team? – Wie schätzt es unsere Kosten im Verhältnis zum Wettbewerb ein?
6. Wie läßt sich unsere Kostenposition im Vergleich zum Wettbewerb verbessern?
7. Welche Stellung nehmen wir in der Rangfolge der Kostenführung in der Branche ein bzw. welche erreichen wir nach einer Übergangszeit?

3.22 Strategische Grundsätze als qualitatives Ziel

In einem heterogenen, diversifizierten Unternehmen mit einer breiten Palette von markenartikelorientierten Produkten, Massenerzeugnissen und Einzelanfertigungen sind lediglich Strategische Grundsätze als Unternehmensgesetz als einheitliche Richtschnur anzuwenden. Es gibt in einzelnen Geschäftsfeldern andere Schwerpunkte, je nach der Bedürfnislage der Abnehmer und der gegebenen Marktsituation. Strategische Grundsätze reduzieren die komplexe Praxis für alle Mitarbeiter sichtbar auf das Wesentliche. Sie stellen also eine Orientierungshilfe für die Mitarbeiter dar. Die Kürze der Darstellung und die Verständlichkeit helfen, daß sie immer wieder gelesen und zur Geisteshaltung werden.

Strategische Unternehmensgrundsätze

Als Basis für die Strategischen Unternehmensgrundsätze dienen die allgemeinen Leistungsorientierungen. Das Management sollte sie richtungweisend für alle Teile des Betriebes auf die jeweilige Situation abstimmen. Auch wenn die Schwerpunkte also stets unterschiedlich liegen, so gibt es doch zahlreiche Kriterien von allgemeingültiger Bedeutung.[15]

Folgende Grundsätze dienen beispielsweise für

ein komplexes Unternehmen mit vielen Geschäftsfeldern, Sparten und Gesellschaften bei der strategischen Basis-Entscheidung „Differenzierung" als Grundlage:

1. Kundenorientierung
   - Verpflichtung zur Qualität
   - Verpflichtung zum Service
   - engster Kundenkontakt
   - gemeinsame Entwicklungen (ständige Rückkoppelung)
   - Lieferbereitschaft und Lieferschnelligkeit
2. Konzentration auf das Wesentliche
   - Konzentration auf die Stärken
   - Prioritäten der Geschäftsfelder beachten
   - Zielgeschäftsfelder mit
     - hoher technischer Leistung
     - höchster Ressourcenkonzentration
   - Marktführung in den Zielgeschäftsfeldern
3. Attraktiv absetzen vom Wettbewerb
   - andere Produkte
     - höheres Qualitätsniveau
     - höhere Qualitätssicherheit (Reproduzierbarkeit)
     - innovative Eigenschaften
     - andere Optik
     - prägnante Marke
   - anderer Service
   - anderes sonstiges Marketing
4. Umstellungskosten aufbauen
5. Schlagkräftige Entwicklung
   - Entwickler an die Front
6. Geheimhaltung von Know-how
7. Wirtschaftlichkeit
   - hohe Pro-Kopf-Leistung
   - wirtschaftlichere Herstellverfahren
   - wirtschaftliche Ablauforganisation
   - sparsame Grundeinstellung
   - Relation Rendite zu Ertrag beachten
8. Ein Leistungsklima schaffen
   - klare Abgrenzung der Zuständigkeit
   - Dezentralisation von Verantwortung
   - unternehmerischer Freiheitsraum
   - Vorbereitung auf die Aufgaben
   - helfen, Erfolg zu haben

- Leistungsprinzip
- Belohnung von Erfolg
- sportliche Wettbewerbe
- Beförderung von innen
- Erfolgskontrolle und Konsequenz
9. Gutes Betriebsklima
   - faire Zusammenarbeit
   - Achtung vor dem Menschen
   - jeder am richtigen Platz
   - Gegenseitigkeit.

Strategische Grundsätze für die Entwicklung

Über die Strategischen Unternehmensgrundsätze richtet die Führung die Produktion, Entwicklung und den Vertrieb auf eine einheitliche Politik aus. Aus ihren allgemeingültigen Formulierungen lassen sich speziell für die Sparten oder auch für einzelne Funktionsbereiche noch ergänzende und konkretere Ziele ableiten, die dann ebenfalls wegen der Einprägsamkeit das Wichtigste nur in Schlagworten wiedergeben.

Wie bereits erwähnt, zeigen die Spitzenunternehmen nach den Untersuchungen einen leicht unterdurchschnittlichen Aufwand für die Forschung und Entwicklung, bezogen auf den Umsatz im Vergleich zum Wettbewerb. Entscheidend ist nicht so sehr die hohe Ausgabenbereitschaft als vielmehr die Effizienz durch klare Orientierung nicht zuletzt mit Hilfe der Unternehmenskultur. Zusätzlich richtet das Management die Entwicklungsarbeit gezielt aus, wenn es die Anforderungen in kurzer, verständlicher Weise definiert.

Ein Maschinenhersteller könnte solche Entwicklungsgrundsätze wie folgt formulieren:

1. Wir passen unsere Produkte schneller und besser an die Bedürfnisse der Kunden an.
2. Für alle Projekte legt die Entwicklung gemeinsam mit dem Vertrieb Prioritäten fest, die bei der Arbeit die Grundlage für die Reihenfolge und die Anstrengungen bilden.
3. Entwickler gehören an die Front! Alle Schritte erfolgen stets im engen Kontakt mit mehreren repräsentativen Kunden.

4. Das Produkt löst nur einen Teilaspekt. Wir versuchen stets, das gesamte Kundenproblem zu lösen.

5. Unsere Bemühungen um Differenzierung und hohe Qualität beginnen bereits bei der Konstruktionsarbeit durch
   - solide Konstruktion
   - fortschrittliche, aber erprobte Technik
   - unverwechselbares Design
   - optische Qualität
   - deutliche Markenkennzeichnung
   - Geheimhaltung von Know-how.

6. Jede Entwicklungsarbeit begleiten drei Überlegungen:
   - Standardisierung
   - Wertanalyse
   - Wartungsfreundlichkeit

7. Zur Ergänzung und Erneuerung unseres Wissens arbeiten wir im engen Kontakt mit wissenschaftlichen Instituten.

8. Moderne Technologien mit einem denkbaren Einfluß auf die Entwicklungsarbeit verfolgen wir mit klaren Prioritäten.

Strategische Grundsätze für Vertrieb und Marketing

Gute Voraussetzungen durch die Entwicklung werden in der Wettbewerbswirtschaft erst zu Unternehmenserfolgen, wenn die Vorteile zum Bestandteil der Kundenmeinung heranwachsen. Wegen der zentralen Bedeutung dieser Funktion seien auch diese Leitsätze noch beispielhaft für weitere Funktionsgebiete angeführt:

1. Wir verkaufen primär Lösungen von Kundenproblemen und nicht nur Produkte. Zu diesem Zweck versuchen wir, ständig die Entwicklungsmitarbeiter mit Interessenten zusammenzubringen. Dabei dürfen wir jedoch nicht unsere Standardisierungsbemühungen außer acht lassen, um eine kostentreibende und leistungssenkende Verzettelung zu unterbinden.

2. Service und Kundendienst sind so zu organisieren, daß sie das Qualitätsimage der Produkte stützen und ausbauen.

3. Das Marketing basiert stets auf einer konsequenten Markenpolitik, der ein Markensystem zu Grunde liegt.

4. Wir fördern die Produktreihen entsprechend ihren Prioritäten
   - durch klare Informationen an die Außenorganisation
   - durch prioritätsbetonte variable Entlohnung im Anteil des Verkaufsförderungs- und Werbeaufwandes
   - durch entsprechende Schulungs- und Serviceintensität.

5. Der Vertrieb arbeitet auf den Strategietagungen die differenzierenden Schwerpunkte des Produktes und des Marketings laufend heraus und gibt sie als Ziele für die Konstruktion, Produktion und Kommunikationsarbeit vor.

6. Wir verfolgen das Ziel einer überdurchschnittlichen Lieferbereitschaft und lösen Kundenreklamationen schnell und kulant.

7. Wir stellen stets die kostenerhöhenden Wirkungen von Maßnahmen und die damit verbundenen Preisnachteile für den Kunden den Vorteilen durch die bessere Problemlösung gegenüber.

8. Die Erfüllung der Kundenwünsche endet da, wo wir mittel- oder langfristig mit diesen Aktivitäten keine angemessenen Gewinne im Sinne der Vorgaben erzielen können. Gute Ergebnisse sind die Voraussetzung für unser Wachstum, bessere Einkommen und die Sicherheit unserer Arbeitsplätze.

3.23 Zielprioritäten

Die Fülle ständig neuer Tagesprobleme sollte die Führungskräfte laufend zu einer Bewertung ihrer Tätigkeiten veranlassen, so daß sie sich auf mehr oder weniger chancenreiche Segmente konzentrieren, innerhalb der Segmente auf mehr oder weniger erfolgversprechende Ziele setzen und wichtigeren vor unwichtigeren Arbeiten mehr Aufmerksamkeit widmen können. Wer das Unternehmen im Sinne einer bestmöglichen Input-Output-Relation optimieren will, muß sich eine Vorstellung von den Zielprioritäten[16] erarbeiten und diese Vorstellungen auch den Mitarbeitern einprägen. Durch eine Prioritätenhierarchie wird eine Konzentration auf die Schwerpunkte beziehungsweise auf die Stärken des Unternehmens und auf günstige Marktbedingungen erreicht.

Zweckmäßigerweise unterscheidet man folgende Prioritäten:

1. Grundsatzprioritäten

Hier geht es vor allem um die Frage der Preisführung bzw. der Differenzierung oder ob die Führung dem Wachstum bzw. der Konsolidierung Priorität einräumt. Dabei dient die Basisanalyse der Entscheidungsvorbereitung. Wählt das Management die Preisführung in einem Geschäftsfeld als das wesentliche Ziel, soll also die Leistung auf der Erfahrungskurvenpolitik aufbauen, so besteht ein Zwang für das Unternehmen, auch schneller als der Wettbewerb zu wachsen und die Marktführung anzustreben. Der Zuwachs erhält also die höchste Priorität. Diese Ausgangssituation setzt voraus, daß das Management herausfindet, wie stark degressiv die Kosten mit steigender Betriebsgröße in einzelnen Teilbereichen der Fertigung, des Vertriebs, Marketings etc. verlaufen.

Legt die Geschäftsleitung die Basisformel der Unternehmenspolitik zugrunde

$$\text{Leistungsfähigkeit} = \frac{\text{Solitärbarriere}}{\text{relative Kosten}}$$

und setzt sie auf Wachstum und Marktanteil, so benötigt sie vorwiegend Verbesserungschancen für den Nenner dieser Formel. Entscheidet sie sich dagegen für die Grundsatzkonzeption der Differenzierung, so muß sie wirksame Möglichkeiten finden, einen Vorsprung – unter Umständen einen revolvierenden – bzw. eine klare Abgrenzung zum Wettbewerb, also differenzierende Solitärbarrieren, zu erreichen. Folglich setzt das Unternehmen

eine Grundsatzpriorität, deren Maßnahmen im Schwergewicht den Zähler zu verbessern suchen.

Die Grundsatzpriorität sollte in einem Unternehmen, möglichst auch in der Unternehmensgruppe, für alle Gesellschaften gelten, da sie ein ganz bestimmtes Verhalten erfordert mit dem Ziel, eine fördernde Unternehmenskultur aufzubauen. Jede Politik, die auf Grund eines Mittelweges zu einer diffusen Orientierung der Kultur führt, birgt in hohem Maße die Gefahr, daß sich keine Leistungskräfte entfalten u. folglich auch keine starken Positionen bilden. Bleibt der Führung in einer heterogenen Gruppe keine andere Wahl als zwei unterschiedliche Grundsatzprioritäten zu Grunde zu legen, so empfiehlt es sich, die Gesellschaften und Führungen personell und räumlich voneinander zu trennen.

2. Geschäftsfeldprioritäten

Auf der Grundsatzpriorität bauen die Geschäftsfeldprioritäten auf. Nach dem Prinzip der Informationspyramide und in Anpassung an die Vielzahl der Geschäftsfelder sind sie die wesentliche Orientierungsbasis für die Geschäftsführung und die nächste Ebene.

Bei der Prioritätenbildung ist wiederum zu berücksichtigen, welche Marktattraktivität, Wettbewerbsposition und Leistungen dieses Geschäftsfeld kennzeichnen. Daraus erkennt das Management letztlich, mit welchen Gewinnen es in dem untersuchten Gebiet in Zukunft rechnen kann.

Die Antworten auf wenige Fragen schaffen die notwendige Klarheit:

1. Wie hoch liegt der derzeitige Umsatz im Geschäftsfeld?
2. Welches Umsatzpotential gibt es (im eigenen und in benachbarten Segmenten)?
3. Welche Gewinne erzielen wir im Geschäftsfeld?
4. Welche Gewinnchancen ergeben sich bei Verbesserung der Erfolgsdeterminanten unter realistischen Voraussetzungen?

Dabei dienen als Anhaltspunkte:

– das Differenzierungspotential,
– die Gewinnsituation der Branche,
– die wünschenswerten Voraussetzungen und
– die erreichbaren Voraussetzungen.

Letztlich geht es darum, sich auf Geschäftsfelder zu konzentrieren, die unter den gegebenen Prämissen im Unternehmen einen günstigen Divisor gemäß der Basisformel der Unternehmenspolitik ermöglichen (Vordrucke 63 und 64).

3. Positionsziele

Positionen werden auf Grund einer klaren Strategie lang- oder mittelfristig besetzt. Folglich muß der Kurs von Anfang mit den zu erwartenden Positionen, Solitärbarrieren und der Umsetzungszeit festgelegt sein. Dies geschieht dadurch, daß die Gruppe alle denkbaren Ziele nach Prioritäten ordnet und schließlich, soweit möglich, durch Ziffern konkretisiert. Solche Positionsziele erfordern u. a. folgende Arbeiten:

1. Positionen je Geschäftsfeld abschätzen.
   1.1 Markenbekanntheit bei Anwendern und Nichtanwendern sowie als Ziel in % der Gesamtheit festlegen.
   1.2 Qualitäts- und Imageniveau für wichtige Produkte absolut und relativ zum Wettbewerb ermitteln sowie das entsprechende Ziel setzen.
   1.3 Die Möglichkeiten der aufzubauenden Lieferantenwechselkosten definieren und als Ziel für die Entwicklung vorgeben.
   1.4 Sonstige wichtige Positionen mit Bewertung anführen.
   1.5 Die Zahl der kaufenden Kunden absolut und relativ zur Gesamtheit errechnen sowie Zielvorstellungen entwickeln.
   1.6 Die Zahl der laufenden und notwendigen Kontaktanstöße festlegen.
2. Relative Kosten in % zum Umsatz sowie im Verhältnis zum Wettbewerb abschätzen.
   2.1 Den relativen und absoluten Marktanteil errechnen und eine Zielgröße vorgeben.

2.2 Einen Ist- und Soll-Wert für die Pro-Kopf-Wertschöpfung bzw. Pro-Kopf-Leistung ermitteln.
2.3 Wichtige Kosteneinflußgrößen mit Zielen angeben.

3. Einen ungefähren Break-even-point als Ausdruck der Erlös-Kosten-Relation definieren.

Die Ziele wechseln im Laufe der Zeit. Sobald das Geschäftsfeld sie erreicht, also die Aufgabe abgearbeitet hat, legt die Führung die neue Position mit der erwarteten Umsetzungszeit fest.

4. Detailprioritäten

Normalerweise erweisen sich die Geschäftsfeldprioritäten noch als zu grob. Die Arbeitsgruppe sollte deshalb zusätzlich analysieren, welche Maßnahmen die größten Chancen eröffnen, die Ziele zu erreichen (Vordruck 65). Dazu unterteilt sie je nach Ausgangssituation die Geschäftsfelder nach
– Produkten
– Kunden
– Ländern/Regionen
– Technologien
– Entwicklungszielen etc.
und bildet unter Berücksichtigung von Synergien klare Schwerpunkte (Vordruck 66). So entstehen „Rennerlisten" für Produkte, Kunden, Absatzwege, Regionen etc. Jedes Geschäftsfeld zeigt dann deutlich seine andersartige Struktur. Je übersichtlicher sich ein Programm darstellt, um so weniger wichtig wird die Prioritätenbildung, und Detailprioritäten können möglicherweise entfallen.

Zwei Beispiele mögen die Zusammenhänge erläutern:

Ein Unternehmen beliefert mehrere Großhandelsgruppen mit wenigen Programmen. Eines zeigt gute Erträge und erwirtschaftet 70 Prozent des Umsatzes, ein weiteres 20 Prozent, und der Rest von 10 Prozent entfällt auf zwei unwichtige Ergänzungssortimente, die auch einige Spezialisten liefern. Schließlich gibt es noch ein Zukunftspro-

Sparte:					Vordruck: 63 Datum: Bearbeiter:

Übersicht über die Geschäftsfelder und deren Maßstäbe zur Prioritätenbildung

Geschäftsfeld	Umsatz		Gewinn		Priorität
	Ist	Potential	Ist	Potential	

Sparte:										Vordruck 64 Datum: Bearbeiter:

Basiswerte für die Bildung von Prioritäten

Geschäftsfeld Produkt	Solitär-barriere[1]	Kosten-situa-tion[2]	Umsatz abs.	Gesamt-markt	Markt-anteil	ø Wachs-tum[3]	Ertrag heute		Ertrags-erwartung[4]	Priorität
							abs.	% v. U.		

1 0 = homogen, 10 = sehr hoch
2 % 10 = weitaus ungünstiger als Wettbewerb, + 10 weitaus besser
3 in den nächsten 5 Jahren
4 in % v. Umsatz: → = gleichbleibend, ↗ = steigend, ↘ = fallend, (Steilheit sollte den Grad der Steigung bzw. des Fallens wiedergeben)

220

gramm, das sich in der Einführung befindet. Das größte erhält die Priorität 1, ebenso wie das Zukunftsprogramm, obwohl die Umsätze noch zu vernachlässigen sind. Das zweitgrößte will das Management wegen der Ertragsschwäche sowie der ungünstigen strategischen Position zurückführen. Es erhält ähnlich wie eines der kleinen Ergänzungsprogramme die Priorität 4. Das letzte Ergänzungsprogramm wird als Mitnahmegeschäft unter Priorität 3 geführt, weil das Geschäftsfeld es als wichtige Ergänzung für die Kunden und Stütze des Hauptprogrammes benötigt.

Bezüglich der Märkte ergibt sich ebenfalls eine klare Prioritätenfolge. Neben dem Inlandsmarkt erhalten nur zwei Auslandsmärkte den höchsten Wert 1. Auf Grund der abweichenden Normung gibt es keinen Markt der Kategorie 2. Einige Märkte von untergeordneter Bedeutung dienen der Kapazitätsauslastung und erhalten als Zusatzgeschäft die Priorität 3. Damit verfügen alle Mitarbeiter über eine Arbeitsrangfolge.

Eine schwierigere Ausgangssituation liegt unter Umständen in einem anderen Unternehmen vor. Es erstellt nur Einzelfertigungen für eine Vielzahl von Kundengruppen. Hier überprüft die Arbeitsgruppe die Stärken nach Produkt- bezie-

Bereich/Geschäftsfeld/Produkte:				Vordruck 65 Datum: Bearbeiter: Jahr:
Prioritätenbildung, Ziele und Maßnahmen				
Geschäftsfeld Produkt	Umsatz in Mio. DM		Priorität	Ziele + Maßnahmen
	heute	in 5 Jahren		
allgemeine Ziele der Sparte				

Priorität 1 = höchste Kräftekonzentration/Ziel GF
Priorität 2 = Kräftekonzentration, soweit 1 dies zuläßt
Priorität 3 = keinen Aufwand betreiben; unbedeutendes GF, Verlust-GF, aber neues Konzept
Priorität 4 = Umsatz zurückführen
S = Suchposition
B = Beobachtungsposition

Bereich/Geschäftsfeld:						Vordruck: 66 Datum: Bearbeiter: Jahr:

Detailprioritäten/Prioritätenmatrix

Priorität \ Merkmale	Produkt-gruppen	Entwicklungs-projekte	Kunden-gruppen	Techno-logien	Länder	F+E-Ziel
1						
2						
3						
4						

hungsweise Rezepturschwerpunkten, Kundengruppen, Technologien und Ländern und legt dann entsprechende Prioritäten fest.

Die Prioritäten verschieben sich im Laufe der Zeit. So steigen beispielsweise Länder mit zunehmendem Umsatz bzw. wachsenden Chancen auf. Oder mit der Ausschöpfung der Möglichkeiten in Ländern der höchsten Priorität und den dadurch freiwerdenden Kräften lassen sich weitere Aktivitäten in die oberste Kategorie aufnehmen, um Märkte der darunterliegenden Rangstufe besser auszuschöpfen.

Die Prioritäten erarbeitet das Unternehmen zweckmäßigerweise mit dem Moderationsteam auf den jährlichen Strategietagungen zur Verabschiedung durch die Unternehmensführung. Sie werden dann für alle Mitarbeiter zur verbindlichen Handlungsrichtschnur. Damit versteht jeder, war-

um gerade diese Rangfolge gilt, und wo die Stärken des Unternehmens liegen. Die jährliche Überprüfung bringt meist nur geringfügige Veränderungen. Beachten die Mitarbeiter in einem Unternehmen die Prioritäten mit Konsequenz, so konzentriert es seine Arbeit auf Stärken und chancenreiche Gebiete. Dies erweist sich als eine wesentliche Erfolgsgrundlage.

3.24 Derivative Ziele

Auf Grund der Vorstellungen über die primären und sekundären Ziele quantifiziert das Team die daraus abgeleiteten derivativen Ziele und stellt diese für alle Mitarbeiter überschaubar dar. Die Firmen können von folgenden Verbesserungsmöglichkeiten ausgehen:

1. Senkung der fixen Kosten,
2. Steigerung der Deckungsbeitragsstruktur durch
   a) Senkung der variablen Kosten,
   b) Steigerung der Erlöse.
3. Steigerung des Absatzes.

Natürlich ändern sich die Schwerpunkte mit der speziellen Ausgangssituation.

Die aus den primären und sekundären Vorgaben abgeleitete derivative Zielsetzung darf optimistisch, muß aber erreichbar sein. Dies ist für die Einstimmung der Mannschaft von außerordentlicher Bedeutung. In ertragsschwachen Unternehmen stellt man generell fest, daß noch bei niedrigsten Renditen ein verhältnismäßig hohes Maß an Zufriedenheit vorliegt. Der Verfasser erlebte selbst, wie in einem Unternehmen bei unzureichendem Ertrag, die Manager der besseren Geschäftsbereiche ständig deren positive Renditen hervorhoben, obwohl sie im Durchschnitt der letzten sechs Jahre weniger als ein Prozent vor Steuern erwirtschafteten. Sie verwiesen stets auf die schlechteren Bereiche und betonten die vermeintlich gute eigene Renditesituation. Folglich trat auf Grund der Einstellung auch keine Besserung ein. Das Führungsteam unternahm nicht die notwendigen Anstrengungen, notfalls durch eine totale Strukturänderung das Arbeitsgebiet auf lange Sicht in andere Renditezonen zu führen.

Langjährige negative Ergebnisse bei einzelnen Produktgruppen bewirken die Einstellung, daß viele Mitarbeiter diese Situation als unabwendbares Schicksal hinnehmen. Verluste verursachen dann in weiten Kreisen der Mitarbeiterschaft kein Schuldgefühl mehr und führen im günstigsten Falle zum Gefühl der Ohnmacht und zur Resignation.

Es sei nochmals darauf hingewiesen, daß die direkten Ziele, die sich durch Leistungen, Positionen und besetzte Marktsegmente ergeben, wichtiger sind als die daraus abgeleiteten derivativen Ziele. Letztere haben nur einen Sinn, wenn vorher entsprechende primäre oder sekundäre Erfolgsgrößen gefunden wurden, mit denen die Voraussetzungen für die Erreichung der entsprechenden derivativen Ziele vorliegen.

Anforderungen an die derivative Zielplanung

Abgesehen davon, daß die Unternehmen in der Praxis die primären und sekundären Erfolgsdeterminanten zu wenig als Grundlage für die derivative Zielplanung sehen, erweisen sich nach der Erfahrung des Verfassers die üblichen Planungssysteme als nachteilig:

- Das Planungssystem berücksichtigt zu wenig die persönlichen Ziele der Mitarbeiter.
- Die Diskussion über die Details der Vorgabe nimmt zu viel Zeit in Anspruch, und provoziert viele nur begrenzt widerlegbare Gründe bei den Verantwortlichen, warum es gerade so und nicht anders laufen konnte, warum unvorhersehbare Ereignisse die Abweichung bewirken mußten usw.
- Die Planungen bremsen das unternehmerische Handeln. Mitarbeiter unterlassen Handlungen, wenn sie mit den verabschiedeten Punkten im Konflikt stehen um so mehr, je intensiver die Führung auf Abweichungen überprüft.
- Auch die detaillierte Vorgabe bis in einzelne Kostenarten beschränkt auf Grund der unvorhersehbaren zukünftigen Entwicklungen die Handlungsfreiheit der Einzelnen, bremst den Drang zur Tat, stört die unternehmerische Denkweise und prägt eher Handlungsgehilfen.
- Die Mannschaft reagiert frustriert, wenn Erfolge zu einer Änderung der Vorgabe führen, z. B. eine höhere Einsparung eine weitere Kürzung des Budgets bewirkt.

Für die Erarbeitung der Vorgaben ist von folgenden Überlegungen auszugehen:

- Die Vorgaben stellt das Unternehmen so einfach und verständlich wie möglich dar,
- sie verursachen nur wenig Arbeitsaufwand,
- sie motivieren in ähnlicher Weise wie die Zielsetzungen bei selbständigen Unternehmern,
- sie fördern den Drang zur Tat,
- sie regen an, sofort Maßnahmen zu ergreifen,

wenn die derivativen Erfolgsdeterminanten (Absatz, Deckungsbeitragsstruktur und Kosten) sich verschlechtern,

— sie bringen in Verbindung mit ergänzenden Aktivitäten die persönlichen Ziele der Mitarbeiter mit den Unternehmenszielen in Übereinstimmung.

Hohe quantitative Vorgaben erfordern eine gute Umsetzung der qualitativen Ziele. Entsprechend erreicht ein Unternehmen die Ersteren um so besser, je kreativer es die Strategie umsetzt.

Geneen[17] ging von einer jährlichen Steigerung der Dividende als Meßlatte aus. Als Präsident von ITT setzte er das Ziel, die Dividende jährlich um zehn Prozent zu erhöhen. Entsprechend erhielt das Management die Vorgabe, eine Umsatz- und Ergebnissteigerung von fünfzehn Prozent zu erreichen. Den Wert durfte der Verantwortliche in keinem Fall unterschreiten. Auf dieser willkürlichen, aber realisierbaren Vorgabe basierten sehr konsequent alle Kontrollmaßnahmen und Aktivitäten. Deutete sich im Rahmen des Frühwarnsystems und des Überwachungsnetzes in den ersten beiden Monaten des Planungszeitraumes eine Abweichung an, so begann das Management bereits zu dieser Zeit mit Hochdruck an Gegenmaßnahmen zu arbeiten. Blieb auf einem Teilgebiet der Erfolg trotz aller Bemühungen und personeller Veränderungen aus, dann wurde das Arbeitsgebiet als letzte Konsequenz abgestoßen. Von einer Strategie, die ITT auf fünf oder zehn Jahre festlegte, hielt Geneen dagegen nichts.[18]

Es hat sich bewährt, deutlich zu unterscheiden zwischen

— einer langfristigen Zielsetzung mit gemittelten Etappenzielen, die die oberste Unternehmensführung vorgibt (hier als Strategische Leitlinie bezeichnet) und
— der Planung der Verantwortlichen, die sich zwar von den ermittelten langfristigen Zielen der strategischen Leitlinie in kürzeren Planungszeiträumen lösen kann, aber langfristig nicht lösen darf.

Die Strategische Leitlinie ermöglicht es, auf eine detaillierte Langfristplanung zu verzichten.

Strategische Leitlinie als quantitatives Ziel

Nun ergeben sich in einem komplexen Unternehmen bei den einzelnen Arbeitsgebieten unterschiedliche Wachstums- und Renditevoraussetzungen. In einem Fall reichen Wachstumsraten von 15 Prozent nicht aus, im anderen Falle liegen sie in unerreichbarer Ferne. Natürlich kennt niemand die zukünftigen Entwicklungen, da sich die Vielzahl der Einflußgrößen laufend wandelt. Somit gibt es auch keine wirklich gerechte Vorgabe. Das Management ist auf grobe Schätzungen und Erfahrungen angewiesen. Fünf Prozent Rendite in einer monopolistischen Nische sind schlechter als ein kleiner Verlust in einem homogenen Massenbereich in der Phase einer Rezession und bei Unterauslastung der Kapazität. Auf der anderen Seite bringt eine starke Vereinfachung in der Praxis Vorteile. Deshalb sahen wir es als sinnvoll an, je nach Situation einige wenige Rendite- und Umsatzwachstumsgruppen zu bilden.

In ausführlichen Gesprächen mit unterschiedlichen Gruppen hat die Führung alle Leitenden zu überzeugen, daß die Absicherung des Unternehmens eine nachhaltige, angemessene Rendite voraussetzt. Auch vom Gesellschafter darf kein Mitarbeiter erwarten, daß er dauerhaft zum Unternehmen steht, wenn es keine Ausschüttungen vornimmt.

Die Ziele der Geschäftsführung sollten sich an den Spitzenfirmen der Branche oder an leistungsfähigen Firmen verwandter Branchen messen. Sie präzisieren die Erwartungen an die Leistungsergebnisse der Mitarbeiter. Hohe, aber erreichbare, langfristige Umsatz- und Renditeziele wurden als Strategische Leitlinie für die einzelnen Abteilungen und Bereiche langfristig als unabänderbare Konstante vorgegeben. An ihnen mißt die Unternehmensleitung laufend die Erfolge der Geschäftsfelder. Wenn die Produktschwerpunkte und die Prioritäten der Forschung und Entwicklung festgelegt sind, lassen sich auf dieser Basis die realistisch zu fordernde Umsatzsteigerung und Rendite einschätzen. Ausgerichtet an einer Zielrendite, die nach einer Übergangszeit von allen Bereichen in den nächsten fünf bis zehn Jahren zu fordern ist, errechnen sich die Etappenziele.

Es gibt vielerlei Einwände, wobei die Führung immer wieder klarzustellen hat, daß es letztlich vom Geschick des Managements abhängt, die Strategische Leitlinie zu erreichen, insbesondere wenn Wettbewerber dies bereits unter Beweis stellten. In allen Branchen – selbst in schrumpfenden – existieren nämlich vielerlei Beispiele[19] für überdurchschnittliche Expansion und gute Ergebnisse. Auf der anderen Seite verkümmern schlecht geführte Betriebe selbst in Wachstumsmärkten mit schwächstem Zuwachs und schlechter Rendite. Hohe Umsatzsteigerungsraten beinhalten den Vorteil, daß die fixen Kosten grundsätzlich verspätet nachziehen, während sie sich bei schrumpfendem Umsatz selbst bei hoher Anstrengung nur mit Verzögerung anpassen. Die Führung darf keine Zweifel zulassen, daß jedoch Umsatzsteigerungen nur zu erreichen sind, wenn das Management die vorher genannten qualitativen Ziele konsequent verfolgt und mit einer Reihe von kreativen marktangepaßten Maßnahmen die Möglichkeiten voll ausschöpft.

Die Festlegung der langfristigen Unternehmensziele endet mit einer einfachen Übersicht (Abb. 3.1), die als Basis für die konkreten weiteren Umsatz- und Ergebnisplanungen und spätere Soll-Ist-Vergleiche dient. Die daraus errechneten absoluten Zahlen geben Auskunft darüber, welche Umsatz- und Ergebnisstruktur die Unternehmensleitung in den einzelnen Bereichen oder Geschäftsfeldern erwartet. Die Realisation erfordert erhebliche Anstrengungen: Mit Intelligenz und Sensibilität müssen die Bereiche ihre Chancen erkennen sowie die Potentiale des unternehmenspolitischen Instrumentariums ausschöpfen. Hier beginnt eine entscheidende Arbeit der Unternehmensleitung, nämlich die Überzeugung zu vermitteln, daß die Mannschaft die hohen gesetzten Ziele als erreichbar und notwendig ansieht, wenn man die Wettbewerbsposition und damit die Arbeitsplätze absichern will. Sie darf nicht eher Ruhe geben, bis das Management Maßnahmen findet, die die gesetzten Ziele realistisch erscheinen lassen. Dabei geben richtig moderierte jährliche Strategiesitzungen eine entscheidende Hilfestellung.

Nach eigener Erfahrung führt eine hohe Belastung mit Overheads, gerade in Zeiten, in denen die geforderten Ergebnisse schwer zu realisieren sind, zu Frustrationen, die die Motivation zugunsten der langfristigen Zielvorgaben stark einschränken. Deshalb plant das Unternehmen die Overheads als Ergänzung zur Strategischen Leitlinie unter Berücksichtigung aller Regeln der Spar-

Jahr	GB 1		GB 2		GB 3	
	U	E%	U	E%	U	E%
1						
2						

Abb. 3.1:
Strategische Leitlinie der Geschäftsbereiche (GB) für Umsatz (U) sowie für den Ertrag (E%) in % vom Umsatz

U = Umsatz
E = Ergebnis in % vom Umsatz

samkeit mit einem festen Prozentsatz zum Umsatz. Für diese Overheads zeichnen die Geschäftsführung sowie die Service- bzw. Zentralbereiche verantwortlich. Die Geschäftsfelder haben lediglich einen angemessenen Prozentsatz für die Verwaltungskosten zu berücksichtigen und zu erwirtschaften, unabhängig davon als wie hoch er sich tatsächlich erweist. Darüber hinaus steht den Spartenleitern das Recht zu, überdurchschnittlich steigende und über der Leitlinie liegende Verwaltungskosten, also damit die Leistungen der Geschäftsführung und Servicebereiche, zu kritisieren und Vorschläge für Einsparungen zu unterbreiten.

Kapitalrentabilität

Wirtschaftliche Tätigkeit zielt grundsätzlich darauf ab, für das eingesetzte Kapital eine möglichst hohe Rentabilität zu erreichen. Selbst wenn die Umsatzrentabilität noch befriedigend ist, so können sich doch infolge des hohen Kapitaleinsatzes ungünstige Rentabilitätswerte ergeben. In solchen Fällen kann es günstiger sein, die Mittel auf anderen Gebieten wirtschaftlicher einzusetzen. Im Return on Investment kulminieren damit die derivativen Ziele. Deshalb sollte dieser Kennziffer eine zentrale Bedeutung bei der Beurteilung aller geschäftlichen Aktivitäten, also auch ein Zielsystem, eingeräumt werden.

Durch eine Übersicht (Abb. 3.2) haben wir den Sparten klargemacht, wie sich der Return on Investment durch Senkung der Kosten oder durch Reduzierung des Umlauf- oder Anlagevermögens verbessert, und Ziele für die kommenden Perioden vorgegeben.

3.25 Operative Ziele als Etappen der Strategischen Leitlinie

Langfristige Ziele lassen sich kaum erfolgreich umsetzen, wenn es keine kurzfristige Planung und Fortschrittskontrolle gibt: Zu diesem Zweck dient die operative Planung und Kontrolle. Grundsätz-

lich neigen die zuständigen Mitarbeiter dazu, ihre Planungen so vorsichtig wie möglich anzusetzen, damit sie relativ sicher sind, ihre Pläne auch tatsächlich zu erreichen oder überzuerfüllen. Nur in Ausnahmefällen, wenn kurzfristige Konsequenzen drohen, versuchen Planende durch zu optimistische Ziele Zeit zu gewinnen und drohende Konsequenzen abzuwenden. Die allgemeine Tendenz zur Vorsicht wird noch verstärkt, wenn das Einkommen zum Teil von der Planerfüllung abhängt. Es bedarf sorgfältiger Überzeugungsarbeit und mühseliger Korrekturgespräche mit der Geschäftsführung, um dann hier realistische Vorgaben zu erarbeiten. Dabei besteht die Gefahr, daß die Führung die Motivation erheblich beeinträchtigt, wenn sie Werte verabschiedet, die die Mitarbeiter innerlich nicht mittragen.

Um diese Nachteile zu vermeiden, erwies es sich – wie bereits erwähnt – als zweckmäßig, die Strategische Leitlinie deutlich von der Planung zu unterscheiden. Ein solches System besitzt den großen Vorteil, daß die Mitarbeiter dann nicht mehr aus dem Auge verlieren, was eigentlich zu erreichen sein sollte, wenn sie mit gut kombinierten Leistungsdeterminanten nach und nach starke Positionsdeterminanten aufbauen und alle Chancen nutzen, die ein Markt bietet. Damit setzt die Führung Maßstäbe und erhält das notwendige Maß an kreativer Unzufriedenheit aufrecht.

Die einmal erarbeiteten Umsatz- und Ertragsziele bleiben unverändert, auch wenn die Zahlen der Entwicklung und Planung der Bereiche deutlich von der Strategischen Leitlinie abweichen. Während die durchschnittlichen Vorgaben sehr langfristige Werte auf beispielsweise zehn Jahre darstellen, zeigt die Planung auf, wie sich das Unternehmen oder eine Abteilung etappenweise an das Ziel heranarbeitet oder zunehmend von ihm entfernt. So sieht das Management Jahr für Jahr besser, wer immer weiter von der Leitlinie abkommt, das heißt, wo eine Änderung der Maßnahmen dringend erforderlich wird, um wieder in Richtung der Ziele einzuschwenken. Wer ein Jahr zurückfällt, muß versuchen, in den folgenden Perioden wieder aufzuholen (Abb. 3.3). In diesem Falle löst die

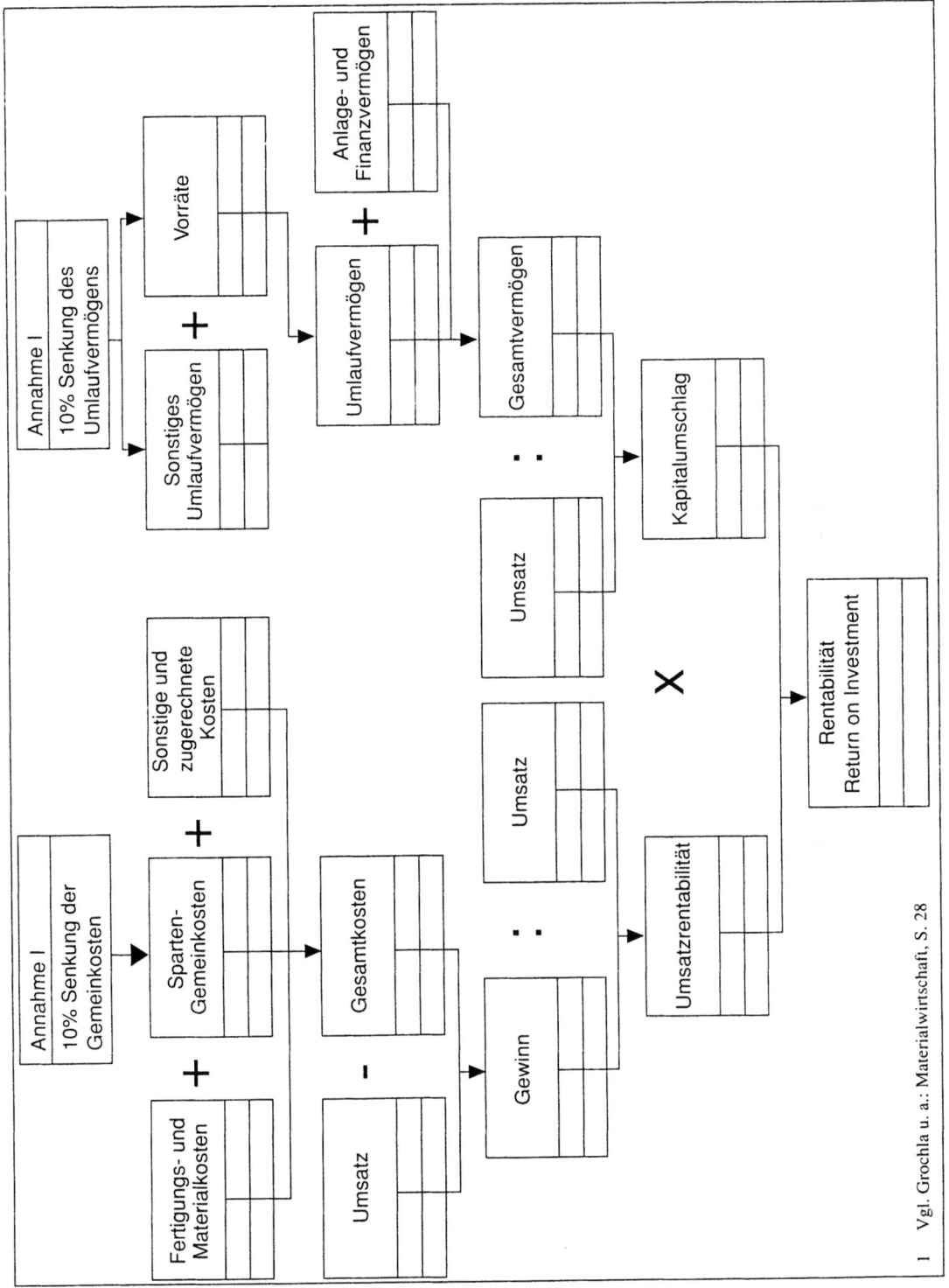

Abb. 3.2: Auswirkungen von Kostensenkungszielen auf die Umsatzrentabilität, den Kapitalumschlag und den Return on Investment[1]

1 Vgl. Grochla u. a.: Materialwirtschaft, S. 28

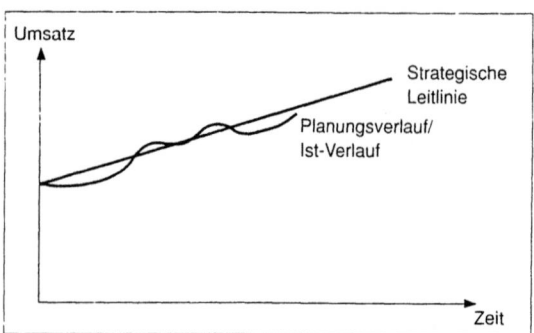

Abb. 3.3: Idealverlauf der Planung im Vergleich zur Strategischen Leitlinie

Zielabweichung Änderungen und kreative Prozesse aus, um die Richtung zu korrigieren. Das bedeutet, daß die Analyse der Position und des Marktes neu zu betrachten und die Frage der Potentialausschöpfung in einem kreativen Prozeß neu zu überdenken sind.

Während die Geschäftsführung schwergewichtig das Zielsystem bestimmt, entscheiden über die operative Planung fast ausschließlich die zuständigen Abteilungen und Bereiche. Begründete Abweichungen selbst über einige Jahre sollte die Geschäftsführung akzeptieren, soweit die Betroffenen an Ideen und Konzepten erkennbar arbeiten, die ein Einschwenken auf die Strategische Leitlinie erwarten lassen. Abweichungen auf längere Sicht sowie deutliche Abweichungen auf kurze Sicht ohne die notwendigen kreativen Konzepte, nach denen man von einer Verbesserung ausgehen kann, müssen bei der Geschäftsführung Handlungen auslösen. Keiner darf ohne Konsequenzen auf Dauer größere Abweichungen entschuldigen. Die Rechtfertigung bei der Diskussion über einzelne Abweichungsgründe der kurzfristigen Planung verliert dadurch ihre große Bedeutung. Es bleibt eine Frage der Kreativität und der intelligenten Führung der Bereiche, letztlich doch das langfristige Ziel zu erreichen.

Viertes Kapitel

Leistungssituation und Maßnahmen
zur Erreichung derZielpositionen

Eine langfristig erfolgreiche Unternehmenspolitik, das Abkoppeln von der Entwicklung der Branche beziehungsweise die Schaffung einer Firmenkonjunktur, basiert stets auf einer Vielzahl von einzelnen Leistungen im Vertrieb, wie geschickt eingesetzte Promotionsaktionen, Direct-Mails, Verkäufer-Wettbewerbe, eine besser angepaßte Konzentration auf die wichtigen Kunden, auf einem höheren Einsatz und mehr Effizienz in der Produktion, der Personalpolitik, im Einkauf etc. Daraus entstehen Stärken und Schwächen im Vergleich zum Wettbewerb. Die Leistungsdeterminanten zur Entfaltung zu bringen, stellt sich als die primäre Aufgabe der Unternehmensführung. Patentrezepte für ein Maßnahmenprogramm gibt es nicht. Stünden sie zur Verfügung, so verlören sie allein deshalb ihre Wirkung, weil alle Wettbewerber solche Rezepte einsetzen. Die dadurch entstandenen Stärken gingen verloren. Damit erweist sich die Relation zum Wettbewerb als der erste wesentliche Maßstab für die gesamte Beurteilung der Ausgangssituation.

Mit zunehmendem Unternehmenswachstum wandeln sich die Anforderungen an die Leistungen des Managements. Es entstehen laufend neue Ungleichgewichte und Engpaßsituationen (Wachstumsschwellen),[1] die die Wachstumsfähigkeit behindern. Ein Unternehmen wird komplexer, die Tätigkeit internationaler, die Kundschaft vielschichtiger, die Produkte und Technologien zahlreicher. Das erfordert andere Methoden der Führung, andere Formen der Organisation, im Vertrieb, in der Entwicklung etc., andere Methoden der Motivation und der Finanzierung. Unterbleibt eine solche Anpassung und Optimierung, so gerät das Unternehmen in die Stagnation. Es baut sich eine Wachstumsbarriere auf, die es nicht überspringen kann. Es gehört mit zu der Leistung einer Unternehmensführung, diese Wachstumsschwellen frühzeitig zu erkennen und Gegenmaßnahmen zu ergreifen. Eine dauerhafte Firmenkonjunktur läßt sich nur entfalten, wenn es gelingt, laufend die Organisation, Finanzierungsmethoden, personelle Qualifikation etc. an die geänderten Bedingungen anzupassen und die Aktivität in die angepaßten Marktsegmente zu verschieben.

Zeigt das Unternehmen über längere Zeit Erfolge, so besteht generell die Gefahr, daß die Anstrengungen nachlassen, also die Leistungsdeterminanten sinken und die Unternehmensführung leichter den ständig vorhandenen Forderungen nachgibt, so daß sich Kosten aufbauen, die seine Position schwächen. Die entscheidende Grundlage zur Leistungsanhebung liegt in der an den Bedürfnissen der Kunden und des Marktes orientierten Strategie und Handlungsweise. Die bessere Orientierung der Kräfte des Unternehmens stellt einen weiteren wichtigen Ansatzpunkt dar, zu einer höheren Leistung zu kommen. Dabei führt die Unternehmensleitung durch ständige Impulse und Signale eine möglichst große Zahl von Mitarbeitern in allen Funktions- und Wirkungsbereichen des Unternehmens auf den festgelegten Kurs.

Erfolgversprechende Maßnahmen bauen stets auf der Ist-Situation auf. Vor allem der Basisformel der Unternehmenspolitik kommt dabei eine zentrale Bedeutung für ihre Auswahl zu. Alle Maßnahmen, die die Relation von Zähler und Nenner vergrößern, sind von Vorteil. Die Basisanalyse gibt grundlegende Hinweise und das Basisziel die Richtung für die Auswahl der Maßnahmen vor. Zeigen der Markt und die Politik des eigenen Unternehmens ausgeprägte Homogenitätsbedingungen und läßt sich trotz aller Bemühungen kein Potential zur Differenzierung erkennen, so konzentrieren sich die Überlegungen auf Maßnahmen zur Kostensenkung. Aber nie dürfen die Möglichkeiten der Differenzierung außer acht gelassen werden.[2] Das Differenzierungspotential ist stets im Sinne der Basisformel zu untersuchen und auszuschöpfen. Oft findet man Differenzierungsmöglichkeiten, die keinerlei Kostenerhöhung verursachen, oder deren absatzpolitischer Wert weit über den Kostensteigerungen liegt. Wurden die Möglichkeiten im Produkt erschöpft, so können vielleicht noch Potentiale in absatzpolitischen Maßnahmen zu ermitteln sein. Umgekehrt gibt es Kosteneinsparungen ohne einen negativen Einfluß auf den Differenzierungswert. Der Divisor der Basisformel bildet folglich stets die Grundlage aller Überlegungen zur Entwicklung erfolgversprechender Maßnahmen.

Maßnahmen zum Aufbau von Solitärbarrieren erweisen sich so individuell wie die Märkte und ihre Marktsegmente verbunden mit der Vielzahl der jeweiligen Positionsdeterminanten einzelner Unternehmen. Je genauer die Kennntis der Ausgangssituation und je höher die Kreativität des Teams, um so besser gelingt es, die optimierte Kombination von Maßnahmen zu erarbeiten, um die gesetzten Positionsziele zu erreichen.

Die Ergebnisse von empirischen Untersuchungen bestätigen immer wieder, daß die Erfolgswahrscheinlichkeit besonders hoch liegt, wenn das Unternehmen kunden- und qualitätsorientiert arbeitet, wenn es zur Geisteshaltung, also zur Unternehmenskultur, gehört, daß die Mitarbeiter mit hoher Einsatzbereitschaft ständig nach Quellen der Unzufriedenheit ihrer Kunden suchen. Als Konsequenz ergibt sich ein überdurchschnittlicher Aufwand für Marketing.[3] Qualität und Service entstehen nicht so sehr durch die Konzepte der Technik oder des Marketings, sondern sie werden letztlich durch das Engagement der Mitarbeiter, also durch Entfaltung der Leistungsdeterminanten bestimmt. Solche Unternehmen erwarten auf Grund ihres Vertrauens in die eigene Leistung, also auf Grund der optimistischen Grundhaltung der Mitarbeiter, ein überdurchschnittliches Wachstum.[4]

Das Moderationsteam sollte versuchen, die eige-

Geschäftsfeld:				Vordruck: 67			
Grobpotential:				Datum:			
				Bearbeiter:			

Beurteilung der Leistungsdeterminanten[1]

| Leistungsdeterminante | Erfolgspotential[2] | Erfüllungsgrad[3] | | eigene Leistung | | | |
		eigenes Unternehmen	stärkster Wettbewerber	Stärke	Schwäche	Chance	Einsparung?

1 Bewertung
   + 10 = sehr gut, weit über dem Wettbewerb
   ./. 10 = sehr schlecht, weit unter dem Wettbewerb
2 Erfolgspotential nach 5jähriger Ausrichtung der Leistungen
3 Der Erfüllungsgrad wird in % vom Erfolgspotential ausgedrückt, d.h. bei Übererfüllung > 100%

nen Leistungsdeterminanten im Vergleich zum besten Wettbewerber abzuschätzen und beurteilen, wie gut das Geschäftsfeld das Potential im Markt ausgeschöpfte (Vordruck 67). Daraus leiten sich die Chancen zur Verbesserung der eigenen Situation ab.

Die Bewertungen des Moderationsteams überprüft der zuständige Manager dadurch, daß er einmal jährlich den Außendienst nach seinem Urteil über bestimmte Leistungskomponenten befragt. Dabei fordert er ihn auf, in der gleichen Skala bestimmte Leistungen, wie Lieferbereitschaft, Lieferschnelligkeit, Produktentwicklung etc. zu beurteilen. Die Ergebnisse lassen sich in einem Polaritätsprofil übersichtlich darstellen. Eine Gegenüberstellung dieser Werte zu denen des Moderationsteams zeigt kritische Abweichungen zwischen den Außendienstmitarbeitern und der internen Mannschaft und weist auf die Klärung durch Marktuntersuchungen hin.

4.1 Basiskonzeptionen

Die nachfolgend angeführten Basiskonzeptionen[5] dienen bei der Erarbeitung von Maßnahmen als erste Orientierungshilfe. Welche Auswahl bietet sich nun an, um ein Geschäftsfeld in eine bessere Position zu bringen beziehungsweise welche Überlegungen stellt das Team an, um gegebenenfalls zu dem Entschluß zu kommen, daß es für die Geschäftsfelder der Priorität 3 und 4 keine Verbesserungsmöglichkeit gibt. Auch die Erkenntnis, daß kritische Arbeitsgebiete stets unwirtschaftlich bleiben, und diese somit zurückzuführen sind, besitzt große unternehmenspolitische Bedeutung.

Es erwies sich in der Praxis als sinnvoll, bezüglich der Maßnahmen zwischen operativen und strategischen Basiskonzeptionen zu unterscheiden. Die ersteren wirken schnell, das heißt innerhalb von ein bis drei Jahren. Diese erhalten insbesondere in strategischen Krisen ein besonderes Gewicht, da es dann zu einem typischen Wettlauf mit der Zeit kommt. Verbesserungen sollte man so schnell wie möglich einleiten. Strategische Maßnahmen,

die auch eine völlig andere Denkweise erfordern, würden dagegen die Krise wegen der langen Vorlaufkosten in den ersten fünf Jahren noch verstärken.[6] An diese kann ein Unternehmen erst denken, wenn Leistungssteigerungen eine Rentabilitätsreserve für strategische Maßnahmen schaffen bzw. die Finanzmittel bereitstehen, mit denen sich auf der Basis eines kreativen Konzeptes das Tief überbrücken läßt.

In der Krise hat die Führung vor allem operative Maßnahmen zu vermeiden, die Wettbewerber schnellstens durch Reaktionen kompensieren können. Nach solchen Maßnahmen bleibt nur der Erlösverfall beziehungsweise eine Kostensteigerung als Ergebnis, so daß sich damit die Krisensituation noch verstärkt, ohne daß das Unternehmen dadurch langfristig Erfolge erwarten darf.

4.11 Operative Basiskonzeptionen

1. Ausschöpfung des operativen Erlöspotentials

Die Gesellschaft schöpft alle im Markt gegebenen operativen Möglichkeiten aus, ohne primär auf eine Positionsänderung abzuzielen. Sie will also „kein Geld verschenken". Dazu ergreift sie u. a. folgende Maßnahmen:

a) Gezielte Erlösanhebung im Gegensatz zu einer einheitlichen Preisanhebung über das ganze Sortiment. Das bedeutet, daß sie die Preise für einzelne Artikel, Kunden und Regionen je nach Positions- und Marktdeterminanten unterschiedlich gestaltet und die gegebenen Möglichkeiten zur Preisanhebung dadurch optimal nutzt.

b) Eine auf den Einzelfall bezogene kostenkontrollierte Preispolitik, verbunden mit einem System der ständigen Überprüfung und Meldung von Abweichungen, scheidet Aufträge aus, die keine Vollkostendeckung oder zu geringe Deckungsbeiträge erzielen bzw. erwarten lassen.

c) Mit Hilfe von verdeckten Preisen, also einem gezielten Einsatz der Konditionenpolitik (Lieferungs- und Zahlungsbedingungen, Naturalrabatte etc.), verschleiert der Vertrieb die Preise für den Wettbewerb und andere Abnehmer.

d) Psychologische Preise nutzen entweder den Anschein scharfer Kalkulationen (z. B. 14,35 DM) oder bleiben unter optischen Schwellenwerten (z. B. 99,80 DM).

2. Operative Ausschöpfung des Kostensenkungspotentials

Es gelingt der Abbau von fixen Kosten zum Beispiel durch Funktionskostenwertanalysen und der variablen Kosten mit Hilfe von Rezepteinsparungen, Konstruktionsveränderungen beziehungsweise verbesserten Arbeitsabläufen. Die Konzeption basiert auf einer direkten Kostensenkung, das heißt auf einer Ausschöpfung des vorhandenen Kostensenkungspotentials auf Grund der gegebenen Position.

3. Kurzfristige Erhöhung der Menge

Dazu tragen kurzfristig realisierbare absatzpolitische Maßnahmen, wie Werbe-, Verkaufsförderungsaktionen, Verkäuferwettbewerbe, Sonderangebote oder Rabattaktionen, bei. Insbesondere Preissenkungen und Rabattsteigerungen führen mit hoher Wahrscheinlichkeit zu schnellen Wettbewerbsreaktionen.

4. Operative Chancenwahrnehmung und Absicherung

Eine gesunde Weiterentwicklung des Unternehmens setzt voraus, daß es in der Lage ist, Chancen zu erkennen und zu nutzen. Kommt ein Wettbewerber beispielsweise in Lieferschwierigkeiten oder zeigt er Produktprobleme, so gibt es die Möglichkeit, Vorteile zu erreichen, die Kunden umzustellen und wichtige Verbindungen durch gute Kontakte und Verträge abzusichern, normalerweise nur für eine begrenzte Zeit.

4.12 Basisstrategien

Die strategischen Basiskonzeptionen oder Basisstrategien sollten bei normalem Geschäftsverlauf grundsätzlich den Vorrang vor den operativen erhalten. Sie dienen dazu, sich Solitärbarrieren zu erarbeiten und damit das Unternehmen langfristig abzusichern. Nur in der tiefen Krise, die den Bestand des Unternehmens gefährdet, die die Unternehmensführung also zwingt, auf das „Heute" zu sehen, gibt man zeitlich begrenzt den operativen Grundsatzkonzeptionen den Vorrang.

Folgende wesentliche Ansatzpunkte sind u. a. denkbar (Vordruck 68):

1. Erhöhung der Solitärbarrieren

a) Differenzierende Hardware
   Das Geschäftsfeld findet Wege, die Eigenschaftsstruktur besser an die Verbraucherwünsche anzupassen, sei es, daß es
   – das Produkt generell verbessert (Innovation oder intelligente Imitation) oder
   – eine bestimmte Verbrauchertype bevorzugt und auf dieses Segment die Eigenschaftsstruktur ausrichtet (Konzentration).
   Diese Strategie zielt auf eine bessere Positionierung mit Hilfe von Produktmerkmalen bzw. der Hardware ab.

b) Differenzierende Software
   Es gibt die Möglichkeit, dem Geschäftsfeld unabhängig vom Produkt durch einen speziell angepaßten Service, eine angepaßte Kommunikation bzw. ein sonstiges spezifisches Maßnahmenpaket bessere Positionen zu verschaffen. Dabei verbessert man entweder
   – den Service etc. für alle Kunden generell (Innovation oder intelligente Imitation) oder
   – konzentriert sich auf ein bestimmtes Segment.
   Letztere Möglichkeit ist beispielsweise gegeben, wenn der Wettbewerb kleine Händler ver-

nachlässigt, diese aber den Wunsch nach einem schnellen Lieferservice für Kleinstmengen äußern, weil es wirtschaftlich nicht sinnvoll erscheint, ein ausreichend sortiertes Lager zu unterhalten. Mit einer angepaßten Organisation gegenüber großen Wettbewerbern entstehen unter Umständen starke Positionen und günstigere Relationen der derivativen Erfolgsdeterminanten. Diese Strategie setzt auf eine bessere Positionierung mit Hilfe der Software.

Bereich:		Vordruck: 68 Datum: Bearbeiter:		
Bedeutung der Basisstrategien				
Strategien	Bewertung für einzelne Geschäftsfelder[1]			
1. Erhöhung der Solitärbarrieren a) differenzierende Hardware b) differenzierende Software c) Zeitkompression d) Unternehmenskultur e) unterstützende Preispolitik f) Kundenselektion				
2. Strategische Kostenbasis a) Marktanteile b) Synergien c) Kapitalbindungsposition d) überdurchschnittliches Wachstum e) Verfahrenstechnik f) Standort g) Absatzweg h) Unternehmenskultur i) Kapitalausstattung				

3. Strategisches Mengenpotential
 a) Positionsverbessernde
   Maßnahmen
   x Bekanntheitsgrad
   x Etablierung in Wachstums-
     märkten
   x schlagkräftige Absatz-
     organisation
 b) Strategische Preispolitik				

4. Strategische Chancenwahrnehmung **und Absicherung**				
5. Einfluß auf Marktdeterminanten				
6. Rückzugsstrategie				

1   Bewertung: 10 = sehr bedeutend, 0 = unbedeutend

c) Unterstützende Preispolitik

Die Preispolitik sollte stets in strategischer Harmonie mit der Gesamtpolitik stehen. Je weniger ein Abnehmer ein Angebot auf Grund differenzierter Hardware beurteilen kann, je latenter die Eigenschaften also für ihn bleiben, um so eher tritt der Preis als Maßstab für die Qualität in den Vordergrund. In diesen Fällen unterstützt die Preispolitik das Qualitätsimage und die Differenzierungsbemühungen besonders stark und führt zu einem steigenden strategischen Erlöspotential.

d) Kundenselektion

Eine über Jahre vorgenommene konsequente Selektion von mehr qualitätsorientierten Kunden führt zu einem ständig steigenden Anteil von Käufern, die der Qualität und Differenzierung den Vorrang vor niedrigsten Preisen einräumen. Mit dieser Verlagerung zu einer preisunempfindlicheren Kundenstruktur – insbesondere, wenn eine Übereinstimmung mit der Unternehmensstrategie vorliegt – verändert sich das Erlöspotential.

e) Segmentauswahl

Schließlich besteht für das Unternehmen die Möglichkeit, insgesamt in preisunempfindlichere Segmente auszuweichen, in denen sich noch Chancen eröffnen, mit einer differenzierten Hard- oder Software das Erlöspotential zu steigern.

2. Verbesserung der strategischen Kostenbasis

Hierzu gehören sämtliche Maßnahmen, die durch gezielte Vorarbeit zu einer Kostenposition führen, die für den Wettbewerb nicht oder nur langfristig erreichbar bleibt, wie

- hohe Marktanteile
- zahlreiche Synergien
- Marktwachstum
- geschützte Verfahrenstechnik
- günstiger Standort
- günstiger Absatzweg
- kostenorientierte Unternehmenskultur
- hoher Eigenkapitalanteil etc.

Beispielsweise erreichen wir auf Grund einer relativ stärkeren nachhaltigen Umsatzsteigerung einen günstigeren Erfahrungskurvenverlauf und dadurch schneller sinkende Kosten als der Wettbewerb. Ansatzpunkte liegen in folgenden Maßnahmen:

- Das Unternehmen positioniert sich in schneller wachsenden Segmenten.
- Das Unternehmen gewinnt Marktanteile über bessere Leistungsdeterminanten.
- Es kauft Marktanteile.
- Es praktiziert Verdrängungswettbewerb über den Preis. Hierbei sind jedoch die Stärken des Wettbewerbs und dessen Finanzkraft sehr sorgfältig vorher zu überprüfen.

Diese Strategie senkt die Kosten über die Positionsdeterminanten, erhöht also das strategische Kostensenkungspotential.

3. Erhöhung des strategischen Mengenpotentials

Diese Strategie eröffnet zwei unterschiedliche Ansatzpunkte.

a) Positionsverbessernde Maßnahmen

Es stehen primär positionsverbessernde Maßnahmen im Vordergrund, wie hoher Bekanntheitsgrad, Etablierung in Wachstumsmärkten und schlagkräftigere Absatzorganisation.
Diese Maßnahmen verbessern die Voraussetzungen, eine steigende Menge zu erzielen.

b) Strategische Preispolitik

Das Unternehmen beschreitet den Weg einer langfristig durchgehaltenen allgemeinen Niedrigpreispolitik (strategische Preispolitik). Eine solche Politik hält es jedoch nur durch, wenn sie auf der Basis eines günstigsten strategischen Kostensenkungspotentials und einer ausgeschöpften operativen Kostenbasis beruht.

236

4. Strategische Chancenwahrnehmung und Absicherung

Während die operative Chancenwahrnehmung auf kurzfristige Ergebnisse ausgerichtet ist, berücksichtigt die Führung bei der strategischen Chancenwahrnehmung langfristig Trends, die den Markt verändern. Sie leitet also schon früh Maßnahmen ein, um entsprechende Positionen zu besetzen. Sie paßt Produkte an Markttrends an und verschiebt das Gewicht auf Geschäftsfelder mit Erfolgspotential. Der Vorteil liegt darin, daß dies meist zu einer Zeit geschieht, in der der Wettbewerb den Trend noch gar nicht erkennt. Es erweist sich jedoch als schwierig, solche Trends frühzeitig zu bemerken. Dies setzt eine strategisch orientierte Denkweise in der Unternehmensführung und eine lernfähige Organisation (Unternehmenskultur) voraus, die im engsten Kontakt mit einer breiten Schicht von repräsentativen Abnehmern arbeitet. Erkennen die Mitarbeiter solche Trends, so sollten sie auch frühzeitig über Absicherungsmaßnahmen nachdenken, die eigene Solitärbarrieren schaffen und den Markt vor eindringenden Wettbewerbern schützen.

Wirtschaftliche Tätigkeit heißt, ständig mit neuen Risiken zu leben: Wettbewerber verbessern ihre Produkte oder brechen in einen Markt ein, wichtige Mitarbeiter erkranken, neue Gesetze, Verordnungen oder Vorschriften behindern, Substitutionstendenzen treten auf, Kunden erhöhen ihre Anforderungen, technische Lösungen erweisen sich als schwer reproduzierbar, Devisenkurse und Zinsen verändern ihr Niveau und vieles andere mehr. Die Vielzahl der Gefährdungsfaktoren kann die Führung nicht erfassen, nur erahnen.

Oft kumulieren mehrere gleichzeitig und bringen das Unternehmen in Bedrängnis. Vorausschauende Unternehmer streuen einerseits das Risiko und schaffen andererseits ein Sicherheitspolster, so daß die Gesellschaft die Kraft erhält, sich häufende Schwierigkeiten zu bewältigen.

Die wichtigsten Maßnahmen zur Absicherung sind:

eine solide Finanzierung,
ein hohes Rentabilitätsniveau,
ein optimiertes Diversifikationsmaß,
sorgfältige vertragliche Absicherungen.

5. Einfluß auf die Marktdeterminanten

Je höher der relative Marktanteil, je größer und finanzkräftiger eine Gesellschaft, um so eher besteht die Möglichkeit, auf einen Markt und seine Umgebung Einfluß zu nehmen. Marktdeterminanten kann aber grundsätzlich ein einzelnes Unternehmen nur schwer, meistens gar nicht, und stets allein auf Grund einer langfristig ausgerichteten Politik beeinflussen. Als wesentliche Ansatzpunkte gibt es:

- Maßnahmen zur Reduzierung des Wettbewerbsdrucks durch
  - Aufbau von Positionen und Solitärbarrieren,
  - Reduzierung der Zahl der Wettbewerber oder
  - Einflußnahme auf deren Politik,
- Maßnahmen zur Verbesserung der Abnehmerstruktur,
- Maßnahmen zur Stärkung der Einkaufsposition,
- Maßnahmen zur Beeinflussung von Vorschriften,
  - Verordnungen und Richtlinien sowie zum Abbau von Widerständen in der Öffentlichkeit.
- Konsequente Marktsignale[7].

Erschöpfen sich die Möglichkeiten der Beeinflussung mit wirtschaftlich vertretbaren Mitteln und liegen die Widrigkeiten eines Marktes zu hoch, so bleibt nur eine Politik des Ausweichens durch Rückzug in Nischen oder Diversifikation.

Da die Diversifikation lange Vorlaufzeiten erfordert, generell schon hohe Risiken und noch um so höhere beinhaltet, je weiter ein Unternehmen von seinem Know-how abweicht, sorgt eine strategisch orientierte Führung schon in guten Zeiten für eine Risikostreuung, um einen risikoarmen Weg des Ausweichens durch Schwerpunktverlagerung zu ermöglichen.

6. Rückzugsstrategie

Führen die Überlegungen letztlich zu dem Beschluß, das Geschäftsfeld aufzugeben, weil alle Konstellationen eine ungünstige Positionierung erwarten lassen, so bleibt nur die Frage nach der Verwertung der Anlagen und Bestände:

a) Läßt sich das Geschäftsfeld verkaufen?
b) Gibt es direkte alternative Verwendungsmöglichkeiten der Maschinen bzw. Produktionsstätte?
c) Kann das Unternehmen das Anlagevermögen mit relativ geringen Umbauten bzw. die Produktionsstätte mit geringen Maschinenveränderungen nutzen?
d) Finden wir Käufer für unsere Maschinen?
e) Ist eine Verwendung für die Hallen möglich?

Diese Strategie geht auf eine möglichst günstige Verwertung hinaus.

4.2 Maßnahmen zur Erreichung der Zielpositionen

Bei der Bearbeitung des Fragenkomplexes sind zwei Gesichtspunkte zu berücksichtigen:

- Der betreffende Bereich muß mit Kreativität Maßnahmen entwickeln, die möglichst Innovationen für den Markt bedeuten.
- Das Management hat eine interne Mobilisierung und Überzeugungsarbeit zu leisten, um die Maßnahmen durchzusetzen.

Letzteres setzt voraus, daß eine breite Schicht die strategische Botschaft versteht. Die Maßnahmen greifen um so eher, je überzeugender sowie einfacher die Tatbestände dargestellt und je einprägsamer sie illustriert werden. Hierbei kann die Werbeabteilung, deren Aufgabe es ist, Informationen wirksam im Markt anzubieten, mit ihren In-

strumenten gute Dienste leisten. Das Ziel einer solchen internen Kampagne sollte sein, daß die Mitarbeiter rege über den neuen Kurs diskutieren und sich für die Ziele engagieren.

Die Maßnahmenpakete, die zum Aufbau von Solitärbarrieren dienen, sind, wie gesagt, für jedes Unternehmen in jeder Situation sehr unterschiedlich. Es finden sich umfangreiche Fragenkarteien und Checklisten im Angebot,[8] die aber trotz ihrer vielen tausend Einzelfragen nie alles erfassen und darüber hinaus verwirren. Es ist deshalb notwendig, klare Schwerpunkte herauszubilden. Zur Schwerpunktbildung und als weitere Richtschnur für die Untersuchung dienen eher die erarbeiteten qualitativen Ziele (Strategischen Grundsätze bzw. Gebote). Darüber hinaus erarbeitete das Team in den früheren Ist-Analysen bezüglich der Positionen Stärken, Schwächen. Chancen und Einsparungsmöglichkeiten, die insbesondere dann Ansatzpunkte bieten, wenn ihnen im Rahmen der Strategischen Grundsätze eine besondere Bedeutung zukommt. Damit gibt die Führung die Prioritäten für die weitere Arbeit ausreichend vor.

4.21 Aktive und passive Marktbeeinflussung

Bei der Analyse der Märkte und Marktsegmente muß das Team klären, welcher Markt in welchen Segmenten welche Chancen bietet. wie das Unternehmen sie ausschöpfen kann, und ob das Unternehmen überhaupt über die Voraussetzungen verfügt, solche Möglichkeiten besser als der Wettbewerb zu nutzen. Grundsätzlich gibt es folgende Beeinflussungsmöglichkeiten:

1. Falls die Gesellschaft keine starke Position besitzt, sind Wege zu suchen, wie man den Stärken des Wettbewerbs ausweicht und trotzdem eigene Solitärbarrieren entwickelt.
2. Zufriedenheit beim Wettbewerb sollten wir nicht durch unsere Aktivität abbauen sondern eher fördern.
3. Ein Unternehmen in einer starken Position besitzt normalerweise die Möglichkeit, durch

Handlungen und Entschlossenheitsgesten (Marktsignale)[9] Einfluß auf die Disziplin der Branche zu nehmen.

4. Das Team prüft, ob es Nischen gibt, die dem Unternehmen einen ausreichenden Schutz vor den Wettbewerbern (Positionen und Solitärbarrieren) bieten. Dabei erweisen sich generell Arbeitsgebiete mit einem höheren günstiger als solche mit einem geringeren Servicebedarf.

5. Die Nischenpolitik verbessert das Unternehmen durch klare Ausrichtung der Forschung, Entwicklung, Konstruktion und des Marketing auf die nicht ausgefüllten Lücken im Differenzierungspotential. Erst wenn diese Abteilungen das Ziel der Differenzierung bei allen Entwicklungen und in jedem Kreativitätsprozeß eindeutig verfolgen, schöpft es die Chancen am ehesten aus.

6. Grundsätzlich sollte sich jedes Geschäftsfeld auf die wachstumsstarken Absatzwege beziehungsweise Teilmärkte verlegen. So wuchsen zu bestimmten Zeiten die Supermärkte oder Cash- und Carry-Läden wesentlich schneller als die Kaufhäuser oder der Fachhandel. Nicht selten sind die etablierten Hersteller auf Grund der Bindungen an eine lange eingeführte Strategie und an eine Kundengruppe gehindert, in solche neuen entstehenden Absatzwege einzusteigen.

7. Es empfiehlt sich, daß die Firmen auf eine extensive Normung hinwirken, damit sie über Details, wie Form, Farbe und sonstige Eigenschaften, Spielraum für eine Differenzierung erhalten.

8. Falls Signale Substitutionstendenzen andeuten, überprüft die Arbeitsgruppe, inwieweit diese besser aktiv abgewehrt oder eher passiv in das eigene Programm übernommen werden, wobei Stärken auf Grund der Absatzkanäle und vorhandenen Kontakte zu nutzen sind, bevor der Wettbewerb sie gegebenenfalls aufbaut.

9. Zeigt ein Markt nach aller Analyse wenig Chancen, sollte das Unternehmen frühzeitig Diversifikationsbemühungen einleiten. Zwar darf man die damit verbundenen Risiken nicht übersehen, aber in sterbenden Märkten bleibt einer Gesellschaft nur eine begrenzte Zeit, wenn sie überleben will. In diesem Falle bieten sich vor allem Übernahmen an, weil sie dadurch das entsprechende Know-how schnell erhält.

Nach der Untersuchung der Märkte mit Hilfe der Moderationstechnik überprüft der Moderator wiederum durch schlüssige Überlegungen, ob die Mitarbeiter die eigenen Märkte wirklich kennen. – Welches sind beispielsweise die wachstumsstarken Segmente? – Wo liegen die Stärken und Schwächen unserer Wettbewerber? – In welchem Stand der Lebenskurve befinden wir uns? – Durch welche Maßnahmen und Positionen weicht das Geschäftsfeld dem Druck der Kunden aus? – Zur Kontrolle vergleicht das Team die Ergebnisse mit den früher beschriebenen Analysen zur Marktmacht der Kunden sowie zur Auswahl der Kundensegmente und Regionen.

4.22 Fähigkeit zur Strategieentwicklung und -umsetzung

Hohe Einsatzbereitschaft allein nützt nichts, wenn die Kräfte keine strategische Orientierung zeigen. Auf Hochtouren laufende schnelle Maschinen führen ein Schiff nicht zum Ziel, wenn es den falschen Kurs fährt. Deshalb beginnt die Strategieorientierung mit der Festlegung des Kurses, also mit der Strategieentwicklung. Dies dürfte das erste wichtige Beurteilungskriterium für Führungsqualität sein. Aber auch eine hervorragend entwickelte Strategie führt nicht zum Erfolg, wenn die Führung sie nicht umzusetzen weiß.

Die Entwicklung einer Strategie umfaßt u.a. folgende Teilaspekte:

- Auswahl des Zielkundensegmentes
- Erkennung der Bedürfnisstruktur des Zielkundensegmentes
- System der Strategieentwicklung, d. h. Anpassungsfähigkeit bezüglich des Angebotes an die Bedürfnisstruktur des Zielkundensegmentes
- Strategische Grundsätze

- Klarheit der quantitativen Ziele
- Signale der Geschäftsführung
- Ausbildungsstand zum strategischen Denken
  - laufende Vortragsveranstaltungen
  - Qualität der Referenten
- Führungsgrundsätze
- Leistungsorientierte und marktorientierte Organisation
- strategische Leistungskontrollen
- strategische Entlohnungsorientierung
- Würdigung und Anerkennung strategischer Leistungen
- Konsequenz bei Verletzung der Unternehmensgesetze
- ständige Leistungssteigerung

Eine sehr wichtige Prämisse für die Bildung einer Leistungskultur und die Umsetzung einer Erfolgsstrategie ist die organisatorische Struktur. Sie fördert oder bremst in erheblichem Maße die Leistungsentfaltung. Folgende Regelungen stellten sich u. a. als vorteilhaft heraus:

1. Geschäftsfelder mit gleicher oder stark verwandter Strategie faßt das Unternehmen zu übergeordneten Stellen, wie Hauptabteilungen, Geschäftsbereichen oder Sparten, zusammen.
2. Alle für eine flexible Reaktion auf den Markt wichtigen Funktionen, wie Vertrieb, Produktion, Entwicklung und Versand, unterstellt es einem Linienmanager (Profit-Center). Damit entstehen auch bessere Voraussetzungen, daß diese Linienstelle selbst andere Firmen übernimmt oder verselbständigt und ausgegliedert werden kann.
3. Die Linienstellen tragen die entscheidende Erfolgsverantwortung, d. h. das setzt sachkundige und unternehmerisch denkende Mitarbeiter in dieser Ebene voraus. Um deren Freiheit nicht zu sehr zu beeinträchtigen, dürfen die Stäbe nur klein sein und müssen sich als Servicestellen empfinden, die helfen, daß die Linienstellen Erfolge erzielen. Sie sind nur für wichtige zentrale Funktionen zuständig.

4. Schnelle Entscheidungen setzen eine flache und schlanke Hierarchie voraus. Die Führung definiert die Aufgabenteilung und zieht sich konsequent auf Wichtiges zurück. Einer komplexen Umwelt hat sie mit möglichst einfachen, aber effizienten Organisationsstrukturen zu begegnen.
5. Mitarbeiter, die wichtige Linienstellen besetzen, sollten im Spitzengremium vertreten sein, damit die Entscheidungen möglichst marktnah ausfallen.

Die konsequente und umfassende Umsetzung der einmal erarbeiteten und als richtig erachteten Strategie gehört zu den schwierigsten Aufgaben der Unternehmensführung und neben der Strategieentwicklung zu den wichtigsten Schritten zur langfristigen Erfolgsausrichtung. Bei aller konsequenten Delegation muß hier die oberste Geschäftsführung bis zum vollzogenen Umdenkprozeß unmittelbar an die Front. Erst wenn das sichere Gefühl entsteht, daß die Mitarbeiter täglich im Sinne der strategischen Vorgaben handeln, sollte sie das Tagesgeschäft wieder ganz an die zuständigen Mitarbeiter abgeben und nur beobachten, wo sich Fehlentwicklungen andeuten, die eine Gefahr für die Zukunft bedeuten. Entscheidend ist es dann, solche aufkommenden gefährlichen Kursabweichungen schon sehr früh, möglichst bereits im „embryonalen" Zustand zu entdecken und korrigierend einzugreifen.

Im Zusammenhang mit der Strategieentwicklung und -umsetzung bearbeitet die Gruppe zum Beispiel folgende Fragen:

- Verfügen wir über ein System der Strategieentwicklung?
- Kennen wir die Bedürfnisstrukturen und Segmente?
- Welches sind die Zielkundensegmente?
- Existieren einfache und verständliche strategische Grundsätze?
- Gibt es derivative langfristige Vorgaben?
- Besteht Klarheit über die Ziele in der Führungsmannschaft und einem breiteren Kreis von Mitarbeitern?

- Sendet die Geschäftsführung laufend strategie-oriente Signale?
- Hat sich eine ausgeprägte Leistungskultur verfestigt?
- Fördert die Organisation die Leistung?
- Welcher Ausbildungsstand des strategischen Denkens liegt vor?
Führt das Unternehmen laufend Vortragsveranstaltungen durch?
Besitzen unsere Referenten das richtige qualitative Niveau?
- Orientiert sich die Entlohnung strategisch?
- Werden Strategische Grundsätze ausreichend umgesetzt?
- Gibt es Führungsgrundsätze?
- Existiert ein System der strategischen Leistungskontrollen?
- Welche Konsequenzen zieht das Management bei Verletzung der Unternehmensgesetze?

Die wichtigste Grundlage für die Motivation zu einer Leistungskultur ist die harmonische Ausrichtung der persönlichen Interessen auf die Unternehmensinteressen bzw. die Unternehmensziele. Nicht zuletzt aus diesem Grunde beteiligen immer mehr Inhaber-Unternehmen ihre Manager.[10] Aber es gibt darüber hinaus eine Vielzahl von anderen Regelungen, die zusammen eine ähnliche Wirkung entfalten. Als solche eignen sich z. B. Tantiemen-, Prämienregelungen, Auszeichnungen, Beförderungen, Titel, die Fahrzeugordnung.

4.23 Leistung und Fairness als Basis der Unternehmenskultur

Die Elemente der Leistungssteigerung und der Motivation wurden bereits an anderer Stelle beschrieben.[11] Das Ziel liegt darin, eine leistungsorientierte Unternehmenskultur zu schaffen, in der sich die Mitarbeiter wohlfühlen und mit Begeisterung für die Ziele des Unternehmens einsetzen. Als Basis für eine als positiv empfundene Unternehmenskultur erweisen sich stets zwei sehr wichtige Komponenten: die ehrliche Achtung vor dem

Menschen und die Fairness. Das Problem liegt darin, möglichst Vielen das Gefühl der fairen und gerechten Führung zu geben, aber auf der anderen Seite zum hohen Leistungswillen, gepaart mit Unternehmertum, zu motivieren. Dies sind nur scheinbare Gegensätze: Leistung und die dadurch bewirkten Erfolge bedeuten nicht nur Arbeit und Mühe sondern auch hohe Befriedigung und Glücksgefühl. Dient die Leistung als Beurteilungsgrundlage, so besteht für alle ein klarer Maßstab, an dem sie die Arbeit und die Ergebnisse messen.

Als Ausgangspunkt für Motivationsüberlegungen eignet sich die Einteilung der Globalbedürfnisse nach Maslow:[12]

Die physiologischen Bedürfnisse, wie die Bedürfnisse nach Schlaf, Nahrung, Erhaltung der Gesundheit oder Sex, drängen alle anderen in den Hintergrund, wenn sie unbefriedigt bleiben. Für einen chronisch hungrigen Menschen ist das Paradies ein Ort, an dem es genügend zu essen und zu trinken gibt. Er glaubt, völlig glücklich zu sein, wenn er nur genügend Nahrung findet. Da es beispielsweise in Deutschland in den letzten Jahren des Krieges bis 1945 und in den Folgejahren für den normalen Bürger weder qualitativ noch quantitativ ausreichend Nahrung gab, kam es in den 60er Jahren zur sogenannten „Freßwelle". Etwa 45% des gesamten Einkommens wendete der Durchschnittsbürger für seine Ernährung auf. Die Mangelsituation prägte das Verbraucherverhalten noch viele Jahre. Bis zu den 80er Jahren sank dann dieser Anteil auf 26 %.[13]

Für die meisten Menschen in einer Wohlstandsgesellschaft gibt es dagegen keinen echten Hunger, sondern höchstens Appetit. Dann treten andere Bedürfnisse in den Vordergrund, wie etwa die Bedürfnisse nach Sicherheit, Ordnung, Schutz und Gesetz, Gerechtigkeit, Ehrlichkeit und faire Handlungsweisen. Sie wachsen zu einer wichtigen Komponente der Befriedigung dieser zweiten Stufe in der Bedürfnishierarchie. Auch in dieser Hinsicht fühlt sich der normale Mensch in einer stabilen Gesellschaft in etwa befriedigt.

Eine weitere Kategorie bilden die Bedürfnisse nach Liebe, Zuneigung und Zugehörigkeit. Bleiben sie unbefriedigt, so entsteht ein Gefühl der Einsamkeit, Fremdheit und Verlassenheit. Diese Bedürfnisse gewinnen in der Wohlstandsgesellschaft an Bedeutung. Folglich liegt hier auch eine Chance für die Unternehmen. Maslow[14] sieht die Frustrierung dieser Bedürfnisse als den häufigsten Kern für die schlechte Anpassung. Die Familie, Freundschaften, aber auch gut geführte Unternehmen mit menschlich orientierten Unternehmenskulturen tragen zur Befriedigung dieser Verlangen bei.

Schließlich begehrt der Mensch Wertschätzung, Selbstachtung und Achtung seitens anderer Personen. Diese Bedürfnisse zielen auf starke Leistung und Kompetenz, einen guten Ruf, Prestige, Status, verdienten Respekt und Ruhm ab. Auch wenn alle diese Wünsche befriedigt sind, treten häufig Unzufriedenheit und Unruhe auf: Es meldet sich ein Verlangen nach Selbstverwirklichung, das heißt die Realisierung der individuellen Existenz[15] beziehungsweise des Auslebens der eigenen Ziele und Möglichkeiten, das Streben nach Verwirklichung der uns innewohnenden Möglichkeiten.[16] Die Selbstverwirklichung gerät oft in Konflikt mit dem Bedürfnis nach Anerkennung und positiver Beachtung, wenn die Ziele keine Billigung der Umwelt finden.

Die beiden letzten Stufen der Bedürfnishierarchie sieht Maslow in dem Verlangen nach Wissen und Verstehen sowie im Bedürfnis nach Ästhetik. Hierzu gehört aber auch der Drang nach wirtschaftlicher Selbständigkeit, selbst wenn die Betroffenen sie mit vielen finanziellen und freizeitlichen Opfern erkaufen. Menschen, die nicht ihren Fähigkeiten entsprechend gefordert werden, sondern in stupiden Berufen arbeiten, können erkranken, wenn sie nicht in ihrem Hobby zu einem Ausgleich kommen. Intelligente, vermögende, aber nicht beschäftigte Frauen zeigten ähnliche pathologische Symptome, die man heilte, wenn sich die Patienten für irgendwelche angemessenen Tätigkeiten interessierten.

Weiterhin stellte Maslow bei klinischen Untersuchungen fest, daß bestimmte Personen ein grundlegendes ästhetisches Bedürfnis aufweisen: Sie erkranken durch ein häßliches Milieu und gesunden in einer schönen Umgebung.[17]

Die Bedürfnishierarchie und der Aufmerksamkeitsverlauf lassen sich in Anlehnung an Maslow in einem Schaubild (Abb. 4.1) übersichtlich darstellen.[18] Neid, Eifersucht und unrealistische Ziele aufgrund falscher Selbsteinschätzung können, so zeigt die praktische Erfahrung, die objektiv er-

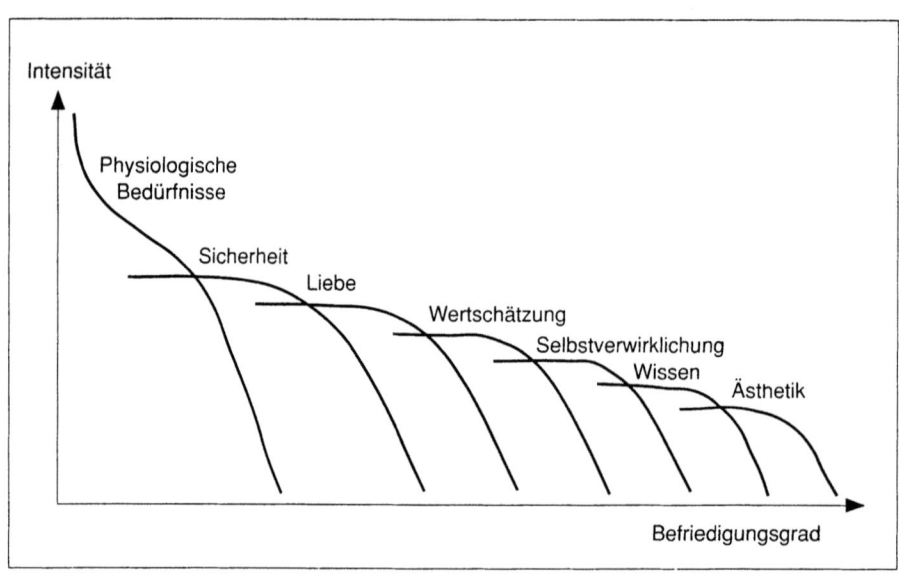

Abb. 4.1:
Bedürfnisintensität
in Abhängigkeit
vom Befriedigungsgrad
in Anlehnung an
Maslow

reiche Bedürfnisbefriedigung so entstellen, daß subjektiv ein so starkes Gefühl der Unzufriedenheit entsteht, daß eine Absättigung bestimmter Bedürfnisse kaum möglich erscheint. Diese Intensitätsfaktoren können erheblichen Einfluß auf die Kraft bestimmter Bedürfnisse und damit auf die Veränderung der Hierarchie nehmen. Eine Überschätzung der eigenen Fähigkeiten kann fast immer nur durch eine schmerzhafte Erfahrung korrigiert werden.

Erreichbare Vorgaben, an denen die Führung die Ergebnisse mißt, richten den Verantwortlichen auf ein Ziel aus und erhöhen Produktivität und Arbeitsfreude. Dabei hilft vor allem eine variable Erfolgsbeteiligung, die neben dem Festgehalt unter bestimmten Erfolgsvoraussetzungen ausbezahlt wird. Schließlich verfügen gut geführte Unternehmen auch über ausgeklügelte Systeme erfolgsabhängiger Beförderungen, Prämienzahlungen und ehrender Herausstellungen.

Die international tätige Beratungsfirma McKinsey motivierte ihre Mitarbeiter unter anderem dadurch, daß sie mit ständigen Leistungen und positiven Beurteilungen in der Aufstiegspyramide vom Trainee zum Junior Associate, Associate, Senior Associate, Junior Engagement Manager, Engagement Manager, Senior Engagement Manager zum Prinzipal oder Junior-Partner und schließlich zum Direktor oder Senior-Partner aufsteigen. Aber auch ein Direktor gehört möglicherweise Firmen-Komitees von unterschiedlicher Bedeutung an und besitzt damit einen mehr oder weniger starken Einfluß.[19] In den unterschiedlichen Positionen muß der Mitarbeiter darüber hinaus erfolgreiche Beiträge zur Entwicklung des Unternehmens leisten. So hat jeder Prinzipal neue Beratungsmethoden innerhalb einer Karenzzeit zu entwickeln, die dem Unternehmen helfen, den Vorsprung gegenüber Wettbewerbern auszubauen, wenn er im Unternehmen bleiben und die nächste Hierarchie-Stufe erreichen will.

Auch die Befragungen von Mitarbeitern geben Aufschlüsse darüber, welche Voraussetzungen eine bessere Motivation schaffen. Daraus kann man schließen, daß das Management das zur Verfü-

Was motiviert Arbeitnehmer? Von je 100 Befragten würden unter folgenden Bedingungen mehr leisten: (Summe wegen Mehrfachnennung über 100)	
Höheres Einkommen	48
Mehr Selbständigkeit	25
Bessere Aufstiegschancen	25
Mehr Chancen für eigene Ideen	23
Mehr Urlaub	22
Mehr Einfluß	22
Interessantere Tätigkeit	22
Flexiblere Arbeitszeit	21
Kürzere Arbeitszeit	21
Mehr Arbeitsplatzsicherheit	13
Besseres Betriebsklima	13
Bessere Altersversorgung	11
Anderer Führungsstil	11

Abb. 4.2: Wirkungen der Motivation und Organisation[20]

gung stehende Potential bei weitem noch nicht ausschöpft. Die nachfolgend dargestellten Ergebnisse kennzeichnen sicher repräsentativ die allgemeine Bedürfnisstruktur. Wenn von insgesamt 293 Nennungen 178 nicht die Kosten beeinflussen sondern eine Frage der Führung, Organisation und Unternehmenskultur betreffen, so beweist dies, ganz abgesehen von den Möglichkeiten, die Lebensqualität am Arbeitsplatz zu verbessern, auch, daß ein erhebliches Kostenpotential unausgeschöpft blieb.

In Anlehnung an Herzberg[21] unterscheidet man folgende Prämissen der Unzufriedenheitsvermeidung und Motivatoren:

1. Als Prämissen der Unzufriedenheitsvermeidung nennt er:
   – fixe Bezahlung
   – Arbeitsbedingungen
   – Status (z. B. Prokurist, Direktor)
   – Sicherheit (z. B. durch langfristige Verträge)
   – interne Organisation
   Ohne diese Voraussetzungen fehlt jede Basis für eine Motivation. Aber selbst wenn sie günstig

sind, so wirken sie trotzdem erst im Zusammenhang mit den Motivatoren.

2. Folgende Motivatoren entscheiden:
   - Leistungserfolg
   - Anerkennung von Leistung
   - Wertschätzung
   - Verantwortung
   - Aufstiegschancen
   - Selbstverwirklichung
   - Wissen

Die nachfolgenden Fragen helfen bei der Analyse des Themas:

1. Prägt die Achtung vor dem Menschen den Umgang mit den Mitarbeitern im Unternehmen?
2. Empfinden die Mitarbeiter die Zusammenarbeit der Führung als ehrlich und fair?
3. Gibt es einfache und klare Führungsgrundsätze?
4. Liegen einfache und klare strategische Grundsätze vor?
5. Achtet die Führung auf die Einhaltung der Grundsätze und zieht sie Konsequenzen bei ständiger Mißachtung?
6. Entfaltet sich Unternehmertum?
   a) Bereitet das Unternehmen die Mitarbeiter gut auf ihre Aufgaben vor?
   b) Grenzt es Zuständigkeiten klar ab?
   c) Delegiert die Führung konsequent Verantwortung, so daß sich die Mitarbeiter entfalten können?
   d) Toleriert sie Fehler in einem gewissen Umfang?
   e) Hilft sie den Mitarbeitern, Erfolg zu erzielen?
   f) Wie stark betont sie die Hierarchie? – Pflegt sie einen lockeren Umgangston, eine Politik der offenen Tür?
   g) Gibt es sportliche Wettbewerbe?
   h) Existiert eine Erfolgskontrolle?
   i) Führen ständige Mißerfolge sowie die mangelnde Bereitschaft zum Mitmachen zur Konsequenz?

   j) Gilt das Leistungsprinzip?
   k) Wird Leistung anerkannt und Erfolg belohnt?
   l) Wie groß ist die Freiheit, solange die Mannschaft die Vorgaben erfüllt?
7. Versucht das Management für Mitarbeiter den geeigneten Arbeitsplatz entsprechend ihren Neigungen und Fähigkeiten zu finden?
8. Befördert es von innen, um Aufstiegschancen zu bieten?
9. Unterstützt es den Aufstieg des Mitarbeiters durch Fortbildungsmaßnahmen?
10. Informiert es alle Beteiligten offen und umfassend über die Unternehmenssituation?
11. Äußern sich Spannungen leistungsfördernd bzw. demotivierend oder sogar persönlich?
12. Wie stark prägt die Tagesarbeit Skepsis, Angst oder mangelndes Selbstvertrauen?
13. Eine wie hohe Bereitschaft liegt vor, aus Erfahrung zu lernen?
14. Gibt es sportliche Wettbewerbe als Leistungsanreiz?
15. Fördert die Führung neue Ideen?
16. Wie hoch bewertet sie die kreative Unzufriedenheit, d. h. das Bemühen der Mitarbeiter, laufend etwas zu verbessern?
17. Toleriert sie Experimente zur Weiterentwicklung?
18. Bildet sie Projektgruppen als befristete Problemlöser?
19. Wie stark ist der Grundkonsens in Richtung der strategischen Ziele?
20. Gibt es eine Kulturdynamik in Richtung der strategischen Ziele?

Alle diese Fragen sollte das Moderationsteam so beantworten, daß es die Leistungsdeterminanten im Vergleich zum maßgebenden Wettbewerber einschätzt. Aber auch dann bleibt das Potential noch unausgeschöpft, wenn es beispielsweise Schlamperei mit Schlamperei vergleicht. Deshalb stellt sich die Frage, inwieweit der Markt noch mehr Möglichkeiten bietet, ob überhaupt irgendein Hersteller als Vorbild dienen kann. Zu diesem Zweck empfiehlt es sich, vor allem ganz andere

Branchen zu betrachten, um festzustellen, ob deren Methoden übertragbar sind. Als methodisches Vorgehen hilft dabei beispielsweise der morphologische Kasten[22] oder die Synektik.[23]

4.24 Maßnahmen zur attraktiven Differenzierung

Ein Unternehmen, das ständig zu erkennen sucht, was die Konkurrenz als nächsten operativen Schritt realisiert, verliert sehr schnell den Blick für das Differenzierungspotential im Markt. Es läuft Gefahr, nur noch zu imitieren, günstige strategische Ausgangspositionen zu verlieren, beziehungsweise die Fähigkeit, sich eigene strategische Positionen zu erarbeiten. Um das Differenzierungspotential auszunutzen, das in einem Markt und in eigenen Stärken steckt, muß es die Leistungen auf eine Absetzbewegung gegenüber dem Wettbewerb orientieren. Das setzt zwar voraus, daß es den Wettbewerb beobachtet, dessen Ausgangslage und Strategie erkennt, aber trotzdem stets eigene Wege zur Differenzierung, zur höheren Nutzenwirkung der Produkte durch Entwicklung oder Marketing und zur besseren Erfüllung der Kundenwünsche sucht.

Das Absetzen vom Wettbewerb ist also erfolglos, solange es nicht die Attraktivität für den Abnehmer steigert. Eine Erlössteigerung erreicht der Anbieter folglich nur durch eine attraktive Differenzierung. Dabei genügt selbst die technische attraktive Differenzierung auf Grund andersartiger Produkte nicht. Vorteile müssen normalerweise mit Hilfe kommunikationspolitischer Strategien der Wahrnehmung der Abnehmer zugänglich gemacht oder gar technisch kaum vorhandene Differenzierungen emotional aufgebaut werden. Der Hersteller verhindert eine zu starke Preisargumentation, indem er mit Nutzen argumentiert, ein Qualitätsimage aufbaut und Markenpersönlichkeiten schafft, die das Produkt vom anonymen vergleichbaren Konkurrenten abheben.

Bei den folgenden Überlegungen geht es um die Beantwortung der Frage, mit welchen Maßnahmen sich der Divisor der Basisformel durch Anhebung des Zählerwertes verbessern läßt. Auf Grund der bisherigen Analysen dürfte Klarheit bestehen, welche Distanz und Stabilität die erarbeiteten Positionen besitzen und welche weiteren Ziele durch Aufbau welcher Solitärbarrieren zur Ausschöpfung der Potentiale anzusteuern sind. Die nun folgende Maßnahmensuche fordert die kreative Leistung des Teams, wie es diese Ziele möglichst kostengünstig erreichen will. Dabei überprüft es:

1. Wie vergrößern die Maßnahmen die Solitärdistanz zum Wettbewerb?
2. Welche Stabilität besitzt die neuerarbeitete Solitärdistanz?
   a) Welche Imitationszeit benötigt der Wettbewerb (z. B. Entwicklungszeit, Durchsickern des Know-how, vertragliche Absicherung oder Schutzrechte)?
   b) Welchen Imitationsaufwand kostet es den Wettbewerb?
   c) Können wir durch das eigene Innovationstempo den Vorsprung revolvierend erhalten, oder holt der Wettbewerb möglicherweise bis wann auf?
   d) Welcher besondere Penetrationsanreiz geht vom eigenen Segment aus, erhöht die Kraftanstrengungen des Wettbewerbs oder lockt neue Wettbewerber an, so daß die Stabilität des Marktes dadurch abnimmt?

Die Hierarchie der qualitativen und quantitativen Ziele gibt bereits wichtige Hinweise darauf, wie sich das Unternehmen attraktiv vom Wettbewerb absetzen will. In den weiteren Überlegungen geht es nun darum, die Geschäftsfelder und Produkte hoher Priorität näher auf ihr Differenzierungspotential im Hinblick auf die Produkteigenschaften, das Marketing sowie die Anpassung aller Merkmale an die Bedürfnisstruktur der Kunden zu analysieren. Dabei zeigten die früheren Untersuchungen bereits wesentliche Stärken, Schwächen, Chancen und Kosteneinsparungsansätze auf. Hier gilt es nun zu überprüfen, mit welchen konkreten Maßnahmen die Gesellschaft die Stärken aus-, die Schwächen abbaut, Chancen nutzt und Kosteneinsparungen er-

Geschäftsfeld:								Vordruck 69
Produkt:								Datum:
Grobpotential[1]:								Bearbeiter:

Maßnahmenübersicht mit Erfolgspotential und Priorität

Maßnahme		Erfolgspotential nach 1 Jahr			Erfolgspotential nach 5 Jahren			
Kurzbezeichnung	lfd. Nr.	Solitär-distanz	Stabilität	Kosten	Solitär-distanz	Stabilität	Kosten	Priori-tät

1 Vordruck 6 „Differenzierungspotential"

reicht (Vordruck 69). Sie sollte die Mitarbeiter auf das Ziel der Differenzierung mit kurzen und klaren Formulierungen besser einschwören, wie z. B. „Heraus aus der Vergleichbarkeit". Zur Ausrichtung der Entwicklung und Konstruktion helfen die bereits vorher beschriebenen kurzen Richtlinien.

Die meisten Maßnahmen, die zu einer Differenzierung führen, erhöhen die Kosten. Solche Kostenerhöhungen kann das Management abschätzen. Größere Schwierigkeiten bereitet es dagegen, den Differenzierungswert für die Zielkundschaft zu ermitteln. Eine relativ konkrete Vorstellung erhält das Team jedoch normalerweise durch die Beantwortung folgender Frage:

> Um wieviel läßt sich der Erlös erhöhen, wenn die Maßnahmen zur Differenzierung wirksam werden?

Die Einschätzung erschwert zusätzlich, daß die strategisch orientierten Maßnahmen, die z. B. auf ein verbessertes Image hinwirken, erst nach vielen Jahren ihre Wirkung zeigen. Die Kosten steigen, während der Erlös noch unverändert bleibt. Trotzdem sind strategisch orientierte Investitionen normalerweise langfristig sehr rentabel, weil sie stabile Positionen aufbauen. Das relativ sichere Urteil setzt also eine gute Kenntnis der theoretischen Grundlagen bei den Teammitgliedern und viel unternehmerisches Fingerspitzengefühl (irrationaler dispositiver Faktor)[24] auch in den überwachenden Gremien voraus.

Orientiert sich die Unternehmenspolitik beispielsweise durch den Einfluß der Anteilseigner am kurzfristigen Ergebnis, so verhindert dies einen Aufbau von Positionen. Jede Schwächephase beinhaltet dann die Gefahr, daß sie in eine langfristige Krise mündet, weil kostenaufwendige strategische Aktivitäten zur Neupositionierung unterbleiben, die Maßnahmen folglich vorwiegend auf eine Verbesserung der kurzfristigen Ergebnisse abzielen. Nur solange hohe Gewinne auf Grund starker Solitärbarrieren die langfristig wirkenden strategischen Vorinvestitionen überdecken, bleibt für eine Geschäftsführung bei einer auf kurzfristige Erfolge orientierten Unternehmenspolitik der Freiraum zur strategischen Orientierung erhalten.

Läßt das Aufsichtsgremium strategisch orientierte Leistungen zu, zeigt es damit auch die Bereitschaft, im Übergang schlechtere Ergebnisse hinzunehmen, so steht es vor der Schwierigkeit, die langfristige Wirtschaftlichkeit solcher Maßnahmen einzuschätzen. Dies setzt neben einer vertieften Kenntnis der strategischen Zusammenhänge, des Marktes, der eigenen Stärken und Schwächen und der Chancen alternative Positionen voraus. Auf Grund der geringen zur Verfügung stehenden Zeit verfügen Mitglieder der Überwachungsorgane, die von außen hereingewählt wurden und diese Details nicht aus eigener Erfahrung kennen, oft nicht über diese Voraussetzungen.

Kundenorientierung

Mit Kundenorientierung meint der Verfasser die Anpassung der Unternehmenstätigkeit an die Kundenbedürfnisse. Nicht nur die der Produkte, sondern auch die der Serviceleistungen, der Kommunikation und der Wirtschaftlichkeit tragen dazu bei. Das bedeutet:

- Es besteht engster Kontakt mit möglichst vielen kompetenten Kunden. Der Kunde soll aus- und eingehen, sich im Hause wohlfühlen.
- Die Mitarbeiter haben den Ehrgeiz, die Kundenprobleme zu analysieren und durch gemeinsame Entwicklungen zu lösen.
- Alle empfinden die Verpflichtung, Qualität zu liefern.
- Lieferbereitschaft und Lieferschnelligkeit sehen sie als selbstverständlich an.
- Eine Verpflichtung zum Service und zur Kommunikation betrachtet man als wichtige Notwendigkeit. Dazu gehören die Schulung von Fähigkeiten, mit dem Produkt umzugehen, und die Vermittlung der Nutzenbeiträge des Produktes.

Spitzenunternehmen zeigen eine masochistische Neigung, sich vom Kunden herumdirigieren zu lassen, und empfinden auch noch Freude dabei. Der Kunde ist allgegenwärtig.[25] In kundenorientierten Unternehmen kommt folglich den Vertriebs-, Service- und Kundendienstabteilungen eine große Bedeutung zu.[26] Aber auch die richtige Denkweise muß das Unternehmen schulen. Nur dadurch lernen die Mitarbeiter zu unterscheiden, eine Eigenschaft eines Produktes als wertneutrales Merkmal anzusehen, das erst dann für den Kunden einen Nutzen bringt, wenn es hilft, einen Kundenwunsch beziehungsweise ein Bedürfnis zu befriedigen. Entsprechend ausgearbeitete Schulungsprogramme[27] verfestigen diese Denkweise im gesamten Unternehmen bei allen wichtigen Mitarbeitern.

Das zentrale Problem unternehmerischer Tätigkeit zielt also darauf ab, die Bedürfnisstrukturen der Zielkunden zu erkennen und für Lösungen zu sorgen, die sie besser als bisher befriedigen.

Damit lautet die zentrale Frage:

Welche Probleme und Mangelgefühle entstehen bzw. welche Fehler unterlaufen dem Händler oder Endabnehmer im Zusammenhang mit der Sammlung von Informationen, bei der Kaufentscheidung, der Installation, Verwendung, Reparatur, Wartung oder Ersatzteilbeschaffung und welche latenten Bedürfnisse sind vorhanden?

Die Frage analysierte die Gruppe bereits an anderer Stelle[28], so daß sie auf die Ergebnisse zu-

Geschäftsfeld:	Vordruck: 70 Bearbeiter: Datum:
Welche Marketingleistungen zur Verbesserung der Kundensituation leiten wir aus der Problemanalyse ab?	

1 10 = besonders wichtig, 0 = nicht relevant

rückgreifen kann. Findet sie wesentliche evidente oder latente Mangelgefühle, so sucht sie darauf aufbauend gezielt nach Produkt-, Service-, Kommunikationslösungen etc., die Abhilfe schaffen. Das Moderationsteam sammelt alle Ideen, bewertet sie nach ihrer Bedeutung und bringt sie in eine Rangfolge (Vordruck 70). In diesem Zusammenhang berücksichtigt es alle bei den früheren Untersuchungen herausgearbeiteten Stärken, Schwächen, Chancen und Kosteneinsparungsansätze, die das Thema Kundenorientierung betreffen.

Schließlich setzt sich der Arbeitskreis auch mit den früher besprochenen Überlegungen auseinander, welche räumlichen Rahmenbedingungen die Kundenorientierung sowie die Pflege engster Kontakte mit den Kunden im Unternehmen gewährleisten. Geeignete Einrichtungen regen, wie bereits erwähnt, die Mitarbeiter an, Tagungen mit Kunden im Unternehmen abzuhalten, informative Kundengespräche und erlebnisreiche Veranstaltungen durchzuführen. Bei guten Voraussetzungen kommt der Kunde gern, und die Mitarbeiter laden häufiger zu Werksbesuchen ein. Zu den Voraussetzungen gehören geeignete Räume, Einrichtungen und Organisationen für Sitzungen, Vortragsveranstaltungen, Demonstrationen, praktische Übungen am Produkt, Gästebewirtungen und erlebnisreiche Unterhaltungen.

Anpassung durch Segmentierung

Die optimale Anpassung der Merkmalstruktur an die Bedürfnisse erweist sich als wirtschaftliches Element für die Anhebung des Qualitätsniveaus. Das Preis-Leistungs-Verhältnis eines Angebotes fällt, sei es durch sinkende Verwendungseignung oder steigende Kosten, wenn der Lieferant mit einem Produkt Bedürfnisse unterschiedlicher Kunden befriedigen will: Ein Hersteller bot Analysegeräte für Industrielabors an. Da diese Geräte auch in Universitäts- und Krankenhauslabors Interesse fanden, baute er dieses Gerät so um, daß es den Wünschen aller Kundengruppen entsprach. Dadurch erhielt es zahlreiche verteuernde Funktionen, die aber nicht alle Kunden benötigten. Der Produzent

war stolz auf seine technische Leistung. Wirtschaftlich hatte diese Produktkonzeption jedoch die Folge, daß dieses teure Universalgerät den Wettbewerbern Angriffspunkte bot, um mit preiswerteren Geräten, die sie an die spezifischen Bedürfnisse anpaßten, hohe Marktanteile zu gewinnen.

Eine ähnliche Strategie der Maximierung statt Optimierung verfolgte die Firma Xerox, indem sie versuchte, sämtliche Kopierer-Kunden, wie Industrie, Kleinbüros, Schulen etc., mit einem Gerät zu beliefern. Dies bot den Japanern die Möglichkeit, mit preiswerteren Kleingeräten für Kunden mit geringerem Bedarf in den Markt einzudringen. Von diesem Segment her bauten sie ihre Marktstellung auch mit weiteren Produkten bei anderen Kundengruppen aus.[29]

„Der Kunde" stellt also normalerweise keine Einheit dar. Jeder einzelne ist ein Individuum. Um diese unüberschaubare Vielfalt transparent zu machen, teilt man die Kunden in Bedürfnisgruppen bzw. Segmente ein. Immer dann, wenn es aber einen Gestaltungsspielraum beim Produkt, Service, in der Kommunikation etc. gibt, wenn also unterschiedliche Bedürfnisstrukturen der Kunden vorliegen, sollte der Moderator zunächst folgende Fragen zur Diskussion stellen:

– Welche Kundensegmente grenzen sich auf Grund der Bedürfnisstrukturen voneinander ab?[30]
Für jede Merkmalskombination von Produkten gibt es mehr oder weniger große Käufertypengruppen. So dürfte ein Automobilhersteller fragen: Was eignet sich für den Erfolg unseres Unternehmens mehr: ein schnelles, sicheres, bequemes oder ein luxuriöses Auto? – Der Produzent muß also die verkaufsrelevanten Käufertypen sowie sein Image kennen und sein Produkt gezielt darauf abstimmen. Wer allen etwas bietet, bietet keinem viel.

Erfolgreiche Produkte besitzen besonders gut auf die Bedürfnisse einer ausreichend großen Gruppe abgestimmte Eigenschaften.

– Welches Segment erklären wir zum Zielkundensegment, weil unsere Leistungen speziell für diese Kundengruppe besondere Stärken aufweisen?
– Welche Segmente bearbeitet die Branche bis heute noch nicht ausreichend? – Wo sehen wir also strategische Lücken?

Lernfähigkeit trainieren

Als eine Voraussetzung für eine erfolgreiche Kundenorientierung erweist sich auch die Innovationsbereitschaft und Lernfähigkeit.[31] Wer nicht aus der Erfahrung lernt, sich also wehrt, etwas zu verändern, kann sich nicht an den Bedürfnissen der Partner ausrichten. Da jede Veränderung Mühe, also einen hohen Kraftaufwand erfordert, setzt die Kundenorientierung auch den Drang zur Tat in der Mannschaft und die Lernfähigkeit voraus. In einem frühen Stadium einer sich anbahnenden Veränderung zeigen die Märkte nur schwache Signale. Eine lernfähige Organisation besitzt die Fähigkeit, diese zu erkennen, sie richtig zu bewerten und daraus die Konsequenzen zu ziehen.

Folgende Fragen helfen, Erkenntnisse über die Situation und die notwendigen Maßnahmen zu gewinnen:

1. Übersahen wir in der Vergangenheit Chancen bzw. nutzte ein Wettbewerber sie erfolgreicher?
2. Wie schätzen wir die Innovationsbereitschaft in einzelnen Funktionsgebieten des Unternehmens ein?
3. Setzt unser Unternehmen Ideen schneller in die Tat um als andere innovative Wettbewerber?
4. Zeigen unsere Mitarbeiter ständig Neugier, die Bedürfnisse unserer Kunden zu erforschen?
5. Erkennen sie ihre Wissensgrenzen und versuchen sie, durch gelegentliche Marktforschungsuntersuchungen ihren Informationsstand zu verbessern?

Qualitätsorientierung

Die Qualitätsorientierung ist der wesentlichste Bestandteil der Kundenorientierung. Die komplexen Inhalte des Begriffes Qualität bzw. Qualitätsimage wurden an anderer Stelle erläutert. Qualitätsorientierung setzt voraus, daß die Mitarbeiter klar unterscheiden zwischen

– objektiv vorhandenen Eigenschaften bzw. Merkmalen der Produkte,
– Nutzenpotential der objektiven Merkmale,
– Evidenz oder Latenz der Merkmale sowie ihres Nutzens für die Kunden und
– dem Differenzierungspotential einzelner Merkmale.

Eigenschaften und Merkmale der Produkte können eine hervorragende technische Qualität darstellen. Trotzdem heißt das nicht, daß sie der Verbraucher als nützlich empfindet, und daß er ihre Vorteile erkennt. Dies erfordert normalerweise eine intensive Kommunikation. Aber auch dann, wenn die Eigenschaftsstruktur in das Image der Verbraucher einfließt, bietet möglicherweise der Wettbewerb einen vergleichbaren Nutzen, so daß keine Profilierung und Stärken des Angebotes entstehen.

Die Meßlatte für die Produktpräferenzen, seien sie rational oder emotional, liegt also in jedem Fall im Markt, das heißt in der Einstellung des Verbrauchers zum eigenen Angebot im Vergleich zum Wettbewerb. Deshalb entscheidet letztlich das Qualitätsimage und nicht die technische Leistung. Die Produktqualität erweist sich also nicht als objektiver, sondern als subjektiver Wert, in den sämtliche unternehmenpolitischen Leistungen einfließen, mit denen der Hersteller den Verbraucher anspricht. Als Basis dienen das physische Produkt, der Service, die Werbung, die Marke etc., entscheidend wirken aber die Vorteile, die der Verbraucher erwartet und erhält.

Mit folgenden Fragen schätzt das Team ein, inwieweit das Unternehmen wirklich qualitätsorientiert arbeitet:

1. Unterscheiden wir zwischen den objektiven Eigenschaftsmessungen im Firmenlabor und der Bewertung dieser Eigenschaften durch die Kunden?

2. Wissen wir genug über die Bedürfnisstrukturen der Kunden in unterschiedlichen Segmenten? – Welche Typologien haben wir daraus entwickelt?
3. Reagieren unsere Kunden qualitätssensibel oder qualitätstolerant?
4. Kennen wir die Bedeutungsrangfolge der Produktmerkmale für die Zielkunden?
5. Welche Eigenschaften sind evident und welche latent?
6. Mit welchen Maßnahmen erhöhen wir die Evidenz der wichtigsten latenten Merkmale? – Werden dabei ihre Bedeutung und ihre differenzierende Wirkung besonders berücksichtigt?
7. Schöpfen wir die emotionale Komponente der Qualität voll aus?
8. Sichern wir die Qualität durch die Verbindung mit einer Marke ab?
9. Erinnern wir uns an bessere Maßnahmen führender Wettbewerber oder Firmen aus anderen Branchen?
10. Überprüft die Organisation laufend die objektiv vorhandenen Produktmerkmale auf ihre Bedeutung für die Abnehmer?
11. Erprobt das Unternehmen neue und verbesserte Produkte in enger Zusammenarbeit mit maßgebenden Kunden, bevor es sie in den Markt einführt?

Service- und Kommunikationsorientierung

Neben den rationalen Elementen gehen die Meinungen anderer Verbraucher, insbesondere die von Meinungsführern, die werbliche Darstellung, Informationen durch Schulungen etc. in das Meinungsbild ein. Die emotionalen Einflußgrößen lassen sich nicht immer rational begründen. Sie überlagern die rationalen Komponenten in die Käufermeinung. Somit wird das Qualitätsimage sehr stark durch die Kommunikation mit dem Abnehmer mit Hilfe der Verpackungsgestaltung, Werbung, Verkaufsförderung, Schulung und Kontaktveranstaltungen aller Art geprägt. Der Kommunikation kommt insbesondere dann eine zentrale Stellung zu, wenn die wichtigen Eigenschaften eher unerkannt für den Kaufinteressenten bleiben.

Produkte mit latenten Eigenschaften sind besonders erklärungsbedürftig. Erst die ständig erklärende differenzierende Kommunikation und der andersartige Service schaffen in diesen Fällen differenzierte Angebote. Da dies den einzelnen Herstellern nur unterschiedlich gelingt, entspricht das PIMS-Ergebnis (Abb. 4.3) auch den praktischen Erfahrungen, daß serviceintensive Produkte generell höhere Erträge zeigen.

Folgende Fragen helfen bei der Entwicklung entsprechender Maßnahmen:

1. Welche Abnehmerbedürfnisse befriedigen wir mit welchen Serviceleistungen besser bzw. welche Kundenprobleme beseitigen wir damit mehr oder weniger?
2. Gibt es im Hinblick auf die Serviceanforderungen Unterschiede nach Segmenten?
3. Welche latenten Merkmale, die das Qualitätsimage ausbauen können, machen wir mit welchen Maßnahmen für die Abnehmer erkennbar?
4. Wiederholen wir unsere Aussagen oft genug, so daß sie sich beim Kaufinteressenten einprägen?
5. Berücksichtigen wir die Bedeutungsrangfolge der Merkmale unseres Angebotes für den Kunden bei unseren Service- und Kommunikationsleistungen?
6. Achten wir darauf, daß die Service- und Kommunikationsmaßnahmen unser Produkt-, Qualitäts- und Differenzierungskonzept ganzheitlich ergänzen?
7. Wissen wir, welche Service- und Kommunikationsleistungen der Kunde kurz- bzw. langfristig nicht honoriert? (Auswirkungen auf den Zähler der Basisformel)
8. Kennen wir bessere Maßnahmen von Wettbewerbern oder aus anderen Branchen?

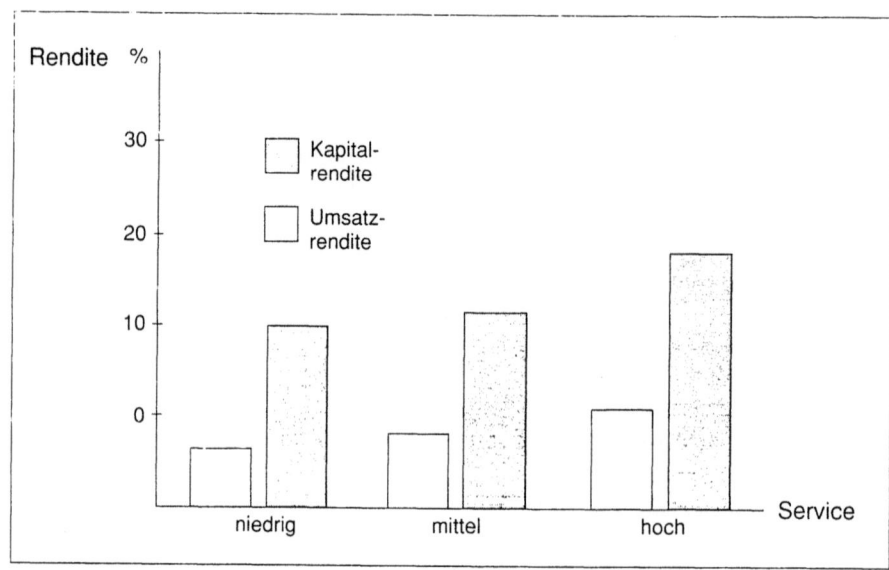

Abb. 4.3:
Bedeutung von
produkt- bzw.
servicebezogenen
Kriterien für die
Kaufentscheidung
(PIMS No. 33)

Differenzierung und Standardisierung

Das Ziel der Absatzbewegung bildet keinen Gegensatz zur Standardisierung. Letztere nimmt der
Hersteller aus Kostengründen wahr, denn es gilt
die bereits vorher erwähnte Basisformel

$$\text{Unternehmenserfolg} = \frac{\Sigma \text{ Solitärbarrieren} + \text{relative Leistungen}}{\text{kostengesicherte Preise}}$$

zu optimieren.

Folgende Fragen beleuchten das Problem:

1. Gelang es, sich zu differenzieren und dabei die
   Standardisierung konsequent durchzuhalten?
2. Mit welchen Maßnahmen überwachen wir die
   Einhaltung der Standards?
3. Unter welchen Bedingungen (z. B. Genehmi-
   gungsverfahren) darf von den Standards abge-
   wichen werden?
4. Überwachen wir laufend die Entwicklung der
   Teilezahl und setzen wir uns Ziele?

Revolvierenden Vorsprung aufbauen

Die fortlaufende Fähigkeit eines Unternehmens
zur attraktiven Differenzierung vom Wettbewerb
bestimmt aber keineswegs nur die Höhe der Ausgaben für die Forschung und Entwicklung, sondern in weit höherem Maße die Führungseinstellung und die Unternehmenskultur,[32] die organisatorischen Voraussetzungen der Entwicklung[33] sowie die Fähigkeiten, das differenzierende Know-
how dem Wettbewerb unzugänglich zu machen.

Es beginnt damit, daß das Unternehmen durch
eine geschickte Innovationspolitik mit intelligenter Produktvariation oder durch neue Produkte differenziert. Die Bedeutung der Innovationspolitik
wächst mit der Wandlungsdynamik des Marktes.
Dabei sollte das Management beachten, daß die
gegenüber dem Wettbewerb entstandenen Vorteile
ständig der Gefahr unterliegen, verlorenzugehen.
Erzielt ein Hersteller nämlich Erfolge, so versuchen Konkurrenten, seine Politik zu imitieren. Es
findet eine Harmonisierung statt, die Vorteile ge-

hen verloren, und der Wettbewerb baut im ungünstigsten Falle seinerseits eigene Erfolgspotentiale auf. Die eigenen sinken um so mehr, je intelligenter die Imitation des Wettbewerbs gelingt. Die Geheimhaltung der Merkmale, die das Erfolgspotential bestimmen, erweist sich also als eine wichtige Voraussetzung dafür, daß die Anpassung der Konkurrenz nur verzögert erfolgt. Darüber hinaus besteht eine Tendenz zur Kostenanpassung dadurch, daß Verfahrensvorteile mehr und mehr bekannt, von Maschinenherstellern übernommen bzw. weiterentwickelt und allgemein angeboten werden.

Es gibt eine interne Gefahr insbesondere für erfolgreiche Unternehmen. Oft sinkt die hohe Aufmerksamkeit und Wachsamkeit, mit der sie die externen Faktoren auf herannahende Gefahren und Chancen für die eigene Position in der Vergangenheit untersuchten. Im Laufe längerer Erfolgsphasen läßt die Anstrengung und Sensibilität nach, wenn die Führung sie nicht ständig mit erneuten Impulsen aktiviert.

Daraus ergibt sich, daß das Management ständig vor der Aufgabe steht, Erfolgspotentiale mit Nachdruck zu einem revolvierenden Vorsprung weiterzuentwickeln, um den Abstand gegenüber dem Wettbewerb aufrechtzuerhalten. Gleichzeitig sollte es alle Maßnahmen ergreifen, die zum Schutz des Know-how beitragen. Die Intensität, mit der die Konkurrenten ihre „Verfolgungsjagd" aufnehmen sowie die Schwierigkeiten, die sie durch die Abgrenzungsbarrieren zu überwinden haben, um die Erfolgspotentiale zu neutralisieren, bestimmen die Geschwindigkeit, mit der eine Gesellschaft arbeiten muß, um ihren Vorsprung zu verteidigen.

Zur Klärung beantwortete das Team folgende allgemeingültige Fragen:

1. Durch welche strategischen Grundsätze erhält das Unternehmen eine klare Orientierung zur Differenzierung?
2. Mit welchen Maßnahmen setzt es die unternehmenspolitischen Ziele in die Tagesarbeit um?
3. Mit welchen Aktivitäten fördert es Eigenständigkeit und Unternehmertum?
4. Welche organisatorischen Voraussetzungen zur Förderung der Eigenständigkeit und des Unternehmertums sind zu schaffen?
5. Welche Maßnahmen erhöhen permanent die Motivation zur kreativen Leistung? (kreativitätsfördernde Führung, Organisation, räumliche Voraussetzungen etc.)
6. Mit welchen Maßnahmen schützen wir das erarbeitete Know-how?
   a) Welche prägen das Verständnis für die Gefahren eines Know-how-Abflusses?
   b) Welches Know-how schützen wir sinnvollerweise durch Patente, Gebrauchsmuster etc.?
   c) Wie kontrollieren wir den Zugang Fremder zum Werk?
   d) Nach welchen Grundsätzen beurteilen wir den Inhalt von Veröffentlichungen und Referaten im Hinblick auf den Know-how-Schutz?
7. Wie verbessert das Management die Fähigkeiten zur Erkennung der Kundenbedürfnisse und zu ihrer Anpassung?
   a) Welche Aktivitäten führen zu einer Verbesserung der Kundenkontakte?
   b) Mit welcher Systematik werten die Mitarbeiter Kundenwünsche bei Schulungen und Kongressen im Hause aus?
   c) Was tun sie, um veränderte oder neuentwickelte Produkte gemeinsam mit Kunden zu erproben?
8. Mit welchen Methoden können wir möglichst schnell und preiswert differenzierendes Know-how erwerben?
   a) Welche verbessern die eigene Forschung und Entwicklung?
   b) Wie imitieren wir intelligent?
   c) Wie versuchen wir, Lizenzen zu erhalten?
   d) Wodurch bemühen wir uns, Firmen mit ergänzendem Know-how zu übernehmen?

9. Welche Eingriffe der Führung bewirken Praxisnähe und Kundenorientierung unserer Entwicklung?
   a) Wie fördern wir die häufigeren Kundenkontakte der Entwicklungsmitarbeiter?
   b) Welche Maßnahmen unterstützen die enge Zusammenarbeit der Abteilungen Forschung und Entwicklung mit den Abteilungen Verkauf, Service und Kundenschulung?
10. Wie bildet der Vertrieb eine Kundentypologie, und wodurch paßt er sich an das Zielkundensegment an?
11. Welche Aktivitäten erhalten unsere gesamte kundennahe Organisation lernfähig?

Das Moderationsteam beurteilt die geplanten Arbeiten der Forschung und Entwicklung (Vordruck 71) und gibt darüber hinaus ihre weiteren Detailziele als Empfehlung vor. Die einzelnen Schritte kontrolliert das Management dann in den regelmäßigen Sitzungen im Laufe des Jahres.

Die wesentlichsten Schritte zur Verbesserung der Differenzierung bestehen in der Entwicklung neuer und verbesserter Produkte. Dabei ist auf Basis der Problemanalyse nach neuen Erzeugnissen, kreativen Verbesserungen, intelligenten Imitationen und Angebotserweiterungen zu suchen, die die Solitärbarrieren auf- und ausbauen. Angebotserweiterungen können beispielsweise darin bestehen, daß man sich vom Komponentenhersteller

Geschäftsfeld:	Vordruck: 71
Bedeutung allgemein:	Bearbeiter:
	Datum:

Neue und verbesserte Produkte

neues bzw. verbessertes Produkt[1]	Entwicklung bis Einführung		Synergie in %[3]	Differenzierungsmaß[4]	Erwartung im 5. Umsatzjahr		Priorität
	Mann-Monate	Aufwand[2]			Umsatz	Ergebnis	

1 Anforderungsprofil gemäß Vordruck „Produkt-Stärken und -Schwächen"
2 K = Kosten, I = Investition
3 Synergie zu den vorhandenen Produkten in % vom insgesamt für dieses Produkt notwendigen Know-how sowie den Investitionen abschätzen.
4 0 = nicht vorhanden (me-too-Produkt), 10 = monopolistisch, ./. 10 = große Nachteile
  Wichtig: Durch Kundenbefragungen absichern!

zum Lieferanten gesamter Aggregate entwickelt. Die Effizienz der eigenen Bemühungen läßt sich steigern und damit das Entwicklungstempo auf den Schwerpunktgebieten erhöhen, wenn das Team alle Arbeiten an neuen und verbesserten Produkten genau auf ihre Chancen hin überprüft und nach klaren Entwicklungsprioritäten arbeitet. Zunächst definiert es die erreichbaren Projektziele. Trotz aller Unsicherheit sollten die zuständigen Entwicklungsabteilungen die Zeit und die Kosten je Projekt und der Vertrieb die Marktpotentiale, Umsatz- sowie die Differenzierungsmöglichkeiten von Zeit zu Zeit einschätzen. Diese Erkenntnisse bilden die Basis für die Prioritäteneinteilung.

Kognitiver Anker durch Markenpolitik

Der Verbraucher erkennt das als positiv erlebte Produkt durch die unverwechselbare Namensgebung, also den Markenbegriff, wieder, der deutlich jeden Artikel kennzeichnet. Er ist neben einem Zeichen das wohl wesentlichste Erkennungsmerkmal, mit dessen Hilfe der Abnehmer ein Erzeugnis, das ihm vorteilhaft erschien, wieder in einer Vielfalt angebotener Waren identifiziert.

Diesen Grundgedanken, den die Markenartikelindustrie als eine Selbstverständlichkeit empfindet, vernachlässigen Hersteller von technischen Artikeln vielfach auch heute noch. Marken und Zeichen sollen unverwechselbar sowie schützbar sein und zum Umfeld sowie Unternehmensimage harmonisch passen.

Die Antwort auf wenige Fragen hilft bei der Erfolgsorientierung:

1. Besitzen wir für unser Unternehmen ein System von geschützten Marken, das die Synergien nutzt?
2. Zeigen sich die Marken unverwechselbar und prägnant?
3. Eignen sich die Einzel- oder Sammelmarken für die wichtigsten Produkte bei unserer Umsatzgröße?
4. Passen die Marken zum Gesamtimage?

Ansatzpunkte der Differenzierung überprüfen

Für die Absetzbewegung vom Wettbewerb lassen sich alle Instrumente des Marketings, wie Produktpolitik, Service, Kommunikation etc., nutzen. Die wesentlichen Ansatzpunkte sind u. a.:

- *neue oder verbesserte Produkte*
  - Eigenschaften
  - Form
  - Farben
  - Zeichen
  - Beschriftung
  - Marke
  - Verpackung
  - Qualitätsimage
  - Innovation (neue Produkte)
  - intelligente Wettbewersimitationen
  - erweiterte Produktleistung (von der Komponente zum Gesamtaggregat)
- *Sortiment*
  - ergänzende Produkte (Synergien?)
  - alternative Produkte (Synergien?)
- *Service*
  - Beratung und Kundendienst
  - Projektausarbeitung und Problemlösungsvorschläge
  - Musterfertigung
  - Lieferung zur Probe
  - Ausbildung und Schule
  - technische Unterlagen
  - kaufmännische Unterlagen
  - Leihpersonal
  - Anwendungstechnik
  - Wartung
  - Lieferzeit und -sicherheit
  - Änderungsservice
  - Umtauschrecht
  - Ersatzteilversorgung
  - Garantie
  - Finanzierung
- *Distribution*
  - Image des Absatzkanals
  - Distributionsgrad (Kundennähe)
  - Wirtschaftlichkeit

- *Verkaufsförderung*
  - Produktpräsentation
  - Seminare und Schulungen
- *Kommunikation*
  - Werbebotschaft
  - Werbegestaltung
  - Werbemittel
  - Werbezyklus (Wiederholung)
- *Persönliche Anbindung*
  - gesamthafte Problemlösung (optimal kombiniertes Leistungspaket)

Alle Funktionen des Unternehmens stützen also mehr oder weniger die Differenzierungsbemühungen. Je mehr differenzierende Leistungen und Positionen das Angebot vom Wettbewerb abgrenzen, um so stärker und stabiler sind die Solitärbarrieren.

Zur Analyse der Differenzierungsmöglichkeiten tragen folgende Fragen bei:

1. Welche wesentlichen Eigenschaften zeigen unsere Kunden (Konzentration)?
2. Welche weiteren Abnehmergruppe gibt es und welche passen zu uns (Zielkunden)?
3. Welchen differenzierenden Nutzen (rational, emotional) bietet unser Angebot bzw. das des stärksten Wettbewerbers?
4. Welche Serviceleistungen erhöhen den Nutzen für unsere Zielkunden?
5. Wie prägen wir den Nutzen dem Kunden ein?
6. Wie sichern wir die Differenzierungsvorteile gegen Nachahmung ab?
7. Welche Kommunikationsmittel prägen den Interessenten unsere Vorteile nachhaltig ein?
8. Wie appellieren Sie an die Gefühle?
9. Wie beziehen wir den Kunden in die Demonstration ein?
10. Welche Vorteile fassen wir in allen Kommunikationsmitteln zusammen (kurz und prägnant)?

Positionsstärken gegenüber Abnehmern ausbauen

Schon durch die Kundenorientierung, d. h. durch die konsequente Anpassung aller Leistungen an die Bedürfnisse der Kunden sowie durch die Differenzierung verbessert sich die Position gegenüber den Abnehmern. Darüber hinaus gibt es aber eine Reihe von weiteren Maßnahmen, die im Laufe der Zeit zu einer günstigeren Position führen. Dazu gehören insbesondere

a) die Kundenselektion[34]
b) die emotionale Bindung[35]
c) der Aufbau von Umstellungskosten und -zeit
d) die Förderung von Umstellungsrisiken
e) die finanzielle und vertragliche Bindung
f) die Förderung der Rentabilität des Abnehmers

Eine Basis für die weiteren Überlegungen zur Selektion erarbeitete das Team bereits durch die Festlegung der Kunden nach Abnehmertypen und Regionen, auf der die weitere Analyse aufbauen kann. Diese Ergebnisse ergänzt es durch eine Auswahl von folgenden Fragen:

1. Welche Abnehmergruppen gibt es und welche passen zur eigenen Strategie, d. h. bei welchen kommen die eigenen Stärken zur vollen Entfaltung?
2. Welche Kunden bieten unter der gegebenen Wettbewerbssituation die besten Ergebnisvoraussetzungen? – Auf welche Zielgruppen wollen wir uns konzentrieren?
3. Mit welchen konzeptionellen Veränderungen (in bezug auf das Produkt, das Marketing, die Kontaktpolitik, die Technologie, das Sortiment etc.) und durch Überwindung welcher Solitärbarrieren erschließen wir unsere Zielgruppen?
4. Bevorzugen wir nachhaltig rentabilitätsstarke Käufer und stoßen wir dauerhafte Verlustbringer konsequent ab?

Auch engste Abnehmerkontakte zu den wesentlichen Entscheidungsträgern und das damit verbundene persönliche Wohlwollen stabilisieren Geschäfte.

5. Welches sind die wichtigen Kunden und die zugeordneten wichtigen Entscheidungsträger?
6. Wer pflegt den persönlichen Kontakt zu diesen Entscheidungsträgern, und ist die jetzige Situation optimiert?

Wechselt ein Käufer einen Lieferanten, so entstehen mehr oder weniger hohe Aufwendungen, und der Wechsel erfordert eine unterschiedliche Umstellungszeit. Beispielsweise fallen Kosten und Zeit für überprüfende Tests, Einarbeitung von Mitarbeitern, zusätzliche Investitionen in Maschinen und Geräte oder gar Änderungen in der eigenen Konzeption an.[36] Diese Hindernisse hemmen den Abnehmer beim Wechsel, stellen somit Barrieren für den Lieferanten dar. Entsprechende Ziele und Maßnahmen sind festzulegen, um möglichst viele und hohe Umstellungskosten und Zeitverzögerungen einzubauen.

7. Welche Maßnahmen binden den Kunden an unsere Produktstrategie?
8. Schaffen wir spezielle Einrichtungen bei der Weiterverarbeitung und Verwendung unseres Produktes, um damit Umstellungsaufwand aufzubauen?
9. Gehen wir auf Kundenspezifikationen ein, die ein neuer Anbieter erst erfüllen muß?
10. Offerieren wir Tests und Serviceleistungen, die den Käufer anbinden, über die Wettbewerber nicht verfügen?
11. Bieten wir Schulungen für die Mitarbeiter an, die nur auf unser Angebot abgestellt sind?
12. Haben wir unser Erzeugnis so konstruiert, daß Kosten für die Modifikation beim Wechsel entstehen?
13. Welche sonstigen Umstellungskosten sind aufzubauen?

Bestimmte Maßnahmen erhöhen das Risiko der Umstellung auch für den Kunden. Immer dann, wenn das eigene Fabrikat zum wesentlichen Bestandteil für die Strategie und das Qualitätsimage des Abnehmers wurde, erhöht dies sein Risiko des Lieferantenwechsels.

14. Gibt es die Möglichkeit, unser Produkt zum Bestandteil der Qualitätspolitik des Abnehmers zu machen?
   a) Läßt sich unsere Marke bei deren Kunden verankern, so daß bei ihm erheblicher Überzeugungsaufwand entsteht, wenn er etwas ändern will?
   b) Kann unser Erzeugnis zum wichtigen technischen Bestandteil für das Angebot unseres Kunden werden?
15. Empfindet unser Käufer die Vorwärtsintegration seiner Lieferanten als Bedrohung?
16. Fürchten unsere Abnehmer alternative Vertriebswege oder die Stärkung ihrer Wettbewerber?
17. Ist es schließlich möglich, unser eigenes Risiko dadurch zu senken, daß wir die Lieferanteile auf mehr Kunden, andere Abnehmergruppen und andere Märkte verteilen?

Vertragliche Verpflichtungen bestehen beispielsweise, wenn Leithändler oder -hersteller ausschließlich nur von einem Lieferanten beziehen. Dies setzt jedoch eine starke Position des gekauften Fabrikates voraus. In bestimmten Branchen, wie z. B. im Brauerei-Gewerbe, besteht die Möglichkeit, die Partner finanziell, vertraglich oder durch Beteiligungen einzubinden.

18. Gibt es irgendwelche Chancen, wichtige Abnehmer durch Ausschließlichkeit, Kredite, Beteiligungen oder sonstige Verträge an das Unternehmen zu binden und welche Konsequenzen hat dies für das Verhalten von anderen?

Die Förderung der Rentabilität des Abnehmers bindet ihn ein, wenn diese einen speziellen Bezug zum eigenen Produkt besitzt. So kann beispielsweise deren Einsatz dem Kunden die Möglichkeit geben, sich seinerseits besser bei seinen Käufern zu differenzieren und höhere Erlöse zu erzielen, oder das Angebot bringt ihm Leistungsvorteile, senkt also seine Kosten. Solch ein Nutzen liegt vor, wenn man beispielsweise just-in-Time liefert, eine höhere Lebensdauer oder einen höheren Wiederverkaufswert anbietet bzw. die Installations- oder Wartungskosten senkt.

19. Mit welchen Möglichkeiten erhöhen wir die Differenzierung unserer Käufer, so daß sie bessere Erlöse erzielen?
20. Mit welchen Maßnahmen senken wir die Kosten der Abnehmer?

Schließlich kann auch die eigene Informationspolitik dazu führen, daß sich die Position mehr oder weniger stärkt oder schwächt. Die Einkäufer großer Industriebetriebe versuchen beispielsweise, die Kalkulation ihrer Lieferanten nachzuvollziehen. Deshalb dürfen die Mitarbeiter nur solche Informationen aufdecken, die ohnehin vorliegen, und den Kostenaufwand entsprechend betonen. Dies setzt voraus, daß das Know-how in den entscheidenden Punkten geheim bleibt.

21. Werden kritische Informationen, die für den Kunden zu einer Kostentransparenz führen, geheimgehalten? – Wer ist befugt, über Kosten und Erlöse zu sprechen?
22. Gibt es Richtlinien für die Argumentation?

Grenzen der Differenzierung und Kundenorientierung

Der Interessenkonflikt zwischen den Zielen des Herstellers und denen seiner Abnehmer setzt den Differenzierungsbemühungen und der Kundenorientierung allerdings Grenzen. Diese werden stets deutlich, wenn die Käufer empfinden, daß das Differenzierungsbemühen des Produzenten ihren Interessen zuwiderläuft, so daß sie sich dagegen wehren. Verbindet die Absetzbewegung für den Abnehmer funktionale Nachteile im Produkt, so sollte der Lieferant sein gesamtes Bemühen von vornherein in Frage stellen.

Oft wehren sich Abnehmer aber auch, weil sie die Austauschbarkeit der angebotenen Leistungen fordern, um nicht von einem Hersteller abhängig zu sein. Dadurch minimieren sie ihr Risiko und können mehr Preisdruck ausüben. Es hängt dann in erster Linie von der Marktkonstellation ab, ob sich die Differenzierung durchsetzen läßt. Den Schwierigkeiten am Anfang stehen unter Umständen langfristige Vorteile gegenüber. Das andersartige Angebot wird normalerweise im Laufe der Zeit zur Selbstverständlichkeit, und der ursprüngliche Widerstand gerät in Vergessenheit. Die Chancen zur Durchsetzung sinken in der Regel im Verlauf der Lebenskurve.

Geht ein Hersteller andererseits aus falsch verstandener Kundenorientierung jedem begründeten und unbegründeten Abnehmerwunsch nach, so kommt er nicht selten in wirtschaftliche Schwierigkeiten. In manchen Märkten führen ständige Sonderwünsche zu Produktmodifikationen und neuen Erzeugnissen, die eine Serienproduktion und Standardisierung verhindern. Einerseits steigen dadurch die Kosten, andererseits versucht der Käufer, seine Einkaufspreise zu reduzieren, wobei er nur in den Grenzfällen eigener Abhängigkeit Rücksicht auf die Ertragssituation seines Lieferanten nimmt. Er bemüht sich normalerweise stets, sein Einkaufspotential auszuschöpfen, gleichgültig ob er selbst die Serviceanforderungen überhöht und den Lieferanten in die Verlustzone gebracht hat.

Auch für ein stark kundenorientiert arbeitendes Unternehmen sollte es also nicht jede Bereitschaft geben, die Wünsche der Abnehmer zu erfüllen. Wo liegt diese Grenze, auf Käuferwünsche einzugehen? – Sie ist stets dort zu sehen, wo die Gesellschaft den Divisor der Basisformel verschlechtert. Er sinkt beispielsweise durch eine vom Abnehmer veranlaßte Schwächung der Solitärbarrieren, der keine überproportionale Senkung der Kosten gegenübersteht oder durch eine von ihm bewirkte Stärkung der Solitärbarrieren, die mittelfristig Kostensteigerungen bewirken, die der Besteller nicht bezahlt. Die Erfüllung der Kundenwünsche weicht also stets dann von den strategischen Zielen ab, wenn sie nicht kurz- oder mittelfristig zu stärkeren Positionen infolge der Maßnahmen führt bzw. die Relation der Basisformel nicht verbessert. Daß bei allen diesen Überlegungen das Wettbewerbsverhalten eine wesentliche Rolle spielt, ergibt sich schon dadurch, daß der Wert der Differenzierung durch deren Aktivitäten fällt oder steigt.

Bei homogenen Artikeln, bei denen sich der Schwerpunkt mehr auf die Preisorientierung verlagert, tritt die Kundenorientierung zurück, auch wenn persönliche Kontakte unter Umständen noch eine große Rolle spielen. Oft lassen sich aber auf Grund einer Vielzahl kleinerer Abnehmer aus wirtschaftlichen Gründen solche Kontakte nicht mehr pflegen. In dieser Situation, in der es keine wirtschaftlichen Möglichkeiten gibt, den Zähler der Basisformel merklich zu erhöhen, kommt dem Nenner zur Verbesserung des Divisors die entscheidende Bedeutung zu.

Folgende Fragen helfen u. a., die Grenzen der Differenzierungsmöglichkeiten abzuschätzen:

1. Bringt die Differenzierung für den Kunden mehr Nach- als Vorteile bei Abwägung von Leistung und Kosten?
2. Liegen die Nachteile im Produkt oder in antagonistischen wirtschaftlichen Interessen?
3. Welche Interessen der Kunden stehen unseren Differenzierungsinteressen gegenüber?
   a) Rechnen wir mit vorübergehenden oder dauerhaften Widerständen?
   b) Wie stark dürfte das ablehnende Verhalten einzuschätzen sein?
   c) Sind wir in der Lage, unsere Interessen durchzusetzen, ohne die Kunden nachhaltig zu verärgern?
   d) Welche mittelfristigen Zusatzerlöse stehen dem Mehraufwand zur Durchsetzung gegenüber?
4. Welche rationalen und emotionalen Solitärbarrieren bauen sich mit der Absetzbewegung auf?
5. Mit welchen dauerhaften Mehrerlösen rechnet der Vertrieb?

6. Haben die Produkteigenschaften und langjährige Branchenusancen den Markt homogen geprägt, so daß alle Bemühungen um eine Differenzierung unwirtschaftlich viel Zeit und Aufwand erfordern?
7. Führt unsere Kundenorientierung zur Erfüllung von Wünschen, die niemand bezahlt?
8. Erhöht die intensive Beachtung von Kundenforderungen unsere Kosten?
9. Ergibt sich durch die Erfüllung der Kundenwünsche langfristig eine Verschlechterung von Leistungs- und Kostenstruktur? – Wie verändert dies mittelfristig unsere Position bzw. den Quotient der Basisformel?
10. Erfüllen wir die Kundenwünsche, ohne unsere strategischen Ziele aus dem Blickfeld zu verlieren?

4.25 Erfolgsorientierte Arbeitsweise

Um eine einheitliche Arbeitsweise im Unternehmen zu prägen, sollte die Führung diese so kurz wie möglich festschreiben. Solche Thesen haben die speziellen Erfordernisse des Betriebes und insbesondere die festgelegten Basisziele zu berücksichtigen.

Das Moderationsteam kann beantworten, inwieweit es gelang, im Unternehmen eine erfolgsorientierte Arbeitsweise zu verankern, und welche Verbesserungsmöglichkeiten es sieht.

1. Wird versucht, komplexe Zusammenhänge vereinfacht darzustellen, so daß möglichst viele Beteiligte mitdenken?
2. Gibt es klare Strategische Ziele in Thesenform?
3. Erläutert die Führung sie immer wieder an Beispielen aus der Praxis und beweist sie damit ihre Richtigkeit?
4. Delegiert sie konsequent?
5. Konzentriert sich die Arbeitsweise der Mitarbeiter auf die Stärken? – Schreiben sie in Aktenvermerken nur das Wesentliche?
6. Führt das Management die Sitzungen straff

auf der Grundlage einer Tagesordnung? –
Fällt es stets klare Beschlüsse?

7. Gibt es den Dringlichkeitsthemen die höchste
   Bedeutung in jeder Tagesordnung?
8. Unterscheidet es Fakten und objektivierte
   Werte von Emotionen und unbegründeten
   Meinungen?
9. Entscheidet es schnell genug?
10. Spricht der Sitzungsleiter Sach- und Termin-
    ziele ab, wobei die Mitarbeiter die Termine in
    erster Linie selbst festlegen?
11. Erhalten alle verteilten Aufgaben Prioritäten?
12. Erteilt man einzelnen Verantwortlichen zu
    viele Aufgaben mit höchster Dringlichkeit? –
    Werden also die Aufgabenvolumina richtig
    portioniert?
13. Hat das Management Prioritäten nach Kun-
    den, Geschäftsfeldern, Produkten, Regionen,
    Entwicklungszielen und Technologien defi-
    niert?
14. Gibt es Such- und Beobachtungspositionen für
    Arbeitsgebiete, die noch nicht reif sind für ei-
    ne Prioritäteneinteilung?
15. Erfolgt eine Zuteilung der finanziellen Mittel
    unter Berücksichtigung der Dringlichkeit?
16. Mißt die Führung die Ergebnisse konsequent
    an den Zielen?
17. Betont sie Erfolge durch das Entlohnungssy-
    stem?
18. Hebt sie Erfolge ständig hervor und stellt
    sie als Beispiele für zielorientiertes Handeln
    dar?
19. Gibt es im Unternehmen nennenswerte Rei-
    bungsverluste?
20. Konzentriert sich die Arbeit auf die Geschäfts-
    felder, die die Zukunft des Unternehmens
    sichern? – Wird Ballast konsequent abge-
    stoßen?

4.26 Wirtschaftlichkeitsorientierung und wirtschaftlichkeitsfördernde Maßnahmen

Der Preis ist aus Kundensicht einer der beiden wesentlichen Bestandteile der Basisformel der Unternehmenspolitik, denn neben dem Nutzen bildet er
das zweite Entscheidungskriterium. Je weniger die
Differenzierung gelingt, um so mehr erhält die
Preispolitik Bedeutung als absatzpolitisches Instrument. Dann entscheidet aus Herstellersicht die
Kostenführung für die Überlebensfähigkeit des
Unternehmens und die Sicherheit der Arbeitsplätze. Wer also das Ziel „Sicherheit der Arbeitsplätze" verfolgt, muß sich Sparsamkeit und Rationalisierung verpflichtet fühlen. Je mehr sich die be-
rechtigten täglichen Klagen über zu hohe eigene
Preise trotz unbefriedigender Ergebnissituation
des eigenen Unternehmens häufen, um so dringen-
der signalisiert dies die Notwendigkeit wirtschaft-
lichkeitsfördernder Maßnahmen.

Neben den früher geschilderten Positionsdeterminanten der Kostenführung, wie dem Marktanteil
oder der Synergie, geht es hier vor allem um Leistungen und ihre Orientierungen, die die Strukturen verbessern und schließlich zum Aufbau starker
Kosten-Positionen führen. Die Maßnahmen zur
Rationalisierung und die Ansätze zur Einsparung
sind sehr vielfältig und von unterschiedlichster
Bedeutung. Aber es gibt einige Grundeinstellungen und wesentliche Gesichtspunkte, die in diesem Zusammenhang eine große Hilfe darstellen.

1. Die Schlagworte lauten: Sparsamste Personalbesetzung! Kein Mann zuviel! – Dies gilt vor
   allem für Stäbe und Overheads. Sparsame Personalbesetzung ist nur möglich, wenn das Unternehmen Abläufe vereinfacht, alle unwichtigen Arbeiten beseitigt, Prioritäten setzt und
   Mut zur Kürze zeigt.
2. Jeder verpflichtet sich, darauf zu achten, seine
   Handlungsweise so wirtschaftlich wie möglich
   zu gestalten. Er lebt die Geisteshaltung: Wie
   läßt sich noch etwas vereinfachen und verbilligen? – Welche Produkte und Vorgänge sollte

ein Arbeitskreis wertanalytisch überprüfen? – Wo treiben die Manager oder die Mitarbeiter unnötigen, also unwirtschaftlichen, Aufwand? – Bleiben andererseits durch falsche Sparsamkeit Chancen ungenutzt?

3. Das Sortiment ist möglichst klein zu halten. Einschränkend wirkt stets die akquisitorische Kraft des breiten Sortimentes auf die Kunden. Während ein Handelsunternehmen das Sortiment relativ leichter über Umschlagshäufigkeit und Handelsspanne steuern kann, sind beim Hersteller die synergetischen Effekte in der Entwicklung, Konstruktion, Fertigung und im Vertrieb abzuwägen. Basis für die Beurteilung ist der schon früher abgehandelte Synergiegrad. Strategische Produkte bleiben jedoch auf Grund einer Grundsatzentscheidung der Unternehmensführung im Sortiment, auch wenn alle derzeitigen Erkenntnisse für eine Streichung sprechen.

4. Gerade kundenorientierte Unternehmen erfüllen Sonderwünsche von Abnehmern oft so weit, daß sie ihr Sortiment zu stark zersplittern. Damit erhöht sich die Komplexität der betreffenden Arbeitsgebiete erheblich. Geht aus den gleichen Gründen das Standardisierungsbemühen verloren, so steigen die Kosten und Abwicklungsschwierigkeiten überdurchschnittlich und die Unternehmensleistung fällt mehr und mehr zurück.

5. In regelmäßigen Untersuchungen sollte die Geschäftsführung nach Ausschußminderung, Rezepteinsparung, Analyse unrentabler Kostenstellen, Produkten und Kunden, wirtschaftlichsten Produktions- und Verwaltungsabläufen, wertanalytischer Vereinfachung der Produkte und Arbeitsgänge (Pflichtenhefte) fragen.

6. Jede Investition überprüft das Management sorgfältig auf ihren Kapitalrückfluß und investiert nur da, wo es einen guten Ertrag für die Zukunft erwartet. Generell entscheiden also die Kapitalrückflußzeiten. Ausnahmen bilden lediglich strategische Investitionen, die sich nur langfristig im Rahmen eines Gesamtkonzeptes

rechnen oder als Test für strategische Ausrichtungen dienen. Dies trifft zu bei ersten Schritten in eine neue Technologie, deren wirtschaftliche Auswirkungen man noch nicht beurteilen kann, weil sie einen langen Lernprozeß der Mitarbeiter erfordern. Ohne die strategischen Investitionen verbaut das Unternehmen den Weg, in der Zukunft zu einer überdurchschnittlichen Produktivität in der Fertigung zu kommen, die Spitzenunternehmen kennzeichnet.

Schon durch die Prioritätenbildung und die damit verbundene Strukturveränderung des Sortiments ergibt sich zwangsläufig ein wirtschaftlicherer Einsatz der Mittel, da die Gesellschaft nicht mehr in Verlustprodukte investiert. Darüber hinaus empfiehlt es sich, Grundsätze zu verabschieden, nach denen die Bereiche die zukünftigen Investitionen vornehmen. Dies beschleunigt den Entscheidungsprozeß und senkt den administrativen Aufwand. Es ist darüber hinaus zu verhindern, daß ein Verantwortlicher aus irgendeinem Interesse heraus auf Dauer Investitionen mit zu optimistischen Erwartungen vertritt. Deshalb erhält das Finanz- und Rechnungswesen die Aufgabe, in Stichproben die tatsächlichen Ergebnisse der ursprünglichen Erwartungen nach zwei oder vier Jahren gegenüberzustellen und alle zu optimistischen oder pessimistischen Vorlagen zu registrieren. Mit den Mitarbeitern, die den Kapitalrückfluß falsch einschätzen, diskutiert die Führung über die Mittelverschwendung.

Invesititonsüberlegungen sollten Kosten-, Positions- und Marktgesichtspunkte betrachten. Folgende Kriterien entscheiden bei der Beurteilung von Investitionen in neue und alte Arbeitsgebiete:

a) Marktvolumen und Segmente
   – durchschnittliches Wachstum
   – zukünftiges Marktpotential
b) Differenzierungspotential bzw. mögliche Solitärbarrieren
   – Positionsdifferenz zum Wettbewerb
   (Eine größere Know-how-Differenz kann nur in einer frühen Produktlebensphase

ausgeglichen werden. Je weiter die Lebenskurve fortgeschritten ist, um so schwieriger wird es, etablierte Positionen zu verändern.)
 – Stabilität
c) Marktbesetzung
d) Penetrationsanreiz
e) Know-how-Differenz bzw. -Vorsprung
 – Distanz
 – Stabilität
f) Synergien in
 – Produktion
 – Entwicklung und Konstruktion
 – Kundenkontakt
 – Vertrieb
g) Know-how-Zusammenhang mit zukünftigen wichtigen Arbeitsgebieten.

Bei Unterschreitung bestimmter Mindestamortisationszeiten nimmt jeder Stellenleiter beliebige Investitionen für Geschäftsfelder der Prioritäten 1 und 2 im Rahmen der freigegebenen Investitionsplanung vor. Der Geschäftsbereich Finanz- und Informationswesen überprüft die Investitionsrechnung auf formale Richtigkeit und Plausibilität und legt sie ab einer festgelegten Größe der Geschäftsführung zur Information vor. Andere Investitionen bleiben dagegen genehmigungspflichtig, wenn die Stelle

a) ihr Investitionsbudget überschreitet,
b) die vorgeschriebene Mindestamortisationszeit nicht erfüllt, oder
c) einen Antrag auf Umwelt-, Schönheitsinvestitionen bzw. Investitionen für den persönlichen Bedarf, wie beispielsweise Büroeinrichtungen oder einen PKW, stellt.

Strategisch notwendige Investitionen nimmt das Geschäftsfeld natürlich auch vor, wenn sich die Kapitalrückflußzeit nicht rechnet. Kleininvestitionen bis zu einem bestimmten Betrag erfordern keine förmlichen Rentablitätsrechnungen. Die Verantwortlichen haben jedoch die Aufgabe, die Wirtschaftlichkeit der Entscheidung selbst zu überprüfen.

7. Es darf kein unwirtschaftliches Kapital, zum Beispiel in stillgelegten Anlagen oder langfristig ungenutzten Gebäuden und Grundstücken, gebunden sein. Die Kapitalstruktur ist stets günstig zu halten! Die Lagerbestände lassen sich durch den Einsatz moderner Steuerungsinstrumente niedrig halten. Dabei sollte die Grenze jedoch stets dort liegen, wo die Lieferschnelligkeit und Liefersicherheit unter die der stärksten Wettbewerber absinkt.

8. Bei kunden- und entwicklungsorientierten Unternehmen besteht die Gefahr, daß sie zu viel in die Entwicklung investieren und zu wenig auf ihre Effizienz achten. Wie früher diskutiert,[37] liegen die Ausgaben der Spitzenunternehmen eher leicht unter dem Durchschnitt der Branche. Ihre Leistungsfähigkeit kommt weniger aus der Ausgabenhöhe als vielmehr aus einer Mischung von kundenorientierter Problemlösung und Entwicklung.

Das Moderationsteam kann u. a. auf folgende Fragen Antworten suchen:

1. Was läßt sich vereinfachen und verbilligen?
2. Wo treibt die Gesellschaft ineffizienten Aufwand?
3. Welche Stellen leisten sich eine zu hohe Personalbesetzung
4. Ist die Organisation zu personalaufwendig?
5. Besteht ein optimiertes Verhältnis von Leitungspersonen zu Mitarbeitern?
6. Sind die Stabsabteilungen klein gehalten?
7. Wie motivieren wir die Mitarbeiter zur sparsamen Grundeinstellung? – Wodurch?
8. Was untersuchen wir wertanalytisch? – Produkte? – Abläufe? – Gemeinkosten?
9. Durch welche organisatorischen Regelungen überprüfen die verantwortlichen Vorgesetzten laufend die Standardisierungsmöglichkeiten?
10. Mit welchen Maßnahmen straffen sie permanent ihr Sortiment? – Wägen sie die Kostenvorteile im Vergleich zu den akquisitorischen Wirkungen ab?

11. Wodurch mindern die zuständigen Stellen den Ausschuß bzw. Abfall?
12. Wie decken sie unrentable Kostenstellen auf? – Was unternehmen sie zur Verbesserung?
13. Kennen wir die Rentabilität nach Kunden? – Wodurch leiten wir Verbesserungen ein?
14. Gibt es eine Investitionsrichtlinie? – Wer kontrolliert nach welcher Methode den Kapitalrückfluß, und wer gibt strategische Investitionen frei?
15. Wo bindet das Unternehmen unwirtschaftliches Kapital? – Sollte es die Güter verkaufen oder wirtschaftlich nutzen?
16. Bestehen Einkaufsrichtlinien mit dem Ziel, die Einkaufsposition mittelfristig zu verbessern?

17. Gibt es Kostenziele für die gesamten Overheads und einzelne Stabsbereiche?
18. Welche Rationalisierungsziele stellen sich die Sparten, z. B. durch eine Pro-Kopf-Wertschöpfung? – Wer ist verantwortlich und legt bis wann Vorschläge vor?
19. Wie liegen unsere Entwicklungskosten im Verhältnis zur Branche? – Warum legen wir uns nicht – wie Spitzenunternehmen – mit unseren Kosten auf den Branchendurchschnitt? – Mit welchen Regelungen überwachen wir laufend die Effizienz der Entwicklung?
20. Stehen den Kosteneinsparungen andere strategische Prioritäten entgegen beziehungsweise wie wird durch diese Einsparungen die Basisformel beeinflußt?

Geschäftsfeld:				Vordruck: 72 Datum: Bearbeiter:
Analyse der Maßnahmen zur Verbesserung der Kostenposition und ihrer Kostensenkungschancen und Strategiebedeutung (Ergänzung zu Vordruck 51)				
Maßnahmen	Zeit[1]	Aufwand[1]	Rentabilitätschancen[2]	Strategische Bedeutung[2]

1 gering, z.B. < 1 Mann/Jahr = 10, lang bzw. hoch, z.B. > 10 Mann/Jahr = 0 (Einzelheiten vorher definieren)
2 hoch = 10, gering = 0 (Einzelheiten vorher definieren)

263

Als Ergebnis entsteht eine Übersicht entsprechend Vordruck 71.

4.27 Relative Preispolitik als Ziel

Neben den Stückkosten bestimmen die erzielten Erlöse entscheidend das Ergebnis eines Unternehmens. Sie sind der Ausdruck der Distanz der Solitärbarrieren bzw. eines mehr oder weniger starken Image beim Verbraucher. Trotzdem zeigt die Praxis, daß viele Reserven unausgeschöpft bleiben und ein großzügiger Umgang mit der Preispolitik leicht Beträge verschenkt, die sich auf der Kostenseite kaum einsparen lassen. Deshalb hat die Führung Methoden zu erarbeiten, die das Verhalten der zuständigen Mitarbeiter überprüfen.

Vor allem aber sieht das Management in der Praxis die Preispolitik fast immer zu einseitig. Entsprechende Schwierigkeiten dürfen nicht nur Anlaß zu Überlegungen der operativen Politik sein, sondern sollten vor allem Maßnahmen zur strategischen Orientierung auslösen, die zu einer mittel- oder langfristigen Entlastung führen: Der Zähler der Basisformel ist aufzuwerten, um einen ruinösen Wettbewerbsdruck zu umgehen. Das Ziel muß normalerweise die relative, nicht die absolute Preisführung sein.[38]

1. Vertreiben wir in dem untersuchten Segment differenzierte oder homogene Produkte?
2. In welcher Position sehen wir uns als Kostenführer?
3. Wollen wir als Preisführer agieren oder als Differenzierer mit bzw. ohne relative Preisführung?
4. Gibt es eine Artikel- oder Artikelgruppenabrechnung, ggf. eine Vor- und Nachkalkulation?
5. Weicht das Image von den objektiv vorhandenen Eigenschaften negativ ab, gibt es also Reserven durch Marketingmaßnahmen, den Zähler der Basisformel relativ schnell zu verbessern und dadurch ein besseres Preisniveau zu erreichen?
6. Haben wir eine Vorstellung über den Differen-

zierungswert unserer Produkte? – Wie hoch schätzen wir den Zähler der Basisformel ein? – Um welchen Prozentsatz können unsere Produkte über welchen Wettbewerbern liegen?
7. Überprüfen wir die Möglichkeiten einer Preisanhebung bis zum Artikel einer Baureihe je nach der unterschiedlichen Differenzierungssituation?
8. Bieten die verschiedenen Kundengruppen und Regionen ein unterschiedliches Preisanhebungspotential?
9. Läßt sich durch die Gestaltung der Rabatte und Konditionen die Preispolitik entlasten?
10. Gibt es Zielrenditen? – Wer kontrolliert die Abweichungen und welche Maßnahmen werden in solchen Fällen ergriffen?
11. Veranlaßten wir in der Vergangenheit Maßnahmen, um unsere Preispolitik dadurch zu entlasten, daß wir den Zähler der Basisformel günstig beeinflußten? – Welche waren dies?
12. Nutzten wir in der Vergangenheit alle Kosteneinsparungsmöglichkeiten, um die preispolitische Wettbewerbsfähigkeit zu verbessern?

4.28 Risikoabwägung im Hinblick auf die Leistungsdeterminanten

Solitärbarrieren und Kostenführung sichern das Unternehmen ab. Das Maß an Stabilität bzw. die damit verbundene Risikoposition wurden an anderer Stelle bereits diskutiert.[39] Eine weitere Voraussetzung sie zu erhöhen liegt darin, daß die Leistungen im Vergleich zum Wettbewerb auf hohem Niveau bleiben. Dazu gehört auch eine Ausrichtung der Unternehmenspolitik, die die Risiken minimiert. Dies erreicht die Führung beispielsweise durch die Einhaltung folgender Grundsätze:

– Im eigenen Know-how-Kreis bleiben (begrenzte Diversifikation)
  • Parallelentwicklungen zur Steigerung der Innovationskräfte und
  • Abklopfen der Zukunft auf Risiken (z. B. im Strategiegespräch)

Die Antworten auf folgende Fragen vermittelt ihr ausreichende Informationen über die Risikoorientierung der Unternehmenspolitik.

1. Müssen wir befürchten, daß unsere Leistungen im Vergleich zum Wettbewerb abfallen?
2. Berücksichtigt unsere Politik genügend die Gefahren durch aufkommende neue Technologien, Werkstoffe, Produkte und gefährdende Marktentwicklungen?
3. Kennen wir unsere Arbeitsgebiete, die in der Risikozone liegen? – Was unternimmt das Management zur Verbesserung der Situation?
4. Konzentrieren wir uns auf wichtige Produkte, Arbeitsgebiete, Kunden, Absatzwege, Märkte, Technologien etc.?
5. Mit welchen Maßnahmen bauen wir beständig unsere Solitärbarrieren aus?
6. Achten wir auf eine ständige Anhebung der inneren Leistungskräfte? – Durch welche Aktivitäten?
7. Wie stark sind die Bestrebungen zu diversifizieren?
8. Welche Abweichungen von vorhandenem Know-how und von den Synergien nimmt das Unternehmen dabei in Kauf (horizontale, vertikale oder laterale Diversifikation)?
9. Fördert es Parallelentwicklungen und mit welchen Maßnahmen unterstützt es sie?
10. Untersuchen wir periodisch die aufkommenden Risiken, z. B. neue Technolgien, neue Absatzwege, Substitutionsprodukte, sich ändernde Verbrauchergewohnheiten?
11. Bestehen sehr enge Kundenkontakte bzw. ist unsere Marktforschungssystematik so ausgeprägt, daß wir Tendenzen im Markt schon früh erkennen?

4.29 Zur Frage der Potentialausschöpfung

Das Potential eines Marktes erschöpft sich im Verlauf der Lebenskurve. Die Ausschöpfungskurve kommt in höherem Alter asymptotisch an ein Maximum (Potential 1 in Abb. 4.4) heran, das seine Lage jedoch im Laufe der Zeit durch den technischen Fortschritt ebenfalls verändern kann (Potential 2 in Abb. 4.4). Die Unternehmen nutzen die

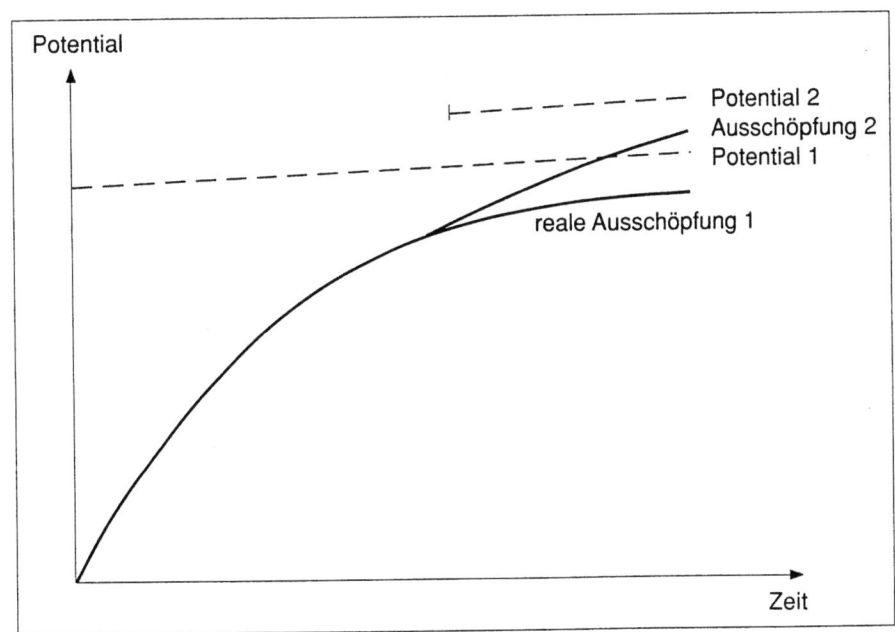

Abb. 4.4:
Verhalten von Potentialen und kreativer Ausschöpfung im Zeitablauf

265

Möglichkeiten eines Marktes also immer nur mehr oder weniger aus, und die Dynamik, dies relativ schnell zu bewirken, hängt wiederum stark von ihrer Kreativität ab. Sind die Bedingungen günstig, so erreichen sie die Annäherung an das Maximum schneller als in einem innovationsfeindlichen Klima. Dies zeigt auch die Bedeutung der Kreativität einzelner Unternehmen für die Wettbewerbsposition.

Auf Grund der Ist-Analyse stellt sich heraus, welche Leistungs-, Positions- und Marktdeterminanten vorliegen, oder wo die Mitarbeiter Möglichkeiten zu Verbesserungen sehen. Stets bleibt jedoch die Unsicherheit, inwieweit sie die offenen und latenten Chancen erkannten, und ob sie die potentiellen Maßnahmen fanden, so daß das Unternehmen die Leistungsreserven schneller als der Wettbewerb ausschöpfte. Es geht bei diesen Untersuchungen vor allem um den Kreativitätsprozeß, mit dem die Führung Innovationen einleitet und noch latente Potentiale eines Marktes aufdeckt. Mit Hilfe der Kreativitätsmethoden verfolgt sie das Ziel, einen revolvierenden Vorsprung zu gewinnen.

Kreativitätsfördernde Rahmenbedingungen

Wegen der Imitationstendenz des Wettbewerbs gibt es einen Vorsprung immer nur auf Zeit, das heißt, das Unternehmen muß ihn revolvierend erneuern, wenn es ihn behalten will. Ein ständiger Vorsprung setzt voraus, daß eine Gesellschaft mehr Innovationskraft besitzt als die Konkurrenz. In vielen mehr mittelständischen Betrieben erhält die Organisation normalerweise die Innovationskraft durch den Eigentümer selbst. Größere Firmen leben jedoch von der Fähigkeit ihrer Organisation, innovative Denker hervorzubringen und anzuregen.

Die Motivation der Mannschaft, die Kundennähe, der Wille, ein gemeinsames Ziel zu erreichen, ein wenig ausgeprägtes Hierarchiedenken sowie ein Klima des offenen Meinungsaustausches und der gegenseitigen Anerkennung spielen dabei oft eine größere Rolle für den Erfolg als das vertieftere Fachwissen. Damit sind die Schaffung einer kreativitätsfördernden Unternehmenskultur mit den geeigneten Menschen für die Innovation die entscheidenden Rahmenbedingungen.

Das Moderationsteam klärt den Sachverhalt durch Beantwortung folgender Fragen:

1. Können sich kreative Mitarbeiter in unserem Unternehmen entfalten, daß heißt, unternehmerische Initiative entwickeln?
2. Gibt es ein Klima des offenen Meinungsaustausches?
3. Werden kreative Leistungen anerkannt?
4. Was hindert sie gegebenenfalls an der unternehmerischen Initiative?
   - Verhalten von Vorgesetzten
   - Organisatorische Abläufe
   - zu hierarchische Organisationsstruktur
   - Schwierigkeiten der Mittelbeschaffung
   - räumliche Voraussetzungen etc.

Entsprechend legt die Gruppe die Ziele und Maßnahmen zur Verbesserung fest:

1. Welche Voraussetzungen schaffen wir in der Strukturorganisation zur Anregung der Kreativität?
2. Welche Ablauforganisation unterstützt ihre Entfaltung?
3. Welche Voraussetzungen von Seiten des Führungsverhaltens sind geschaffen?
   a) personell?
   b) Verhaltensrichtlinien?
4. Welche räumlichen Rahmenbedingungen helfen?
   a) Gibt es genügend Tagungs- und Besprechungsräume
   b) Entspricht die Ausstattung der Räume dem modernsten Stand zur Unterstützung einer zielgerichteten Diskussion?
   c) Können die Kunden die Pausenzeiten in angenehmen Räumen verbringen?
   d) Gibt es Rahmenprogramme für die Kunden?

5. Entfaltet sich Kreativität im engen Kontakt mit maßgebenden Kunden?

Methodische Ansätze zur Kreativität

Um die Brainstorming-Ergebnisse des Moderationsteams durch Systematik noch zu verbessern, empfiehlt es sich, durch Aufschreibungen einen morphologischen Kasten auf der Pinnwand zu entwickeln (Abb. 4.5). Zunächst läßt der Moderator einzelne Parameter jeweils auf einer Karte aufschreiben, die er, nach ihrer Bedeutung geordnet, untereinander auf der Pinnwand anheftet. Anschließend schreiben die Teammitglieder seine Ausprägungen auf andersfarbige Karten. Sie kenn- zeichnen die derzeitigen Lösungswege und suchen nach neuen Kombinationen.

Neben dieser systematisch-analytischen Methode zur Ideenfindung hilft auch bei schwierigen Problemen eine intuitiv-kreative Methode der Ideenfindung, wie beispielsweise die Synektik, bei der man völlig problemfremde Lösungen mit dem eigenen Produkt zu verknüpfen sucht. Wichtig ist, daß die Gruppe vor der Arbeitssitzung entsprechend vorbereitet wird, und daß sie Hemmungen überwindet. Sie sollte wissen, daß eine solche Arbeit sehr viel Zeit, d. h. ein Problemkreis ungefähr einen halben Tag, erfordert.

Auch an den Moderator stellt die Methode höhere Anforderungen. Er muß sich insbesondere vor der Sitzung Gedanken zu geeigneten Analogiebe-

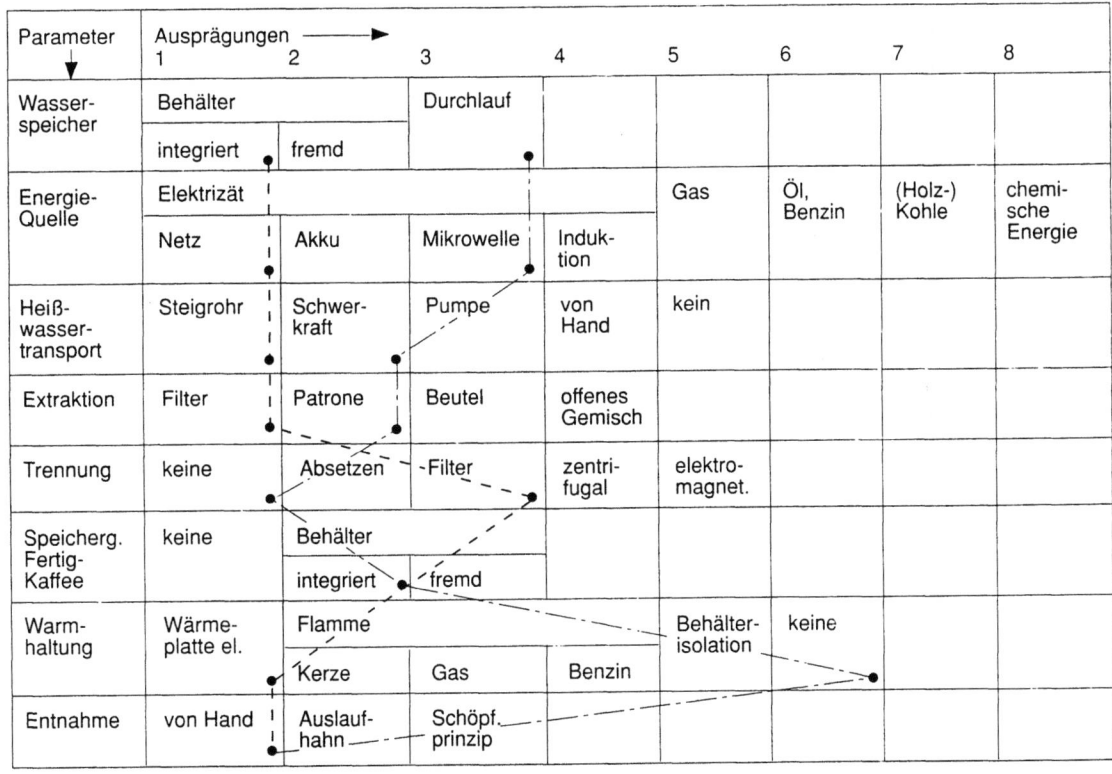

Parameter	Ausprägungen 1	2	3	4	5	6	7	8
Wasserspeicher	Behälter		Durchlauf					
	integriert	fremd						
Energie-Quelle	Elektrizät				Gas	Öl, Benzin	(Holz-) Kohle	chemische Energie
	Netz	Akku	Mikrowelle	Induktion				
Heißwassertransport	Steigrohr	Schwerkraft	Pumpe	von Hand	kein			
Extraktion	Filter	Patrone	Beutel	offenes Gemisch				
Trennung	keine	Absetzen	Filter	zentrifugal	elektromagnet.			
Speicherg. Fertig-Kaffee	keine	Behälter						
		integriert	fremd					
Warmhaltung	Wärmeplatte el.	Flamme			Behälter-isolation	keine		
		Kerze	Gas	Benzin				
Entnahme	von Hand	Auslaufhahn	Schöpfprinzip					

- - - - derzeit verbreitete Lösung   ——·—— interessante Alternative

Abb. 4.5: Morphologischer Kasten über Gestaltungsmöglichkeiten von Kaffeemaschinen mit 3 x 8 x 5 x 4 x 5 x 3 x 6 x 3 = 129 600 konzeptionellen Alternativen

267

reichen machen. Als Leitlinien empfiehlt Schlick-supp:[40]

1. einen möglichst großen Verfremdungseffekt schon in der ersten Analogiestufe und
2. eine hohe Reizqualität der vermutlich auffindbaren Analogien in der letzten Analogiestufe. Als Schrittfolge gibt er vor:
1. intensive Beschäftigung mit dem Problem
2. Entfernung vom Problem
3. Herstellung von Denkverbindungen
4. spontane Lösungsideen
5. Verifikation.

Als Variante zur Synektik nennt er die Tilmag-Methode, bei der Lösungselemente, in Matrizen eingetragen, die Suche nach Gemeinsamkeiten erleichtern.

Kreativitätspotential

Unter der Innovationskraft eines Unternehmens sehen die Mitarbeiter normalerweise die Dynamik der Entwicklung neuer Produkte. Der Moderator sollte dem Team jedoch klarmachen, daß zur Innovation auch neue Vertriebsprozesse, neue Kommunikationsmethoden, neue Motivationswege oder Rationalisierungsmaßnahmen gehören. Will man das Potential ausschöpfen, so sind die Unternehmen ganzheitlich zu sehen und auf allen Gebieten durch Innovationsprozesse attraktive Verbesserungen zu schaffen.

Der Moderator erinnert das Team an die entscheidenden Wachstumskomponenten:

- Marktwachstum
- Produktverbesserungen
- neue Produkte bzw. junge Lebenskurven
- neue Kunden
- bessere Ausschöpfung alter Kunden
- neue Märkt

Um die Notwendigkeit der Innovationskraft eines Unternehmens noch deutlicher zu machen,

stellt er besonders erfolgreiche Unternehmensentwicklungen in und außerhalb der Branche den eigenen gegenüber. Überraschende Einsichten erreicht er dadurch, daß er fragt, welche Innovationen das Geschäftsfeld in den letzten sechs oder 12 Monaten geschaffen hat:

- Entwicklungsdynamik
  - Welche neuen Produkte entwickelten wir?
  - Welche wesentlichen Produktverbesserungen liegen vor?

- Qualitätsdynamik
  - Welche Qualitätsverbesserungen erreichte das Geschäftsfeld?

- Vertriebsdynamik
  - Welche neuen Kunden und Märkte bearbeitete oder eroberte es?
  - Fanden wir stärkere Vertriebspartner oder gründeten wir neue Vertriebstöchter?

- Kommunikationsdynamik
  - Brachten wir neue Kommunikationsmethoden hervor?
  - Wie hoch ist unser Bekanntheitsgrad und wie gut setzten wir unsere Stärken im Image um?
  - Was unternahmen wir, um den Bekanntheitsgrad und die Produktkenntnis zu verbessern?
  - Wie beeinflußten wir unser Firmen- und Produktimage?

- Rationalisierungsdynamik
  - Welche neuen, rationelleren Arbeitsweisen mit deutlichen Einsparungseffekten kamen zum Einsatz?
  - Wie veränderte sich auf Grund welcher Aktivitäten die Ausschußrate?
  - Wie erhöhte das Geschäftsfeld seine Pro-Kopf-Leistung bzw. Pro-Kopf-Wertschöpfung?
  - Wie hoch liegt sie im Vergleich zu maßgebenden Wettbewerbern?

- Motivationsdynamik
  - Mit welchen Maßnahmen steigerte das Management die Motivation?

268

– Absicherungsdynamik
  • Welche Verbesserungen zur rechtlichen Absicherung unserer Position wurden erreicht?

Je mehr positive Antworten, um so bessere Voraussetzungen stützen den zukünftigen Erfolg. Wer nur abwickelt – selbst wenn dies sehr gut geschieht – führt sein Arbeitsgebiet langfristig auf Grund der natürlichen Tendenzen des Marktes in Probleme. Deshalb lohnt sich ein Vergleich:

– Welche Innovationsdynamik zeigten maßgebende Wettbewerber im gleichen Zeitraum im Vergleich zum eigenen Unternehmen?

Die Fragen beantwortet die Gruppe zunächst durch Aufschreibungen, indem die einzelnen Teilnehmer für jedes Merkmal (zum Beispiel neues Produkt, Land) ein separates Blatt verwenden. Bearbeitet der Moderator verschiedene Geschäftsfelder mit unterschiedlichen Gruppen gleichzeitig, so ist jedes Geschäftsfeld durch ein Kurzzeichen zu identifizieren. Die Mitglieder machen folgende konkrete Angaben:

1. das Innovationsmerkmal
2. die Umsatzbedeutung dieser Innovation im laufenden Jahr beziehungsweise in 5 Jahren.

Die Analysearbeit führt auf der Pinnwand zu einer Übersicht.
Die Ergebnisse belegen entweder eine innovative Arbeit in der Vergangenheit oder aber deutliche Lücken, indem noch keine Aussichten vorliegen, die Umsatzausfälle alternder Produkte durch Innovationen zu kompensieren oder ein Wachstum einzuleiten.
Früher wurden schon die Fragen angesprochen, wo das Unternehmen einen Vorsprung besitzt, wie hoch die Mitarbeiter diesen gegenüber dem Wettbewerb einschätzen und welche Ansatzpunkte es zur Verbesserung gibt. Nun untersucht die Gruppe konkret, mit welchen Maßnahmen sich die Differenzierung ausbauen läßt. Dazu geht sie wie folgt vor:

1. Eigenschaften sammeln (Produkt, Service, Kommunikation).
2. Eigenschaften nach Nutzungsgesichtspunkten aus der Sicht des Kunden in eine Rangfolge bringen.
3. Bewerten nach ihrem Differenzierungsvermögen gegenüber dem Wettbewerb (differenzierender Nutzen/ Ist-Situation).
4. Voraussichtliche Entwicklungs- bzw. Vorbereitungszeit
5. zu erwartende Kosten
6. geschätzte Umsätze
7. Gewinne

4.3 Zusammenfassende Beurteilung der Leistungsdeterminanten

Um einen Überblick über die derzeitige Leistungssituation, die Leistungsziele und die relative Wettbewerbskraft der geplanten Maßnahmen zu erhalten, sollte das Team die wichtigsten Komponenten zusammenfassend im Vergleich zur maßgebenden Konkurrenz beurteilen. Zur zielgerichteten Durchführung dieser Arbeit kann es auf zwei Vordrucke zurückgreifen (Vordrucke 73 und 74). Diese ergänzt es gegebenenfalls noch um Kurzbeschreibungen für die wichtigsten Maßnahmen zur Orientierung der Unternehmenskultur, Steigerung der Leistungsintensität und zu einzelnen Funktionen. Solche Angaben sind aber nur insoweit in dieser Ausführlichkeit hilfreich, wie dies zur Klarstellung und Präzisierung der Aufgaben für alle Beteiligten notwendig erscheint.
Geht das Unternehmen von einer Strategie der Kostenführung aus, so erhalten die verschiedenen Orientierungen eine ganz andere Bewertung als bei einer unternehmenspolitischen Ausrichtung auf Differenzierung. Im ersten Fall treten vor allem die Wirtschaftlichkeitsorientierung, die Konzentration, die Preispolitik und die Leistungsintensität in den Vordergrund. Bei der anderen Ausrichtung erhalten die Qualitäts-, Kunden-, Innovations- und Kommunikationsorientierung das entsprechende Gewicht. Der individuelle Einzelfall entscheidet,

wie die Leistungsdeterminanten jeweils eingestuft werden sollten, um sie in einer optimalen Kombination einzusetzen.

4.4 Zielüberprüfung

Erst nachdem die Maßnahmen feststehen, die zu einer starken Position führen, sei es durch kostensenkende Aktivitäten oder durch eine kreative Differenzierung, kann das Management besser abschätzen, ob damit die Voraussetzungen vorliegen, um die gesetzten Ziele zu erreichen. Gelang es nicht, innovative Wege zu finden oder besteht für die Konkurrenten die Möglichkeit, die Effekte der geplanten Aktionen schnell zu kompensieren, so besteht kaum eine Chance, die Positionen zu Gunsten des eigenen Unternehmens zu verschieben. Fanden Wettbewerber sogar günstigere strategisch orientierte Leistungsdeterminanten, denen unsere Gesellschaft nichts entgegenzusetzen hat, so ist mittelfristig mit einem Positionsverlust zu rechnen.

Die frühe Erkenntnis trägt dazu bei, rechtzeitig das Kreativitätspotential in Richtung der strategischen Vorgaben freizusetzen, um erneut das gesamte Leistungspaket zu überprüfen, damit man nicht einfach nur die derivativen Ziele bescheide-

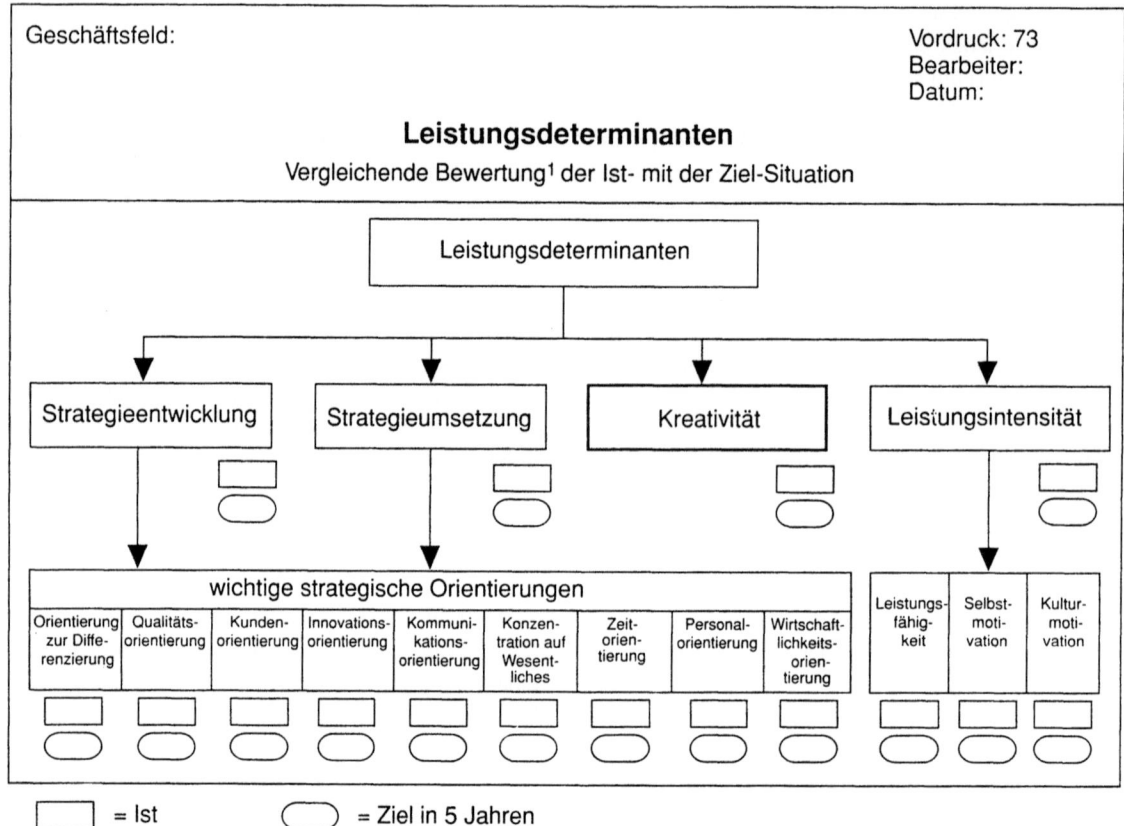

Geschäftsfeld:					Vordruck 74

Datum:
Bearbeiter:

Leistungsdeterminanten

Vergleich der Ausgangssituation mit der erreichbaren in fünf Jahren auf Basis der geplanten Maßnahmen[1]

Orientierungen/Maßnahmen	Erfolgs-potential	heute			in 5 Jahren		
		eigenes Unter-nehmen	Wettbe-werb 1	Wettbe-werb 2	eigenes Unter-nehmen	Wettbe-werb 1	Wettbe-werb 2
Strategieentwicklung und Umsetzung							
1. Orientierung zur Differenzierung							
2. Qualitätsorientierung							
3. Kundenorientierung							
4. Innovations- und Lernorientierung							
5. Kommunikationsorientierung							
6. Konzentration							
7. Zeitorientierung							
8. Personalorientierung							
9. Risikoorientierung							
10. Preisorientierung							
11. Wirtschaftlichkeitsorientierung							
Kreativität							
1. organisatorische Rahmenbedingungen							
2. räumliche Rahmenbedingungen							
3. personelle Voraussetzungen							
Leistungsintensität							
1. Leistungsfähigkeit							
2. Selbstmotivation							
3. Kulturmotivation							

Wichtige Maßnahmen im Sinne der Strategie

[1] 10 = viel besser als der Wettbewerb
0 = Wettbewerbsniveau
./. 10 = viel schlechter als der Wettbewerb

ner festlegen muß. Kündigt sich auf Grund der Analyse ein Positionsabbau an, so sollte dieses Signal die ganze Zähigkeit der Führung aktivieren, die erfolgreiche Manager kennzeichnet, um korrigierende Konzepte zu finden und umzusetzen. Die Ausgangssituation und Maßnahmen sind immer wieder neu zu durchdenken, bis Wege erkennbar werden, die zu einer günstigeren Position führen und die Arbeitsplätze sowie das Geschäftsfeld langfristig absichern.

Fünftes Kapitel

Umsetzung der Strategiearbeit ins Tagesgeschäft

Die Strategietagung vermittelt nach der Erfahrung des Verfassers allen beteiligten Mitarbeitern sehr viel Verständnis und schult wegen des engen Zusammenhanges mit der täglichen Aufgabe wie kaum ein anderes Instrument. Sie fördert in stärkerem Maße als sonstige Maßnahmen, den Umdenkprozeß auf eine neue Ausrichtung. Schon nach der dritten mehrtägigen Sitzung war eine andere Einstellung bei dem größten Teil der Mannschaft deutlich spürbar. Diese Veränderung gelingt vor allem deshalb, weil die Beteiligten selbst ihre Beurteilung abgeben bzw. Entscheidungen treffen und am eigenen konkreten Fall, für den sie selbst viel Erfahrung einbringen, und der in weit höherem Maße ihr Interesse weckt, theoretische Überlegungen diskutieren. Trotzdem geraten die konkret erarbeiteten Ziele und Maßnahmen schnell in Vergessenheit, wenn die Führung nicht laufend auf eine konsequente Umsetzung dringt und dafür entsprechende Regelungen vorschreibt.

5.1 Basisanalyse

In jeder Branche haben Zähler und Nenner der Basisformel ein unterschiedliches Gewicht je nach den Chancen, die sich eröffnen, mit einem bestimmten Aufwand über die Differenzierung höhere Erlöse zu erzielen oder durch entsprechende Anstrengungen die Kosten zu senken. Entsprechend sind jeweils an den Markt angepaßte und den Fähigkeiten des Unternehmens entsprechende Schwerpunkte zu setzen. Ohne diese Prioritäten arbeiten die Geschäftsfelder nicht optimiert: Trotz großer Anstrengungen kommt es zu unzureichenden Ergebnissen.

Nachdem das Team alle im Einzelfall wichtigen Gesichtspunkte im Hinblick auf Märkte, Positionen und Leistungen im wesentlichen analysierte, faßt es nochmals zusammen, inwieweit die Politik des eigenen Hauses sowie der beiden stärksten bzw. gefährlichsten Wettbewerber auf eine Differenzierung bzw. Kostenführung festgelegt wurde. Dabei gibt es alle Übergänge zwischen den

beiden extremen Positionen bis zu einer unausgerichteten und diffusen Politik.

Um die Standorte zu definieren und für alle auf einen Blick deutlich zu machen, bestimmt der Arbeitskreis die eingeschätzte Position in einer Polaritätsgeraden mit Pfeilen und Kennziffern (1) (2), die die einzelnen Firmen kennzeichnen, wie es Vordruck 75 zeigt. Im Falle einer diffusen Politik gibt ein querliegender Strich den Bereich an, in dem sich die Unternehmenspolitik bewegt (3).

5.2 Vereinfachende Zusammenfassungen

Will die Führung im eigenen Unternehmen die Ziele erreichen, so muß sie das Wesentliche für alle verständlich immer wieder kurz darstellen. Eine der wichtigsten unternehmenspolitischen Orientierungen heißt „kürzen und vereinfachen". Viele leitende Mitarbeiter sind durch die Tagesprobleme hoch belastet. Zu lange Sitzungen und Diskussionen stehlen ihnen die dringend notwendige Zeit. Bei umfangreichen Texten und Untersu-

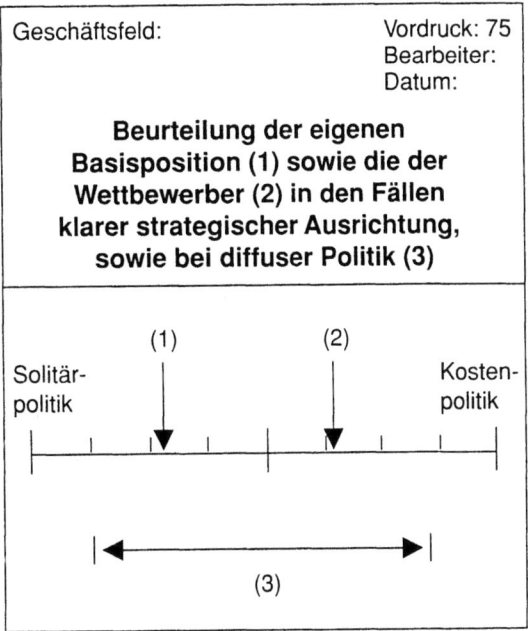

Geschäftsfeld: Vordruck: 75
                  Bearbeiter:
                  Datum:

Beurteilung der eigenen Basisposition (1) sowie die der Wettbewerber (2) in den Fällen klarer strategischer Ausrichtung, sowie bei diffuser Politik (3)

Solitär- (1)   (2)   Kosten-
politik   politik

(3)

Geschäftsfeld:		Vordruck: 76
		Bearbeiter:
		Datum:

Zusammenfassende Geschäftsfelddarstellung

Markt		Position		Leistung	
Produkte	Produkt | MV | W	**Qualitäts-image**	Hersteller | Bewertung	**Strategie-umsetzung**	Strategie | Umsetzung
Markt-potential	Land | MV	**Markt-anteile**	Hersteller | MA	**Rational-qualität**	1. 2. 3. 4.
		Wachstums-produkte	Produkt | W | A	**Produkt-differen-zierung**	1. 2. 3. 4.
Wachstum	Erwartung in den nächsten 5 Jahren: _____ %	**Komplexität**	1. 2. 3. 4.	**Service**	1. 2. 3. 4.
Konkurrenz	nach Gefährlichkeit 1. 2. 3. 4.	**Unterneh-mens-kultur**	Hersteller | Bewertung	**Kontakte**	Hersteller | K | %
		Kapital-kraft	1. 2. 3. 4.	**Liefer-bereitschaft**	1. 2. 3. 4.
Abnehmer	Kunde | MV | W	**Absatz-weg**	Hersteller | A-Weg | E	**Liefer-schnellig-keit**	1. 2. 3. 4.
		Synergie	Hersteller | %		
		Zeit	1. 2. 3. 4.		

Abkürzungen: MV = Marktvolumen in Mio. DM
W = durchschnittliches Wachstum in %
MA = Marktanteil in %
A = Anteil am Gesamtumsatz in %
K = Kundengruppe
% = % vom möglichen Wert
E = Erfolgsfaktor (10 = sehr gut, 0 = sehr schlecht)

chungsdarstellungen finden sie nicht die Muße, mehrfach intensiv zu lesen und den wesentlichen Inhalt herauszuarbeiten. So bewirken diese Signale, trotz möglicherweise großer langfristiger Bedeutung, normalerweise keinerlei unternehmenspolitische Veränderung. Sehr kurze und prägnante Formulierungen führen die Ergebnisse von Analysen oder die Darstellungen von Maßnahmen und Zielen auf das Wesentliche zurück. Damit steigt die Wahrscheinlichkeit, daß viele Mitarbeiter sie verstehen und umsetzen.

Kurze und konzentrierte Inhalte, die wenig Zeit erfordern, lassen sich auch bei allen möglichen Gelegenheiten wiederholen. Je häufiger dies geschieht, um so mehr steigt die Wahrscheinlichkeit, daß die Inhalte von allen verstanden und umgesetzt werden.

5.21 Geschäftsfelddarstellung

Im Normalfall reicht zur ausreichend sicheren Kennzeichnung der Markt-, Wettbewerbs- und Leistungsdeterminanten die Betrachtung relativ weniger Merkmale. Insbesondere in komplexen Firmen mit vielen Geschäftsfeldern erhöht es die Überschaubarkeit, wenn der Arbeitskreis ihre rentabilitätsentscheidenden Determinanten in einer möglichst kurzen Übersicht (Vordruck 76) darstellt. Der geringe zur Verfügung stehende Platz zwingt zur Konzentration auf das Wesentliche. Nur in Ausnahmefällen läßt der Moderator weitere separate Erläuterungen zu.

Bildet das Team für die wichtigen primären und sekundären Erfolgsdeterminanten eine spezifische Übersicht, wie es beispielsweise das Formblatt auf der nachfolgenden Seite wiedergibt, so macht es die wesentlichen externen Merkmale sowie die Stärken und Schwächen der eigenen Positionen und die eigene Leistungssituation durch Rangreihenbildung besonders deutlich.

5.22 Strategische Übersicht

Je weniger Geschäftsfelder ein Unternehmen oder eine Sparte besitzt, um so eher darf die Zusammenfassung für die Geschäftsführung umfassender sein. Auch für sehr bedeutende Arbeitsgebiete mag sie zusätzliche Informationen wünschen. Hier bietet sich eine weitergehende Strategische Übersicht an. In jedem Falle sollte man aber immer nur die relevanten Merkmale und Daten aufführen, um eine Konzentration aller Beteiligten auf die wesentlichen Einflußgrößen zu erreichen.

Der Vordruck 77 stellt nur ein Beispiel dar. Der Arbeitskreis überprüft auf Grund der jeweiligen Ausgangssituation, ob die Schwerpunkte des speziellen Marktes und Unternehmens eine Änderung sinnvoll erscheinen lassen.

5.3 Strategieprotokoll als Basis monatlicher Besprechungen

Die Zusammenfassung der Ist-Analyse bezüglich Markt, Position und Leistung gibt eine schnelle Einsicht in das Geschäftsfeld und hilft damit bei seiner Orientierung und kritischen Beurteilung. Auch die Übersicht wesentlicher Stärken, Schwächen, Chancen und Kosteneinsparungsmöglichkeiten dient diesem Ziel. Noch wichtiger ist es aber, diejenigen Maßnahmen und Prioritäten, die man in der Vielzahl der durchgeführten Analysen als wichtig erkannte und die letztlich die Basis für die Tagesarbeit darstellen, zu protokollieren. Schon während der Analysearbeit sammelte das Team auf besonderen Charts die Ideen für Aktivitäten und brachte sie später bei der Suche nach weiteren mit in das Gedankengut ein. Bewertet es schließlich ihre Bedeutung unter Berücksichtigung der gesetzten Ziele und Strategischen Leitlinie sowie nach ihrem Potential, so kann es den einzelnen Aktionen eine Priorität zuordnen. In einem Protokoll (Vordruck 78), auf dem dann die laufenden Besprechungen und Aufgabenstellungen während des Jahres aufbauen, wird in aller Kürze folgendes festgehalten:

Geschäftsfeld:	Vordruck: 77

Strategische Übersicht

Datum:
Bearbeiter:

I Markt
1. Wichtigste Kunden und Segmente

Kunde/Segment	Marktvolumen	Wachstum[1]	optimale Strategie[2]	wichtigste Merkmale[3]

1   Durchschnittliches Wachstum in 5 Jahren in %
2   D = Differenzierung, P = Preisführung
3   siehe Vordruck 26

2. Konkurrenz
a) Konkurrenzübersicht

Firma	Jahr …				ø 5 Jahre		Strategie[4]
	Ums.	Markt-anteil	Synergie[1]	PKL[2]	Wachst.[3]	Ums. R.	
Branche							

1   Synergetische Stärken und Schwächen abschätzen
2   PKL = Pro-Kopf-Leistung
3   Durchschnittliches Wachstum in 5 Jahren in %
4   D = Differenzierung, P = Preisführung, D/P = Mischstrategie

278

b) Bewertung des Potentials wesentlicher Solitärbarrieren nach wichtigen Wettbewerbern

Wettbewerber	Solitär-barriere	Poten-tial	Wettbewerber	Solitär-barriere	Poten-tial

3. Produkte
a) Position im Normalverlauf der Lebenskurve

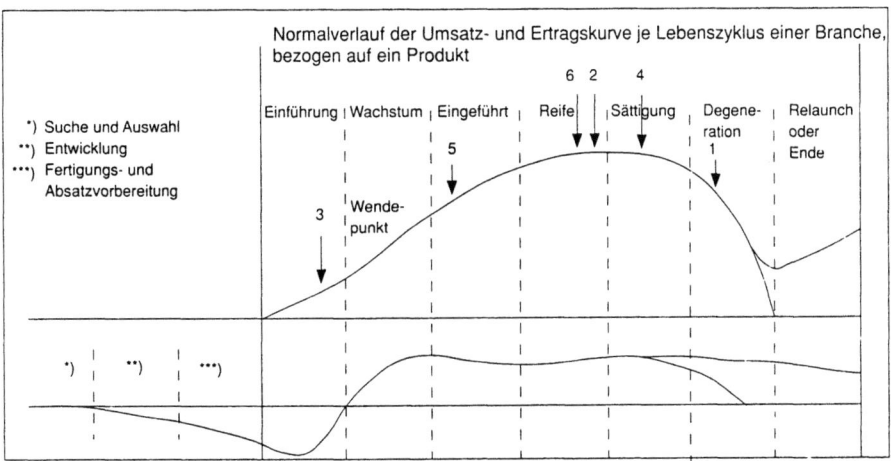

b) Marktdaten wichtiger Produkte

wichtige Produkte	Marktvolumen	Wachstum	optim. Strategie
Branche			

c) Erfolgsrelevante Merkmale wichtiger Produkte

Produkt	Potential	Befriedigungsgrad	Chance

II Position
1. Genutzte wichtigste Differenzierungspositionen

Merkmale	Potential	eigene Position	stärkster Wettbewerb	Chance

2. Wichtigste Determinanten der Kostenführung nach stärksten Wettbewerbern
(Auszug aus Vordruck 51)

Firma	Determinante	Potential	Chance

3. Wichtigste Position der Absicherung und Chancenwahrnehmung
(Auszug aus Vordruck 54)

Determinante	Potential	Chance

III Leistungen
Wichtigste Leistungsdeterminanten
(Auszug aus Vordruck 67)

Leistungsdeterminante	Potential	Chance

1. Wichtige Maßnahmen,
2. Prioritäten,
3. verantwortlicher Koordinator,
4. Festlegung des Gespräches, das das Thema weiterbehandelt, zum Beispiel Entwicklungs- oder Spartensitzung,
5. Rhythmus der Besprechungen je nach der Priorität, zum Beispiel monatlich, vierteljährlich, halbjährlich oder im Falle einer „Beobachterposition" nur Vorlage bis zur nächsten Strategietagung.

So ergeben sich für das kommende Jahr bis zur nächsten Strategietagung klare Vorgaben für die Erarbeitung von Maßnahmen, die auf die gesetzten Ziele hinarbeiten. Die Ziele bleiben damit ständig entsprechend ihrer Bedeutung direkt oder indirekt im Blickfeld und in der Bearbeitung. Beobachtungspositionen, bei denen das Geschäftsfeld beispielsweise neue Technologien ins Auge faßt, aber noch nichts in Untersuchungsarbeit investieren will, geraten nicht in Vergessenheit, da ihre Situation bei der nächsten Tagung wieder zur Diskussion steht. Das Beschlußprotokoll der letzten Strategietagung mit den gegenübergestellten Zielen und Ergebnissen bildet jeweils die Basis für die kommende Strategietagung.

5.4 Wechselnde Schwerpunkte

Die wichtigsten Ziele und Maßnahmen muß die Führung jeweils besonders hervorheben, wenn sie die notwendige Beachtung in der Tagesarbeit der Mitarbeiter finden sollen. Auf der anderen Seite darf sie kaum mehr als zwei Prioritäten für eine beauftragte Person vorgeben. Dies ist eine wichtige Voraussetzung dafür, daß diese die Themen auch intensiv genug bearbeiten kann.

In jedem Unternehmen beschäftigen sich die Mitarbeiter stets mit sehr vielen Problemen der Tagesarbeit gleichzeitig, die wegen der kurzfristigen Termine eine hohe Priorität erhalten. Neben dem Ziel, insbesondere bei qualitätssensiblen Produkten ein hohes Qualitätsimage zu erzielen, gibt es noch eine Vielzahl von Haupt- und Teilzielen in der Strategie, wie beispielsweise der Umbau einer Absatzorganisation, der Aufbau von Tochterge-

sellschaften im Ausland, die Verbesserung des strategischen Verständnisses der Mitarbeiter, ein leistungsbezogenes Entlohnungssystem, die Reduzierung der Unfallgefahr, die Entwicklung und Einführung neuer Produkte oder die Anpassung einer Organisation. Da eine Gruppe einerseits nicht viele Themen gleichzeitig mit voller Kraft verfolgen kann, und andererseits einzelne Themen nicht zur Routine erstarren dürfen, empfiehlt es sich, entsprechend den erarbeiteten Prioritäten von Zeit zu Zeit jeweils einen anderen Schwerpunkt der Konzeption besonders hervorzuheben. Die Führung wählt das jeweilige Thema aus und erläutert es danach in den Spartensitzungen dem Management. Dieses ist zur Umsetzung verpflichtet und trägt es wiederum runter bis in die Meisterbesprechungen. Neben der Ankündigung in der Firmenzeitung und am schwarzen Brett berichtet sie bei allen Gelegenheiten über Fortschritte, hebt er-

Geschäftsfeld:			Vordruck: 78 Bearbeiter: Datum:		
Protokoll der Ziele und Maßnahmen					
Ziele/Maßnahmen	Prio-rität	Koordi-nator	Bespr. kreis	Rhyth-mus

folgreiche Mitarbeiter hervor, setzt Ziele und Maßnahmen in Illustrationen um etc. Die Überzeugungsarbeit beginnt also in den obersten Firmenebenen und sickert von oben nach unten ein. Die Umsetzung der Strategie erfordert also ähnliche Werbekampagnen wie die Einführung einer neuen Idee in den Markt. Solche Aktionen beleben ständig das Unternehmen. – Was ist zu verbessern, um im Sinne unserer Ziele weiterzukommen? – Welche Maßnahmen fördern die harmonische Gesamtleistung? – Stets sind die Vorgaben für das Jahr die Basis aller Schwerpunktaktivitäten.

Natürlich stellen die strategischen Ziele die unabdingbare Grundlage für alle Überlegungen dar, das heißt, die Rationalisierung oder Konzentration behandelt die Gesellschaft zum Beispiel länger und öfter als ein Kernthema, wenn sie die Kostenführung als unternehmerisches Ziel anstrebt. Alle lassen sich in eine Zielhierarchie einordnen. Während die ein bis zwei Primärziele, wie etwa die Produktqualität, laufend im Mittelpunkt der Überlegungen stehen, unternimmt eine erfolgsorientierte Führung erst gar nicht den Versuch, solche von niedrigerem Rang ebenfalls ständig zu bearbeiten. Zu viele Aufgaben zu stellen, führt letztlich dazu, daß man keine befriedigend löst.

Nun können die Ziele in einem Unternehmen oder in einzelnen Stellen entsprechend ihrer Bedeutung in der Hierarchie für eine gewisse Zeit andere Prioritäten erhalten. Wenn sich beispielsweise die Führung vorgibt, die allgemeinen Overheads zu senken, um die Firma leistungsfähiger zu machen, so erklärt sie dies zur Losung, richtet Prämien der Mitarbeiter in den Zentralstellen daran aus, je nach dem, wie sie diese Vorgabe erreichen. Geht es bei einer neuen interessanten Produktgruppe zunächst vor allem darum, schnell in den Markt hineinzukommen, so macht sie die Umsatzsteigerungen gegebenenfalls bei einer bestimmten Mindestrendite zur Basis einer Prämie.

Will das Management besondere Strukturmaßnahmen durchziehen, die eine zeitlich begrenzte starke Erhöhung der Entwicklungs-, Vertriebs- oder Produktionskosten erfordern und das Bereichsergebnis dadurch erheblich drücken, so stellt

es andere Vorgaben als das Ergebnis für den Übergang in den Vordergrund. Dies gilt zum Beispiel, wenn ein neuer Mitarbeiter ein Verlustgeschäft übernimmt. Um dies zu berücksichtigen, bindet man einen im Laufe der Jahre steigenden Teil des variablen Einkommens an die Deckungsbeitragsentwicklung der Abteilung während der garantierte Anteil entsprechend sinkt.

Jede Einführung neuer Produkte erfordert hohe Aufwendungen, die das Ergebnis eines Bereiches oder einer Abteilung negativ beeinflussen. Andererseits sind solche Aufwendungen zur Absicherung der Zukunft notwendig. Es dürfen also keine Zielkonflikte zwischen den Interessen des Unternehmens und denen der Mitarbeiter entstehen. Da die strategische Leitlinie sowohl Umsatz- als auch Ergebnisziele festlegt, wird ein zukunftsorientiertes Management angeregt, auch wachstumsorientierte Investitionen vorzunehmen.

5.5 Abschließende Arbeitshinweise

In dieser Arbeit wurde eine verwirrende Zahl von verschiedenen Diagnosemöglichkeiten aufgezeigt, die je nach der Situation des gegebenen Falles mehr oder weniger Bedeutung für die erfolgreiche Ausrichtung besitzen. Würde man versuchen, alle Untersuchungen durchzuführen, so verzettelt sich das Team und die Erfolgswahrscheinlichkeit sinkt.

> Die Kunst des Moderators und des Managements besteht also darin, aus der Vielzahl der Möglichkeiten die Fragen bzw. Vordrucke auszuwählen, die die größte Bedeutung für die Erfolgsorientierung besitzen.

Nach sorgfältiger Analyse und Abwägung der Chancen durch das Team muß das Management die erarbeiteten Maßnahmen dann mit Konsequenz umsetzen. Diese Konzentration auf das Wesentliche ist entscheidend dafür, daß sich die Schlagkraft der Organisation relativ schnell verstärkt, die Umsetzung also in kurzer Zeit gelingt.

Anmerkungen

Vorwort

1 Reutner: Determinanten des Unternehmenserfolges. In: Zeitschrift für Betriebswirtschaft 1987, S. 747. Kommentar der ZfB: „Dieser Beitrag ist für den Theoretiker ernüchternd und für den Praktiker erfrischend. In einer Zeit, in der die Wissenschaftler nicht nur das PIMS-System kritisch hinterfragen und das Schema der Erfolgsfaktoren von Peters und Waterman zu widerlegen und wissenschaftlich überzeugender abzuleiten suchen, stellt Reutner einen einzigen Erfolgsfaktor in den Mittelpunkt seiner Aussage: die Leistung. Alles andere leitet sich daraus ab. Das provoziert die Wissenschaft und fordert die Praxis zur Beantwortung der Frage heraus: Mit welchen Führungsinstrumenten läßt sich ein Mehr an Leistung hervorbringen, das über den Erfolg im Wettbewerb entscheidet?"

2 Reutner: Turn around, S. 14.

3 Vgl. u. a.: Expansion des Keramikspezialisten. Handelsblatt vom 13. 12. 1988. Friedrichsfeld erwirbt Rheinhütte. Frankfurter Allgemeine Zeitung vom 10. 12. 1988. Eine Revolution von oben. Industriemagazin vom 5. 5. 1989, S. 166. Kabinettstück einer besiegten Krise. In: Management Praxis 5/1991. Die Ruine lebt. Manager Magazin 12/1991.

Erstes Kapitel

1 Vgl. dazu auch Pfohl: Planung und Kontrolle, S. 15, sowie Ulrich und Fluri: Management, S. 38 f.

2 Vgl. Gerken und Luedecke: Kraft des Managers, S. 79: „Mehr Freiheit bei gleichzeitig mehr Führung". Das halte ich für ein Motto, das die nächste Epoche der Management-Entwicklung bestimmen wird."

3 Vgl. Abb. 1.21, S. 31. Oder Simon und March: Organisations, S. 185.

4 Vgl. Göhringer: Die strategische Unternehmensplanung als Instrument der Unternehmensführung. In: Strategische Unternehmensführung und Rechnungslegung. Eduard Gaugler u. a. (Hrsg.), S. 9: „Strategisches Denken entspricht zum Beispiel nicht unbedingt der Mentalität von Praktikern." Oder Kreikebaum: Unternehmensplanung, S. 117.

5 Vgl. Spiegel: Meinungsverteilung, S. 15.

6 Reutner: Turn around, S. 236.

7 Vgl. Peters und Waterman: Spitzenleistungen, S. 369: „Viele Manager von heute sind zu ihrem eigenen Schaden vielleicht ein wenig zu gescheit . Es sind die Manager, die mit leichter Hand mit Modellen von hundert Variablen jonglieren, komplizierte Prämiensysteme ersinnen und Matrixstrukturen austüfteln. Sie haben 200seitige strategische Pläne und Marktanalysen von 500 Seiten Länge. Unsere „dümmeren" Freunde sind da ganz anders Sie verstehen ganz einfach nicht, weshalb nicht jedes Produkt von höchster Qualität sein kann ... Es ist für sie eine persönliche Beleidigung (siehe Heineken), wenn eine Flasche Bier schlecht wird. Es sind die einfach denkenden Menschen vielleicht sogar die großen Vereinfacher."

8 Vgl. Interview mit E. Kappler. Nur die Praxis enthält die ganze Theorie. Perspektiven 12. Universität Herdecke/Witten. März 1988, S. 40: „Für mich ist Theorie die höchst unvollkommene Ausgabe der Praxis. Und in diesem Sinne ist Wissenschaft gewissermaßen ein ans Tageslicht-Bringen von Einflußgrößen, die in der Praxis stecken."

9 Ein Überblick findet sich bei Fritz: Marketing. BFD (1990) 2, S. 91. Vgl. insbesondere Albach: Innovationsdynamik, S. 35. „Es handelt sich um Unternehmen, die durch Perfektion in der Produktion, durch Besessenheit bei der Sicherung der Produktqualität, durch große Kundennähe und durch eine stockkonservative Finanzierung

eher gekennzeichnet sind als durch eine bemerkenswerte Rate an Produktinnovation."
Pümpin: Erfolgspositionen, S. 142. „Der Erfolgscode berücksichtigt in erster Linie die Rentabilität und die Umsatzentwicklung der letzten fünf Jahre." Siehe weiterhin Peters und Waterman: Spitzenleistungen.
Krüger: „Hier irrten Peters und Waterman." Harvardmanager 1/1989, S. 13.
Goldsmith und Clutterbuck: Winning Streak. Untersuchungen des Strategic Planning Institute, veröffentlicht in zahlreichen PIMS-Letters ab 1977. Siehe auch Kirsch u. a.: Stand der Strategischen Unternehmensführung. Untersuchung des European Management Forum (EMF), Genf, über die 100 innovativsten europäischen Unternehmen.
Oder: Untersuchung der Deutschen Industriekreditbank Düsseldorf für die Jahre 1979–1982 anhand der Bilanzdaten von 551 Firmen. In: Geschäftsbericht 1983/84. S. 13–25.

10 Über die in der Praxis verwendeten Methoden vergleiche Kirsch u. a.: Stand der Unternehmensführung. S. 60.

11 Vgl. Kieser: Wie „rational" kann man Strategische Planung betreiben? In: Unternehmensführung und Rechnungslegung. E. Gaugler u. a. (Hrsg.), S. 37 u. 43.

12 Vgl. z. B. Schelker: Produktinnovation, S. 21, 28, 39, 46.

13 Reutner: Umstrukturierung. Zeitschrift für Betriebswirtschaft (1986), S. 1174.

14 Vgl. Siemens: Ein Gigant macht mobil. Manager Magazin 5/1985, S. 46/48: „Konzernchef Kaske bewies bei der Durchsetzung des neuen Kurses eine seiner Stärken: geduldiges, zähes Moderieren. Anders als der mitunter sehr autoritäre Plattner brachte Kaske durch seine integrierende Kraft die Vorstandsmannschaft zu ungewohnter Geschlossenheit." Weiterhin Henkel-Gruppe: Abschied von der großen Wäsche. Manager Magazin 5/1985, S. 36: „Sihler bleibt bei Henkel der erste Mann. Kollegen und Direktoren schätzen seine hohe Moderatoren- und Kompromißfähigkeit, die er bei Bedarf durch straffe und energische Führung ersetzt."

15 Vgl. Pfohl: Planung und Kontrolle, S. 73: „Je mehr potentielle Widerstände gegen die Realisierung eines Planes bereits bei der Planerstellung berücksichtigt worden sind, desto weniger Schwierigkeiten wird die Durchsetzung des Planes bieten." Oder Max u. Majluf: Management, S. 87.

16 Vgl. Schnelle (Hrsg.): Metaplan – Gesprächstechnik. Metaplanreihe, Quickborn. Mauch: Werkstattzirkel, Quickborn 1981.

17 Gutenberg: Betriebswirtschaftslehre. Bd. I, S. 130 f.

18 Vgl. Linday und Norman: Psychologie, S. 402.

19 Rosenstiel: Werbung, S. 149. Rohracher: Psychologie, S. 245.

20 Zimbardo und Ruch: Psychologie, S. 198.

21 Beachte dazu Kotler: Marketing-Management, S. 11 f: „Gesetz des langsamen Lernens" und „Gesetz des schnellen Vergessens."

22 Rohracher: Psychologie, S. 256.

23 Rohracher: Psychologie, S. 254; Zimbardo und Ruch: Psychologie, S. 194; Rosenstiel: Werbung, S. 151.

24 Rosenstiel: Werbung, S. 158 und 164. Vgl. hierzu auch Freud: Psychopathologie, S. 182.

25 Zimbardo und Ruch: Psychologie, S. 196.

26 Rohracher: Psychologie, S. 258.

27 Vgl. Schönpflug und Schönpflug: Psychologie, S. 216.

28 Freud: Psychoanalyse. Bd. 17. Oder: Hofstätter (Hrsg.): Psychologie, S. 215. Oder Haller Gilmer: Betriebspsychologie. S. 83 f.

29 Vgl. Sebastian und Simon: Produkte positionieren. Harvardmanager I/1986, S. 89: „...die Kundenstudie... deckte erhebliche Diskrepanzen zwischen Firmen- und Kundensicht auf."

30 Zur Diskrepanz zwischen den Zielen der Geschäftsführung und der tatsächlichen Ausrichtung der Führungskräfte. Vgl. Dornis: Marketing, S. 21 f. und 49.

31 The PIMS-Program. Basic Principles of Business Strategy. Cambridge, Massachusetts 1980, S. 75: „37 factors jointly tell 80% of the ROI-story." Oder Buzzell und Gale: Das PIMS-Pro-

gram, S. 15 und 29.

32 PIMS No. 1, S. 1: „This does not mean that we can foretell the exact results of every business in any given short period. It means that we can estimate the approximate results (within 35 points of aftertax ROI) of most businesses (close to 90%) over a moderately long period (3–5 years), on the basis of observable characteristics of market and of the strategies employed by the business itself and its competitors."

33 Ein Überblick findet sich bei Fritz: Marketing. BFP (1990) 2, S. 91. Vgl. dazu weiterhin die Erfolgsfaktoren nach einer Befragung von Führungskräften in kleinen und mittleren Unternehmen, Dornis: Marketing, S. 27.

	Punkte
Markt- und Kundenkenntnisse	21
Qualität der Führungsmannschaft	15
Technische Entwicklungen/	
Know-how	14
Führungs- und Strukturorganisation	13
Führungsstil	10
Berichts- und Kontrollsystem	8
Einkaufspolitik	7
Organisationsklima,	
z. B. Innovationsfreudigkeit	7
Planungssystem	

Vgl. dazu die sechs wesentlichen Erfolgsfaktoren nach Nagel: Erfolgsfaktoren, S. 55: Geschäftsgrundsätze und Ziel-/Kontrollsysteme, strategieorientierte Organisationen, verstärkte Nutzung des Mitarbeiter-Potentials, effizientes Führungssystem, marktnahes Informations- und Kommunikationssystem, praktizierte Kundennähe. Weiterhin:
Mc Kinsey & Co.; Rommel, Günter; Brück, Felix; Diederichs, Raimund; Kempis, Rolf-Dieter; Kluge, Jürgen: Einfach überlegen
Berth, Rolf: Erfolg, Überlegenheitsmanagement: 12 Mind-Profitstrategien mit ausführlichem Testprogramm
Wieselhuber und Spannagl: Zukunftsperspektiven von Inhaber-Unternehmen, S. 50.

34 Gälweiler: Unternehmensführung, S. 5.

35 Gutenberg: Betriebswirtschaftslehre. Bd. 2. S. 238 f.

36 Reutner: Determinanten. Zeitschrift für Betriebswirtschaft (1987), S. 747.

37 Vgl. Buzzell und Gale: Das PIMS-Programm, S. 47 ff.

38 Näheres bei Kotler: Marketing-Management, S. 299 ff.

39 Vgl. Porter: Competitive Strategy, S. 4. Oder Bain: Industrial Organisation, S. 8 ff.

40 Vgl. Gälweiler: Unternehmensplanung, S. 245 f.

41 Vgl. Abbildung 1.22.

42 Berth: Marktforschung, S. 17. Oder Bergler: Psychologie und Marketing. In: Bergler (Hrsg.): Marktanalyse. S. 18 f.

43 Vgl. Spiegel: Meinungsverteilung, S. 102. Oder Kotler: Marketing-Management, S. 201 ff.

44 Reutner: Turn around, S. 26.

45 Pumpen, Vakuumpumpen, Kompressoren '90, Hrsg.: Fachgemeinschaft Pumpen, Fachgemeinschaft Kompressoren und Vakuumpumpen im VDMA, Ffm./Nürnberg, S. 34.

46 Vgl. z. B. Spiegel: Meinungsverteilung, S. 37: „Je geringer der Zugang zur objektiven Beschaffenheit eines Meinungsgegenstandes, desto größer ist nicht nur die Plastizität zwischen dem Meinungsgegenstand und seinem Image, sondern desto diffuser aber deshalb keineswegs weniger eindringlich ist auch das Gesamterlebnis vom Meinungsgegenstand".

47 Vgl. Spiegel: Meinungsverteilung, S. 102 f.

48 Hutschenreuther AG. Strategie-Design mit Golddekor. Absatzwirtschaft. Sonderausgabe 10/1982, S. 24.

49 Ferrero. Das süße Geheimnis der Gleichmacher. Manager Magazin 9/1984. S. 86: Der Deutschland-Umsatz wurde für 1983 mit 660 Mio. DM angegeben.

50 Porter: Competitive Strategy, S. 231.

51 Volkswagen. Wolfsburg vor dem Wachwechsel. Manager Magazin 9/1985, S. 8.

52 Levitt: Marketing Imagination, S. 39.

53 Vgl. Porter: Competitive Strategy. Gutenberg: Betriebswirtschaftslehre. Bd. 2. Hayek, v.: Wettbewerb als Entdeckungsverfahren. Krelle:

Preistheorie. Schneider: Einführung in die Wirtschaftstheorie. v. Stackelberg: Theoretische Volkswirtschaftslehre. Chamberlin: Monopolistic Competition. Schumpeter: Kapitalismus, Sozialismus und Demokratie. (Original von 1942)

54 Porter: Competitive Strategy, S. 249 f.

55 Vgl. dazu den Markt der Mikrocomputer, in dem schon sehr früh nach dem steilen Umsatzstart ein erbitterter Wettbewerb die Preise drückte und ein Ausleseprozeß der Hersteller einsetzte.

56 Vgl. PIMS-Letter No. 17.

57 Vgl . Porter: Competitive Strategy, S. 108.

58 Vgl. Kotter: Erfolgsfaktor Führung, S. 34.

59 PIMS-Letter No. 1: „This means that the characteristics of a served market, of the business itself, and of its competitors constitute about eighty percent of the reasons for success or failure and the operating skill or luck of the management constitute about twenty percent. Being in the right business in the right way is 80 percent of the story; operating that business in a skillful or lucky way is 20 percent of the story." Vgl. dazu auch Meyer u. Greif: PIMS – Das Instrument zur strategischen Kursbestimmung im Zeitalter der Diskontinuitäten. In: Hammer u. a. (Hrsg.) Strategisches Management in den 90er Jahren.

60 Geneen mit Moscow: Manager müssen managen, S. 152.

61 Vgl. Krüger: Hier irrten Peters & Waterman. Harvardmanager I/1989, S. 13: „Von höchster Bedeutung: Strategie."

62 PIMS-Letter No. 1, S. 4.

63 Vgl. Porter: Competitive Strategy, S. 34 f.

64 Vgl. Kemper: Heinz Nixdorf, S. 182 und 189. Oder Gordon: Iacocca-Management, S. 183 f.

65 Gerken und Luedecke: Kraft des Managers, S. 163.

66 In Anlehnung an Gälweiler: Unternehmensführung, S. 28.

67 Vgl. Kemper: Heinz Nixdorf, S. 210.

68 Vgl. Nagel: 6 Erfolgsfaktoren, S. 31 f. Oder Iacocca: Traum, S. 95: „Business ist nichts anderes als ein Knäuel menschlicher Beziehungen."

69 Vgl. Peters und Waterman: Spitzenleistungen, S. 189. Pümpin: Erfolgspositionen, S. 145. Peters und Austin: Leistung, S. 67 f.

70 Vgl. Trauth: Das erfolgreiche Unternehmen, S. 254.

71 Vgl. Peters und Austin: Leistung, S. 269. Oder Laukamm und Walsh: Aktivierung des geistigen Potentials. In: Management im Zeitalter der Strategischen Führung, Little (Hrsg.), S. 103 f.

72 Vgl. Carter-Scott: Negaholiker, S. 24.

73 Davidow spricht von der Notwendigkeit einer Kreuzfahrermentalität. Davidow: High Tech Marketing, S. 190.

74 Vgl. Pümpin: Erfolgspositionen, S. 128. Reutner: Umstrukturierung. Zeitschrift für Betriebswirtschaft (1986), S. 1170.

75 Peters und Waterman: Spitzenleistungen, S. 189.

76 Vgl. Geneen: Manager müssen managen, S. 136: „Ich gab nie nach." Oder S. 113 ff.: „Was man auf keinen Fall tun darf, ist unzulängliche Ergebnisse durchgehen lassen und Ausreden akzeptieren." Oder BSN. Der Vielfraß. Manager Magazin 5/1990, S. 114: „Wenn ich einmal meine Linie festgelegt habe, mache ich keine Kompromisse mehr, dann gebe ich niemals nach." Oder Rehfeld: Japan I. Harvardmanager III/1991, S. 81: „Heute weiß ich, daß hier Kaizen im Spiel ist, der Begriff für unaufhörliches Streben nach Perfektion."

77 Peters und Waterman: Spitzenleistungen, S. 90, 182, 351 und 370. Oder Häusel: Unternehmen brauchen ein ikonisches Leitbild. Harvardmanager II/1991, S. 27.

78 Vgl. Gross: Chefentlastung, S. 35 f. Lothar J. Seiwert: Selbstmanagement. In: Erfolg und Methodik, Bd. 25. Hrsg.: Hardy R. Wagner. Oder: Derselbe, Das 1 x 1 des Zeitmanagements, 9. Aufl., München, Landsberg 1992.

79 Vgl. Cerami, Odione und Drucker: Der erfolgreiche Manager, S. 13. Weiterhin Gross: Chefentlastung. Weiterhin Blanchard und Johnson: Der Minuten-Manager.

80 Gray: Paper Work is avoidable. Wall Street Journal. 17. Juni 1977, S. 24.

81 Reutner: Turn around, S. 117.

82 Prahalad und Hamel: Nur Kernkompetenzen sichern das Überleben. Harvardmanager II/1991, S. 66.

83 Näheres siehe unter 2.1 „Abgrenzung der Geschäftsfelder". Oder Neubauer: Portfolio-Management, S. 13 f.

84 Reutner: Umstrukturierung eines Traditionsunternehmens. Zeitschrift für Betriebswirtschaft (1986), S. 1170.

85 Rose: Der lange Weg von der Idee zum Markt. Blick durch die Wirtschaft vom 9. 12. 1988, S. 7.

86 Vgl. Dernbach: Krise der traditionellen Arbeitsteilung in Unternehmen. BdW 31. 7. 1990.

87 Peters und Waterman: Spitzenleistungen, insbesondere S. 128–187.

88 PIMS-Letter No. 34.

89 Vgl. Beispiele bei Davidow: Marketing, S. 47.

90 Vgl. Pümpin: Erfolgspositionen, S. 53. Oder Gälweiler: Unternehmensführung, S. 26 f.

91 Reutner: Turn around, S. 149.

92 Vgl. Porter: Wettbewerbsvorteile, S. 82 f.

93 Vgl. Bergler: Psychologie und Marketing. In: Bergler: Marktanalyse, S. 10: „ ... daß es empirisch als gesichert angenommen werden kann, daß jene werblichen Aussagen, die im Gegensatz zu den tatsächlichen stehen ... letztlich durchschaut werden und dann zu einer Abwertung des gesamten Angebotes führen".

94 Drucker: Innovationsmanagement, S. 310.

95 Vgl. Bergler: Psychologie und Marketing. In: Bergler: Marktanalyse, S. 19.

96 Buzzell und Gale: Das PIMS-Programm, S. 91.

97 Vgl. Reutner: Qualitätsimage. In: Die Ware in Wirtschaft und Technik, S. 155. Oder Reutner: Grundzüge der Qualitätspolitik. In: Produktmarketing, S. 83.

98 Garvin: Quality on the line. Harvard Business Review, S. 65.

99 Berth: Marktforschung, S. 20.

100 Vgl. Loewy: Häßlichkeit verkauft sich schlecht.

101 Vgl. Koppelmann: Produktmarketing, S. 245 f.

102 Vgl. Packard: Verführer, S. 8/9. Oder Kotler: Marketing-Management, S. 487 ff. Oder Winkelgrund: Produktdifferenzierung, S. 17. Oder Winterlich, Klaus: Strategische Kommunikationsentscheidungen. In: Wieselhuber, Töpfer (Hrsg.): Marketing, S. 238 ff.

103 Vgl. Dichter: Kaufmotive, S. 19 f.

104 Vgl. Peters und Austin: Leistung, S. 130 f.

105 Gordon: Iacocca-Management, S. 99.

106 Ellinger: Informationsfunktion. In: Festschrift für Hax, S. 263.

107 Vgl. Reutner: Das Qualitätsimage. In: Die Ware in Wirtschaft und Technik, S. 155. Oder Reutner: Grundzüge der Qualitätspolitik. In: Beiträge zum Produktmarketing, S. 83.

108 Vgl. Ausführung über die Wahrnehmung. In: Rosenstiel: Psychologie der Werbung, S. 61.

109 Vgl. Iacocca und Novak: Eine amerikanische Karriere, S. 222: „Das Qualitätsimage war für Chrysler ein wirklich ernstes Problem. Bei etwas so Wichtigem kann man nicht bloß einen Zauberstab schwingen und presto! Selbst wenn sich das Produkt schlagartig bessert, braucht die Kundschaft eine Weile, um das mitzukriegen".

110 Vgl. Luchs und Neubauer: Qualitätsmanagement. S. 21. Oder Pümpin: Erfolgspositionen, S. 144. Oder Peters und Waterman: Auf der Suche nach Spitzenleistungen, S. 205. Oder Albach: Innovationsdynamik. In: Albach und Held (Hrsg.): Betriebswirtschaftslehre, S. 39.

111 PIMS-Letter No. 4.

112 Mueller und Deschamps: Herausforderung Innovation. In: Little (Hrsg.): Geschäfte von morgen, S. 29. Vgl. auch Berth: Der unentwegte Macher. BdW 18.7.90, S. 7.

113 Näheres zur Strategie der Neuproduktentwicklung siehe bei Kotler: Marketing-Management, S. 321 ff.

114 Vgl. Drucker: Innovations-Management, S. 46 f.

115 Vgl. Pfeiffer u. a.: Technologie-Portfolio, S. 46 f.

116 Vgl. Wirtschaftliche Bedeutung von Positionen und Solitärbarrieren, S. 50.

117 Vgl. Rodgers mit Shoak: IBM, S. 219: „IBM konnte seine heutige Größe erreichen, weil Tom Watson in der Lage war, seinen unternehmerischen Geist auf die tausende von Mitarbeitern zu übertragen". Oder Quinn: Innovationsmanagement. Das kontrollierte Chaos. Harvardmanager IV/1985, S. 24.

118 Laukamm und Walsh: Management von Human-Ressourcen. In: Little (Hrsg.): Zeitalter der strategischen Führung, S. 79.

119 Vgl. Iacocca: Mein amerikanischer Traum, S. 101: Die Aussage „Immer wieder habe ich versucht, Leute über 21 zu verändern, und ich glaube, es ist mir kein einziges Mal gelungen," drückt in übertriebener Weise im Kern diesen Tatbestand aus.

120 Bezüglich der Stadien, die Unternehmenskulturen im Verlauf der Lebenszyklen von Unternehmen durchlaufen, siehe Adizes: Corporate Lifecycles, S. 185 ff.

121 Vgl. Heinen und Dietel: Unternehmenskultur, S. 146 f. Zürn: Geist und Stil.

122 Vgl. dazu die Aussage von Nixdorf: „Der ganze Laden steht unter Dampf, und das seit Jahren". „Interview mit H. Nixdorf". „Ein dicker Hund, ein tolles Ding". Manager Magazin 4/1984, S. 411.

123 Vgl. Heinen und Dill: Unternehmenskultur. Zeitschrift für Betriebswirtschaft 1986, S. 212.

124 Vgl. Pause auf der Metaebene. Manager Magazin 8/1990, S. 131: „40 bis 60 Prozent der Arbeitseffizienz geht in den Unternehmen durch Reibungsverluste verloren", konstatiert beispielsweise der Psychologe Wolfgang Sa-lewski ... Für viele Betriebe sei die Zahl noch zu niedrig. „Da wird von Sachzwängen und objektiven Gegebenheiten geredet, in Wahrheit aber geht es um Profilierung oder den Versuch, die eigene Inkompetenz zu verbergen."

125 Näheres siehe Sommerlatte u. a.: Innovationsmanagement. In: Management der Geschäfte von morgen, S. 57 f.

126 Vgl. Pümpin: Erfolgspositionen, S. 111. Ebenda. Peters und Waterman: Spitzenleistungen, S. 77.

127 Pümpin: Erfolgspositionen, S. 199.

128 Vgl. Hinterhuber: Unternehmensführung, S. 218 ff.

129 Vgl. Reutner: Turn around, S. 207.

130 Peters und Waterman: Spitzenleistungen, S. 39: „Das überragende Kennzeichen dieser Unternehmen ist die aus festgefügten Überzeugungen erwachsende Intensität der Firmenkultur".

131 Vgl. Kieser: Unternehmenskultur und Innovation. In: Management von Innovationen, S. 42.

132 Goldsmith und Clutterbuck: Winning Streak, S. 21.

133 Vgl. Gerken und Luedecke: Kraft des Managers, S. 162: „Je besser es einem Management gelingt, Visionen zu popularisieren ...desto mehr Handlungsoptimismus ist zu beobachten."

134 Vgl. auch Goldsmith und Clutterbuck: Winning Streak, S. 29 ff.

135 Peters und Waterman: Spitzenleistungen, S. 322.

136 Goldsmith und Clutterbuck: Winning Streak, S. 62 f.

137 Vgl. Abegglen und Stalk: Kaisha, S. 17.

138 Vgl. Hauschildt: Innovationsbewußtsein. In: Management von Innovationen, S. 62 f.

139 Vgl. Carter-Scott: Negaholiker, S. 24 f.

140 Vgl. Reutner: Turn around, S. 63. Siehe auch Adizes: Corporate Lifecycles, S. 268: "There are 'old' young companies and 'young' old companies – young companies that have been in existence for 100 years, and old companies that have existed for only five years."

141 Vgl. Adizes: Corporate Lifecycles, S. 345 f.

142 Vgl. Braunschweig: Unternehmensfinanzierung, S. 128 f.

143 Gutenberg: Betriebswirtschaftslehre. Band 3, S. 12.

144 Gutenberg: Betriebswirtschaftslehre. Band 1, S. 409.

145 Dunst: Portfolio-Management, S. 112 f.

146 Näheres Hinterhuber: Strategische Unternehmensführung, S. 73.

147 Vgl. Gälweiler: Die finanzielle Quantifizierung der Portfolio-Wirkung als Grundlage des Portfolio-Managements. In: Agplan (Hrsg.): Portfolio-Management, S. 4836.

148 Vgl. Gutenberg: Betriebswirtschaftslehre. Band 3, S. 60 f.

149 Peters und Waterman: Spitzenleistungen, S. 22.

150 Albach: Wieder gefragt: der dynamische Unternehmer. HelfRecht-Journal IV, 1985, S. 2.

151 Peters und Waterman: Spitzenleistungen, S. 64.

152 Vgl. Schramm: Wie Nixdorf seine Produktentwicklung mobil macht. FAZ 28.6.85. S. 4. „Nur Systeme mit einfacher und narrensicherer Bedienungstechnik bieten die Chance, von der Schalter- auf die Selbstbedienung umzusteigen".

153 Peters und Waterman: Spitzenleistungen, S. 248.

154 Peters und Waterman: Spitzenleistungen, S. 143/144.

155 Peters und Waterman: Spitzenleistungen, S. 177.

156 Vgl. Untersuchung der Industriekreditbank AG. Deutsche Industriebank. Geschäftsbericht 1983/ 84, S. 20: Jedes zweite erfolgreiche Unternehmen hat danach auf die Rezession mit wirklichen Innovationen reagiert.

157 Meffert: Marketing, S. 140.

158 Vgl. Winkelgrund: Produktdifferenzierung durch Werbung, S. 17, 19 und 223.

159 Vgl. Porter: Wettbewerbsvorteile, S. 32 f.

160 Eybl: Unternehmensstrategien, S. 217: „In jeder großen Stichprobe wird der Vorteil großer absoluter und noch stärker großer relativer Marktanteile deutlich." Vergleiche auch Joachim Schwalbach: Marktanteil und Unternehmensgewinn. Zeitschrift für Betriebswirtschaft 4/1988, S. 535: „... zeigen unsere Er-

gebnisse, daß in den meisten Geschäftszweigen eine lineare Beziehung das Datenmaterial gut repräsentiert. Für den Geschäftszweig Dienstleistungen ist die Beziehung demgegenüber nicht linear und wird besser durch die Porter-Kurve beschrieben. Die Analyse des Brauerei-Datensatzes ergab ebenfalls einen nichtlinearen Zusammenhang, der allerdings einer inversen U-förmigen Beziehung entspricht." Vgl. auch Ihde: Wirtschaftlicher Strukturwandel und industrielle Betriebsgröße. In: Industrielles Management.

161 Näheres siehe bei Porter (Hrsg.): Globaler Wettbewerb.

162 PIMS-Letter No. 2.

163 Boston Consulting Group-Information, München 1982. Vgl. auch Hendersen: Die Erfahrungskurve in der Unternehmensstrategie, S. 26 ff.

164 PIMS-Letter No. 3.

165 Sehr umfangreiche Ausführungen zu diesem Thema finden sich bei Porter: Wettbewerbsvorteile, S. 405 ff.

166 Vgl. z. B. die fünf Hauptkosteneinflußgrößen der Produktion: Faktorqualität, Faktorpreise, Beschäftigung, Betriebsgröße und Fertigungsprogramm. Erich Gutenberg: Grundlagen der Betriebswirtschaftslehre. Band 1, S. 335.

167 Vgl. Porter: Wettbewerbsvorteile, S. 405 ff. Oder Ihde: Wirtschaftlicher Strukturwandel und industrielle Betriebsgrößen. Industrielles Management.

168 Vgl. z. B. Dallas in Bruchsal. Industriemagazin, 3/1989, S. 64: „Schon bald schuf Ernst Bickle die Grundlagen, die noch heute das Geheimnis des SEW-Erfolgs ausmachen: Gewinne im Unternehmen lassen, konsequente Eigenfertigung der Komponenten nach dem Baukastenprinzip, Zusammenbau der Motoren erst in Fabriken vor Ort und umfassender schneller Service." (Die Firma SEW wuchs von 25 Mitarbeitern im Jahre 1945 auf 5000 im Jahre 1988.)

169 Vgl. Iveco: Duell mit Daimler. Manager Ma-

gazin 5/1989, S. 54: „Das gesamte Fahrzeug-
programm der Iveco wird im Baukastensystem aus standardisierten Zulieferteilen mon-
tiert, die zentral gefertigt und just in time an
alle Endmontagewerke geliefert werden."

170 Logistik. Therapie gegen den Krebs. Manager
Magazin 10/1989, S. 261.

171 Vgl. dazu PIMS-Letter No. 21.

172 Porter: Competitive Strategy, S. 24.

173 Vgl. PIMS-Letter No. 6 und No. 16.

174 Vgl. Geneen: Manager müssen managen,
S. 51/52.

175 Albach: Innovationsdynamik der mittelständischen Industrie, S. 33.

176 Vgl. zur Kapitalintensität und Rentabilität
nach Branchen Buzzell und Gale: Das PIMS-
Programm, S. 116.

177 Vgl. Ihde: Transport, Verkehr, Logistik,
S. 88 ff. und S. 203 ff.

178 PIMS-Letter No. 13 und No. 29. Oder Albach: Innovationsdynamik der mittelständischen Industrie. S. 35.

179 Vgl. PIMS-Letter No. 22 und No. 23.

180 Vgl. PIMS-Letter No. 6.

181 Vgl. PIMS-Letter No. 12.

182 Vgl. Kemper: Heinz Nixdorf, S. 184: „... jede
Art von Verwaltung war ihm ein Greuel."

183 Vgl. Schubert: Strategische Preispolitik. In:
Marketing, S. 224.

184 Vgl. dazu PIMS-Letter No. 5 und No. 7.

185 Vgl. Ausführungen von Schubert: Strategische Preispolitik, S. 229.

186 Vgl. Gutenberg: Betriebswirtschaftslehre,
Band 2. Oder Krelle: Preistheorie. Oder
Schneider: Einführung in die Wirtschafts-
theorie. Oder v. Stackelberg: Theoretische
Volkswirtschaftslehre. Oder Chamberlin: The
Theory of Monopolistic Competition.

187 Gutenberg: Betriebswirtschaftslehre. Bd. 2,
S. 191.

188 Gutenberg: Betriebswirtschaftslehre. Bd. 2,
S. 245/6.

189 Näheres siehe unter Basisformel der Unternehmenspolitik (1.5).

190 Reutner: Relative Preispolitik. Zeitschrift für
Betriebswirtschaft (1990), S. 555.

191 Näheres siehe unter 2.44.

192 Vgl. die Ausführungen über die Chancen und
Grenzen einer Politik der Preisstellung auf
der Grundlage der Erfahrungskurve, z. B. bei
Luchs und Neubauer: Qualitätsmanagement.
Oder Pankaj Ghemawat: Strategieplanung
mit der Erfahrungskurve. Harvardmanager
IV/1985, S. 33.

193 Näheres siehe bei Reutner: Turn around,
S. 275. Oder derselbe: Krisenzonen und Krisenkonzeptionen. In: Siegwart u. a., S. 295.

194 Vgl. PIMS-Letter No. 4 „... that business
which improved quality, over a 4-year period,
generally reaped significant benefits in terms
of increased market share. At the same time
the ... ROI was usually depressed."

195 Handelsblatt vom 3.11.1981.

196 Vgl. dazu 2.47, 2.56 und 4.3

197 Albach: Innovationsdynamik der mittelständischen Industrie. In: Albach und Held
(Hrsg.): Betriebswirtschaftslehre, S. 42.

198 Vgl. Porter: Wettbewerbsstrategie, S. 66.

199 Vgl. Rosenstiel: Psychologie. S. 104 f.

200 Vgl. Winkelgrund: Unternehmensstrategien,
S. 17 und 19.

201 Maslow: Motivation, S. 98 und 103.

202 Vgl. Ellinger: Informationsfunktion des Produktes. In: Festschrift für Hax, S. 263.

203 Näheres siehe unter 1.5.

204 Buzzel und Gale: Das PIMS-Programm,
S. 96 f. und S. 207. Weiterhin Luchs und
Neubauer: Qualitätsmanagement, S. 43 f.

205 Vgl. 5.1 Basisanalyse.

Zweites Kapitel

1 Drucker: Managing for Results, S. 67 ff.

2 Vgl. Servatius: Methodik des strategischen
Technologie-Managements, S. 104 ff.

3 Neubauer: Portfolio-Management, S. 25.

4 Eine vorteilhafte Merkmalskombination findet
sich auch bei Servatius: Technologie-Manage-
ment, S. 104 (Anwendungsfunktionen und
Technologien).

5 Näheres siehe bei Berekoven; Eckert; Ellenrieder: Marktforschung. 4. Aufl., Wiesbaden 1989. Oder Hammann; Erichson: Marktforschung. 2. Aufl., Stuttgart; New York 1990. Oder Hüttner: Grundzüge der Marktforschung. Berlin, New York 1989. Behrens: Marktforschung. Oder Kapferer: Marktforschung. Oder Spiegel: Werbepsychologische Untersuchungsmethoden.

6 Buzzell und Gale: PIMS-Programm, S. 47.

7 Vgl. Drucker: Innovationsmanagement, S. 32.

8 Vgl. dazu Perrin. Manager Magazin 6/1990, S. 112.

9 Auf die Definition des relevanten Marktes (served market) wird später noch einzugehen sein: siehe unter 2.51.

10 Näheres siehe unter „Technologie- und Werkstoffposition".

11 Vgl.: „Kapazitätsauslastung", S. 30.

12 Vgl. Porter: Wettbewerbsstrategie, S. 75.

13 Vgl . Davidow: Marketing, S . 70.

14 Vgl. Kundenanalyse.

15 Näheres siehe unter dem Kapitel „Die Hauptgeschäftstypen".

16 Näheres siehe unter dem Kapitel „Erfolgsrelevante Merkmale der Produktarten".

17 Vgl. Abegglen und Stalk: Kaisha, S. 151. Oder: Das Osaka-Virus. Manager Magazin 7/1989, S. 104.

18 Reutner: Krisenzonen und Krisenkonzeptionen. In: Meilensteine, S. 295.

19 Vgl. Davidow: High Tech Marketing, S. 73–82.

20 Vgl. Reutner: Turn around, S. 229.

21 Vgl. Wieselhuber: Innovationsmanagement, S. 8.

22 Vgl. Wellenreuther: Innovation mit Hilfe der Wertanalyse. In: Management von Innovationen, S. 160 f.

23 Hauschild: Innovationsbewußtsein. In: Management von Innovationen, S. 62.

24 Eine ausführliche Besprechung findet sich insbesondere bei Servatius: Methodik des strategischen Technologie-Managements.

25 Vgl. Pfeifer u. a.: Technologie-Portfolio, S. 85:

„Hohe Attraktivität wird dynamischen Technologien beigemessen, reife Technologien sind in diesem Sinne dagegen unattraktiv." Weiter: Sommerlatte und Deschamps: Der Strategische Einsatz von Technologien. In: Management im Zeitalter der Strategischen Führung, S. 37. Oder Servatius: Methodik des Strategischen Technologie-Managements, S. 116.

26 Krubasik: Technologie-Strategische Waffe. Wirtschaftswoche vom 18.6.1982, S. 29.

27 Vgl. Rogers: Diffusion of Innovation, S. 210, sowie Baumberger u. a.: Ausbreitung und Übernahme von Neuerungen, S. 185.

28 Vgl. Porter: Wettbewerbsvorteile, S. 50.

29 Peters und Waterman: Spitzenleistungen, S. 189.

30 Vgl. Davidow: High Tech Marketing, S. 118.

31 Vgl. Carnegie: Wie man Freunde gewinnt. Goldmann: Wie man Kunden gewinnt. Oder: Bettger: Lebe begeistert und gewinne.

32 Vgl. spätere Untersuchungen in den Kapiteln „Kundenorientierung", „Revolvierenden Vorsprung aufbauen" und „Ansatzpunkte der Differenzierung überprüfen".

33 Vgl. Sloane: Meine Jahre mit General Motors.

34 Viele Verfasser sehen in der Qualität den entscheidenden Erfolgsfaktor. Vgl. Buzzell und Gale: Das PIMS-Programm, S. 91. Peters und Austin: Leistung aus Leidenschaft, S. 131.

35 Reutner: Turn around. S. 171.

36 PIMS-Letter No. 4.

37 Luchs und Neubauer: Qualitätsmanagement, S. 33.

38 Luchs und Neubauer: Qualitätsmanagement, S. 32.

39 Vgl. z. B. die fünf Hauptkosteneinflußgrößen der Produktion: Faktorqualität, Faktorpreise, Beschäftigung, Betriebsgröße und Fertigungsprogramm. Gutenberg: Betriebswirtschaftslehre, Bd. 1, S. 335.

40 Sony. Entwicklung ohne Ziel. Manager Magazin 2/1984, S. 85.

41 König-Pilsner. Schaum im System. Manager Magazin 12/1983, S. 105.

42 Näheres wurde in dem Kapitel „Kapitalbindungsposition" erläutert.

43 Vgl. Schott: Kennzahlen, S. 167 f. Oder: Hoff-
mann: Bilanzkennzahlen, S. 217 f.
44 Vgl. dazu „Revolvierender Vorsprung" und
2.7 „Risikoposition".
45 Näheres hierzu bei Porter: Wettbewerbsvorteile, S. 137 f. und insbesondere S. 158 f. sowie
Wettbewerbsstrategie, S. 74 f.

Drittes Kapitel

1 Vgl. Peters und Waterman. Spitzenleistungen,
S. 189: „Ermutigend an den exzellenten Unternehmen ist, wie sehr die Kunden allgegenwärtig sind." S. 190: „Kundenfixierung ... äußerte
sich typischerweise in einem scheinbar völlig
übersteigerten Bemühen um Qualität, Zuver-
lässigkeit und Service." Oder Albach: Die Innovationsdynamik der mittelständischen Industrie. In: Albach und Held (Hrsg.): Betriebswirtschaftslehre, S. 35. Oder Pümpin: Erfolgspositionen, S. 145.
2 Insbesondere Porter: Competitive Strategy.
Oder derselbe: Competitive Advantage.
3 Albach: Die Innovationsdynamik der mittelständischen Industrie. In: Albach und Held
(Hrsg.): Betriebswirtschaftslehre, S. 35: „Es
handelt sich um Unternehmen, die durch Perfektion in der Produktion, durch Besessenheit
bei der Sicherung der Produktqualität, durch
große Kundennähe und eine stockkonservative
Finanzierung eher gekennzeichnet sind als
durch eine bemerkenswerte Rate an Produktinnovation."
4 Pümpin: Erfolgspositionen, S. 142. Der Erfolgscode berücksichtigt in erster Linie die
Rentabilität und die Umsatzentwicklung der
letzten fünf Jahre.
5 Peters und Waterman: Spitzenleistungen.
6 Goldsmith und Clutterbuck: The Winning
Streak.
7 Untersuchungen des Strategic Planning Institute, veröffentlicht in zahlreichen PIMS-Letters, Cambridge, Massachusetts, ab 1977.
8 Siehe u. a. Berth, Rolf: Erfolg. Oder: Kirsch,

Esser, Höfner und Partner: Der Stand der Strategischen Unternehmensführung in der Bundesrepublik Deutschland und Westberlin.
Oder: Untersuchung des European Management Forum (EMF), Genf, über die 100 innovativsten europäischen Unternehmen. Oder:
Untersuchung der Industriekreditbank Düsseldorf für die Jahre 1972–1982 anhand der Bilanzdaten von 551 Firmen. In: Geschäftsbericht 1983/84, S. 13–25.
Eine zusammenfassende Darstellung findet
sich bei Fritz: Marketing. ZFP 12 (1990) 2,
S. 91–110.
9 Albach: Die Innovationsdynamik der mittelständischen Industrie. In: Albach und Held
(Hrsg.): Betriebswirtschaftslehre, S. 42.
10 Kirsch, Esser, Höfner und Partner, S. 54.
11 Handelsblatt vom 3.11.1981.
12 Vgl. Kapitel „Lebenskurvenanalyse".
13 Porter: Wettbewerbsvorteile, S. 40.
14 Vgl. Porter: Wettbewerbsvorteile, S. 213.
15 Vgl. Kapitel „Allgemeingültige strategische
Orientierungen der Leistung".
16 Vgl. Kapitel „Konzentration auf die Stärken".
17 Geneen mit Moscow: Manager müssen managen, S. 49.
18 Geneen mit Moscow: Manager müssen managen, S. 96.
19 Vgl. z. B. Albach: Innovationsdynamik der
mittelständischen Industrie. In: Albach und
Held (Hrsg.): Betriebswirtschaftslehre mittelständischer Unternehmen.

Viertes Kapitel

1 Vgl. Wieselhuber: Kritische Wachstumsschwellen in der Unternehmensentwicklung.
2 Porter: Wettbewerbsvorteile, S. 33 ff .
3 Vgl. Albach: Die Innovationsdynamik der mittelständischen Industrie. In: Betriebswirtschaftslehre mittelständischer Unternehmen,
S. 44. Oder Kemper: Heinz Nixdorf, S. 96
und 123.
4 Vgl. Albach: ebenda.

5 Reutner: Krisenzonen und Krisenkonzeptionen. In: Meilensteine, S. 295 f.

6 Vgl.: PIMS-Letter No. 1, S. 4.

7 Porter: Wettbewerbsstrategie, S. 11 f.

8 Vgl. Dyna-Marketing-Fragen-Kartei u. a.

9 Porter: Wettbewerbsstrategie, S. 110 f.

10 Diez u. a.: Familienunternehmen sichern und weiterentwickeln, S. 37.

11 Näheres im Kapitel „Ohne die Umsetzung ins Tagesgeschäft zeigt die Strategie keine Wirkung".

12 Maslow: Motivation und Persönlichkeit, S. 74 f.

13 Wirtschaftswoche vom 22.1.1985, S. 116.

14 Maslow: Motivation und Persönlichkeit, S. 86.

15 Thoma (Hrsg.): Die Motivation menschlichen Handelns, S. 25.

16 Zimbardo und Ruch: Psychologie. S. 308.

17 Maslow: Motivation und Persönlichkeit, S. 93–95.

18 Reutner: Turn around, S. 222.

19 Vgl. McKinsey. Die eiskalte Elite. Manager Magazin 11/1984, S. 42.

20 Globus 5711.

21 Herzberg: Harvardmanager 2/1988, S. 45.

22 Schlicksupp: Ideenfindung, S. 47.

23 Ebenda, S. 72.

24 Gutenberg: Betriebswirtschaftslehre. Band 1, S. 130 f.

25 Peters und Waterman: Spitzenleistungen, S. 189 f.

26 Vgl. Kemper: Heinz Nixdorf, S. 96 und 231.

27 Vgl. z. B. Professionell verkaufen. Professional Selling Skills. Learning International GmbH, Düsseldorf.

28 siehe 2.31 „Kundenanalyse".

29 Die Beispiele finden sich bei Drucker: Innovations-Management, S. 322.

30 Vgl. Ergebnisse unter 2.31 „Kundenanalyse".

31 Vgl. Staudt: Innovationsdynamik und Innovationswiderstände. In: Staudt (Hrsg.): Management von Innovationen 12: 345, S. 601. Oder Hauschildt: Innovationsbewußtsein. In: Ebenda, S. 62.

32 Näheres siehe unter 2.62.

33 Näheres siehe unter 2.65.

34 Näheres im Kapitel „Selektionsposition bei den Abnehmern".

35 Näheres siehe unter 2.434.3.

36 Porter: Wettbewerbsstrategie. S. 158.

37 Näheres siehe unter „Sonstige interne Positionsdeterminanten der Kostenführung".

38 Reutner: Relative Preispolitik. ZfB (1991), S. 555.

39 Näheres siehe unter 2.7.

40 Schlicksupp: Ideenfindung, S. 73.

Literaturverzeichnis

Bücher, Sammelwerke

ABEGGLEN, JAMES C.; STALK JUN., GEORGE: Kaisha. Das Geheimnis des japanischen Erfolgs. Düsseldorf, Wien 1986

ADIZES, ICHAK: Corporate Lifecycles. How And Why Corporations Grow And Die And What To Do About It. Englewood Cliffs, New Jersey 1988

AGPLAN-Handbuch zur Unternehmensplanung. Portfolio Management. Ein strategisches Führungskonzept und seine Leistungsfähigkeit. Agplan Gesellschaft für Planung e. V. (Hrsg.) Sonderausgabe. Berlin 1982

ALBACH, HORST; HELD, THOMAS (Hrsg.): Betriebswirtschaftslehre mittelständischer Unternehmen. Stuttgart 1984

BAIN, JOE S.: Industrial Organisation. 2. Auflage. New York u. a. 1968

BAUMBERGER, J.; GMÜR, U.; KÄSER, H. P.: Ausbreitung und Übernahme von Neuerungen – Ein Beitrag zur Diffusionsforschung. Bern, Stuttgart 1973

BEREKOVEN, LUDWIG; ECKERT, WERNER; ELLENRIEDER, PETER: Marktforschung. 4. Aufl., Wiesbaden 1989

BEHRENS, KARL CHRISTIAN: Demoskopische Marktforschung. Wiesbaden 1961

BERGLER, REINHOLD (Hrsg.): Psychologische Marktanalyse. Bern, Stuttgart 1965

BERTH, ROLF: Marktforschung zwischen Zahl und Psyche. In: Beiträge zur Erforschung der wirtschaftlichen Entwicklung. Heft 3. Kamp M. E. (Hrsg.), Stuttgart 1959

BERTH, ROLF: Erfolg, Überlegenheitsmanagement: 12 Mind-Profit Strategien mit ausführlichem Testprogramm, Düsseldorf, Wien, New York, Moskau 1993

BETTGER, F.: Lebe begeistert und gewinne. Thalwil-Zürich (o. J.)

BLANCHARD, K.; JOHNSON, S.: Der Minuten-Manager. Reinbek b. Hamburg. März 1984

BRAUNSCHWEIG, KARL: Grundlagen der Unternehmensfinanzierung. Wiesbaden 1977

BUZZELL, ROBERT, G.; GALE, BRADLEY T.: Das PIMS-Programm. Strategien und Unternehmenserfolg. Wiesbaden 1989

CARNEGIE, DALE: Wie man Freunde gewinnt. Zürich, Stuttgart 1939

CARTER-SCOTT, CHÉRIE: Negaholiker: Der Hang zum Negativen. Wege aus der Selbstblockade. Frankfurt/Main, New York 1990

CERAMI, G. ODIONE; DRUCKER, P.: Der erfolgreiche Manager. Arbeitsweise und Arbeitsmethoden. 2. Auflage. München 1966

CHAMBERLIN, E. H.: The Theory of Monopolistic Competition. 6. Auflage. Cambridge, Massachusetts 1950

DAVIDOW, W. H.: High Tech Marketing. Frankfurt 1987

DICHTER, ERNEST: Handbuch der Kaufmotive. Wien, Düsseldorf 1964

DICHTL, ERWIN; ERKE, WOLFGANG; KIESER, ALFRED: Innovation und Wettbewerbsfähigkeit. Wiesbaden 1987

DIEZ, W.; JOHN, E.; RECHENAUER, O.; WEBER, K. D.: Familienunternehmen sichern und weiterentwickeln. Eschborn 1990

DORNIS, PETER: Chancen mit strategischem Marketing. RKW-Schriftenreihe Markt-orientierte Unternehmensführung – Absatzwirtschaft. Eschborn 1986

DRUCKER, P. F.: Managing for Results. London 1964

DRUCKER, P. F.: Innovations-Management für Wirtschaft und Politik. Düsseldorf, Wien 1985

DUNST, KLAUS H.: Portfolio Management. Konzeption für die strategische Unternehmensplanung. Berlin, New York 1979

ELLINGER, Th.: Die Informationsfunktion des Produktes. In: Produktionstheorie und Produktionsplanung. Festschrift für Karl Hax zum 65. Geburtstag. Köln, Opladen 1966

EYBL, DIRK: Instrumente und Orientierungsgrundlagen zur Planung wettbewerbsorientierter Unternehmensstrategien. Europäische Hochschulschriften. Reihe V. Frankfurt, Bern, New York, Nancy 1984

FIEDLER, FRED E.; CHEMERS, MARTIN M.; MAHAR, LINDA: Der Weg zum Führungserfolg. Ein Selbsthilfeprogramm für Führungskräfte. Stuttgart 1979

FREUD, SIGMUND: Abriß der Psychoanalyse. Gesammelte Werke Bd. 17. Frankfurt 1972 (Erstausgabe 1940)

FREUD, SIGMUND: Zur Psychopathologie des Alltagslebens. Über Vergessen, Versprechen, Vergreifen, Aberglauben und Irrtum. Frankfurt (o. J.)

GÄLWEILER, ALOYS: Die finanzielle Quantifizierung der Portfolio-Wirkung als Grundlage des Portfolio-Managements. In: Portfolio-Management. Agplan (Hrsg.). Berlin 1982

GÄLWEILER, ALOYS: Unternehmensplanung. Neuauflage, bearbeitet und ergänzt von M. Schwaninger. Frankfurt, New York 1986

GÄLWEILER, ALOYS: Strategische Unternehmensführung. Frankfurt/Main 1987

GAUGLER, EDUARD; JACOBS, OTTO H.; KIESER, ALFRED (Hrsg.): Strategische Unternehmensführung und Rechnungslegung. Stuttgart 1984

GENEEN, HEROLD, mit MOSCOW, ALVIN: Manager müssen managen. Landsberg 1985

GERKEN, GERD; LUEDECKE, GUNTHER A.: Die unsichtbare Kraft des Managers. Düsseldorf, Wien, New York 1988

GESCHKA, HORST: Wettbewerbsfaktor Zeit. Beschleunigung von Innovationsprozessen. Landsberg/Lech 1993

GÖHRINGER, HANS K.: Die strategische Unternehmensplanung als Instrument der Unternehmensführung. In: Strategische Unternehmensführung und Rechnungslegung. (Hrsg.) Gaugler, Eduard; Jacobs, Otto H.; Kieser, Alfred (Hrs.g). Stuttgart 1984

GOLGMANN, J. M.: Wie man Kunden gewinnt. 2. Auflage. Essen 1954

GOLDSMITH, WALTER; CLUTTERBUCK, DAVID: The Winning Streak. Britain's Top Companies Reveal Their Formulas for Success. London 1984.

GORDON, MAYNARD M.: Das Iacocca Management. Landsberg 1988

GROCHLA, E.; FIETEN, R.; PUHLMANN, M.; VAHLE, M.: Aktive Materialwirtschaft in mittelständischen Unternehmen. Ein Leitfaden zur Verbesserung des Unternehmensergebnisses. Köln 1984

GROSS, G. F.: Chefentlastung. Grundsätze und Techniken. München 1959

GUTENBERG, ERICH: Grundlagen der Betriebswirtschaftslehre. Band 1. Die Produktion. 15. Auflage. Berlin, Heidelberg, New York 1969

GUTENBERG, ERICH: Grundlagen der Betriebswirtschaftslehre. Band 2. Der Absatz. 11. Auflage. Heidelberg, New York 1968

GUTENBERG, ERICH: Grundlagen der Betriebswirtschaftslehre. Band 3. Die Finanzen. Berlin, Heidelberg, New York 1969

HAHN, DIETER; TAYLOR, BERNARD (Hrsg.): Strategische Unternehmensplanung. Strategische Unternehmensführung. 5. Aufl., Heidelberg 1990

HALLER GILMER, B. V.: Handbuch der modernen Betriebspsychologie. München 1969

HAMMANN, PETER; ERICHSON, BERND: Marktforschung. 2. Aufl., Stuttgart, New York 1990

HAUSCHILDT, JÜRGEN: Das Innovationsbewußtsein. In: Das Management von Innovationen. Staudt, Erich (Hrsg.). Frankfurt 1986

HAX, ARNOLDO C.; MAJLUF, NICOLAS S.: Strategisches Management. Ein integratives Konzept aus dem MIT. Frankfurt, New York 1988

HAYEK, FRIEDRICH A. V.: Der Wettbewerb als Entdeckungsverfahren. Kieler Vorträge 1968. Tübingen 1968

HENDERSEN, B. D.: Die Erfahrungskurve in der Unternehmensstrategie. Frankfurt, New York 1974

HINTERHUBER, H. H.: Strategische Unternehmensführung. 2. Auflage. Berlin, New York 1980

HOFMANN, ROLF: Bilanzkennzahlen. Industrielle Bilanzanalyse und Bilanzkritik. 3. Auflage. Opladen 1973

HOFSTÄTTER, PETER R. (Hrsg.): Psychologie. Frankfurt 1957

HÜTTNER, MANFRED: Grundzüge der Marktforschung. Berlin, New York 1989

IACOCCA, LEE und NOVAK, WILLIAM: Eine amerikanische Karriere. 5. Auflage. Düsseldorf, Wien 1985

IACOCCA, LEE und KLEINFIELD, SONNY: Mein amerikanischer Traum. 2. Auflage. Düsseldorf, Wien, New York 1988

IHDE, GÖSTA-B.: Transport, Verkehr, Logistik. München 1984

IHDE, GÖSTA-B.: Wirtschaftlicher Strukturwandel und industrielle Betriebsgrößen. In: Industrielles Management. Bloech, Jürgen (Hrsg.). Göttingen 1986

IHDE, HERMANN; KILLISCH-HORN, H. H. V.: Dyna-Marketing-Fragenkartei. Leitfaden für die Marketing-Analyse. 2. Auflage. Düsseldorf-Oberkassel 1969

KAPFERER, CLODWIG: Marktforschung in Europa. Methoden einzelner Länder. In: Schriftenreihe der Rationalisierungs-Gemeinschaft „industrieller Vertrieb und Einkauf". Heft 6. Hamburg, Berlin, Düsseldorf 1963

KEMPER, KLAUS: Heinz Nixdorf. Eine deutsche Karriere. Landsberg 1986

KIESER, ALFRED: Wie „rational" kann man Strategische Planung betreiben? In: Strategische Unternehmensführung und Rechnungslegung. Gaugler, E.; Jacobs, Otto H.; Kieser, Alfred (Hrsg.). Stuttgart 1984

KIESER, ALFRED: Unternehmenskulturen und Innovationen. In: Das Management von Innovationen. Staudt, Erich (Hrsg.). Frankfurt 1986

KIRSCH, WERNER (Hrsg.): Unternehmenspolitik: Von der Zielforschung zum strategischen Management. Planungs- und Organisationswissenschaftliche Schriften. München 1981

KIRSCH, W.; ESSER, W.-M.; HÖFNER und Partner: Der Stand der Strategischen Unternehmensführung in der Bundesrepublik Deutschland und Westberlin. Ein Forschungsprojekt in Kooperation von Wissenschaft und Praxis. München. Juli 1983

KIRSCH, WERNER; ROWENTA, PETER (Hrsg.): Bausteine eines Strategischen Managements. Dialoge zwischen Wissenschaft und Praxis. Berlin, New York 1983

KOPPELMANN, UDO (Hrsg.): Die Ware in Wirtschaft und Technik. Festschrift zum 65. Geburtstag von Artur Kutzelnigg. Herne, Berlin 1969

KOPPELMANN, UDO (Hrsg.): Beiträge zum Produktmarketing. Berlin, Herne 1972

KOPPELMANN, UDO: Grundlagen des Produktmarketing. Stuttgart 1978

KOPPELMANN, UDO: Produktmarketing. Entscheidungsgrundlage für Produktmanager. 2. Auflage. Stuttgart, Berlin, Köln, Mainz 1987

KOTLER, PHILIPP: Marketing-Management. Analyse, Planung und Kontrolle. Einmalige und limitierte Sonderausgabe der 4., völlig neubearbeiteten Auflage. Stuttgart, Berlin, Köln, Mainz 1989

KOTTER, JOHN P.: Erfolgsfaktor Führung. Führungskräfte gewinnen, halten und motivieren – Strategien aus der Harvard Business School. Frankfurt/Main, New York 1989

KREIKEBAUM, HARTMUT: Strategische Unternehmensplanung. Stuttgart 1981

KRELLE, W.: Preistheorie. Tübingen, Zürich 1961

LAUKAMM, THOMAS; WALSH, JAN: Strategisches Management von Human-Ressourcen. In: Management im Zeitalter der Strategischen Führung. Arthur D. Little International (Hrsg.). 2. Auflage. Wiesbaden 1986

LAUKAMM, THOMAS; WALSH, JAN: Die Aktivierung des geistigen Potentials des Unternehmens. In: Management im Zeitalter der Strategischen Führung. Arthur D. Little International (Hrsg.). 2. Auflage. Wiesbaden 1986

LEVITT, THEODORE: Marketing Imagination. Landsberg 1984

LEYSEN, ANDRÉ: Krisen sind Herausforderungen. Herford 1986

LINDAY, PETER H.; NORMAN, DONALD A.: Einführung in die Psychologie. Informationsaufnahme und -verarbeitung beim Menschen. Berlin, Heidelberg, New York 1981

LITTLE, ARTHUR, D. International (Hrsg.): Management der Geschäfte von morgen. Wiesbaden 1986

LITTLE, ARTHUR, D. International (Hrsg.): Management im Zeitalter der Strategischen Führung. 2. Auflage. Wiesbaden 1986

LOEWY, RAYMOND: Häßlichkeit verkauft sich schlecht. Die Erlebnisse des erfolgreichsten Formgestalters unserer Zeit. Düsseldorf 1953

LUCHS, R. H.; NEUBAUER, F.-F.: Qualitätsmanagement. Frankfurt 1986

MASLOW, A. A.: Motivation und Persönlichkeit. 2. Auflage. Olten 1978

MAUCH, HANSJÖRG: Werkstattzirkel. Wie Arbeiter und Meister an der Lösung betrieblicher Probleme beteiligt werden. Metaplan. Quickborn 1981

MCKINSEY; ROMMEL, GÜNTER; BRÜCK, FELIX; DIEDERICHS RAIMUND; KEMPIS, ROLF-DIETER; KLUGE, JÜRGEN: Einfach überlegen. Das Unternehmenskonzept, das die Schlanken schlanker und die Schnellen schnell macht. Stuttgart 1993

MEFFERT, HERIBERT: Marketing. Einführung in die Absatzpolitik. 6. Auflage. Wiesbaden 1982

MEYER, JÜRGEN; GREIF, HANS-HUBERT: PIMS – Das Instrument ...

MUELLER, ROBERT K.; DESCHAMPS, JEAN-PHILIPPE: Die Herausforderung Innovation. In: Management der Geschäfte von morgen. Arthur D. Little International (Hrsg.). 2. Auflage. Wiesbaden 1986

NAGEL, KURT: Die 6 Erfolgsfaktoren des Unternehmens. Landsberg 1986

NEUBAUER, FRANZ-FRIEDRICH: Portfolio-Management: Erfolgspotentiale vor Planungsritualen. 3. Auflage. Neuwied, Frankfurt 1989

NIESCHLAG, ROBERT; DICHTL, ERWIN; HÖRSCHGEN, HANS: Marketing. 14. Auflage. Berlin 1985

PACKARD, VANCE: Die geheimen Verführer. Der Griff nach dem Unbewußten in jedermann. Frankfurt 1965

PETERS, THOMAS J.; AUSTIN, NANCY: Leistung aus Leidenschaft. Über Management und Führung. Hamburg 1986

PETERS, THOMAS J.; WATERMAN, ROBERT H. jr.: Auf der Suche nach Spitzenleistungen. 4. Auflage. Landsberg am Lech 1983

PFEIFFER, W.; METZE, G.; SCHNEIDER, W.; AMLER, R.: Technologie-Portfolio zum Management strategischer Zukunftsgeschäftsfelder. In: Innovative Unternehmensführung. Pfeiffer, W. (Hrsg.). Band 7. Göttingen 1982

PFOHL, HANS-CHRISTIAN u. a.: Betriebswirtschaftslehre der Mittel- und Kleinbetriebe. Größenspezifische Probleme und Möglichkeiten zu ihrer Lösung. 2. Auflage. Berlin 1990

PFOHL, HANS-CHRISTIAN: Planung und Kontrolle. Stuttgart, Berlin, Köln, Mainz 1981

PFOHL, HANS-CHRISTIAN: Problemorientierte Entscheidungsfindungen in Organisationen. Berlin, New York 1977

PFOHL, HANS-CHRISTIAN; KUNZ, THOMAS; LINN, NORBERT: Implementierung. Forschungsansätze und Ergebnisse. In: Veröffentlichungen des Fachgebiets Unternehmensführung Nr. 5. Technische Hochschule Darmstadt 1988

PORTER, MICHAEL: Wettbewerbsstrategie. 2. Auflage. Frankfurt 1984

PORTER, MICHAEL: Wettbewerbsvorteile. Frankfurt, New York 1986

PORTER, MICHAEL E.: Globaler Wettbewerb. Strategien der neuen Internationalisierung. Wiesbaden 1989

PÜMPIN, CUNO: Management strategischer Erfolgspositionen. 2. Auflage. Bern, Stuttgart 1982

REUTNER, FRIEDRICH: Das Qualitätsimage. In: Die Ware in Wirtschaft und Technik. Koppelmann. U. (Hrsg.). Herne 1969

REUTNER, FRIEDRICH: Grundzüge der Qualitätspolitik. In: Beiträge zum Produktmarketing. Koppelmann, U. (Hrsg.). Herne 1973

REUTNER, FRIEDRICH: Krisenzonen und Krisenkonzeptionen. In: Meilensteine im Management. Siegwart, Hans; Mahari, Julian J.; Böckenförde, Björn (Hrsg.). Band 2. Restrukturierungen & Turnarounds. Basel, Frankfurt/Main, Stuttgart 1990

REUTNER, FRIEDRICH: Turn around. Strategie einer erfolgreichen Umstrukturierung. 3. Auflage, Landsberg 1991

RODGERS, BUCK; SHOAK, ROBERT L.: IBM. Einblicke in die erfolgreichste Marketingorganisation der Welt. Landsberg 1986

ROGERS, E. M.: Diffusion of Innovations. 3. Auflage. New York, London 1983

ROHRBACHER, HUBERT: Einführung in die Psychologie. 9. Auflage. Wien, Innsbruck 1965

ROSENSTIEL, LUTZ V.: Psychologie der Werbung. Rosenheim 1973

SCHELKER, THOMAS: Methodik der Produktinnovation. Bern 1978

SCHLICKSUPP, HELMUT: Innovation, Kreativität und Ideenfindung. 2. Auflage. Würzburg 1985

SCHNEIDER, E.: Einführung in die Wirtschaftstheorie. II. Teil. 6. Auflage. Tübingen 1960

SCHNELLE, EBERHARD (Hrsg.): Metaplan-Gesprächstechnik. Metaplan-Reihe. Heft 2. Quickborn 1975, Neuauflage 1982

SCHNELLE, EBERHARD (Hrsg.): Metaplanung – Zielsuche … Lernprozeß der Beteiligten und Betroffenen. Quickborn 1973

SCHNELLE, EBERHARD u. a.: Der Informationsmarkt – eine Metaplan-Methode. Quickborn 1981

SCHÖNPFLUG, WOLFGANG; SCHÖNPFLUG, UTE: Psychologie. Allgemeine Psychologie und ihre Verzweigungen in die Entwicklungs-, Persönlichkeits- und Sozialpsychologie. München, Wien, Baltimore 1983

SCHOTT, GERHARD: Kennzahlen. Instrument der Unternehmensführung. 3. Auflage. Stuttgart 1970

SCHUBERT, JÜRGEN: Strategische Preispolitik. In: Handbuch Strategisches Marketing. Wieselhuber, Norbert; Töpfer, Armin (Hrsg.). 2. Auflage. Landsberg 1986

SCHUMPETER, JOSEF A.: Kapitalismus, Sozialismus und Demokratie. 2. Auflage. Bern 1950 (Original von 1942)

SERVATIUS, HANS-GERD: Methodik des strategischen Technologie-Managements. Technological Economics. Band 13. Berlin 1985

SIEGWART, HANS; MAHARI, JULIAN J.; CAYTAS, IVO G.; RUMPF, BERND-MICHAEL (Hrsg.): Meilensteine im Management. Band 1. Mergers & Acquisitions. Basel, Frankfurt, Stuttgart 1990

SIEGWART, HANS; MAHARI, JULIAN J.; BÖCKENFÖRDE, BJÖRN (Hrsg.): Band 2. Restrukturierungen und Turnarounds. Basel, Frankfurt/Main, Stuttgart 1990

SIMON, H. A.; MARCH, J. G.: Organisations. New York, London, Sydney 1958

SIMON, HERRMANN: Preismanagement, Analyse, Strategische Umsetzung. 2. Auflage. Wiesbaden 1992

SLOANE, ALFRED P.: My Years with General Motors. New York 1964

SOMMERLATTE, TOM; DESCHAMPS, JEAN-PHILIPPE: Der strategische Einsatz von Technologien – Konzepte und Methoden zur Einbeziehung von Technologien in die Strategieentwicklung des Unternehmens. In: Management im Zeitalter der strategischen Führung. Arthur D. Little International (Hrsg.). 2. Auflage. Wiesbaden 1986

SOMMERLATTE, TOM; LAYNG, BRIAN J.; OENE, FREDERIK VAN: Innovationsmanagement – Schaffen einer innovativen Unternehmenskultur. In: Management der Geschäfte von morgen. Arthur D. Little International (Hrsg.). Wiesbaden 1986

SPIEGEL, BERNT: Die Struktur der Meinungsverteilung im sozialen Feld. Das psychologische Marktmodell. Enzyklopädie der Psychologie in Einzeldarstellungen. Band 6. Bern 1961

SPIEGEL, BERNT: Werbepsychologische Untersuchungsmethoden. 2. Auflage. Berlin 1970

STACKELBERG, HEINRICH V.: Grundlagen der Theoretischen Volkswirtschaftslehre. Berlin, Tübingen 1950

STAEHLE, WOLFGANG H.; STOLL, EDGAR: Betriebswirtschaftliche und ökonomische Krise. Kontroverse Beiträge zur betriebswirtschaftlichen Krisenbewältigung. Wiesbaden 1984

STALK jr., GEORGE; HONT, THOMAS M.: Zeitwettbewerb. Schnelligkeit entscheidet auf den Märkten der Zukunft. 3. Auflage. Frankfurt/Main, New York 1992

STAUDT, ERICH: Das Management von Innovationen. Frankfurt 1986

STAUDT, ERICH: Innovationsdynamik und Innovationswiderstände. In: Das Management von Innovationen. Staudt, Erich (Hrsg.). Frankfurt 1986

THOMAE, HANS (Hrsg.): Die Motivation menschlichen Handelns. Köln, Berlin 1965

TRAUTH, PETER: Das erfolgreiche Unternehmen. Gütersloh 1963

ULRICH, PETER; FLURI, EDGAR: Management. Eine konzentrierte Einführung. 5. Auflage. Bern, Stuttgart 1988

WARNECKE, HANS-JÜRGEN: Die fraktale Fabrik. Revolution der Unternehmenskultur. Berlin, Heidelberg, New York, London, Paris, Tokyo, Hong Kong, Barcelona, Budapest 1992

WECKERLE, HELMUT: 10 Schritte zum Unternehmenserfolg. Planegg bei München 1988

WELLENREUTHER, HELMUT: Innovationen mit Hilfe der Wertanalyse. In: Das Management von Innovationen. Staudt, Erich (Hrsg.). Frankfurt 1986

WIESELHUBER, NORBERT: Kritische Wachstumsschwellen in der Unternehmensentwicklung. Eschborn 1986

WIESELHUBER, NORBERT: Innovationsmanagement. Neue Wege des Handelns. München (o. J.)

WIESELHUBER, NORBERT; SPANNAGL, JOHANNES: Situationen und Zukunftsperspektiven von Inhaber-Unternehmen in der Bundesrepublik Deutschland. München 1988

WIESELHUBER, NORBERT; TÖPFER, ARMIN (Hrsg.): Handbuch Strategisches Marketing. 2. Auflage. Landsberg 1986

WINKELGRUND, REINHARD: Produktdifferenzierung durch Werbung. Europäische Hochschulschriften. Reihe V. Frankfurt, Bern, New York, Nancy 1984

ZIMBARDO, P. G.; RUCH, F. L.: Lehrbuch der Psychologie. Berlin, Heidelberg, New York 1978

ZÜRN, P.: Vom Geist und Stil des Hauses. Unternehmenskulturen in Deutschland. 2. Auflage. Landsberg 1986

Abhandlungen in Zeitschriften und sonstiges

ALBACH, HORST: Wieder gefragt: der dynamische Unternehmer. In: HelfRecht-Journal IV, 1985

BERTH, ROLF: Die unentwegten Macher mit der Scheu vor dem Risiko. Die Psychologie der Führungskräfte innovationsschwacher Unternehmen. In: Blick durch die Wirtschaft 18.7.1990

Boston Consulting Group-Information. München 1982

BSN. Der Vielfraß. In: Manager Magazin 5/1990

DERNBACH, WOLFGANG: Krise der traditionellen Arbeitsteilung im Unternehmen. Die Markt- und Wettbewerbsdynamik erzwingt Anpassung. In: Blick durch die Wirtschaft 31.7.90

European Management Forum (EMF), Genf, Untersuchung über die 100 innovativsten europäischen Unternehmen. In: Handelsblatt vom 3.11.1981

Ferrero. Das süße Geheimnis der Gleichmacher. In: Manager Magazin 9/1984

Frankfurter Allgemeine Zeitung 28.6.1985

GARVIN, DAVID A.: Quality on the line. In: Harvard Business Review. September/Oktober 1983

GHEMAWAT, PANKAJ: Strategieplanung mit der Erfahrungskurve. In: Harvardmanager IV/1985

Globus Kartendienst GmbH, Hamburg, Nr. 5711

GRAY, HARRY: Paper work is avoidable. In: Wall Street Journal. 17. Juni 1977 (Kontrolle)

HÄNSEL, HANS-GEORG: Unternehmen brauchen ein ikonisches Leitbild. In: Harvardmanager II/1991

HEINEN, E.; DILL, P.: Unternehmenskultur. In: Zeitschrift für Betriebswirtschaft (ZfB) 56. Jg. 1986

Henkel-Gruppe. Abschied von der großen Wäsche. In: Manager Magazin 5/1985

HERZBERG, FREDERICK: Was Mitarbeiter wirklich in Schwung bringt. In: Harvardmanager II/1988

Hutschenreuther AG. Strategie-Design mit Golddekor. In: Absatzwirtschaft. Sonderausgabe 10/1982

Industriekreditbank Düsseldorf. Untersuchung für die Jahre 1972–1982 anhand der Bilanzdaten von 551 Firmen. In: Geschäftsbericht 1983/84

Iveco. Duell mit Daimler. In: Manager Magazin 5/1989

KAPPLER, EKKEHARD: Nur die Praxis enthält die ganze Theorie. In: Perspektiven 12. Universität Herdecke/Witten. 4. Jg. März 1988.

MCKINSEY: Die eiskalte Elite. In: Manager Magazin 11/1984

König-Pilsner. Schaum im System. In: Manager Magazin 12/1983

KRUBASIK, E. G.: Technologie-Strategische Waffe. In: Wirtschaftswoche Nr. 25 vom 18.6.1982, S. 28–33

KRÜGER, WILFRIED: Hier irrten Peters und Waterman. In: Harvardmanager 1/1989

Nixdorf AG. Ein dicker Hund, ein tolles Ding. In: Manager Magazin 4/1984

PRAHALAD, C. K.; HAMEL, GARY: Nur Kernkompetenzen sichern das Überleben. In: Harvardmanager II/1991

PERRIN, ALAIN. Händchen fürs Noble. In: Manager Magazin 6/1990

Pharma-Industrie. Das Osaka-Virus. In: Manager Magazin 8/1989

PÜMPIN, CUNO; GÄLWEILER, ALOYS; NEUBAUER, FRANZ-FRIEDRICH; BANE, WILLIAM T.: Produkt-Markt-Strategien. In: Betriebswirtschaftliche Mitteilungen Nr. 73. Bern 1980

QUINN, JAMES BRIAN: Innovationsmanagement. Das kontrollierte Chaos. In: Harvardmanager IV/1985

REHFELD, JOHN E.: Japan I. Methoden, die Sie nicht kennen – ein Topmanager berichtet. In: Harvardmanager III/1991

REUTNER, FRIEDRICH: Grundzüge optimierter Werbung. In: GFM-Mitteilungen zur Markt- und Absatzforschung. Heft 2, 17. Jg. 1971

REUTNER, FRIEDRICH: Umstrukturierung eines Traditionsunternehmens. In: Zeitschrift für Betriebswirtschaft (ZfB). Heft 12, 56. Jg. 1986

REUTNER, FRIEDRICH: Ein Traditionsunternehmen wird saniert. In: Harvardmanager III/1987

REUTNER, FRIEDRICH: Determinanten des Unternehmenserfolges. In: Zeitschrift für Betriebswirtschaft (ZfB). Heft 8, 57. Jg. 1987

REUTNER, FRIEDRICH: Relative Preispolitik. In: Zeitschrift für Betriebswirtschaft (ZfB). 61. Jg. 1991, S. 555

ROSE, BERNHARD: Der lange Weg von der Idee zum Markt. In: Blick durch die Wirtschaft Nr. 238 vom 9.12.1988

SCHRAMM, H. F. W.: Wie Nixdorf seine Produktentwicklung mobil macht. In: Blick durch die Wirtschaft 28.6.1985

SCHWALBACH, JOACHIM: Marktanteil und Unternehmensgewinn. In: Zeitschrift für Betriebswirtschaft (ZfB). Heft 4, 58. Jg. 1988

SEBASTIAN, K. H.; SIMON, H.: Wie Unternehmen ihre Produkte genauer positionieren. In: Harvardmanager I/1986

SEW. Dallas in Bruchsal. In: Industriemagazin März 1989

Siemens. Ein Gigant macht mobil. In: Manager Magazin 5/1985

Sony. Entwicklung ohne Ziel. In: Manager Magazin 2/1984

The PIMS-Program: Basic Principles of Business Strategy. Cambridge, Massachusetts 1980

The Strategic Planning Institute. The PIMS-Letter on Business Strategy. No. 1. Nine Basic Findings on Business Strategy. Cambridge, Massachusetts 1977

The Strategic Planning Institute. The PIMS-Letter on Business Strategy. No. 2. Sidney Schoeffler. The Unprofitability of „Modern" Technology and What to Do About It. Cambridge, Massachusetts 1977

The Strategic Planning Institute. The PIMS-Letter on Business Strategy. No. 3 Sidney Schoeffler. Marktposition. Build, hold or harvest? Cambridge, Massachusetts 1977

The Strategic Planning Institute. The PIMS-Letter on Business Strategy. No. 4. Robert D. Buzell. Product quality. Cambridge, Massachusetts 1978

The Strategic Planning Institute. The PIMS-Letter on Business Strategy. No. 5. Mark Chussil, Sidney Schoeffler. Pricing High-Quality Products. Cambridge, Massachusetts 1989

The Strategic Planning Institute. The PIMS-Letter on Business Strategy. No. 6 Valerie Kijewski, Sidney Schoeffler. Unions and Profits. Cambridge, Massachusetts 1978, und No. 16. Stephen B. Land. „Social Benefit" and Profitability. Cambridge, Massachusetts 1979

The Strategic Planning Institute. The PIMS-Letter on Business Strategy. No. 7. Stephen B. Land. How Price Premiums and Discounts affect Performance. Cambridge, Massachusetts 1979

The Strategic Planning Institute. The PIMS-Letter on Business Strategy. No. 11. Sidney Schoeffler. Good Productivity VS. Bad Productivity. Cambridge, Massachusetts 1979

The Strategic Planning Institute. The PIMS-Letter on Business Strategy. No. 12. Stephen B. Land. How Price Controls Affect Business. Cambridge, Massachusetts 1979

The Strategic Planning Institute. The PIMS-Letter on Business Strategy. No. 13. Mark J. Chussil. How much to spend on R & D? Cambridge, Massachusetts 1978

The Strategic Planning Institute. The PIMS-Letter on Business Strategy. No. 16. Stephen B. Land. „Social Benefit" and Profitability. Cambridge, Massachusetts 1979

The Strategic Planning Institute. The PIMS-Letter on Business Strategy. No. 17. George Yip. Entry of new Competitors. How safe is your Industry. Cambridge, Massachusetts 1979

The Strategic Planning Institute. The PIMS-Letter on Business Strategy. No. 21. Bradley T. Gale. Productivity Benchmarks. Cambridge, Massachusetts 1980

The Strategic Planning Institute. The PIMS-Letter on Business Strategy. No. 22. Mark J. Chussil. Inflation and ROI. Cambridge, Massachusetts 1980 und No. 23 Mark J. Chussil, Sidney Schoeffler. Coping With Double-Digit Inflation. Cambridge, Massachusetts 1980

The Strategic Planning Institute. The PIMS-Letter on Business Strategy. No. 24. William L. Burke, Ruth C. Newman. Brand Awareness and Profitability. Cambridge, Massachusetts 1980

The Strategic Planning Institute. The PIMS-Letter on Business Strategy. No. 25. Strategic Determinants of Cash Flow. Cambridge, Massachusetts 1980

The Strategic Planning Institute. The PIMS-Letter on Business Strategy. No. 28. Richard Morrison, Donals Tavel. New Products and Market Position. Cambridge, Massachusetts 1982

The Strategic Planning Institute. The PIMS-Letter on Business Strategy. No. 29. David Ravenscraft, F. M. Scherer. Is R & D Profitable? Cambridge, Massachusetts 1982

The Strategic Planning Institute. The PIMS-Letter on Business Strategy. No. 33. Phillip Thompson, Glenn De Souza, Breadley T. Gale: The Strategic Management of Service Quality. Cambridge, Massachusetts 1985

The Strategic Planning Institute. The PIMS-Letter on Business Strategy. No. 34. Rod White: How Much Autonomy Should Business Units Have? Cambridge, Massachusetts 1985

Volkswagen. Wolfsburg vor dem Wechsel. In: Manager Magazin 9/1985

Wirtschaftswoche Nr. 48 vom 22.11.1985. Ernährungsgewohnheiten. Mal Pommes, mal Austern.

Prof. Dr. Friedrich Reutner, Jahrgang 1937, studierte Betriebswirtschaft an den Universitäten Köln und München. 1968 promovierte er mit Auszeichnung. Nach leitenden Tätigkeiten im Vertrieb der Herbolwerke AG (1965–1971) und der Firma Dr. Kurt Herberts (1971–1976) wurde er 1976 Vertriebsgeschäftsführer der Friedrichsfeld GmbH, Mannheim-Friedrichsfeld mit ca. 1 000 Beschäftigten und einer Vertriebstochtergesellschaft in Dänemark. Seit 1983 ist er alleiniger Vorstand der Friedrichsfeld AG, heute Friatec AG. Nach Sanierung und starker Expansion verfügt die Unternehmensgruppe heute über sechs Sparten, ca. 2 400 Beschäftigte und 27 Gesellschaften, davon 21 im Ausland. Für seine herausragenden Verdienste für die Wirtschaft Baden-Württembergs wurde er 1990 mit der Wirtschaftsmedaille des Landes Baden-Württemberg ausgezeichnet. 1993 wurde er zum Honorarprofessor für das Fachgebiet Unternehmensführung an der Technischen Hochschule Darmstadt ernannt.

Weitere Veröffentlichungen von Friedrich Reutner

Die Untersuchung wachshaltiger Waren mit Hilfe der Dünnschicht-Chromatographie.
Verlag für chemische Industrie H. Ziolkowsky. Augsburg 1968.

Analyse von Wachsen und Wachsmischungen mit Hilfe der Dünnschicht-Chromatographie.
In: Fette, Seifen, Anstrichmittel Nr. 3, 1968, S. 162 ff.

Zur Wechselkurspolitik: Gleitende Bandbreiten?
In: Zeitschrift für das gesamte Kreditwesen, 15. 10. 1969.

Das Qualitätsimage.
In: Die Ware in Technik und Wirtschaft. Festschrift zum 65. Geburtstag von Professor Dr. A. Kutzelnigg. Verlag Neue Wirtschafts-Brief Herne/Berlin 1969, S. 155 f.

Flexibilität nach Maß.
In: Der Volkswirt Nr. 5, 31. 1. 1969, S. 28.

Produktimage und Kaufentscheidung.
In: GFM-Mitteilungen zur Markt- und Absatzforschung. Hrsg.: GFM-Verlag für Markt- und Unternehmensforschung, Hamburg, 17. Jg. 1971, Heft 1, S. 3 ff.

Keine Axt für Seismographen.
In: Absatzwirtschaft, Heft 2/71, 2. Januarausgabe, S. 9 ff.

Lohn und Entlohnung.
In: Absatzwirtschaft, Heft 4/71, 2. Februarausgabe, S. 17 ff.

Grundzüge optimierter Werbung.
In: GFM-Mitteilungen zur Markt- und Absatzforschung. Hrsg.: GFM-Verlag für Markt- und Unternehmensforschung, Hamburg, 17. Jg. 1971, Heft 2, S. 35–39.

Grundzüge der Qualitätspolitik.
In: Beiträge zum Produktmarketing. Hrsg.: U. Koppelmann. Verlag Neue Wirtschafts-Brief, Herne/Berlin 1973, S. 83 ff.

Umstrukturierung eines Traditionsunternehmens.
In: Zeitschrift für Betriebswirtschaft Nr. 12, Dezember 1986, S. 1170 ff.

Ein Traditionsunternehmen wird saniert.
In: Havardmanager III/87, S. 54 ff.

Determinanten des Unternehmenserfolges.
In: Zeitschrift für Betriebswirtschaft Nr. 8, August 1987, S. 747 ff.

Turn around-Strategie einer erfolgreichen Umstrukturierung.
Landsberg 1987, 2. Auflage 1988.

Krisenzonen und Krisenkonzeptionen.
In: Meilensteine im Management (3 Bde.). Bd. II: Restrukturierungen & Turnarounds. Hrsg.: H. Siegwart, J. I. Mahari, I. G. Caytas, B. Böckenförde. Basel, Frankfurt a. M., Stuttgart, 1990, S. 295 ff.

Relative Preispolitik.
In: Zeitschrift für Betriebswirtschaft Nr. 5/6, Mai/Juni 1991, S. 555–567.

Turn around – Strategies for Successful Restructuring.
Oxford, Cambridge (Massachusetts) 1993.

Krisenentwicklungen und Krisenmanagement.
In: Neue Entwicklungen im Management. Hrsg.: M. Hofmann, A. Al-Ani. Heidelberg 1994.

Stichwortverzeichnis

Weitere Management-Literatur

Matthias zur Bonsen
Führen mit Visionen
Der Weg zum ganzheitlichen
Management
188 Seiten, 68,– DM

Dietrich Buchner (Hrsg.)
Team-Coaching
Gemeinsam zum Erfolg
276 Seiten, 78,– DM

Stefan Fourier
Human Quality Management
Mit Führungsqualität
die Zukunft meistern
160 Seiten, 68,– DM

Christian Freilinger /
Norbert A. Klis
Organisation 2000
Die Erfolgfaktoren
schlanker Unternehmen
192 Seiten, 68,– DM

Peter Heintel / Ewald E. Krainz
Projektmanagement
Eine Antwort
auf die Hierarchiekrise?
254 Seiten, 78,– DM

Michael Kastner
Streßbewältigung
Leistung und Beanspruchung
optimieren
292 Seiten, 78,– DM

Baldur Kirchner
Benedikt für Manager
Die geistigen Grundlagen
des Führens
216 Seiten, 59,80 DM

Albert Preis
Die MOP-Formel
Erfolgsstrategien für
dynamische Unternehmer
188 Seiten, 78,– DM

Ute von Reibnitz
Szenariotechnik
Instrumente für die unternehmerische
und persönliche Erfolgsplanung
280 Seiten, 148,– DM

Dieter Schneidewind
Jishu Kanri
Ein japanisches Erfolgsgeheimnis
384 Seiten, 78,– DM

Georg Turnheim
Chaos und Management
328 Seiten, 98,– DM

Silvia Zulauf
Mythos und Unternehmen
Der unsichtbare Erfolgsfaktor
160 Seiten, 68,– DM

Zu beziehen über den Buchhandel
oder den Verlag.
Stand der Angaben und Preise:
1.9.1994
Änderungen vorbehalten.

GABLER

BETRIEBSWIRTSCHAFTLICHER VERLAG DR. TH. GABLER, TAUNUSSTRASSE 52-54, 65183 WIESBADEN

MIX
Papier aus verantwortungsvollen Quellen
Paper from responsible sources
FSC® C105338

FSC
www.fsc.org

If you have any concerns about our products,
you can contact us on
ProductSafety@springernature.com

In case Publisher is established outside the EU,
the EU authorized representative is:
Springer Nature Customer Service Center GmbH
Europaplatz 3, 69115 Heidelberg, Germany

Printed by Libri Plureos GmbH
in Hamburg, Germany